설득의 인문학

문제를 해결하는 언어의 프레임

설득의 인문학

Copyright ⓒ 2024 by 도서출판 씨엘
이 책은 저작권법에 따라 보호받는 저작물이므로 무단전재와 무단복제를 금지하며,
이 책 내용의 전부 또는 일부를 이용하려면 반드시 도서출판 씨엘의 서면동의를 받아야 한다.

설득의 인문학

문제를 해결하는 언어의 프레임

박만규 지음

CONTENTS

머리말　10

제1부 프레임, 마음의 지배자

제1장 설득이란 무엇일까? - 설득과 프레임
　1. 설득이란 무엇일까?　•　16
　2. 프레임이란?　•　23
　3. 프레임의 증거1 - 좌측 우위　•　31
　4. 프레임의 증거2 – 시간의 공간화 방식　•　41

제2장 언어가 프레임을 지배한다 - 언어와 프레임
　1. 언어에서의 위치 프레임　•　47
　2. 생각을 지배하는 언어　•　58
　3. 프레임의 힘 - 부정(negation)의 덫　•　63

제2부 프레임, 사고의 원천

제3장 사고, 언어, 창의력
    1. 어째서 '말'이 '생각'을 좌우할까? • 68
    2. 낱말이 먼저인가, 대상이 먼저인가? • 75
    3. 달인들의 기막힌 개념화 • 80
    4. 생각의 진정한 자유는 창조력으로 발휘된다 • 86
    5. 기존 프레임에 의한 창의력의 방해 • 91

제4장 프레임은 어떻게 도입되는가?(I)
    1. 관점이 대상을 만든다 • 102
    2. 본질적 관점어 • 107
    3. 부정 프레임어와 긍정 프레임어(1) - 구체적 언어 • 113
    4. 부정 프레임어와 긍정 프레임어(2) - 미래 지향 언어 • 117
    5. 대표의미 효과 • 121

제5장 프레임은 어떻게 도입되는가?(II)
    1. 이데올로기 배경어 • 128
    2. 개념군 • 134
    3. 이분법적 사고 • 139
    4. 은밀한 유도 - 은유 • 144

CONTENTS

제3부 프레임의 사용법

제6장 프레임 작동의 원리
1. 사고는 정말 합리적인가? • 154
2. 생활 속의 비합리적 사고들 • 160
3. 사고의 원동력, 신념 • 166
4. 신념의 힘 • 173

제7장 올바른 프레임 사용법은?
1. 사고의 원동력, 감정 • 178
2. 상대의 프레임을 부정하지 마라! • 185
3. 새 프레임을 도입하라! • 188
4. 프레임을 선점하라 • 195

제8장 가장 중요한 프레임은?
1. 신념과 가치에 기반을 두라 • 201
2. 보편적 신념으로 접근하기 • 210
3. 내 신념을 반복적으로 주입하기 • 218
4. 감정에 기반을 두라 • 224

제4부 새로운 프레임의 창출 원리

제9장 관점 전환법(I) - 발상의 전환
    1. 본질회귀법(1) - 곤혹스런 발언에 대한 대처 • 230
    2. 본질회귀법(2) - 황당한 발언에 대한 대처 • 238
    3. 가중 선택법 • 243
    4. 차원 전환법 • 256

제10장 관점 전환법(II) - 언어의 전환
    1. 대상전환법 • 265
    2. 긍정평가어법 • 279
    3. 완곡어법 • 286
    4. 핵심투사법 • 290

CONTENTS

제5부 갈등의 해소

제11장 갈등 해소 언어 - 설득과 감정

1. 이성, 감정, 욕망의 관계 • 302
2. 감정의 역할 • 310
3. 갈등의 근원, 욕망 • 312
4. 감정보다 욕망을 읽어라 • 318

제12장 자존감의 두 얼굴 - '자존심' vs '자부심'

1. '자존심'이란? • 326
2. 자존심의 이면 • 337
3. '자부심'이란? • 343
4. 자존심 보호 전략 • 354

제13장 자존감의 충족법

1. 자부심의 효능 • 364
2. 자존심 보호의 방법 • 371
3. 자존심 보호의 다양한 사례 • 379
4. 자부심 충족의 방법 • 386
5. 자부심 충족의 응용 • 392

제14장 칭찬, 감사, 사과의 방법은?

　　1. 칭찬의 방법 • 398
　　2. 칭찬의 어려움 • 406
　　3. 감사와 사과의 방법 • 411
　　4. 갈등해소와 설득 • 424

주석 • 431

참고문헌 • 435

사진출처 • 439

머리말

이 책은, 상대를 설득하는 능력을 갖추고, 의견의 충돌로 인해 갈등이 발생했을 때 기존의 관계를 훼손하지 않고 해소할 수 있는 능력을 기름으로써, 평소 자녀, 배우자, 동료, 부하직원, 상사, 거래처와의 대화를 능숙하게 이끌며 나아가 이들과 원활하고 행복한 대인관계를 유지하는 능력을 갖추는 것을 목적으로 쓰였다.

특별히 우리가 중점을 두는 문제는 어려운 상황에서 어떻게 설득할 것인가 하는 것이다. 예컨대 상대가 처음부터 나와 반대의 의견을 갖고 있을 때, 그리고 내가 무슨 말을 해도 상대가 생각을 바꿀 뜻이 없어 보일 때, 또 내가 도저히 들어줄 수 없는 것을 상대가 요구할 때, 또한 피치 못하게 상대방의 말과 행동을 비판해야 할 때와 같은 경우들이다. 또한 우리는 우리와 가까이 지내는 사람들에게도 피치 못하게 비판을 해야 할 때가 있다. 예컨대 상대가 억지를 부릴 때, 부하직원의 태도가 못마땅할 때, 때로는 비판을 해야 하고 야단도 칠 필요가 있다.

설득은 모든 인간에게 공통적으로 요구되는 능력이다. 왜냐하면 인간의 삶은 일생을 통해 결국 자신이 원하는 것을 얻기 위해 타인을 설득하는 과정이라고 할 수 있기 때문이다. 사실 어른은 무리한 요구를 하는 아이를 설득하기 위해 애쓰지만 아이들도 자기가 원하는 것을 얻기 위해서 어른을 설득한다. 그러므로 설득의 능력은 연령과 직업과 신분, 계층을 망라하여 필요한 능력이라 할 수 있다.

그러나 설득은 초등학교에서부터 대학에 이르는 동안 아무도 가르쳐주지 않는다. 성장과 성공을 위해서, 행복을 얻기 위해서, 반드시 필요한 삶의 기술인데도 불구하고 그 어떤 교과과정에서도 다루고 있지 않다. 이로 인해 시중에는 많은 자기계발 서적에서 이를 다루고 있다.

그런데 자기계발 서적이나 유튜브와 같은 인터넷 매체들에서 발견할 수 있는 설득이나 협상, 심리상담 등을 주제로 하는 강의는 대체적으로, 구체적인 상황을 제시하고 그러한 상황에서 문제를 해결하는 방법을 살펴보는 방식이 대세를 이루고 있다. 그러나 이 같은 방식으로는, 개인마다 상황마다 다른 문제들을 해결하는 능력을 기르기가 어렵다. 매 상황의 기저에 있는 인간의 인지 원리를 이해하지 않고서는 올바르게 대처할 수 없다. 요컨대 학술적, 이론적 기반이 없는 일반적 대중 강의들은 근본적 대응능력을 길러주지 못한다. 따라서 인지과학의 이론적 섭렵이 반드시 필요한데, 문제는 이것이 대중들이 이해하기 용이한 방식으로 표현되지 않으면 그 접근성과 전달력의 한계로 인해 실효성이 없다는 데 있다. 그러므로 이 책에서 우리는 인지과학의 관점에서 생각과 언어의 원리를 살펴보되, 최대한 쉽게 설명할 것이다. 그리고 설득과 관련된 다양한 학문들, 특히 인지언어학에 기반하고, 이를 통해 설득을 하기 위한 사고의 방법을 습득하고, 생각을 표현할 언어의 효과적인 사용법을 익힌다.

이 책은 다음과 같이 구성되어 있다.

제 1부에서는 우리가 지금까지 잘못 알고 있는 설득의 개념으로부터 우리 자신을 해방시키고, 진정으로 상대를 설득하기 위해 기반해야 할 프레임이란 무엇인지와 우리의 사고가 얼마나 프레임에 의존하고 있는지, 그리고 또한 프레임이 얼마나 언어에 의존하고 있는지를 다양한 예를 통해 알아본다.

제 2부에서는 왜 언어가 사고를 지배하는지와 창의적 사고는 어떻게 가

능한지, 그리고 프레임을 형성하는 관점은 어떻게 도입되는지를 알아본다.

제 3부에서는 상대를 설득하기 위하여 프레임을 어떻게 사용해야 하는지를 알아보고, 제 4부에서는 어려운 상황 속에서 상대를 설득하기 위한 관점의 전환을 어떻게 이루어낼 수 있는지 살펴본다.

5부에서는 서로 상대를 설득하려는 갈등의 상황에서 어떻게 갈등을 해소하고 설득에 이를 수 있는지 그 방법을 모색해 본다.

각 부와 장은 서로 유기적으로 연결되어 있으므로 가능한 한 처음부터 순서대로 읽기를 권한다.

우리는 하루하루를 정신없이 살아가고 있다. 주어지는 일만 하기에도 벅차기 때문에 생각하면서 살 시간이 없다. 그러나 프랑스의 비평가 폴 부르제(Paul Bourget)는 말한다. '생각하는 대로 살지 않으면 결국 사는 대로 생각하게 되리라.'(Il faut vivre comme on pense, sans quoi l'on finira par penser comme on a vécu.) 우리의 인생은 아무렇게나 살아가기에는 너무도 소중하다.

이제 우리의 삶을 바꾸어야 한다. 세상은 사람들로 구성되어 있는 관계망이기 때문이다. 그럼에도 우리는 우리가 평생을 쉬지 않고 쓰고 있는 말에 대해 아무런 공부도 하지 않고 살아가고 있다.

이제 우리의 말을 바꾸어야 한다.

물론 바쁘게 돌아가는 일상에서 이를 위한 시간을 내는 것이 결코 쉽지 않다. 그리고 깨달음과 함께 그 변화가 단번에 오지 않는다. 또한 많은 시련이 있을 수 있다. 그러나 시련 뒤에는 반드시 성공이 온다. 겨울이 반드시 봄을 데리고 오듯이.

이 책이 앞으로 독자 여러분들에게 '말'에 대한 깨달음을 주고 동시에 고귀한 영혼에 자양분을 공급하기를 감히 바란다.

이 책은 이전에 쓴 '설득 언어'(베가북스, 2019)에 내용을 더 보충하고 뒷부분은 새로 써서 합친 것이다. 기존의 책을 기본 대본으로 했지만 생각보다 많은 시간이 소요되고 힘이 들었다. 책을 쓰는 데 응원을 아끼지 않아 준 아내와 표지 디자인을 맡아준 딸 민혜에게 고마움을 표한다. 그리고 원고를 읽고 정리해 준 배공주 박사에게도 감사를 전한다.

2024년 10월
연구실에서
박만규

제1부

프레임, 마음의 지배자

We first make our habits, then our habits make us.
처음엔 우리가 습관을 만들지만, 그 다음엔 습관이 우리를 만든다.

John Dryden (존 드라이든)

제 1 장

설득이란 무엇일까?

- 설득과 프레임

1. 설득이란 무엇일까?

● 목 표

    이 책은, 머리말에서도 언급하였듯이, 상대를 설득하는 능력을 갖추고, 의견의 충돌로 인해 갈등이 발생했을 때 기존의 관계를 훼손하지 않고 해소할 수 있는 능력을 기름으로써, 평소 자녀, 배우자, 동료, 부하직원, 상사, 거래처와의 대화를 능숙하게 이끌며 나아가 이들과 원활하고 행복한 대인관계를 유지하는 능력을 갖추는 것을 목적으로 쓰였다.

    특히 조직 생활을 하는 직장인들에게는 설득은 직무상 필수적이다. 취업과 승진뿐 아니라 업무 수행 시 동료나 협력기관, 거래처 사람들을 설득해야 하기 때문이다. 영업이나 마케팅 분야 종사자의 경우 소비자들을 설득하지 못하면 생존 자체가 불가능하다. 조직관리자와 기업경영인에게는 계층적 업무 수행 체계에서 리더십이 요구되어 조직원들에 대한 설득 능력을 그 누구보다도 필요로 한다. 현대 사회에서는 갈수록 평등의식이 높아져가고 있어

과거처럼 권력과 권위만으로는 결코 부하직원들을 이끌 수 없는 환경이다.

● 어려운 설득 상황

우리에게 관심이 있는 것은 어려운 상황에서 어떻게 설득할 것인가 하는 것이다. 예컨대 상대가 처음부터 나와 반대의 의견을 갖고 있을 때, 그리고 내가 무슨 말을 해도 상대가 생각을 바꿀 뜻이 없어 보일 때, 또 내가 도저히 들어줄 수 없는 것을 상대가 요구할 때, 또한 피치 못하게 상대방의 말과 행동을 비판해야 할 때와 같은 경우들이다.

우리는 일상적으로 늘 대하는 상대들, 즉 자녀, 배우자, 동료, 부하직원, 상사, 거래처와의 대화에서도 어려움을 느낀다. 사람들은 흔히 말한다. 어려움을 해결하는 데에는 상대에 대한 공감이 기본이라고. 그러나 우리는 상대와의 대화에서 늘 공감만 할 수는 없다.

때로는 비판을 해야 하고 부하직원과 자녀에게 야단도 칠 필요가 있다. 예컨대 상대가 억지를 부릴 때, 때로는 비판을 해야 하고 야단을 칠 필요도 있다.

권력을 더 가진 사람이 과도한 영향력을 행사할 때, 상대가 부당한 부탁을 할 때, 내게는 모두 소중한 두 사람의 의견이 갈려서 한쪽 편만 들어주기 어려울 때, 불가피하게 우리는 비판도 하고 거절도 해야 한다. 이럴 때 상대의 기분을 상하지 않게 하면서 설득하는 방법이 필요하다.

이와 같이 서로 갈등하는 상황에서도 우리는 설득을 포기할 수 없다. 이는 이중적인 어려움을 야기한다. 단지 설득이 아니라 비판과 거절과 함께 설득까지 해야 하니까. 이처럼 구조적으로 어려운 갈등 상황의 예들에는 어떤 것들이 있을까?

우선은 가족과의 갈등을 들 수 있다. 부부관계에서의 소통상의 어려움과 뜻대로 되지 않는 부모와 자녀간의 관계, 그리고 여성들의 경우 동서들과의 관계와 고부관계의 어려움이 그러하다. 또 친구와의 관계와 동료 및 상사와의 관계에서의 어려움도 마찬가지이다. 또 상대가, 특히 윗사람이 자신을 무시할 때, 예컨대 반말을 쓰거나, 말을 함부로 하는 경우 어떻게 해야 할지, 그리고 권력을 더 가진 사람과의 관계를 어떻게 설정하고 유지해야 할지 등이 쉽지 않다. 또 영업장에서의 진상 손님과 병원 및 약국 등에서의 진상 환자의 문제는 항상 딜레마에 빠지게 한다.

● 왜 언어인가?

우리는 대인관계에서 중요한 것은 소통이라 하고 흔히 언어는 소통의 수단이라고 한다.

 이렇게 보면 말은 정보를 주고받는 수단이라고 생각할 수 있지만 말은 단지 내가 상대에게 전하고 싶은 메시지가 있어서 혹은 내가 상대에게 알고 싶은 것이 있어서 하는 것만이 아니다. 말에 대해 우리가 놓치고 있는 측면이 있다.

말은 입에서 떠나는 순간부터 말하는 사람에 관한 정보를 제공하는 것이다. 즉 내가 누구인지에 대한 정보가 나도 모르게 새어나가는 것이다. 결국 나의 정체성을 전하는 것이다. 그러니까 말을 한다는 것은 자신을 노출하는 행위가 된다. 우리가 말을 하기 전에는 상대방의 외모, 몸가짐, 거동만을 볼 수 있을 뿐, 그 사람의 내면에 대해서는 알 길이 없다. 그러나 입을 열기 시작하는 순간부터 우리는 그 사람의 내면적 정보를 알 수 있게 된다. 그 사람의 생각을 알 수 있고, 또 말에 동반되는 요소, 즉 억양, 제스처, 표정 등을 통해 그 사람의 감정에 대해서도 알 수 있다. 그러므로 말을 한다는 것은 자기에 대한 정보를 제공하는 행위가 되고, 결국 스스로 벌거벗는 것이라 할 수 있다. 말을 하다 보면 예컨대 자신의 집안 배경이라든가 출신교나 취미뿐 아니라, 취향, 관심사에서부터 가치관이나 성격까지 상대에게 알리는 꼴이 된다.

우리는 상대방의 정보의 대부분을 그 사람의 말로부터 얻는다.

그러므로 우리는 말하는 만큼 존재한다고 할 수 있다. 그런데 이는 단지 말하는 양을 말하는 것이 아니다. 기억에 남지 않을 쓸데없는 말을 많이 했다고 그 사람을 기억하는 것이 아니다. 단 한 마디를 했어도 중요한 말이라면 사람들의 기억에 깊이 남을 수 있다. 그것이 존재감이다. 즉 '말하는 만큼'은 말의 양뿐 아니라 질까지 포함한다. 그러므로 질적으로 훌륭한 말을 적게 하는 것이 질적으로 떨어지는 말을 많이 하는 것보다 자신의 존재감을 더 높게 만든다. 그만큼 상대를 설득함에 있어서 언어는 매우 중요하다. 이런 이유로 우리는 인지과학의 관점에서 인간의 사고와 언어의 원리를 살펴보고자 한다.

● 이론의 필요성

설득을 위해서는 다양한 요인들을 고려해야 한다. 요인들이 매 상황마다 다르기 때문에, 기본적인 원리에 대한 정확한 이해를 갖추지 않고서는 제어하기 어렵다. 설득과 관련된 다양한 학문들, 특히 인지언어학적 원리에 기반하여, 설득을 하기 위한 사고의 방법을 습득해야 한다. 그렇게 생각을 표현할 언어의 효과적인 사용법을 익혀야 한다.

우리는 설득의 원리에 대한 정확하고 깊은 이해를 획득하고 이를 실제 상황에 적용하여 상대를 설득할 수 있는 능력을 고양함을 목적으로 한다. 이 책에서 다루는 내용은, 설득을 목적으로 하는 모든 형태의 커뮤니케이션, 즉 사적인 대화, 공적 상황에서의 대화, 직무와 관련한 발표, 질의응답, 회의 진행, 연설과 같은 대인관계에서의 설득, 그리고 기획 및 홍보를 위한 문서 작성까지 포함한다.

사람들은 저마다 몰두하고 고민하는 분야가 다르지만 그 해결책을 찾고자 노력하는 것은 마찬가지다. 그럼 해결책은 어떻게 찾아낼까? 빅 데이터(Big Data) 시대인 요즘에 다들 강조하는 '데이터' 아니면 정보 혹은 지식에서?

최근 데이터뿐만 아니라 정보나 지식도 넘쳐난다. 아무리 데이터를 모으고 인터넷을 검색하고 책을 읽고 강연을 들으면서 지식을 쌓고 공부해도 이런 것들은 우리가 정작 필요로 하는 해결책을 오롯이 제시해주지 못한다.

우리는 **자료**(data) 가운데 실제 문제와 관련된 것들만 추려 **정보**(information)를 얻는다. 또 그 정보를 잘 배열하고 정리해, 즉 체계화하여 **지식**(knowledge)으로 만든다. 이렇게 쌓인 지식들 가운데 당장 유효한 것들을 선별하여 서로 조합함으로써 문제를 해결한다. 이러한 문제해결 능력을 흔히 **지혜**(wisdom)라고 한다.

문제는 그 지혜를 얻기가 쉽지 않다는 것이다. 지식은 많이 축적될수록 힘이 커지는 반면, 지혜는 축적되지 않을뿐더러 그때그때 환경에 맞는 것을 찾아내야 하는 어려움이 있다. 지식에는 역사가 있어도 지혜에는 역사가 없는 이유이다.

요컨대 데이터와 정보, 지식 그 자체는 우리를 딜레마로부터 구해주지 않는다. 이들을 다루는 능력, 즉 문제해결 능력(지혜)이 우리를 딜레마로부터 벗어나게 하고 새로운 해결책을 찾도록 돕는다.

그렇다면 문제해결 능력은 어떻게 배양해야 할까? 한마디로 기존의 사고를 탈피해야 한다. 어떻게? 현실에 존재하지 않는 것을 떠올리는 능력, 즉 상상력을 동원해야 한다.

기억은 과거의 경험을 끄집어내는 행위이지만 상상은 경험하지 않은 것을 사고하는 행위다. 그래서 상상이 기억보다 어렵다. 상상이라 해도 결코 온전히 새로운 무엇을 생각하는 것이 아니라 기존의 것들을 다시 새롭게 조합하는 행위다. 가난한 집안에서 태어난 농구선수 마이클 조던(Michael Jordan)은 어린 시절 아버지로부터 받은 보잘 것 없는 옷을 무려 1,200달러에 팔았다. 당시 TV 시리즈 〈미녀 삼총사〉로 유명한 배우 패러 포싯(Farrah Fawcett)의 사인이 그 옷에 새겨져 있었기 때문이다. 유명인의 사인이 들어간 옷은 값어치가 나간다는 지식과 경매에 붙이면 값을 높게 받을 수 있다는 정보 등을 결합하고 여기에 인기 배우의 사인을 옷에 넣는 새로운 상상을 현실화시킨 예이다.

상상이 어려운 또 다른 이유는 기존의 지식을 새로 조합하는 일에 익숙하지 않아서기도 하지만, 더 중요한 것은 새로운 조합을 방해하는 요소들이 많다는 점이다. 이를테면 오래 전부터 무의식을 지배하는 고정 관념, 기억, 이데올로기, 해묵은 감정 또 그것들이 환기시키는 심리적, 언어적 연상 등이다. 이로부터 벗어나야 새로운 상상이 가능하다.

만일 해결해야 하는 과제가 나와 생각이 다른 상대를 대화로 설득하는 것이라면, 여기에 방해 요소가 하나 더 개입된다. 즉 상대의 욕망이다. 마찬가지로 상대도 자신의 생각을 나에게 불어넣으려 하지 아니하겠는가? 이 책에서는 이러한 방해 요인들을 인지언어학적 방법과 원리로 살펴봄으로써 상대를 보다 효과적으로 설득할 수 있는 방법을 찾아보고자 한다.

우리의 생각은 어떤 방식으로 이루어지는가? 과연 그 생각은 합리적일까? 또 얼마나 이성적이고 얼마나 감정적인가? 생각과 언어는 어떤 관계인가? 이런 질문에 답해보면서 상대방을 설득하거나 감동시키는 데 필요한 대화법과 사유법은 무엇인지, 혹은 그 반대로 본의 아니게 상대의 마음을 잃는 표현들은 무엇인지, 또 우리가 토론에서 흔히 범하는 오류는 무엇인지, 그리하여 논쟁에서 상대의 주장에 효과적으로 반론을 제기하고 설득하는 방법은 무엇인지 다양한 사례를 통해 살펴본다.

우리는 자유롭게 생각하고, 합리적으로 생각하는가? 인간은 이성적인 존재인가? 이 같은 물음에 대해 현대 인지과학의 혁명적 연구 성과는 우리의 상식을 철저하게 무너뜨린다. 이 책을 통해 무의식이 생각의 절대적인 비중을 차지하고 있으며, 이는 철저히 언어에 의해 좌우된다는 점을 알게 될 것이다. 그 이해의 열쇠는 생각하거나 말할 때 형성되는 직관적인 사고의 틀(프레임; frame)과 이를 결정하는 언어에 있다. 나아가 상대의 프레임을 활성화하는 언어를 사용했을 때 상대를 설득할 수 있으며 그게 유일한 설득의 길이라는 점을 깨닫게 될 것이다.

2. 프레임이란?

● 당신의 말은 자유로운가?

만일 누군가가 "당신은 항상 자유롭게 말하고 있는가?", 즉 "생각하는 모든 것을 말로 표현하고 있는가?"라고 묻는다면 어떻게 대답하겠는가? 당신은 머리에 떠오르는 것을 모두 말하고 있는가?

우리는 보통 이런 질문에 선뜻 '그렇다'고 대답하기 어렵다. 대화 도중 누군가가 갑자기 들어오면 자신도 모르게 하던 이야기를 멈추게 된다. 그만큼 말하는 데 있어 자유롭다고 말할 수 없다. 말을 하면서도 상대의 눈치를 살핀다.

상사와 하는 말이 동료 직원들과 나누는 대화와 어찌 같겠는가. 며느리로서 시어머니에게 하는 말투가 아내로서 남편에게 하는 말투와 같을 수는 없다. 안방에선 시어머니 말이 맞고 부엌에서는 며느리 말이 맞다고도 하지 않는가.

그렇다, 우리는 결코 자유롭게 말하고 있지 않다.

머릿속에 떠오른 생각을 고스란히 다 말한다면, 그래서 상대방이 내 마음을 전부 알게 된다면, 어떻게 될까? 비극적 결과는 불을 보듯 뻔하다. 대화 자체가 불가능해질 것이다. 어쩌면 인류가 존속하지 못했을지도 모른다.

이처럼 우리는 다양한 제약을 받으며 수많은 자기 검열을 통과한 말만 입 밖으로 내고 있는 것이다.

말을 제약하는 요소로는 어떤 것이 있을까? 매우 다양한 요소들이 존재한다. 이를테면 사회적 관습, 예의범절 그리고 사회의 권력 구조와 가정에서의 권력 구조(예컨대 부모자식, 남편과 아내, 시부모와 며느리 사이)이다. 어디 이뿐이랴.

대화 상대와의 관계, 특히 사회적 지위라든가 직장 내에서의 상하관계, 나이, 공간, 시간, 물질적 여건, 현재의 상황 등 말하는 이가 처한 다양한 환경이 제약 요소로 작용한다. 말을 하고 싶어도 분위기를 깰까봐 하지 못하는 경우도 많다.

이로써 인간이 자유롭게 말하고 있지 못한다는 점에는 이견이 없을 것이다.

● 당신의 생각은 자유로운가?

그렇다면 생각은 어떠한가? 내 생각은 자유로울까? 이 질문에는 아마 많은 이들이 그렇다고 답할 것이다. 생각은 머릿속에서 이루어지기 때문에 위에서 지적한 것들처럼 생각을 가로막는 요소들의 방해를 받지 않을 테니 말이다. 생각은 외부로 유출되지 않을 뿐더러 더 많이 생각한다 할지라도 돈이 드는 일도 아니니까.

하지만 이런 일반적인 견해와 달리 생각 또한 자유로운 행위가 아니다. 생각하는 데에도 방해 요소들이 많이 작용하기 때문이다. 결코 자유롭게 생각하지 않는 것이다. 생각하기 전에 이미 머리를 지배하고 있는 많은 요소들에 의해 점령당해 있을 뿐만 아니라 자신도 모르게 생각을 제어하는 사고의 틀이 존재하기 때문이다.

그럼 생각을 제약하는 요소로는 어떤 것들이 있을까? 각자가 지니고 있는 종교와 개인적 신념, 그리고 이데올로기라고 불리는 집단적 신념, 미신, 징크스, 고정관념, 선입견, 편견, 특정 대상에 대해 형성된 이미지, 어릴 적 겪었던 충격적인 사건에 의해 형성된 트라우마 등이 그 선행요소들이다. 이들 모두 현 사고에 앞서 존재하며 사고 자체가 일정한 방식으로 이루어지게끔 구속한다. 여기에 유전적 요인과 성장배경 등에 의해 형성된 개인의 성격도 한몫을 한다. 내성적인 사람과 외향적인 사람은 사고의 패턴이 다르다. 소심한 사람과 다혈질인 사람 역시 마찬가지다.

이렇게 우리의 머릿속은 이미 많은 선입견들로 채워져 있다. 대머리는 정력이 세다는 근거 없는 편견도 있고, 흑인과 아랍세계에 대한 고정관념, 남자와 여자에 대한 고정된 이미지들이 있고, 시합이나 시험 전에는 수염이나 머리를 깎지 않는다는 운동선수와 수험생들의 미신도 있다. 내가 어렸을 때는 다리를 떨면 복이 달아난다는 어머니의 말씀을 많이 들었던 기억이 있다.

초등학교에서 연극 공연을 하려고 역할을 배정하는데 한 초등학교 남학생에게 아버지 역을 맡으라고 했더니 떼를 쓰면서 거부하는 것이었다. 담임 선생님이 그에게 이유가 무엇이냐고 물어보니 "아빠는 대사가 없을 테니 싫어요."라고 했다 한다. 그만큼 이 아이에게 아빠는 말이 별로 없는 존재로 각인되어 있었던 것이다.

이데올로기란 개인의 신념이 아니라 권력에 봉사하는 집단적 믿음을 말한다. 이데올로기적 담화는 보편적일 수 없다. 대개 한 집단은 다른 집단에 대립되는 특유한 감정과 고정관념을 가지기 때문이다. 프랑스 철학자 올리비에 르불(Olivier Reboul)에 의하면 이데올로기적 담화는 권력과 쉽게 결합하여 권력으로 바뀐다.

지성인이라 불리는 사람들 중에도 가끔 혹은 꽤 자주 지성인답지 않게 사고하고 말을 내뱉는 이들이 적지 않다. 평소에는 점잖다가도 특정 주제만 나오면 전혀 다른 사람처럼 행동하는 경우도 있다. 또 평소 생각하고 있던 것과 다른 태도를 취하기도 한다. 이는 그가 가진 특정 사고에 대한 징크스나 고정관념, 강한 편견 혹은 트라우마 같은 것들이 사고를 앞질러 나가며 논리적 추론을 막기 때문이다. 물론 여기에는 생각할 때의 신체적인 상태와 감정 그리고 대화의 분위기까지 가세한다. 이처럼 어떤 대상이나 일에 대해 취하

는 사람의 태도에는 신념과 감정과 행동이 복합되어 있다.1)

요컨대 종교, 신념, 이데올로기, 미신, 징크스, 고정관념, 선입견, 편견, 이미지, 트라우마, 성격 같은 사고의 선행요소들이 자신도 모르게 어떤 관점을 형성해놓고 우리의 생각을 그 관점에 따라 일정한 방향으로 유도한다. "그 사람 나빠!" 이렇게 말해놓고 더 이상의 어떤 사고도 진전시키지 않는 사람들이 있다. 어떤 문제가 생겨 다양한 가능성을 고려할 때 특정한 대상에 대해서는 '그건 안 되지' 하면서 아예 처음부터 선택지에서 제외하기도 한다.

이처럼 사고의 선행요소들이 특정한 **관점**(perspective)을 미리 설정해 놓기 때문에 우리 머릿속에는 자신도 모르는 사이에 그 관점이 안내하는 사고의 틀이 만들어지게 된다. 이것이 이후 일어나는 사고를 일정한 방향으로 유도하고 또 제어하게 된다.

물이 절반가량 들어 있는 컵을 보고도 '물이 절반이나 남아 있다'고 하는 사람과 '물이 절반밖에 안 남아 있다'고 하는 사람이 있다는 상투적인 비유가 있는데, 동일한 상황에 대해 서로 다르게 판단하는 것은 각자가 가지고 있는 관점이 다르기 때문이다. 중요한 것은 이 같은 관점의 차이가 이후 각자에게 전개되는 생각을 완전히 다르게 만든다는 점이다. 즉 관점이 사고의 틀을 형성한다는 것이다.

'어떤 대상에 대해 사고할 때 대상을 바라보는 관점에 따라 형성되는 무의식적 사고의 틀'을 우리는 '**프레임**(frame)'이라 부르고자 한다.

그런데 자신도 모르게 마음속에 형성되는 사고의 틀인 이 '프레임'은, 일단 형성이 되고 나면 그 틀로 모든 것을 바라보게 함으로써, 이후의 생각을 한 방향으로 유도하고 제어한다. 그래서 틀 밖의 생각을 할 수가 없게 만든다.

우리에게 일단 프레임이 들어서면 우리는 오직 그 프레임으로만 사고를 하게 된다. 그래서 소위 진영논리라고 하는 것도 확고한 프레임으로 인해 형성된 것이다. 사안마다 양 진영으로 갈리는 경향을 보이는 두 집단이 그렇게 항상 서로 대립하는 양상을 보이는 이유는 무엇일까? 이는 모두가 자신이 갖고 있는 기존의 가치관에 기반해서 사고하기 때문이다. 다시 말해 자기 안의 기존 프레임이 사고를 하는 것이지 자신이 자유롭게 사고하는 것이 아닌 것이다.

예를 들어 한쪽에서 "A 의원은 부패했다"라고 말하면, 다른 쪽에서는 "아니다, 언론의 편향/왜곡 보도이다."라고 주장한다. 또 "A가 노욕을 부렸다."라고 말하면 상대 쪽에서는 "아니다. 오히려 B가 이기적 행동을 한 것이고 배신자이다."라고 공격한다. 그리하여 평행선을 달릴 뿐 결코 합의에 이르지 못한다.

한편, 프레임은 이중적 성격을 지니고 있음을 유념해야 한다.

(1) 사고하기 위해서는 우선 관점이 선행되어야 한다는 점에서, 프레임은 어떤 대상이나 현상을 이해하고 사고하기 위한 가이드라인이라 할 수 있다. 예를 들어 회의 시간에 사회자가 신사업에 대해 자유롭게 의견을 개진하라고 할 때는 참석자들이 아무런 생각이 나지 않아 잠자코 있다가, 재정적 관점에서는 어떻게 생각하느냐고 물으면 갑자기 생각이 나서 발언하기 시작하는 것을 볼 수 있다. 또 한국 경제에 대해 어떻게 생각하느냐고 물으면 가만

히 있다가, 일본 경제와 비교해서 말해보라고 하면 생각이 움직이기 시작하기도 한다.

(2) 한편 프레임은 그 안에 우리의 사고를 가두어 넣고 특정한 방식으로 사고하도록 제어하기 때문에 다른 생각이나 상상을 하지 못하도록 차단하거나 방해하는 결과를 초래한다.

따라서 프레임은 우리에게 '병 주고 약 주는' 존재라 할 수 있다. 문제는 이런 프레임의 사고 제어 기능으로 인해 우리가 상대를 설득해야 할 때 또는 상대에게 적절한 답변을 주거나 반박해야 할 때에 필요한 창의적으로 사고하는 길이 막힌다는 것이다.

예를 들어 중요한 발표를 앞두고 있을 때, 흔히 '절대 실수하면 안 돼!'라고 속으로 되뇌이곤 하는데, 이렇게 하는 것이 실수를 줄이는 데 도움이 될까? 그렇지 않다 오히려 실수를 하게 될 확률을 높여 주기만 한다. 왜냐하면 '실수'라는 프레임이 형성이 되어 실수에 대한 관념을 떠올리게 하고 성공에 대해 생각할 가능성을 없애 버리기 때문이다. 그러므로 이보다는 '잘하자. 이거 잘하면 대성공이야!'와 같은 긍정적인 프레임을 설정하는 것이 더 좋을 것이다.

골프를 칠 때도 마찬가지이다. '해저드에 빠뜨리지 말자!'라고 다짐하는 것보다 '저 나무 왼쪽으로 치자.'라는 식으로 다짐하는 것이 좋을 것이다.

주변에 보면 작은 사고를 당하는 사람이 많이 있다. 이런 경우 많은 사람들이 "괜찮아. 그거 액땜했네."라고 위로를 건넨다. 국어사전에서 '액땜'은, 앞으로 닥쳐올 액을 다른 가벼운 곤란으로 미리 겪음으로써 무사히 넘기는 것을 말한다. 우리는 평소에 갖고 있는 여러 가지 습관들 덕에 사고를 자주

당하지 않는다. 그러나 타성에 젖어 살다 보면 조심성이 없어지고, 주의력, 집중력이 부족해질 때가 온다.

물론 주의력과 집중력의 부족이 곧바로 사고를 발생시키지는 않는다. 사고라는 것이 단순히 한두 가지의 원인만으로 발생하지는 않기 때문이다. 그러나 평소 같으면 잘 발생하지 않는 몇 가지 원인들이 한 순간에 동시에 작동할 때 사고가 일어난다. 이 때문에 사고가 나면 본인도 왜 그랬는지 이해할 수가 없고, 남에게는 더 더욱 설명할 수가 없어서 그저 '무언가에 씌었나 보다!' 하면서 스스로 변명을 한다.

아무튼 이렇게 사고를 당하게 되면 큰 좌절감에 빠지고 부정적 심리의 프레임에 갇히게 된다. 이렇게 되면 한동안 우울감에 빠져 일상생활도 지장을 받는다. 이런 경우에 대해 우리의 선조들은 오히려 그렇게 발생한 사고가 앞으로 닥쳐올 더 큰 액을 막아주었다고 설명하는 반전의 발상을 하였다. 액땜이다.

이는 심리학적 관점에서 보면, 사고를 당한 사람들로 하여금 긍정의 프레임을 갖게 하여 다시 출발하도록 하기 위해 설정한 일종의 심리적 장치라 할 수 있다. 그런데 이것이 단지 심리적 장치에 불과하다고 생각하면 그다지 설득력이 없을 텐데, 많은 사람들이 실로 이에 큰 공감을 얻는다. 왜 그럴까?

그것은 아마 사고로부터 사람들은 실제로 경고의 교훈, 즉 경각심을 얻어서, 향후에는 긴장감을 유지함으로써 다른 사고를 내지 않을 것으로 예상하기 때문일 것이다. 요컨대 사고는 부정적인 것이지만 다른 관점에서는 이 같은 긍정적 효과를 내는 측면이 분명히 있는 것이다.

사람들 가운데는 이러한 액땜의 개념이 잘 받아들여지지 않는 사람들이 있다. '왜 하필 나에게 이런 일이?'라는 억울함을 걷어 내지 못하기 때문이다. 하지만 이건 지나친 욕심에 불과하다. 양념 없이는 비빔밥을 만들 수 없는 것처럼 인생에는 때로 억울한 일들이 양념처럼 끼어드니까. 작은 사고를 당하신 분들은 액땜을 해서 이후에 운수대통할 것이다. 앞에 끼어 있던 액(厄)을 제거했고, 본인은 앞으로 매사 조심할 경각심을 얻었으니 이미 탄탄대로가 준비되어 있기 때문이다.

이제 요약해 보자.

우리는 어떻게 상대를 설득할 수 있을까?

내 생각을 상대의 프레임에 맞추어서 전달할 때 우리는 비로소 상대를 설득할 수 있다. 우리는 흔히 이와 반대로 내 생각을 그저 내 프레임에 들어 있는 그대로 상대에게 전달하는데, 이렇게 해서 상대가 이해하고 받아들일 수 있을까? 그렇지 않다.

또 다른 방법은 내 프레임을 상대의 마음에 형성하는 것인데, 이를 위해서는 프레임을 형성시키는 적절한 언어를 구사해야 할 것이다. 하지만 이 방법은 주의를 요한다. 왜냐하면 단기적으로는 상대가 자신에게 맞지 않는 프레임을 받아들이기가 어렵고 불편하여 거부할 수 있기 때문에 위험하다. 마치 종교를 개종하게 하는 것과 정치적 이데올로기를 진보에서 보수로 혹은 보수에서 진보로 바꾸게 하는 것만큼이나 위험하므로 반드시 장기적인 전략을 가지고 접근해야 한다. 수년이 걸릴 수 있다. 다만 수개월 정도에 이루어질 수도 있는데, 선거운동이 그러하다. 단순한 슬로건을 만들어서 집중적으로 반복하여 사람들의 뇌리에 박히도록 한다.

지금까지 우리는 흔히 설득이란 결코 내가 잘 알고 있는 것을 그것을 모르는 상대에게 전달하는 것이라고 생각해 왔다. 그러나 이는 설득이 아니다. 이렇게 접근하면 설득은커녕 오히려 사이만 벌어지게 된다. 설득이란 오히려 내 생각을 '상대방의 프레임에 맞추어서' 전달하는 것이다. 혹은 내 프레임을 장기적으로 상대방의 마음에 형성시키는 것이다.

3. 프레임의 증거1 - 좌측 우위

● 생각은 틀(프레임) 안에서

앞에서 프레임이란 뭔가를 사고할 때 그 문제를 바라보는 관점에 따라 형성되는 사고의 틀이라 정의했다. 하지만 이 말이 언뜻 이해가 가지 않을 수 있다. 과연 그런 프레임이 정말 존재할까? 존재한다면 어떤 방식으로 존재할까? 이런 의문이 제기되기 때문이다. 몇 가지 실례를 통해 프레임의 존재를 확인해보자.

● 왜 왼쪽이 앞일까?

초등학생에게 강아지를 그려보라고 하면 신기한 현상을 목도하게 된다. 하나같이 머리는 왼쪽에, 꼬리는 오른쪽에 오게 그린다는 것이다. 이런 현상은 다른 동물을 그릴 때도 마찬가지다.

인터넷을 검색해 봐도 아래에서 보듯이 머리를 왼쪽에 두고 있는 사진이 주를 이룬다.

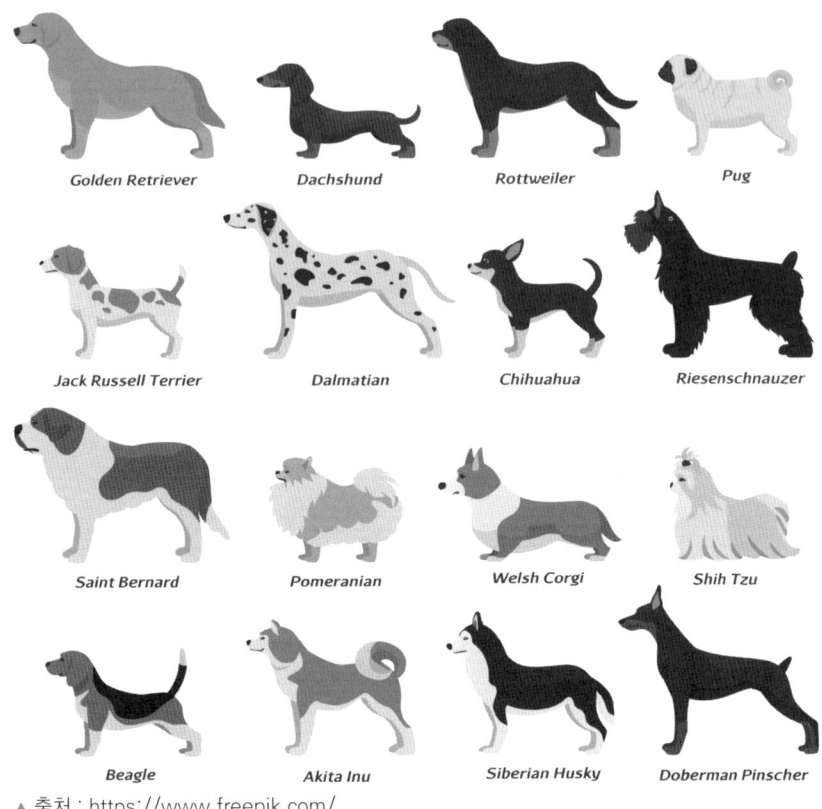

▲ 출처 : https://www.freepik.com/

● **좌측 우위의 틀**

　동물을 그릴 때 머리는 왼쪽에, 꼬리는 오른쪽에 오게 그리는 이유는 명백히 '좌=앞, 우=뒤'라는 고정관념이 우리를 지배하고 있어서이다. 그렇다면 이런 고정관념은 어디로부터 왔을까? 초등학교 다닐 때 선생님한테 "동물 그림을 그릴 때는 반드시 머리를 왼쪽에 그리고 꼬리를 그려야 한단다."라고 배워서일까? 아니, 누구든 그런 것을 배운 적은 없다. 이는 학습을 통해 우리의 관념에 들어온 것이 아니다.

그럼 이유는 무엇일까? 지금까지의 연구 결과에 따르면 이는 글을 쓰는 방향에서 기원한 것으로 알려져 있다. 즉 우리가 글을 왼쪽에서 오른쪽으로 써 나가기 때문에 왼쪽이 앞이라는 관념이 무의식적으로 생겼다는 분석이다.2)

만일 이 이론이 옳다면 아랍어권에서는 동물을 그릴 때 오른쪽에 머리가 오게 그려야 마땅하다. 아랍어권에서는 글을 오른쪽에서 왼쪽으로 쓰기 때문에(Right-to-left script) 오른쪽이 앞이라는 관념이 있어야 하기 때문이다. 정말 그럴까? 아래의 그림들에서 보듯이 과연 그러함을 알 수 있다.

그리고 보니 또 하나의 궁금증이 생긴다. 그렇다면 왼쪽을 앞으로 보는 사고방식, 즉 '좌측 우위의 틀'은 동물 그림의 경우에만 해당할까?

아니다, 가령 가격표 인식 또한 그렇다.

● 60달러 대신 59.99달러

다음의 사진들을 한번 보자. 가격이 정수가 아닌 소수점까지 쓰는 숫자들로 이루어져 있다. 60달러 대신에 59.99달러, 2달러 대신에 1.99달러 같은 형식으로, 마트 같은 곳에서 흔히 볼 수 있는 숫자 표기 방식이다. 왜 이렇게 가격을 표시할까? 기껏해야 1센트에 불과한 차이임에도 불구하고 1달러의 차이처럼 느끼게 되기 때문이다. 즉 사람들은 가장 좌측에 있는 숫자를 기준으로 전체를 판단한다는 얘기다. 이런 인지적 오류 현상을 토머스(Manoj Thomas)와 모위츠(Vicki Morwitz)는 '**좌측 숫자 효과**(Left-Digit Effect)' 혹은 '**닻 내림 효과**(Anchoring Effect)'라고 하였다.3)

1.99와 3.00의 차이는 2.01일까 혹은 1.01일까? 물론 후자가 정답이지만 우리는 언뜻 전자로 착각한다. 우리의 인식이 가장 좌측의 숫자에 닻을 내리고 이를 기준점으로 판단하기 때문이다.

또 다른 예를 보자. 25달러짜리 물건을 20달러로 할인하는 경우와 24달러짜리 물건을 19달러로 할인하는 경우 중에 어느 쪽의 할인 폭이 더 크게 느껴지는가. 사실 두 경우 모두 5달러의 할인으로 동일함에도 불구하고 사람들은 후자가 더 큰 할인인 것처럼 느끼게 되는데 이 역시 '좌측 숫자 효과'의 결과라 할 수 있다. 제일 좌측 숫자가 전자에서는 2로 변함이 없는 데 반해, 후자에서는 그것이 2에서 1로 바뀌었기 때문이다.

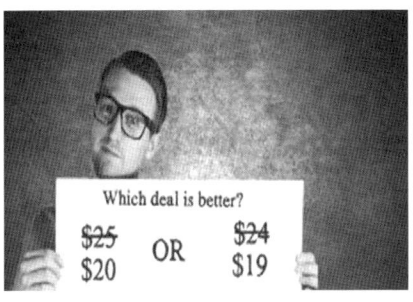

화면에서의 사람의 위치

이 같은 '좌측 우위'의 프레임은 화면 구성에서도 볼 수 있다. 국내 대부분의 TV뉴스 프로그램에서 남녀 앵커의 위치는 대체로 고정되어 있다. 아래 이미지에서 보듯이 KBS 메인 뉴스의 경우 남성 앵커가 (시청자 입장에서) 좌측에 앉아 있고 여성 앵커는 우측에 위치하고 있다. 지상파 3사가 모두 동일하다. 종합편성 채널의 뉴스 프로그램에서도 예외가 아니다. 즉 TV화면을 볼 때도 시청자들은 왼쪽을 앞이라고 생각하기 때문에 남성 중심의 사회에서 남성 앵커를 우대하려는 의도가 반영된 것이다.

▲ KBS 뉴스9 화면

그러나 여성 앵커가 좌측에 위치하는 경우도 가끔 보게 된다. 이는 주로 주부들이 많이 보는 아침뉴스라는 점을 감안하여 여성 앵커를 우대한 조치가 아닌가 싶다.

▲ KBS 아침뉴스타임 화면

그렇다면 아랍권 뉴스에서의 남녀 앵커의 위치는 어떨까? 위에서 본 것처럼 우리와 반대로 우측 우위의 틀이 작동할까?

그렇다. 다음 사례들을 보면 역시 예상대로 남성 앵커가 우측, 여성 앵커가 좌측에 서 있음을 볼 수 있다.

▲ 알자지라(Al Jazeera) TV 뉴스 화면

이스라엘 TV 뉴스는 어떨까? 히브리어도 아랍어처럼 오른쪽에서 왼쪽으로 쓰니 마찬가지일 거라고 기대된다. 아니나 다를까? Israeli TV 뉴스의 경우에도 남자가 우측에 위치하는 것을 볼 수 있다.

▲ 이스라엘 TV 채널1 뉴스 화면

　우리나라의 경우 TV 토론회 같은 프로그램을 보면, 여당 인사가 좌측, 야당 인사가 우측에 자리함을 볼 수 있고, 보수 측 인사가 좌측, 진보 측 인사가 우측, 그리고 어떤 사안에 대한 찬반 토론일 경우에 찬성 발언자가 좌측, 반대 발언자가 우측에 앉는 경향이 관찰된다.
　지금까지의 사실들을 살펴본 결과, 우리나라의 화면 구성에는 '좌측 우위'의 프레임이 적용되고 있음을 알 수 있었다. 물론 3인 이상이 자리할 경우는 중앙에 위치하는 사람이 가장 중심적인 인물(의장, 사회자)이 된다. 이때는 '중앙 우위'의 프레임이 적용되기 때문이다.
　만일 단체사진을 촬영할 때 중앙에 설 수 없다면 카메라의 시점으로 제일 좌측에 서는 것이 존재감을 더 드러낸다는 점을 알아두면 좋겠다. 물론 앞 열이 뒤 열보다 우위를 점하므로 앞 열 제일 좌측이 가장 좋을 것이다.

　다음 그림은 두 사람이 꽃을 주고받는 그림이다. 우리는 여기에서 남학생이 여교사에게 꽃을 선물하는 것으로 걸로 생각할 수도 있고, 여교사가 남학생에게 꽃을 선물하는 것으로 볼 수도 있다. 사실은 이 그림만으로는 알 수가 없다. 그러나 대부분의 사람들은 언뜻 남학생이 여교사에게 꽃을 주는 것으로 판단한다. 프레임이 만들어 내는 놀라운 결과이다.

　이상의 프레임은 숫자와 모든 종류의 화면 구성에 적용되는 것으로 보편적으로 혹은 동일 문화권 내에서 매우 단순하면서도 강력한 방식으로 사람들의 사고에 즉각적 영향을 끼치고 있다.

　다음 사진을 보자. 참 유명한 마케팅의 사례인데, 한 남성이 사막에서 지쳐 쓰러졌었는데 콜라를 마시고는 힘이 나서 달리기 시작했다는 내용을 보이고 있다. 이 광고는 서방 국가에서 좋은 반응을 얻었다. 그래서 콜라 회사는 동일한 광고를 그대로 아랍권의 잡지에 수록했다.

　그러나 아랍권에서는 오른쪽이 앞이기 때문에 잡지 독자들은 오른쪽에서

부터 왼쪽으로 읽었다. 그랬더니 멀쩡하게 잘 달리던 사람이었는데 콜라를 마시더니 사막에서 퍼져서 드러누웠다고 해석하게 되었다. 아랍 국가들에서 이 광고는 크게 실패했고 콜라 판매는 크게 줄었다. 당연히 담당자는 해고가 되고 큰 실패 사례로 역사에 남게 되었다. 이렇게 그 지역 문화의 기본적인 프레임도 모르고 접근하면 실패를 본다는 교훈을 주었다.

● 앞줄 우위의 프레임

2017년 5월 25일 벨기에 브뤼셀에서 열린 NATO(북대서양조약기구) 정상회의에서 도널드 트럼프 미국 대통령이 참가국 정상들과 단체사진을 찍을 때, 두스코 마르코비치 몬테네그로 총리를 뒤에서 무례하게 밀치고 앞줄로 나가선 적이 있다. 이는 바로 앞줄 우위의 프레임 때문이다. 이처럼 좋은 자리를 차지하려는 갈등을 미연에 방지하기 위해 국제회의에서는 지위(대통령/총리)와 재임기간 등 몇 가지 기준에 따라 자리를 정하기도 한다.

● 중앙 우위의 프레임

또 한 가지 프레임을 보자. 아래의 세계 지도는 우리나라에서 흔히 보는 지도이다. 이처럼 우리나라에서는 당연히 우리나라가 중앙에 배치된 세계지도를 선호한다.

그런데 아마 외국에 나간 경험이 있는 사람들은 잘 알겠지만, 유럽은 자신이 중앙에 배치된 다음의 지도를 사용한다. 중앙 우위의 프레임이 작동한 것이다. 그런데 미국도 이러한 형태의 지도를 채택하는데, 이는 미국 국토가 좌측에 배열되어 있어 좌측 우위의 프레임을 만족시키기 때문이다.

만일 여러분에게 어떤 이가 다른 이에게 꽃을 주는 그림을 그리라고 요청한다면 어떻게 그리겠는가? 꽃을 주는 사람을 좌측에, 꽃을 받는 사람을 우측에 배치하여 그리지 않을까? 이는 좌측이 시작이라는 프레임이 있어서 왼쪽에서 나와서 오른쪽으로 이동하는 것을 자연스럽게 생각하기 때문이다.

4. 프레임의 증거2 – 시간의 공간화 방식

● 시간은 좌에서 우로 흐른다?

　시간은 추상적인 개념이다. 우리는 시간을 보거나 만지거나 냄새를 맡을 수 없다. 그래서 각 언어에서는 이것을 쉽게 인식하고 전달하기 위해서 은유적인 방법을 사용하는데, 가장 흔한 방법은 공간 속의 물체로 간주하는 것이다. 그래서 시간을 마치 물인 것처럼 비유하여 시간이 '흐른다'라고 표현한다. 그리고 시간이 과거에서 '와서' 현재를 '거쳐' 미래로 '갈' 것으로 표현한다. 이처럼 시간을 공간상의 이동으로 간주하는 사고의 존재가 사실인지를 확인하기 위해서 언어심리학자 보로디츠키(Lera Boroditsky)는 실험을 진행했다. 그녀의 연구는 많은 언어에서 시간은 좌측에서 우측으로 흐른다고 생각하는 경향이 있음을 확인하고 있다. 실제로 아래에서 보이는 사진들처럼 한 사람이 어렸을 때부터 나이를 먹으면서 찍은 사진들을 뒤섞어놓고 그것들을 시간의 흐름에 따라서 정리하라고 요구했더니, 사람들은 사진과 시간의 흐름에 따라서 정리를 하는데, 어김없이 어린 시절의 사진을 왼쪽에 두고 나이가 든 사진일수록 더 오른쪽에 배치하는 것이었다.

앞서 살펴본 공간상의 프레임, 즉 좌측이 앞이라는 프레임이 시간에서도 그대로 적용되는 것이다. 즉 시간은 왼쪽에서 오른쪽으로 흐른다는 프레임을 우리가 가지고 있다는 것이다. 이것을 우리는 또 다른 사례에서도 확인할 수 있는데, 그것은 제스처이다. 예를 들어 '월 화 수 목 금 토 일'이라고 한 주의 요일명을 차례대로 이야기할 때 우리의 손은 무의식적으로 왼쪽에서 오른쪽으로 이동한다.

● 시간은 좌에서 우로 흐르지 않는다?

그런데 여기서 '왼쪽'과 '오른쪽'이라는 개념은 어떻게 형성된 것일까 하는 문제를 생각해 보자. 우리가 너무나도 자주 쓰는 단어인 '왼쪽'을 어떻게 정의할 수 있을까? 의외로 쉽지 않다. 어느 언어의 사전을 펼쳐보아도 정의는 동일한 방식으로 이루어져 있다. 어느 사전이든지 왼쪽을 심장이 있는 쪽이라고 정의하는 방식을 쓰고 있다. 그렇지만 조금만 생각해 봐도 이것은 어이없는 정의라는 것을 알 수 있다. 사실 우리가 심장이 우리 몸의 왼쪽에 있다는 사실을 '왼쪽'이라는 의미보다 더 나중에 알게 되지 않는가? 습득하게 되는 지식의 순서가 바뀐 것이다. 그만큼 왼쪽과 오른쪽을 정의하기는 어렵다. 사실 우리는 어렸을 때 왼쪽과 오른쪽의 구분을 경험적으로 배울 뿐 정의를 통해서 그 의미를 알게 되지는 않기 때문이다.

지구상에는 약 6000~8000개의 언어가 있는데, '왼쪽'과 '오른쪽'이라는 두 어휘가 없는 언어가 있을까? 사실 상상하기가 어렵다. 이 두 단어가 없이 일상생활을 하는 것은 거의 불가능하다고 생각되기 때문이다. 그러나 놀랍게도 그런 언어가 있다.

호주의 북동쪽 퀸즐랜드(Queensland)주에 사는 쿡타요르(Kuuk-Thaayore)족의 언

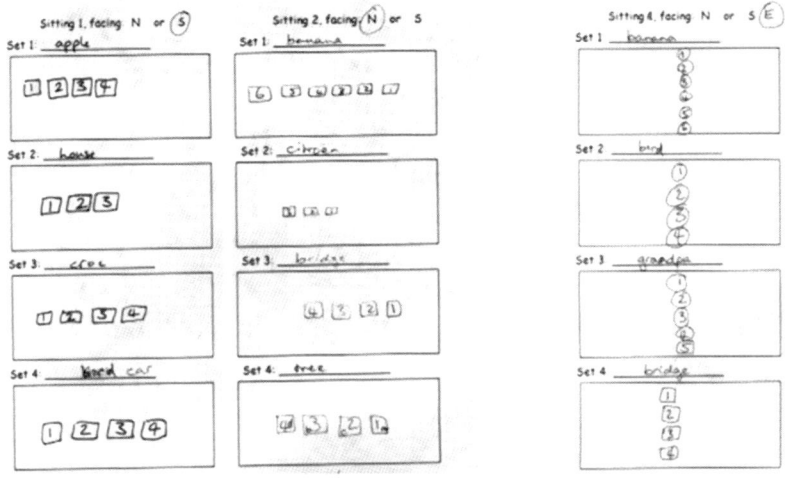

어와 구구 이미티르(Guugu Ymithirr)족의 언어4)가 그러하다. 이들 언어에는 왼쪽과 오른쪽이라는 단어가 없다. 그럼 어떻게 방향을 표현할까? "똑바로 가다가 첫 번째 사거리에서 왼쪽으로 가."라든가 "Mary의 왼쪽에 서 있는 아이가 내 동생이에요." 같은 말을 어떻게 한다는 말인가? 이들은 이렇게 표현한다고 한다. "첫 번째 사거리에서 북북동쪽으로 가." 혹은 "Mary의 남쪽에 서 있는 아이가 내 동생이에요."라고 하는 것이다. 또 "어디 가세요?"라고 상대방이 말을 할 때 우리는 보통 "슈퍼에 뭐 장보러 갑니다."라고 답변하는데 이들은 "북서쪽으로 멀리 가요."와 같은 식으로 응답을 한다는 것이다.

놀랍지 않은가? 이들은 어떻게 남쪽이나 북북동쪽 같은 방향을 알고 있을까? 또 누가 방향을 이렇게까지 자세하게 알고 있을까? 사실 우리는 어떤 건물에 들어가게 되면 당장 방향감각이 상실된다. 건물 밖에서도 사실 어느 쪽이 동서남북인지 대개는 잘 모르고 생활한다.

그렇다면 쿡타요르 족과 구구 이미티르 족은 어떻게 하여 절대적인 방위

(方位)로 답변할 수 있을까? 그들은 어디에 있건 항상 방향을 알고 있기 때문이다. 실제로도 여러 연구에서의 조사 결과 이들은 놀라울 정도로 항상 방향을 정확하게 인식하고 있다는 것이 확인되었다.5) 그렇다면 어떻게 해서 이들은 방향에 대한 감각을 유지하고 있을까? 그들은 어렸을 때부터 그러한 훈련을 자주 받기 때문이라고 한다. 그래서 이스라엘의 언어학자 기 도이쳐(Guy Deutscher)는 구구 이미티르 족 사람들에게는 내부 나침판(internal compas)이 있다고 표현하기도 했다.6)

그런데 이 부족들에 대한 흥미로운 실험이 진행되었다. 위에서 언급한 보로디츠키가 쿡타요르 족을 비롯한 포름푸라우(Pormpuraaw) 사람들을 대상으로 시간 표현에 관한 실험을 했다.7) 1, 2, 3, 4, 5 같이 숫자가 적힌 카드를 주고 시간이 흐르는 대로 늘어놓아 보라고 했더니, 좌에서 우로 늘어놓는 일반적인 미국인과 달랐다. 다른 것에서 그치는 것이 아니라, 때에 따라 피험자들이 숫자를 늘어놓는 방향이 바뀌는 것이었다. 그러니까 아래 그림에서 보듯이, 어떤 때는 왼쪽에서 오른쪽으로 늘어놓는 반면에, 어떤 때는 오른쪽에서 왼쪽으로 늘어놓고, 심지어 어떤 때는 앞에서 뒤로, 혹은 뒤에서 앞으로 늘어놓는 것이었다.

처음에는 이해하기 어려웠으나 연구진은 포름푸라우 사람들이 시간의 흐름을 해의 흐름으로 표현한다는 것을 알아냈다. 해는 동쪽에서 떠서 서쪽으로 이동을 하므로, 시간은 동쪽에서 서쪽으로 흐른다고 생각하는 것이었다. 만일 피험자가 북쪽을 보고 향하고 있다면 오른쪽이 동쪽이 되므로 오른쪽에서부터 왼쪽으로 1, 2, 3, 4, 5를 늘어놓게 되고, 만일 피험자가 남쪽을 보고 있다면 왼쪽이 동쪽이 되니 왼쪽에서 오른쪽으로 늘어놓게 되는 것이었다. 그렇다면 만약에 피험자가 동쪽을 바라볼 때는 어떻게 될까? 태양은 그의 앞에서 머리를 거쳐서 뒤로 이동을 하니, 앞에서 뒤로 배열을 하고 만일 서쪽을 바라볼 때는 반대로 늘어놓게 될 것이다.

시간의 흐름을 표현할 때 대부분의 언어는 왼쪽과 오른쪽이라는 방향을 이용하는데, 동서남북 같은 절대 방위만으로 표현하는 언어가 있다는 것은 결국 시간의 흐름도 결국 정해진 프레임 안에서 표현된다는 것을 말한다.

앞서 말했듯이, 시간은 우리가 눈으로 볼 수 있는 것도 아니고 귀로 들을 수 있는 것도 아니고 손으로 만질 수 있는 것이 아니어서 다시 말해 매우 추상적인 개념이어서 그 자체로 상대에게 이해시키기가 쉽지 않은 개념이다. 그래서 많은 언어에서 공간에 빗대어 이를 표현한다. 예를 들어 '틈'이라든지 '사이'라고 하는 단어는 본래 공간을 가리키는 용어이다. '갈라진 틈으로 물이 샌다', '사람들 사이에 끼었다'와 같이 쓸 때가 그러하다. 그런데 이것을 아주 짧은 시간을 가리키는 말로 사용하는 경우가 많이 있다. '쉴 틈이 없다', '쉴 사이가 없다'와 같은 사용이 그러하다. 이럴 때는 본래 공간을 나타내던 개념이었는데 시간을 나타내는 말로 전이된 것이라 할 수 있다. 공간은 우리가 볼 수도 있고 느낄 수도 있는 구체적인 개념이라서 우리가 이해하기 쉽기 때문이다. 시간을 공간 내에서 움직이는 하나의 구체물처럼 개념화하는 경우도 있다. 예를 들어 '시간이 흐른다', '시간이 멈춘다', '시간이 다가온다', '시간이 지나간다'와 같은 표현이 그러하다. 이것은 마치 기차가 멈추거나 다가오거나 지나가는 것처럼 표현하는 것이 아니겠는가? 또 '시간이 강물처럼 흐른다'고도 표현한다. 또 길이를 가진 구체물로 개념화하는 경우도 있다. 예를 들어 '시간이 길다'라든지 '시간이 짧다'와 같은 경우가 그러하다.

기분이 좋으면 내가 위로 올라가는 듯한 느낌을 받는데, 이러한 방향성을 투영한 예가 '기분이 들뜬다'는 표현이다. 또 '날아갈 것 같다'고도 하고, 영어를 써서 '기분이 업(up)된다'고도 한다. 그러나 반대로 기분이 나쁘거나 슬플수록 아래로 내려가는 방식으로 표현한다. 그래서 '기분이 가라앉아 있다'든가 '기분이 저조하다' 혹은 '난 아직 다운(down)돼 있어'와 같은 식으로 표현한다. 이처럼 공간 내에서 상하의 방향으로 우리의 감정을 나타내기도 한다. 그리고 이러한 경향은 사실 거의 대부분의 언어에서 발견이 된다. 이런 현상도 결국은 우리 생각이 어떤 프레임 안에서 움직인다는 것을 알려주는 증거라 할 수 있다.

이상의 사례들을 통해 이제는 아마 여러분들이 자신의 의지와 관계없이 자신의 생각이 어떤 프레임에 의해 좌우되고 있다는 것을 이해하게 되었을 것이다.

제 2 장

언어가 프레임을 지배한다
– 언어와 프레임

1. 언어에서의 위치 프레임

앞에서 우리는 좌측 우위의 프레임과 시간의 공간화 프레임에 대해 살펴보았다. 이들은 매우 단순하면서도 매우 강력한 방식으로 우리의 생각을 결정짓는다. 이제는 언어 내에서 위치와 관련된 프레임을 살펴보도록 하자.

● 긍정적 가치 우위 프레임

서로 대립하는 두 개념을 병기해야 할 때, 둘 중 하나를 앞에 다른 하나를 뒤에 놓을 수밖에 없는데[8], 모든 언어에서 보편적으로 긍정적 가치를 앞에, 부정적 가치를 뒤에 놓고 있다. 즉 '긍정적 가치 우위'의 프레임을 쓰는 것이다.

예를 들어, 길고 짧은 것을 함께 표현하는 '장단'(長短)이라는 말이 있는데, 이 말은 긍정적 가치를 나타내는 '장'(長)을 앞에, 부정적 가치를 나타내는 '단'(短)을 뒤에 놓고 만든 말이다. 높고 낮음을 나타내는 '고저'(高低)와 강하고 약함을 나타내는 '강약'(強弱)도 마찬가지이다. '단장'(短長)이나 '저고'(低高),

'약강'(弱强)이라는 말을 들어본 적이 있는가? 생각할 수도 없는 말들이다. 이처럼 우리는 아무도 강제한 적도 없고 아무도 가르쳐 준 적이 없는데도 개념 간의 순서를 무의식 중에 결정하여 사용하고 있다.

그렇다면 '위아래'와 '앞뒤', '여기저기', '지금과 그때'는 어떻게 하여 선후가 결정된 것일까? 이 또한 각 복합어의 앞 단어가 긍정적인 의미를 갖고 뒷 단어가 부정적인 의미를 갖기 때문이라고 설명할 수 있다. 항상 자신을 중심으로 놓고 시간과 공간을 개념화하는 방식에서 기원한 것인데, 쿠퍼와 로스(W. Cooper and J. Ross 1975)는 이를 '나 중심 지향성'(ME-FIRST orientation)이라 명명했다.

원시 시대부터 인간은 직립하면서 앞으로 걸어가면서 외부의 적을 방어하면서 행동하고 생활했기 때문에 자신의 입장에서 방향에 관한 일정한 생각을 갖게 되었고 이것이 언어에 반영되었다. 인간은 머리를 들고 직립한 자세에서 생활하였기 때문에 구부려야 볼 수 있는 '아래'보다 '위'를 더 긍정적인 것으로 생각하게 되었을 것이고, 두 발로 직립 보행하는 인간의 입장에서는 아래에서 네 발로 이동하는 다른 동물들에 비해 우월감을 갖게 되었으니 위를 더 긍정적인 위치로 자리매김했을 것이다. 이동할 때는 항상 앞으로 걸어갔기 때문에 '앞'은 긍정적인 방향이 되는 것인 반면에, '뒤'는 내가 볼 수도 없고 나아갈 수도 없는 방향이고 그래서 위험한 방향이므로 부정적인 것으로 생각하게 되었을 것이다. 그리고 지금 자신이 있는 곳인 '여기'는 자신의 입장에서는 가장 안전하고 편안한 곳이고 세상의 중심인 곳이니 긍정적인 곳인 반면에, 나로부터 멀리 떨어져 있어 위험하고 불편한 곳인 '저기'를 부정적인 장소로 생각하게 되었을 것이다.

시간도 마찬가지이다. 나는 항상 현재에 살고 있기에 '지금'이 긍정적인 때이고 이미 지나가서 내가 통제할 수 없는 시간인 '그때'는 부정적인 것으로 간주된다. 또한 인간은 누구나 자기 자신을 항상 착한 사람으로 생각하고 자신을 공격하는 짐승이나 다른 사람을 나쁜 존재로 생각하기 마련이다.

이상에서 본 바와 같은 '나 중심 지향성'는 두 개의 상반되는 개념이 있을 때 그 중 긍정적인 것을 우선시하여 앞에 놓고 부정적인 것은 뒤에 놓도록 결정하게 만들었다. 이는 비교적 보편적인 사고의 틀(프레임)이라 한국어와 영어 모두에 적용되는데, '위아래'와 'up and down', '앞뒤'와 'front and back', '여기 저기'와 'here and there', '지금과 그때'와 'now and then', '선악(善惡)'과 'good and bad' 등과 같은 복합어에서 이를 확인할 수 있다. 반대의 어순은 한국어나 영어 모두에서 부자연스럽다.

● 자동상위관계(autosuperordination)

한편 대립된 두 대상을 포괄하여 상위 개념을 만들 때 두 가지 방법을 취할 수 있다.

하나는 새로운 어휘를 만드는 방법이다. 예를 들어 길고 짧은 정도를 포괄하는 상위 개념을 나타내기 위해 '척도'라는 새로운 어휘를 이용하는 것이다.

다른 하나는 두 대상 가운데 하나를 택하여 대표시키는 방식, 즉 두 대상 중 한쪽이 다른 한쪽까지 포함하는 상위어로 쓰는 방식이다. 이를 자동상위관계(autosuperordination)라고 한다.9) 예를 들어 길고 짧은 정도를 나타내기 위해 긴 쪽을 택하여 '길이'라고 하고, 높고 낮은 정도를 높은 쪽을 택하여 '높이'라고 하는 방식이다.

이처럼 대개 긍정적 가치를 나타내는 개념어를 택하여 대표시킨다. '길다'와 '짧다' 가운데에서는 '길다'가 긍정적인 개념이고, '높다'와 '낮다' 중에서는 '높다'가 긍정적인 개념이어서 이들을 택하여 대표시키는 것이다. 부정적인 개념을 택하여 '짧이'와 '낮이'라고 하지 않는다. 다음에 몇 가지 예를 더 든다.

> 무겁다-가볍다(무게-*가벼이), 두껍다-얇다(두께-*얇이),
> 빠르다-늦다(빠르기-*늦이), 강하다-약하다(강도-*약도),
> 넓다-좁다(넓이, 너비-*좁이), 크다-작다(크기-*작기),
> 깊다-얕다(깊이-*얕이), 밝다-어둡다(밝기-*어둡기)
> (*는 불가능한 결합을 표시)

영어에서도 long과 short를 포괄하는 개념어로 long(길다)에서 파생된 length(길이)를 쓴다.

> This one is ten meters long.(이것은 길이가 10미터이다.)
> What is its length? (길이가 얼마죠?)
> = How long is it?

마찬가지로 high와 low를 포괄하는 개념어로 high(높다)에서 파생된 height(높이)를 쓴다.

> This is ten meters high.(이것은 높이가 10미터이다.)
> What is its height? (높이가 얼마죠?)
> = How high is it?

키가 얼마인지를 물어보는 가장 일반적인 표현은 '당신은 얼마나 큰가요?'를 뜻하는 'How tall are you?'이다. 이때 '당신은 얼마나 작은가요?'를 뜻하는 'How short are you?'를 쓰지 않는다. tall과 small의 상위어도 smallness가 아니라 tallness이다.

또 나이를 물어볼 때 쓰는 표현인 'How old are you?'도 '당신은 얼마나 나이 들었나요?'이지 '당신은 얼마나 어린가요?'를 뜻하는 'How young are you?'가 아닌 것이다. old와 young 중에서는 old가 긍정적 가치인 것이다.

하지만 여기서 반론이 제기될 수 있다. old가 아니라 young이 긍정적인 가치가 아닐까 하는 생각이 들 수 있기 때문이다. 최근 젊음을 늙음보다 더 중요시하는 사회분위기가 있는 것도 사실이다. 그러나 이는 최근의 변화이지 원래 old는 '늙은'이라기 보다 '나이가 든, 그래서 경험을 많이 한, 그래서 원숙한'의 의미가 더 기본적이고 young은 '젊은'이라는 뜻도 있지만 기본적으로는 '나이가 어린, 경험이 부족하여, 그래서 미숙한'의 뜻이다.

사실 한국인들에게도 '늙은'이 '젊은'에 비해 긍정적인 가치를 나타낸다. '노소'(老少)에서 '노'(老)가 '소'(少)에 앞서는 것에서도 볼 수 있듯이 말이다. 그러다가 언제부터인가 우리의 사고가 바뀌어 청년을 긍정적이고 노년을 부정적인 것으로 보는 풍조가 생긴 것이다.

사실 어린 것은 경험이 부족하여 어리숙하다는 뜻이다. 실제로 훈민정음 언해에 '어린 백성이'라고 할 때의 '어리다'가 '어리석다'로 쓰였었다.

또 '점잖다'라는 말이 있는데, 언행이나 태도가 의젓하고 신중하다는 뜻이다. 이는 '젊지 아니하다'가 줄어서 된 말로서, 결국 '젊다'는 것은 언행이나 태도가 의젓하지 못하고 신중하지 못하다는 것을 뜻한다.

그러므로 '노소'(老少)에서 긍정적 가치인 '노'(老)가 부정적 가치인 '소'(少)에 앞서는 것은 당연하다 하겠다.

다만 두 어휘에 긍정적, 부정적 가치가 뚜렷이 대립되지 않을 때는 한 단어가 아니라 각 단어가 별도로 명사형을 이룬다. 예를 들어 '춥다'와 '덥다'는 한쪽이 긍정적이고 다른 한 쪽이 부정적이라 볼 수가 없는 관계이다. 그러므로 '추위'와 '더위'가 모두 명사형으로 존재한다. 이때 두 어휘를 포괄하는 상위어로는 '기온'(氣溫)이나 '온도'(溫度)가 쓰인다.

● **근본적 가치 우위 프레임**

그렇다면 '음양'(陰陽)은 어떠한가? '음'보다는 '양'이 더 긍정적인 가치가 아닐까? 그러나 이는 그렇지 않다. 음과 양은 상호의존적 개념이고 따라서 상대적이다. 어느 것이 더 긍정적이고 어느 것이 더 부정적이라고 할 수 없다.

모든 것은 태어난 뒤 자라고 결실을 맺지만 결국 다시 '무'(無)로 되돌아간다. 이 우주만물의 생멸을 설명하는 원리가 '음양'의 원리인데, 이 가운데 모든 것이 탄생하는 원천, 어두운 심연을 '음'이라 하고 싹트고 성장하고 결실을 맺는, 밝은 부분을 '양'이라고 한다.

발전하는 역동적인 세상을 '양'이라 하고 스스로 움직이지는 않으나 세상을 움직이게 하는 원천과 만물이 생성되는 근본, 그리고 결국 그곳으로 되돌아가는 회귀점을 '음'이라 한다. 따라서 어찌 보면 '음'이 출발점이고 원천이고 회귀점이므로 이것이 더욱 근본적인 가치라 할 수 있기에 '양'에 선행하는 '음양'이라는 단어가 생겨난 것이 아닐까 필자는 추측한다.

이렇게 보면 '지천'(地天)이라는 단어도 같은 원리로 설명할 수 있지 않을까 한다. 만물이 탄생하는 원천이 땅(地)이고 하늘은 모든 것이 성장하는 지향점이기 때문에 '지'가 '천'에 선행하는 것이리라.

● **강자 우위 프레임**

대립되는 두 개념 중 한쪽이 강자(권력적으로 우위에 있다고 간주되는 존재)이고 다른 한쪽이 약자(권력적으로 열위에 있다고 간주되는 존재)일 때는 보편적으로 강자를 앞에, 약자를 뒤에 놓고 있다. 즉 강자 우위 프레임을 쓰는 것이다.

예컨대 '남'과 '여'를 함께 넣는 우리말의 많은 합성어들에서 강자인

'남'(男)이 앞에 약자인 '여'(女)가 뒤에 놓인다. 아래에 '남성'과 '여성'이 함께 들어간 합성어의 예들을 제시한다.

'남녀공학', '선남선녀'
'신랑신부', '소년소녀', '자녀', '父母', '夫婦', '장인장모', '오누이'

심지어 '남녀평등'에서도 '남'이 '여'보다 앞선다. 또한 '갑돌이와 갑순이'처럼 이름의 경우에도 그렇다. 이는 영어에서도 마찬가지이다. 'Romeo and Juliet'처럼.

그러나 동물의 경우에는 이야기가 달라진다. '암수'나 '자웅(雌雄)'의 경우는 암컷이 수컷 앞에 오는 것이다. 이것은 동물의 경우 새끼를 낳을 수 있는 암컷이 인간에게 더욱 유용한 대상이 되어, 즉 긍정적인 대상이 되기 때문이리라.

혹시 남성과 여성이 함께 들어간 단어들 가운데 여성이 앞에 오는 경우는 없을까? 있기는 있다. '처녀총각'과 '시집장가'가 그러한데, 이는 아마도 처녀의 가치를 더 긍정적인 것으로 보기 때문이고, 결혼도 여성에게 더욱 중요한 가치라는 시각이 반영된 것이라고 할 수 있다. '연놈'의 예는 더욱 희한한데, 남녀를 각각 낮잡아 부르는 말인 '놈'과 '년'의 경우에는 여성을 앞세운 경우이다. 이 세 가지 모두 성차별 이데올로기가 반영된 예라 할 수 있다.

그러나 최근에는 남녀의 위치가 역전되는 사례가 나타나고 있다. '어미아비'가 '아비 어미'가 별 차이가 없이 쓰이고 '엄마 아빠'가 '아빠 엄마'보다 더 많이 쓰이고 있다.

영어에서도 'Ladies and gentlemen', 프랑스어에서도 'Mesdames et Messieurs', 독일어에서도 'meine Damen und Herren'이라는 표현, 즉 숙녀를 신사보다 앞에 놓는 표현이 정착된 지가 오래 되었다. 심지어 중국어에서도 '女士們, 先生們'처럼 숙녀를 신사 앞에 놓는다. 그런데 우리나라에서는 아직도 '신사 숙녀 여러분'이 쓰이고 있어서 필자는 몹시 안타깝다. 영어와 프랑스어에서도 사회적 운동을 통해 바꾸었듯이 우리도 '숙녀 신사 여러분'으로 빨리 바꾸기를 희망한다.

앞서 언급한 바와 마찬가지로 상위 개념을 만들 때 두 가지 방법을 취할 수 있는데, 남성과 여성을 포괄하는 경우에서도 마찬가지이다.

하나는 새로운 어휘를 만드는 방법이다. 예를 들어 '남자'와 '여자'를 포괄하는 개념으로 '사람' 또는 '인간'이라는 새로운 어휘를 이용하는 것이다. '아들'과 '딸'을 합하여 '자식'이라 하는 것도 이 방식이다.

다른 하나는 두 대상 가운데 하나를 택하여 대표시키는 방식, 즉 자동상위관계를 이용하는 방식이다. 예를 들어 man과 woman을 포괄하는 개념으로 강자인 man을 택하여 인간이라는 뜻으로도 쓰는 방식이다. 영어에서는 day(낮)과 night(밤)을 포괄하는 상위개념어로 day(하루, 날)를 쓰고 있는데 이것도 마찬가지 방식이다.

한국어와 달리 영어, 프랑스어, 독일어, 스페인어 등의 유럽어에서는 이와 같이 자동상위관계를 이용하여 많은 상위어를 형성하여 쓰고 있다. 이때 문제가 되는 것은 성차별의 발생이다. 영어에서 'man'이라는 단어는 '남자'를 뜻할 뿐 아니라 '사람'을 의미하기도 하는 것은 마치 'woman'은 'man' 보다 사람에 대한 대표성이 약하기라도 한 것처럼 말이다. 동물의 경우도, 대부분 수컷을 가리키는 단어가 암컷을 가리키는 단어를 대표한다. dog와 bitch, lion과 lioness, tiger와 tigress 등에서 그러하다. 암소인 cow가 수소인 bull(혹은 ox)을 물리치고 상위어로 쓰이는 경우도 있지만 이는 예외적이다. 더구나 암캐를 가리키는 bitch는 욕으로 쓰인다.

이러한 영어에서의 성차별을 시정하기 위해 정치적으로 올바른 용어들(politically correct terms)을 만들어 사용을 권장하고 있다. 다음에 몇 가지 예를 든다.

인간 : 'man', 'mankind' → 'human being'
의장 : chairman → chairperson
여성체육인 : sportsman → sportswoman
1학년 여대생 freshman → freshwoman,
여성경관 : policeman → policewoman,
여자 모양 눈사람 : snowman → snowwoman

주지하는 바와 같이, 결혼 여부에 따라 구분하여 쓰던 Miss와 Mrs.는 이제 Ms.로 통합하여 정착되었다.

● 자국 우위 프레임

대립되는 두 개념이 자국과 타국일 경우에는 자국을 우위에 놓은 프레임이 작동된다. 이것은 어느 나라나 마찬가지이다.

우리나라에서는 '남북관계'라고 하는 것이 당연하고 북한에서는 '북남관계'라고 하는 것이 당연하다. 우리나라에서는 '한미 FTA'라고 하지만 미국에서는 'US-Korea FTA'라고 한다.

그런데 지리 분야에서는 유감스러운 일이 일어나고 있다. 우리가 쓰는 지구상의 지역명 중 상당수가 우리 중심이 아니라 서구중심인 것이다. 우리에게는 모두 서쪽에 위치한 지역들을 우리는 '근동'(近東, Near East), '중동'(中東, Middle East), '극동'(極東, Extreme Orient) 등으로 부르고 있는 것이다. 이들은 유럽을 기준으로 한 명칭들이다. 신세계(New World), 아메리칸 인디언(American Indians), 서인도제도 등도 마찬가지다.

● 결론 지향 프레임

지금까지 살펴본 위치 프레임은 모두 좌측 우위의 프레임들이었다. 그런데 위치 프레임은 항상 좌측 우위일까?
반대의 위치 프레임도 있다. 다음을 보자.

a) 나는 행복했다. 그러나 가난했다.
b) 나는 가난했다. 그러나 행복했다.

a)와 b)는 동일한 단어들로 이루어진 문장들이며, 단지 배열만 반대로 되어 있다. 그러나 그 논조는 서로 반대임을 볼 수 있다. 즉 a)는 내가 가난했음을, b)는 행복했음을 강조하는 취지로 해석된다. 이는 왜일까? 가장 최근에 말한 것이 가장 중요한 정보를 가지기 때문이다.

이처럼 (위에서 본 것과 같이 단어의 차원이 아니라) 문장이나 담화의 차원에서는 뒤에 말하는 것이 결론으로 간주된다. 그 때문에 서론-본론-결론, 기-승-전-결 구조가 만들어진 것이다. 물론 긴 담화에서는 두괄식도 있고 양괄식도 있지만 두 세 문장으로 이루어진 짧은 담화에서는 기본적으로 미괄식 구성으로 이해된다. 즉, 짧은 담화에서는 대체로 처음은 주제를 도입하고 끝은 결론을 맺는 부분으로 해석된다.

따라서 진정으로 중요한 것, 힘주어 강조하고 싶은 말은 뒤에 얘기해야 한다. 뒤에 말하는 것이 결론으로 간주되기 때문이다.

대개의 법률 판결문에서는 피고에게 불리한 이유와 유리한 이유가 있을 때, 불리한 것을 먼저 배치하는 경향이 있다. 그래서 예컨대 죄질이 좋지 않다는 등의 불리한 이유를 먼저 제시하고, '다만'(혹은 '그러나') 피고가 깊이 반성하고 있다는 점 등 유리한 이유를 뒤에 제시하는 방식을 취한다. 예를 들면 다음과 같이 작성한다.

> 재판부는 이 사건 범행은 피고인이 피해자의 명예를 훼손하여 사회생활 등에 지장을 초래한 것으로 죄질이 좋지 않은 점에 비추어 중형을 선고해야 마땅하다. 다만, 피고인이 반성하는 점, 피고인이 초범인 점, 원고와 원만한 합의를 본 점 등을 감안하여 징역 X년에 집행유예 X년에 처한다.

우리는 지금까지 숫자와 이미지 구성에 관여 하는 프레임을 시작으로 하여 긍정적 가치 우위, 근본적 가치 우위, 강자 우위, 자국중심, 결론지향 프레임 등을 살펴봤다. 이들은 모두 단어 및 담화상의 위치에 관해 우리가 무의식적으로 가지고 접근하는 사고의 틀이다. 정형화되고 무의식적으로 사고에 즉각적 영향을 끼치므로 우리는 결코 여기서 벗어날 수 없다. 다만 이를 이용할 수 있을 뿐이다. 따라서 배열을 할 때 이를 적극적으로 활용하는 것이 좋을 것이다.

2. 생각을 지배하는 언어

● 언어가 생각을 방해하다니!

프레임이 존재한다는 사실을 알려주는 또 다른 증거를 살펴보도록 하자. 다음은 인터넷에 올라 있는 재미있는 퀴즈이다.

> 당신은 거센 폭풍우가 몰아치는
> 밤길에 운전을 하고 있습니다.
> 마침, 버스정류장을 지나치는데
> 그곳에는 세 사람이 있습니다.
>
> 1. 죽어가고 있는 듯한 할머니
> 2. 당신의 생명을 구해준 의사
> 3. 당신이 꿈에 그리던 이상형
>
> 당신은 단 한 명만을 차에
> 태울 수 있습니다.
> 어떤 사람을 태우겠습니까?

이 문제는 매우 어렵다. 당신이라면 어떻게 답하겠는가. 사실 답을 찾기가 거의 불가능하다고 해도 과언이 아니니 너무 걱정할 필요는 없다. 물론 여기에 정답은 있을 수 없지만, 이상적인 답은 할머니를 태우고 의사로 하여금 운전하게 하여 병원에서 치료를 받게 하고 나는 이상형과 데이트를 즐기는 것이다.

그런데 왜 우리는 이런 해결책을 쉽게 찾아내지 못하는 걸까? 그건 우리가 아둔해서가 아니라 그렇게 생각하지 못하도록 사고를 방해하는 것이 존재하기 때문이다. 훼방꾼은 바로 언어다. 질문을 잘 보라. '당신은 단 한 명을 차에 태울 수 있습니다. 어떤 사람을 태우겠습니까?' 여기서 '태운다'라는 언어 표현이 우리로 하여금 오직 태우는 행위만 생각하게 함으로써 내가 '내릴' 수 있다는 생각은 하지 못하도록 방해하고 있다. 게다가 '단 한 명만'이라는 표현까지 있어 내가 내리고 두 사람을 태울 수 있다는 가능성을 검토하지 못하도록 방해하고 있다.

언어가 문제를 바라보는 관점을 생성함으로써 그 관점이 사고의 틀, 즉 프레임을 형성해 새로운 생각을 방해하는 것이다.

● 단어가 주는 관점

프레임의 존재를 입증하는 또 다른 사례를 들어보자.

KBS1 TV에서 토요일 오전에 방송하는 〈황금연못〉이라는 프로그램이 있다. 이 프로그램 안에 '황금나침반'이라는 코너가 있는데, 부모자식 간 혹은 부부간의 갈등 상황을 소개하고 이에 대해 60대 이상으로 구성된 패널이 토론을 벌인다. 토론을 하기 전에 갈등 상황에 놓인 부모자식이나 부부 중 한쪽이 제시하는 사연에 대해 찬반 투표를 한다.

예를 들면 다음과 같은 식의 사연들이다.

a) SNS에 빠져 있는 아내를 말리고 싶습니다.
b) 할인 쿠폰에 빠진 아내를 말리고 싶습니다.
c) 아들의 무모한 도전을 말리고 싶어요.
d) 사서 고생하는 언니를 이해해야 할까요?
e) 외국에서 가족과 함께 살고 싶습니다.
f) 남편의 자동차 사랑을 말리고 싶어요.

▲ KBS1 TV '황금연못' 화면

　출근하지 않는 토요일에 방송되는 프로그램이라, 나는 늦은 아침을 아내와 함께하며 힐끗힐끗 쳐다보다 그 투표 결과를 내가 재미 삼아 예측하곤 했는데, 지금까지 거의 다 맞추었다. 이를 지켜보던 아내가 신기해하며 비결이 뭐냐고 물었다. 내 대답은 간단하다. 비결은 없고 다만 한 가지 기준으로 판단했을 뿐이다. 그러니까, 각 사연을 설명하는 언어표현에 나타난 관점이 긍정적인지 부정적인지만 보고 예측한 것이다.

예를 들어 a)와 b)의 경우 '빠져 있다'는 표현은 상황을 부정적으로 보는 관점을 담고 있다. 무엇에 빠진다는 말은 '무엇에 정신이 아주 쏠리어 헤어나지 못하다'라는 의미인데, 대개 도박이나 술, 공상과 같이 부정적인 대상에 쓰인다. '곤란한 처지에 놓이다'라는 뜻도 있는데 유혹이나 위험, 혼란, 오류에 빠진다고 쓰는 등 마찬가지로 대상이 항상 부정적이다.

또 '그럴듯한 말이나 꾐에 속아 넘어가다'라는 의미로도 쓰이는데 이 경우 역시 '유혹에 빠지다, 꾐에 빠지다, 함정에 빠지다'와 같이 부정적이다. 이는 '개울에 빠지다, 수렁에 빠지다, 웅덩이에 빠지다'와 같은 본래적 용법이 부정적이다 보니 이들과 같은 비유적 용법에서도 부정적인 의미로 사용된 것이다.

요컨대 '빠지다'라는 동사는 이미 대상을 부정적으로 보는 관점을 담고 있다. 따라서 SNS에 빠지거나 할인 쿠폰에 빠졌다고 표현하면 이미 그 말을 듣는 사람들은 무의식적으로 부정적인 사고의 틀을 갖고 접근하게 된다. 만일 이 표현을 SNS에 '심취한, 몰두하는, 열중하는' 등으로 바꾸면 사정은 달라진다.

c)의 '무모한 도전' 또한 '무모한'으로 인해 부정적인 사고의 틀을 갖게 한다. d)의 '사서 고생하는'이라는 표현도 마찬가지로 부정적 프레임을 도입한다. '고생'도 부정적인데 거기에 '사서' 한다고 하니 더더욱 그러하다. 따라서 내용에 대한 각자가 낸 의견임에도 불구하고 a) ~ c)의 투표에서는 '말리고 싶다'에 찬성을, d)의 '이해해야 할까요?'에서는 반대하는 경향이 더 커지게 된다.

반면에 e)의 경우는 '가족', '함께 살다' 등 긍정적인 관점의 어휘가 주류를 이루고 있으며 f)에서도 '사랑'이라는 긍정적 감정의 어휘가 있어서 무의식적으로 긍정적인 관점으로 임하게 한다. 이에 따라 '살고 싶다'는 e)에서는 찬성, '말리고 싶다'는 f)에서는 반대의 표가 더 많이 나오게 되는 것이다.

물론 예외는 있지만 대체로 일관된 결과가 나온다는 것은 분명한 경향성이 있음을 입증해준다.

3. 프레임의 힘 - 부정(negation)의 덫

만일 누가 "당신 사기꾼이죠?"라고 물었다면 우리는 "네"와 "아니요" 중 어떤 대답을 할 것인가?

우선 "네"라고 대답할 수는 없다. 그러면 사기꾼임을 스스로 인정하는 꼴이니까.

그렇다고 "저는 사기꾼이 아닙니다"라고 답하면 어떻게 될까? 혹여 상대가 당신이 사기꾼이 아니라는 확신을 갖게 될까? 이것은 우스갯소리로 "당신 술 취했지?"라고 질문했을 때 "네"라고 할 수도 "아니요"라고 할 수도 없는 딜레마와 비슷하다.

리처드 닉슨(Richard Nixon) 대통령은 워터게이트 사건이 터진 뒤 사임 압박을 받고 있을 무렵인 1973년 11월 17일 플로리다 주 올랜도의 기자회견에서 이렇게 말했다. "저는 사기꾼이 아닙니다(Well, I'm not a crook)."10) 그런데 이런 답변으로 미국의 국민들은 오히려 그가 사기꾼일 것이라는 생각을 하게 되었음이 여론조사로 드러났다.

▲ 리처드 닉슨

왜 그렇게 되었을까? 사기꾼이라는 사실을 부정하면 그보다 먼저 사기꾼이라는 사고의 틀, 즉 프레임이 먼저 형성되기 때문이다. 다시 말해 레이코프가 말했듯이, 우리가 그 프레임을 부정하려면(negate) 우선 그 프레임을 떠올려야 한다. 상대방의 프레임을 공격하는 순간 그들의 생각이 바로 공론의 중심이 되어버리기 때문이다.11)

요컨대 **상대의 주장을 반박할 때는 상대가 쳐놓은 프레임을 활성화하는 단어를 사용해서는 안 된다. 프레임이 형성된 순간부터는 그 안에서만 생각하게 되기 때문**이다. 그 밖의 생각은 하지 못하게 된다.

1968년 미국 대통령 선거에서 민주당의 후보였던 휴버트 험프리(Hubert H. Humphrey Jr.)는 경쟁자인 공화당의 리처드 닉슨 후보의 실정을 비판하기 위한 영상 광고를 찍었다. 거기에서 그는 수차례에 걸쳐 이렇게 묻는다. "도대체 닉슨이 여러분에게 뭘 해주었나요?(What has Richard Nixon ever done for you?)"

하지만 이것은 정말 어리석은 전략이 아닐 수 없었다. 이런 말을 되풀이할 때마다 사람들은 그 자신이 아닌 리처드 닉슨을 자꾸 떠올리게 되었기 때문이다. 이로 인해 자신의 인지도를 올리고 자신을 생각하게 만들어야 하는 선거운동에서 오히려 경쟁 후보의 인지도만 올려주고 말았다.

그의 어이없는 선거 캐치프레이즈는 여기서 끝나지 않았다. 한술 더 떠서 그는 이런 문구를 만들어냈다. "다른 대안은 없다(There's No Alternative)." 이는 다른 대안이라고 할 수 있는 닉슨을 또 다시 떠올리게 해주고 만다. 한때 닉슨을 앞서기도 했던 험프리는 결국 선거에서 패하고 말았다.

우리나라에서도 그런 경우가 있었다. 2012년 8월 1일 문재인 민주통합당 상임고문은 박근혜 새누리당 대선 후보가 복지론을 들고 나오자, "박근혜 후보의 복지는 가짜 복지"라고 공격했다. 이 공격은 잘못된 전략이었다. 왜냐하면 이러한 발언은 오히려 박근혜 후보의 복지론을 더욱 더 공고하게 해

줄 뿐이었기 때문이다. 국민들은 문재인 고문의 발언으로부터 오히려 박근혜 후보가 복지 정책을 펼 것이라는 내용만 기억하고 문재인 고문의 말은 잘 기억하지 못하게 된 것이다.

● 설문지 문구가 왜 그리 중요한가?

대통령 선거나 총선 때가 되면 항상 야당의 후보 단일화가 이슈로 등장한다. 이때 여론조사로 단일화 후보를 결정하자는 주장이 제기되지만 설문지 문구에 대한 합의를 쉽게 보지 못한다. 어떻게 묻느냐에 따라 응답 결과가 달라지기 때문이다.

그렇다면 왜 질문의 방식에 따라 응답 결과가 달라질까? 그것은 질문마다 숨어있는 관점이 프레임을 만들기 때문이다.

a) 누가 적합하다고 생각하십니까?
　→ [적합도 프레임] 활성화 : 누가 되는 것이 적합한가?
　　(후보의 도덕성, 자질, 능력, 경력, 국정경험을 고려하게 함)

b) 누가 경쟁력이 있다고 생각하십니까?
　→ [경쟁력 프레임] 활성화 : 누가 될 것 같은가?
　　(후보의 당선 확률을 고려하게 함)

c) 누구를 지지하십니까?
　→ [지지도 프레임] 활성화 : 누가 되었으면 좋겠는가?
　　(후보에 대한 선호도를 고려하게 하고 약점도 커버하게 함)

a), b), c) 중 어떤 설문지를 선택하느냐에 따라 후보 간의 유불리가 정해지므로 합의가 쉽지 않다. 이 같은 복잡한 사정으로 2002년 10월 노무현, 정몽준 후보 단일화를 묻는 최종 설문 문구는 다음과 같이 적합도가 아니라 경쟁력과 지지도 프레임을 복합적으로 활성화하는 문구로 결정되었다.

> ○○○님은 한나라당의 이회창 후보와 <u>경쟁할</u> 단일후보로서 노무현 후보와 정몽준 후보 중 누구를 <u>지지하십니까?</u>

11대 대선 과정에서도 문재인, 안철수 후보가 다음 두 설문을 놓고 논쟁을 벌이다 결국 합의를 보지 못하고 안철수 후보가 사퇴하고 말았다.

> a) 박근혜 후보의 상대로 문재인, 안철수 후보 중 누가 더 단일화 후보로 적당하다고 생각하십니까?
> → [경쟁력 프레임] 활성화
>
> b) 문재인, 안철수 후보 중 누구를 더 지지하십니까?
> → [지지도 프레임] 활성화

이상은 언어가 프레임을 형성함을 잘 드러내 주고 있는 사례라 할 수 있다.

제2부

프레임, 사고의 원천

It is harder to crack a prejudice than an atom.
원자를 깨는 것보다 편견을 깨는 것이 더 어렵다.

Albert Einstein (알버트 아인슈타인)

제 3 장

사고, 언어, 창의력

1. 어째서 '말'이 '생각'을 좌우할까?

지금까지 살펴본 다양한 사례를 통해서 우리는 언어 표현들이 프레임을 형성하면서 우리의 사고를 제어하는 것을 보았다. 이처럼 언어는 우리의 사고를 지배한다.

그렇다면 왜 언어가 사고를 지배할까? 이제 이것을 알아보자.

● **개념이란?**

사고의 기본 단위는 '개념'이다. 즉, 우리는 개념들을 서로 결합하면서 생각을 하고 있는 것이다. 이는 '1 + 1 = 2'이라는 계산을 할 때, '1'은 '하나'라는 개념, '+'는 '더한다'는 개념, '='는 '같다'는 개념, '2'는 '둘'이라는 개념을 서로 결합하여 생각을 하는 것과 마찬가지이다. 이때 '개념'(concept)이란 유사한 대상, 사건들에 관한 심적 집단화를 말한다. 다시 말해 대상들로부터 공통된, 일반적인 속성들을 취하여 만든 관념이다.

예를 들어, 어린아이가 '아빠'라는 개념을 형성할 때, 처음에는 아빠뿐 아니라 아빠의 친구나 경비아저씨에게도 아빠라고 부르는 단계를 거친다. 그러다가 실제 아빠만 아빠라고 부르게 된다. 이는 이 사람들 사이에 있는 공통점, 예컨대 나이가 좀 있는 남자 어른들 같은 속성들을 취해서 '아빠'라는 개념을 형성하는 과정을 보여준다. 간혹 다른 사람을 아빠라고 부르면 영문도 모르고 혼도 나고 맞기까지 하는데, 아이 입장에서는 무척 억울하다. 아직 개념화가 완전히 이루어지지 않은 것뿐인데 말이다.

'사과'도 마찬가지다. 처음에는 동그랗게 생기고 윗부분이 옴폭 들어가 있고 꼭지가 달려 있는 빨간색의 물체이면서 맛이 시큼하기도 하고 달콤하기도 한 대상을 사과로 개념화하다가, 꼭지가 달려 있지 않은 것도 사과에 포함시키고, 꼭 빨간색이 아니어도, 즉 노란색이나 녹색이어도 좋다는 식으로 판단하여 '사과'를 개념화 한다. 이처럼 많은 대상들에 대해 자신이 경험한 내용들 가운데 공통적인 속성을 취해서 하나의 개념을 형성하는 것이다.

'새'의 경우도 동일하다. 처음에는 날아다니는 짐승, 날개를 갖고 있고 날개에는 깃털이 있으며 부리가 있는 것 등으로 개념화하다가, 닭처럼 잘 날지 못하는 날짐승도 있음을 알게 되고 날개가 없는 키위 같은 종류도 있음을 알게 되어 이들까지 새의 개념에 포함시키게 된다. 그러다가 전혀 날 수 없고 달리거나 걸어 다니는 타조나 펭귄 같은 동물들은 새일까, 하는 의문을 품게 된다. 이로써 개념의 경계가 불확실한 경우도 있다는 것을 깨닫게 된다.

● 개념화의 차이

우리는 이처럼 이 세상의 수많은 대상들을 개념화하여 사고하고 있다. 추위, 더위, 먼지 따위를 막기 위해 혹은 예의를 차리기 위해 머리에 쓰는 물건을 우리는 '모자'라고 개념화하여 쓰고 있다.

그런데 영어에서는 여기에 더해 챙이 있느냐 없느냐에 따라 cap과 hat으로 구분하고 있다. 우리가 보기에는 좀 이상하다. 굳이 그렇게까지 개념화할 필요가 있을까 하는 생각도 든다. 그런데 더욱 놀라운 것은 이 cap과 hat을 포괄하는 개념이 영어에는 없다는 사실이다. 우리의 '모자'에 해당하는 단어가 없는 것이다.

▲ hat

▲ cap

이보다 흥미로운 것도 있다. 북극 가까운 지역에 사는 에스키모 언어들에는 '눈(snow)'을 가리키는 단어가 온대지방의 언어들에 비해 많다고 알려져 있다.

예를 들어 인류학자 프란츠 보아스(Franz Boas)[12]에 따르면, 땅에 내려 쌓인 눈은 aput, 내리는 눈은 qana, 바람에 날리는 눈은 piqsirpoq, 쌓인 눈은 qimuqsuq라고 표현한다. 에스키모인들은 이 모든 것을 포괄하는 개념을 거의 생각할 수도 없다고 한다. 그래서 에스키모어들에는 우리말의 '눈'에 해당하는 단어가 없다. 마치 영어에 hat과 cap을 포괄하는 단어가 없듯이. 우리로서는 참 놀랍고도 이해하기 힘든 일이다.

> ## 에스키모(Eskimo)
>
> 에스키모는 극동 시베리아, 알래스카의 서부, 남서, 중남부 등지에 거주하는 유픽(Yupik) 민족과, 알래스카 및 캐나다의 북극 인근 지역, 그린란드 등에 거주하는 이누이트(Inuit) 민족을 포괄하여 이르는 말이다.
>
> '날고기를 먹는 사람'이라는 뜻으로 알려진 '에스키모'라는 말이 경멸적인 느낌을 준다 하여 캐나다 정부는 이를 '이누이트(Inuit)'로 대체했다. 이렇게 되고 보니 '이누이트'는 좁은 의미의 이누이트뿐 아니라 유픽까지 포괄하는 의미로도 쓰이게 되었다. 한편 미국 정부는 에스키모를 '알래스카 원주민(Alaska Native)'이라는 용어로 대체하는 조처를 취했다.
>
> 그러나 민간에서는 유픽과 이누이트 두 민족을 포괄하는 개념으로 '에스키모'가 여전히 쓰이고 있다. 학술 분야에서도 마찬가지다. 사실 '에스키모'가 날고기를 먹는 사람이라는 주장은 오해에서 비롯된 것이고 그보다는 '설피(雪皮, 눈에 빠지지 않도록 신바닥에 대는 덧신)'를 뜻한다는, 그래서 경멸적인 의미가 없다는 많은 언어학자들의 주장이 힘을 얻고 있다.

에스키모어들에는 우리말의 '눈'에 해당하는 단어가 없다. 마치 영어에 hat과 cap을 포괄하는 단어가 없듯이. 우리로서는 참 놀랍고도 이해하기 힘든 일이다.

그러나 이는 결코 이상한 일이 아니다. 우리 한국어에도 영어에서는 하나로 개념화된 rice가 그 상태에 따라 여러 단어로 구분되어 있기 때문이다. 어릴 때는 '모', 성장하면 '벼', 도정을 하면 '쌀', 물을 넣어 끓이면 '밥', 물을 많이 넣고 오래 끓여 물러지면 '죽'이 된다.

왜 우리는 이렇게 하나의 사물에 대해 여러 단어를 가지게 되었을까? 그것은 우리 문화에서 쌀이 가지는 중요성으로 인해 더욱 세분된 개념화가 필요했기 때문이다. 그렇다면 마찬가지로 에스키모 문화에서 눈이 차지하는 엄청난 비중으로 인해 필요에 따라 구분하여 개념화하는 것이 너무도 당연한 것이다.

한국어에는 '머리'와 '얼굴'의 구분 개념이 있다. 국립국어원에서 간행한 『표준국어대사전』은 '머리' 항목에 대해 다음과 같이 정의를 내리고 있다.

> 사람이나 동물의 목 위의 부분. 눈, 코, 입 따위가 있는 얼굴을 포함하며 머리털이 있는 부분을 이른다. 뇌와 중추 신경 따위가 들어 있다.

그런데 이 의미 외에도 우리말의 '머리'에는 보다 좁은 뜻이 더 있다. 『연세 현대 한국어사전』에는 이 뜻이 제시되어 있다. 그것은 '사람의 머리카락이 있는 부분'이다. 그리고 다음과 같은 용례들을 제시하고 있다.

> 그는 손을 머리에 얹었다.
> 선생님께서는 웃으시며 내 머리를 쓰다듬어 주셨다.
> 아주머니는 물건을 머리에 이는 대신 바구니에 담아서 지고 나갔다.

이는 '얼굴'과 대립되는 개념이다.

> 눈, 코, 입이 있는 머리의 앞면 (표준국어대사전)
> 입, 코, 눈이 있는 머리의 앞쪽 부분 (연세 현대 한국어사전)

다시 말해, 한국어에서는 목 위의 신체부위 전체를 가리키는 (광의의) '머리1'을 다시 머리카락이 있는 뒷부분을 가리키는 (협의의) '머리2'와 눈, 코, 입이 있는 앞부분을 가리키는 '얼굴'로 구분하고 있는 것이다. 이것은 다음과 같은 표현들이 존재함으로 입증된다.

> 돌에 머리가 아니고 얼굴을 맞았다.
> 아이가 얼굴과 머리에 상처투성이다.

그런데 여기서 잠시 우스갯소리를 한 마디 하면, 위에 제시한 『연세 현대한국어사전』의 '머리2'의 정의는 문제가 있다는 것이다. 사실 '사람의 머리카락이 있는 부분'이라는 정의는 대머리에게 머리와 얼굴의 경계를 어떻게 구분할 것인가 하는 질문에 속절없이 무너져 내린다. 대머리는 머리가 상당부분 빠져 있기 때문이다.[13]

세간에는 대머리의 경우 '세수를 할 때 비누가 가는 부분을 얼굴로 보고 그렇지 않는 부분이 머리이다', 혹은 '샴푸가 가는 부분이 머리이다'는 식의 해법을 제시하는 사람들이 있다. 또 한 발 더 나아가서 당황하거나 창피해 할 때 빨개지는 부분까지를 얼굴로 보고 색깔의 변화가 없는 부분을 머리로 볼 수 있다는 식의 주장도 있다. 아무튼 필자의 생각으로는, 이런 문제를 제거하려면 사람의 머리카락이 '있는' 부분이 아니라 '나는' 부분으로 고쳐야 할 것으로 보인다.

그런데 영어에는 우리말에 있는 이 같은 '머리'와 '얼굴'의 대립 개념이 없다. head의 앞부분인 face를 제외한 뒷부분을 별도로 개념화한 어휘가 없는 것이다. head는 face를 포함한 목 위의 신체부위를 가리킬 뿐이다.

2. 낱말이 먼저인가, 대상이 먼저인가?

● 사고와 언어

자, 지금까지 다양한 개념화 현상을 살펴보았다. 그렇다면 이런 개념화의 차이는 어떻게 발생하는가?

그것은 언어에서 오는 것으로 보아야 할 것이다. 왜냐하면 개념은 결국 언어로 표현되기 때문이다. 물론 언어로 표현되지 않은 채 존재하는 개념들도 있지만, 그것들은 지속하기 어렵다. 요컨대 개념은 언어로 표현되고, 그래서 언어마다 개념화가 다르다고 할 수 있다. 포스트모더니스트들이 우리는 언어에 의해 조종당하고 있다고 한 이유가 여기에 있는 것이다.

사고의 기본 단위가 개념인데, 개념이 언어로 되어 있다면, 결국 사고는 언어로 되어 있다는 결론으로 향한다. 즉 사고는 소리 없는 언어라는 것이다. 사실 우리가 머릿속으로 이런 저런 생각을 할 때 우리는 머릿속에서 언어를 사용하고 있다. 예를 들어, "가만 있자. 오늘 점심을 누구하고 먹지? 영희는 선약이 있다고 하니 안 되겠고... 준호에게 전화해 봐야겠다."와 같은 식이다.

이와 같은 측면에 기반하여 '사고는 소리 없는 언어활동인가?'라는 철학적 질문에 대해 찬성의 의견을 제시하는 학자들이 많이 있다. 심지어 존 왓슨(John B. Watson) 같은 미국의 행동주의 심리학자는 언어와 사고는 같다고까지 했다.

반면에 러시아의 발달심리학자 레프 비고츠키(Lev Vygotsky)와 스위스의 발달심리학자 피아제(Jean Piaget)는 사고를 소리 없는 언어라고 보는 주장, 즉 언어가 곧 사고라는 주장에는 동의하지 않는다.[14] 사실 생각은 있는데 말이 생각이 안 나는 경우도 있고, 생각과는 다른 말을 하는 경우도 있고, 아직 언어가 없는 아기들도 생각할 수 있는 등 언어가 곧 사고라고 할 수 없는 많은 사례들이 있다. 하지만 이들조차도 실제로 인지 발달이 언어 발달에 크게 의존하기 때문에 사고가 언어에 크게 의존한다는 점에는 뜻을 같이 한다. 어찌됐든 기본적으로 언어 없이 생각하는 것은 상상하기가 어렵지 않은가! 따라서 언어가 사고의 도구임에는 틀림이 없다.

　이제 요약해 보자. 언어는 개념화의 도구이다. 즉 세계의 해석 도구이다. 기본적으로 개념은 언어로 이루어지므로 모든 사고는 언어에 의해 촉발된다.

　그런데도 우리는 흔히 잘못 생각하고 있다. 우리는 사물들이 언어와 상관없이, 독립적으로 존재한다고 생각한다. 좀 더 쉽게 말하면 사물들이 먼저 존재하고 그 사물들을 부르기 위한 단어들이 나중에 존재한다고 생각한다. 그래서 우리는 흔히 낱말이란 이 세계의 여러 대상들에 붙이는 이름이라고 생각하고 있다. 그러니까 백화점의 각 상품에 붙어 있는 꼬리표 같은 것처럼 말이다.

　그러나 이는 사실이 아니다. 우리에게는 개념화된 사물만이 존재한다. 개념화된 대로 사물들이 존재하는 것이다. 앞서 우리는 에스키모어의 '눈'의 개념화와 한국어의 '쌀'의 개념화, 영어의 'cap'과 'hat'의 개념화를 보았다. 우리는 우리의 언어가 개념화해 놓은 대로 사물들을 보고 이 세상을 보는 것이다. 즉 단어가 먼저 존재하고 그 단어가 개념화하고 있는 대로 사물들을 볼 뿐이다.

　우리는 나무를 보고 '꽃', '줄기', '가지', '잎', '뿌리' 등을 따로 따로 구분하여 볼 수 있다. 우리가 '나무'를 생각하고, 또 '나무'의 각 부분을 따로 따로 생각하는 것은 우리에게 그 같은 개념들을 일러 주는 단어들이 있기 때문이다. 사실 '나무'는 하나의 연속체인데도 우리는 필요에 따라 '꽃', '줄기', '가지', '잎', '뿌리' 등의 여러 부분으로 나누어 생각하고 있다. 그러한 필요에 의해 각 부분을 나타내 주는 단어가 있는 것이다.

따라서 단어가 먼저 있고 거기에 대응되는 사물이 있는 것이다. 다시 말해 낱말이란 대상에 붙이는 이름이 아니라, 우리가 세계를 바라보고 인식하고 이해하는 틀이나 장치가 되는 것이다. 우리가 검은 안경을 끼면 세상이 검게 보이고 푸른 안경을 끼면 세상이 푸르게 보이는데, 언어란 바로 그런 안경 같은 것이란 말이다.

세계는 스스로 존재하는 것이 아니라 우리가 만든 개념의 구성물이다. 하이데거(Heidegger)는 언어를 「존재의 집」이라고 했다. 인간은 언어를 통해 세계를 인식하고 이해하고 사고한다는 것이다. 그러니까 언어는 자아를 실현하는 원초적이고 기본적인 틀이며, 그러므로 인간은 언어라고 하는 집 안에서 살아간다고 하는 표현이 타당성을 갖게 되는 것이다.

또 훔볼트(F. Wilhelm von Humboldt)와 바이스게르버(Leo Weisgerber)는 언어를 「중간세계」라고 말했다. 즉 나는 결코 이 세계를 직접 만날 수 없고 반드시 언어라는 매개물을 통해서만 만날 수 있다는 것이다. 「나 - 언어 - 세계」와 같은 식이다. 비유적으로 말하면 언어는 「세계를 보는 창」이라고 할 수 있겠다.

다시 한 번 강조하지만, 세계란 결코 우리가 이름을 붙이는 그러한 개체들이 다수 모여 이루어진 것이 아니다. 경험의 대상은 우리가 갖고 있는 개념과 별개로 존재하는 것이 아니기 때문이다.

예를 하나 들어 보자. 할머니와 대학생 손녀가 성당 앞을 지나가다가 전경들이 있는 것을 보았다. 손녀는 「성당 앞에 전경들이 있다」는 경험을 한 반면, 「전경」이라는 단어를 모르는 손녀의 할머니는 「성당 앞에 푸른 제복을 입은 사람들이 있다」는 경험을 하였다. 동일한 사건에 대해 할머니와 손녀는 서로 다른 경험을 한 것이다. 무엇이 두 사람으로 하여금 서로 다른 경험을 하게 했을까? 그것은 '전경'이라는 단어를 알고 모르는 차이이다. 이 사례에서 우리는 언어는 우리의 '경험'을 구성 한다는 사실을 알았다. 그러므로 우리가 사는 이 '세계'는 단순한 물질의 구성체가 아니라 우리가 쓰는 '언어'의 구성물이라는 점을 알 수 있다.

우리는 심지어 「저기 산이 있다」는 경험도 '저기', '산', '있다' 등의 개념, 즉 단어들을 모르면 경험할 수 없다. 만일 외계인이 지구상에 나타나 이 세계를 본다 했을 때 우리와 언어구조가 다른 그가 과연 우리와 동일한 세계를 살고 있다고 할 수 있을까? 가령 그가 한 그루 나무를 본다고 하자. 물론 그가 우리와 동일한 구조의 시각기관을 가지고 있다는 가정 하에서 말이다. 과연 그가 그것을 '나무'라고 생각할까? 그리고, 위에서 말했듯이, 그 나무를 보고 '꽃', '줄기', '가지', '잎', '뿌리' 등을 따로 따로 생각하고 있을까? 결코 그렇지 못 하다. 우리가 '나무'를 생각하고, 또 '나무'의 각 부분을 따로 따로 생각하는 것은 우리에게 그 같은 개념들을 일러 주는 단어들이 있기 때문이다. 외계인은 나무를 보고도 「우리가 생각하는 나무」를 보고 있는 것이 아니다. 즉 「줄기나 가지가 목질화된 식물」을 생각하는 것이 아니다. 그저 「길다랗게 생긴 어떤 물체」라고 생각할지도 모른다. 그것도 '길다랗다'든가, '물체'라든가 하는 개념이 있다면 말이다. 또 사실 '나무'는 하나의 연속체인데도 우리는 필요에 따라 여러 부분으로 나누어 생각하고 있다. 그러한 필요에 의해 각 부분을 나타내 주는 단어가 있는 것이다. 그런 단어가 없는 외계인은 그렇게 나무를 나누어 생각할 리가 없는 것이다.

북미대륙의 아시아계 이중어 화자(bilingual)들의 성격을 검사하는 실험이 진행되었다. 예컨대 집에서는 중국어나 한국어를 쓰고 학교에서는 영어를 쓰는 학생들을 대상으로 설문지를 주었는데, 한 번은 영어로 주고 한 번은 중국어나 한국어로 주었다. 이때 흥미롭게도 언어에 따라 다른 성격으로 판정되는 사례가 많았다. (Dinges & Hull 1992)

캐나다 워털루 대학의 중국 출생 이중어 화자들에게 자기소개를 시켰더니 영어로 말할 때는 자기 자랑을 비롯하여 자신에 대한 긍정적인 내용을 소개하는 데 치중한 반면 중국어로 할 때는 자신의 부정적인 내용도 함께 넣어서 진술함으로써 겸손함을 잊지 않았다고 한다. 이는 영어권 문화에서는 자신에 대한 긍정적 내용을 자유롭게 진술하는 것이 권장되지만 중국 사회에서는 자기를 소개할 때 겸손을 드러내지 않으면 잘난 척하는 사람으로 비치기 때문이다. (Ross, Xun & Wilson 2002)

중국인이나 한국인들은 가족간의 대화 시에 '사랑해.'라는 말을 잘 하지 않는다. 가족끼리 사랑하는 것은 너무도 당연한 일이어서 이런 말을 하는 것을 매우 어색하게 생각한다. 반면에 영어권 사회에서는 가족 간에 'I love you.'를 매우 자주하고 이를 매우 편하게 느낀다. 그런데 미국에 사는 한국인이나 중국인들의 경우 한국어나 중국어로 말할 때는 사랑한다는 말을 거의 하지 않지만 영어로 말할 때는 'I love you.'를 자주 말하는 것을 관찰할 수 있다.

이처럼 동일한 사람인데도 어떤 언어를 쓰느냐에 따라서 가치관을 다르게 드러내는 것은 언어가 자기 정체성을 구성한다는 사실을 말해 주고 있다.

3. 달인들의 기막힌 개념화

그런데 우리가 언어에 의해 개념화된 세상에 살고 있고, 따라서 언어 없이는 이 세상을 이해하기 어렵다는 이 같은 주장을 약화시키는 것 같은 특수한 사람들의 사고 활동들이 있는 것 같다. 그것은 감각적 영역에서 활동하는 소위 '달인'이라고 불리는 사람들의 존재이다.

소리만 듣고 통조림의 불량 여부를 알아내는 소리의 달인이 있고, 눈을 가리고 와인의 원산지와 품종 및 빈티지(vintage, 생산년도)까지 알아맞히는 소믈리에(sommelier)와 같은 맛의 달인들도 있다. 이들은 미세한 감각적 차이를 구분해 내는 능력이 있는데, 감각적 현상들을 보통 사람들보다 훨씬 더 미세하게 개념화 하고 있기 때문이다.

예를 들어 평범한 사람들은 와인의 맛을 '시다', '달다', '시큼하다', '강하다', '부드럽다' 정도의 개념만을 갖고 있지만, 소믈리에들은 이보다 훨씬 다양하게 개념화하여 인식하고 있다. 이들은 어떻게 감각적 현상들을 그렇게 미세하게 개념화하고 있을까? 선천적으로 감각기관이 발달해 있어서일까? 물론 그렇기도 하지만, 아무리 감각기관이 민감해도 그 차이를 인식하고 기억하고 있지 않으면 일정한 판단을 내릴 수 없다.

결국 인식하고 기억해야 하는데, 알고 보면 이들이 이용하는 수단도 언어이다. 즉 수많은 향들을 언어로 개념화하는 것이다. '거친', '굳은', '탄탄한', '우아한', '신선한', '생생한', '부드러운', '강한', '무거운', '가벼운'과 같은 형용사나 동사와, 유감스럽지만 tonic, full-bodied, slack, melted, complex, dissociated, dissolve, gras 등과 같은 외국어를 동원하여 표현하고 있다.

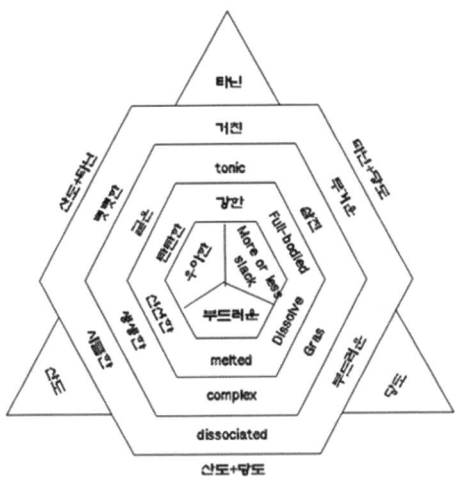

이렇게 형성된 와인 맛의 개념화는 본인의 맛 판별 기준으로 사용될 뿐 아니라 이를 다른 사람과 공유하여 의사소통하는 데도 이용된다. 와인 향의 개념화와 색깔의 개념화도 마찬가지이다.

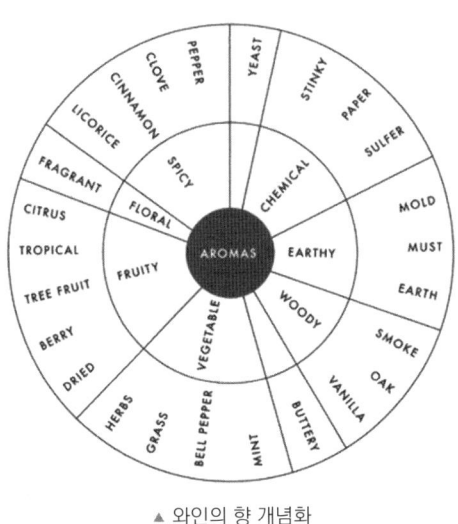

▲ 와인의 향 개념화

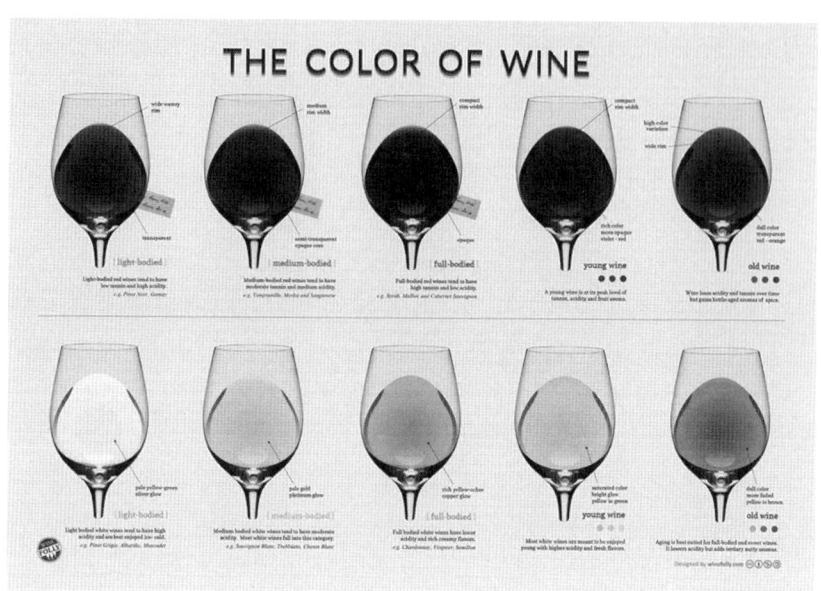

▲ 와인의 향 개념화

● 언어가 사고에 미치는 영향

　이처럼 우리는 언어가 개념화 해놓은 세계에 살고 있다. 그렇다면 언어의 차이가 사고의 차이를 만들지 않을까 하는 의문이 든다. 미국의 언어학자이며 인류학자인 사피어(E. Sapir)와 호어프(B. Whorf)는 언어상대론(linguistic relativism)을 주창함으로써 이 질문에 대해 긍정적으로 답했다. 그들은 이렇게 말한다. '우리가 실세계라고 아는 것은 언어 관습의 기초 위에 세워져 있다. 우리는 언어가 노출시키고 분절시켜 놓은 세계를 보고 듣고 경험하는 것이다. 언어는 우리의 행동과 사고의 양식을 결정하고 주조한다. 언어는 사회적, 문화적, 심리적인 것의 원인이다. 따라서 상이한 민족들이 세계를 인식하는 양식이 다르고 사고방식이 다른 것은 그 원인이 언어에 있다.' 요컨대 언어 구조가 문화구조를 결정한다는 것이다.

예를 들어 보자. 호어프는, 영어나 프랑스어 같은 유럽어와는 대단히 많은 구조적 차이를 가지고 있는 호피(Hopi)족(아메리카 원주민 부족)의 언어 연구를 통해, 호피족과 유럽인들의 문화적 차이가 언어 구조의 차이에서 기인하는 것임을 주장했다. 하나만 소개하면, 인구어(印歐語)에 '열(熱)'을 뜻하는 동사는 없고 오직 명사만 있는데, 이로 인해 유럽 과학자들은 열을 실체로 파악하려 했고 열이 역학적 현상 혹은 어떤 실제의 속성임을 아는 데 오래 걸렸다는 것이다. 반면 호피어에는 동사만 있다.

● **왜 무지개는 7색깔인가?**

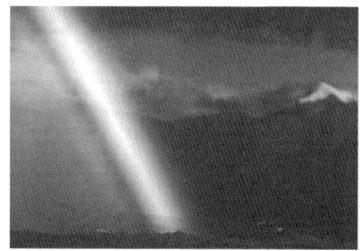 

우리나라 사람들은 무지개가 일곱 색깔로 되어 있다고 생각하고 있다. 그러나 사실 색들 사이의 경계가 연속적이기 때문에 무지개의 색을 몇 개라고 말한다는 것은, 과학적으로는 무의미한 일이다. 그럼에도 불구하고 우리가 그것을 일곱 색으로 보는 것은 무지개 색을 가리키는 낱말이 우리말에서는 일곱 개(빨·주·노·초·파·남·보)이기 때문이다. 사실 무지개 색을 7개로 보는 것은 뉴튼(Isaac Newton)이 그렇게 규정했기 때문이다. 그는 각각을 Red, Orange, Yellow, Green, Blue, Indigo, Violet로 명명했다.

그러나 그 이전에 유럽에서는 5개 색으로 구분했다고 한다. 우리나라에서도 5개 색으로 분류했는데 오방색(흑백청홍황 黑白靑紅黃)이 그것이다. 특히 우리말에서 '청(靑)'과 '녹(綠)'이 함께 '푸르다'라는 단어로 표현되고 있는데, '푸른 하늘'과 '푸른 바다'에서처럼 말이다. 이는 과거 우리의 선조들이 '청'과 '녹'을 구분하지 않았다는 증거이다.

아프리카에 있는 도곤족(Dogons : 말리, 부르키나 파소의 종족)의 언어에는 무지개 색이 4단어(검정-빨강-노랑-녹색)이고, 짐바브웨(Zimbabwe)의 쇼나(Shona)어에는 3단어(빨주-노초-파남)이다. 심지어 리베리아(Liberia)의 바사(Bassa)어에는 2단어이다. 물론 이것이 각 민족이 색깔을 판별하는 능력까지 좌우한다는 얘기는 결코 아니지만 우선 색깔에 접근하는 기본적인 태도를 구성한다는 말이다.

우리와 서구인의 소유관을 언어를 통해 비교해 보는 것도 재미있을 것이다. 국어에서는 소유관계를 표현할 때 여간해서는 '가지다'라는 동사를 사용하지 않는다. 그저 '있다'고만 한다. '나는 돈이 있다.'라는 식으로 말이다.

반면에 유럽어에서는 '가지다'(have, avoir, haben 등)라는 동사가 소유관계를 표현하는 전형적 동사이며, 심지어 소유관계가 아닌 관계도 마치 소유관계처럼 '가지다'를 사용하는 경우가 많다. 가령 '형이 둘 있다'는 혈연관계도 '두 형을 가지고 있다'라고 표현하고, '팔이 길다'는 신체부위의 표현도 '긴 팔을 가지고 있다'는 식의 소유관계로 표현한다. 심지어 프랑스어에서는 나이도 가진다고 한다.(J'ai vingt ans). 물론 우리말에선 나이를 '먹는다'고 하지만.

서구어에서 '나는 돈을 가지고 있다' 할 때, '나'는 돈의 소유주이지만, 우리말에서 '나는 돈이 있다'라고 할 때, '나'는 소유주가 아니라 그저 돈이 있는 장소('나한테는 돈이 있다'에서 온 문장으로 보면)에 불과한 것이다. 이 같은 언어구조로 말미암아 서양에서는 소유문화가 발달하게 되었지만 우리말에서는 소유문화가 상대적으로 덜 발달하게 된 것이다. 우리나라에선 전통적으로 '소유'보다는 오히려 '무소유'를 더 숭상하는 가치관이 내려오고 있는데, 이것도 우리의 언어구조와 관계가 있을 것이다.

언어상대론의 입장은 많은 학자들의 반대에 부딪혔다. 특히 사피어(E. Sapir)와 호프(B. Whorf)가 주장한 언어 없이는 사고도 없다는 식의 강한 버전의 언어상대론, 즉 언어결정론(linguistic determinism)은 언어심리학자 스티븐 핑커(Steven Pinker)와 같은 여러 학자들에게 많은 비판을 받아왔다.

그러나 언어가 인간의 정보처리 혹은 사고 과정에서 중요한 영향을 미칠 수 있다는 약한 언어상대론은 다양한 경험 연구로부터 뒷받침되고 있으며 언어와 사고의 관계에 관하여 많은 학자들이 받아들이고 있는 관점이다.[15]

그러므로 우리의 주장은 언어가 곧 사고라는 주장도 아니고, 언어가 화자의 생각들을 결정한다는 것도 아니다. 다만, 앞서 밝힌 바대로, 상이한 민족들이 세계를 인식하는 양식이 다르고 사고방식이 다른 원인은 바로 언어에 있다는, 즉 언어구조가 문화구조를 결정한다는 것이다.

이상에서 살펴보았듯이 언어는 세계를 바라보는 창이고, 우리의 사고의 틀, 즉 프레임을 형성한다. 이렇게 되면 하나의 문제가 발생하는데, 그것은 우리의 사고가 우리가 사용하는 언어가 만들어 놓은 틀대로 사고하게 됨으로써 우리는 수동적인 입장이 되고 새로운 방식으로는 생각을 하지 못하게 될지 모른다는 점이다. 창의적 사고가 그 어느 때보다 강조되고 되고 있는 요즘, 이는 큰 문제가 아닐 수 없다. 이제 이 점을 생각해 보자.

4. 생각의 진정한 자유는 창조력으로 발휘된다

● 창의력의 '진짜' 의미

창의력이란 무엇일까?

간단히 말하면 이전에 없던 새로운 대상을 창조하거나 새로운 방법을 창안해내는 능력이라 할 수 있다. 그런데 이것만으로는 부족하다. 왜냐하면 그렇게 해서 나타난 결과가 가치 면에서 이전 것보다 못하면 안 되기 때문이다. 따라서 이 조건을 추가하여 정의하면 창의력(creativity)이란 '**가치 있는 새로운 대상을 창조하거나 새로운 방법을 창안해내는 능력**'이다.

새로운 대상이나 방법을 만들어내려면 무엇이 필요할까? 현실에 있는 것들을 재현해서는 안 되므로 상상력이 필요하다. 상상력(imagination)이란 **현실에 없는 새로운 역동적 이미지를 만들기 위해 서로 다른 기억들을 재조합하는 인지적 활동**이다. 결국 창의력이란 상상력을 발휘하여 가치 있는 새로운 대상을 창조하거나 새로운 방법을 창안해내는 인지적 능력이라 할 수 있다.

그런데 우리는 다른 한편에서 문제해결 능력(problem-solving ability)도 강조하고 있다. 경쟁이 워낙 치열하여 생존을 위해서는 바로 이 능력이 필요하기 때문이다. 특히 요즘에는 크게 문제가 없어 보이는 상황에서도 경쟁상대보다 효율이 낮다는 이유만으로 문제를 제기하고 그 문제를 해결하라고 요구한다.

그런데 문제를 해결하기 위해서는 문제의 원인이 어디에 있는지를 알아내는 문제파악 능력이 선행되어야 한다. 그러려면 주어진 문제를 적절한 질문으로 바꾸는 능력이 다시 필요한데 이를 문제제기 능력이라 부른다. 결국 **문제해결** 능력을 키우기 위해서는 **문제파악** 능력과 **문제제기** 능력을 키워야 한다. 이런 능력들은 어떻게 배양할 수 있을까? 한마디로 기존의 사고에서 탈피해야만 가능하다. 어떻게?

무(無)에서 유(有)를 창조할 수는 없다. 만일 무에서 유를 창조한다면 그건 마술이다. 새로운 것은 현재 가지고 있는 것들을 이용하여 만드는 거다. 흩어져 있는 나무와 돌들을 이용하여 집이라는 전혀 새로운 것을 만들 듯이. 다만 과거의 경험들을 되살려 서로 이어져 있지 않은 것들을 새롭게 연결하여, 다시 말해 영역 간 전이(轉移)를 실행하여 새로운 것을 만들 뿐이다. 인류의 진보는 이렇게 이루어져 왔다.

이것을 DIKW 위계(hierarchy)를 통해 설명하면 이렇다.

▲ DIKW 피라미드[16]

'자료'에서 지금 주어진 문제와 관계있는 것들을 추려 '정보'를 얻는다. 그리고 이 정보를 잘 배열하고 정리하여, 즉 체계화하여 '지식'으로 만든다. 이렇게 만들어진 지식들 가운데 지금 주어진 문제를 해결하는 데 유효한 것들만을 선별하여 서로 조합함으로써 문제를 해결하게 된다. 이런 문제해결 능력을 우리는 '지혜'라고 부른다. 물론 과거에 축적된 자료와 정보, 지식으로부터 유효한 것들을 취하여 선별하고 이들을 서로 조합하는 능력은 앞서 말한 대로, 서로 연결되지 않은 것을 새롭게 연결해보는 힘, 즉 '상상력'을 통해 길러진다.

이것으로 우리는 역설적 상황에 처했다. 새로운 것을 창조하기 위해선 현실에 존재하지 않는 것을 떠올리는 상상력이 필요한데, 이때 그 재료가 되는 과거의 기억까지 함께 떠올려야 하기 때문이다.

기존 지식의 새로운 결합을 통해 상상력을 발휘하여 성공을 이룬 예를 하나 살펴 보자. 가난한 집안에서 태어난 농구선수 마이클 조던(Michael Jordan)은 어린 시절 아버지로부터 받은 보잘것 없는 옷을 무려 1,200달러에 팔았다. 당시 TV 시리즈 〈미녀 삼총사〉로 유명한 배우 패러 포싯(Farrah Fawcett)의 사인이 그 옷에 새겨져 있었기 때문이다. 유명인의 사인이 들어간 옷은 값어치가 나간다는 지식과 경매에 붙이면 값을 높게 받을 수 있다는 정보 등을 결합하고 여기에 인기 배우의 사인을 옷에 넣는 새로운 상상을 현실화시킨 예이다.

▲ 마이클 조던(Michael Jordan)

▲ 파라 포셋(Farrah Fawcett)

문제는 그 지혜를 얻기가 쉽지 않다는 것이다. 지식은 많이 축적될수록 힘이 커지는 반면, 지혜는 축적되지 않을뿐더러 그때그때 환경에 맞는 것을 찾아내야 하는 어려움이 있다. 지식에는 역사가 있어도 지혜에는 역사가 없는 이유이다.

요컨대 데이터와 정보, 지식 그 자체는 우리를 딜레마로부터 구해주지 않는다. 이들을 다루는 능력, 즉 문제해결 능력(지혜)이 우리를 딜레마로부터 벗어나게 하고 새로운 해결책을 찾도록 돕는다.

그렇다면 문제해결 능력은 어떻게 배양해야 할까? 한마디로 기존의 사고를 탈피해야 한다. 어떻게? 현실에 존재하지 않는 것을 떠올리는 능력, 즉 상상력을 동원해야 한다.

● 창의력, 암기력, 감정

"암기력과 창의력 중에서 어느 것이 더 중요할까?"
사람들이 흔히 제기하는 질문이지만 거기엔 그다지 의미가 없다. 암기력은 창의력의 전제이기 때문이다. 뭘 알아야 창의력이 생기지 않겠는가. 무에서 창의력이 나오지는 않으니까 말이다. 앞서 말했듯이, 창의력은 과거의 경험 중에서 저장된 것, 즉 기억으로부터 시작되는데 그와 동시에 그 기억으로부터 벗어나야 하는 역설적인 인지활동이다. 어떻게 기억에서 벗어나는가. 서로 다른 분야의 기억을 조합함으로써 가능하다.

통찰력도 마찬가지다. 과거의 경험을 바탕으로 하되 경험에 갇히지 않고 그것을 넘어설 때 생겨난다. 바둑에서도 '정석을 외우되 잊어라'라는 격언이 있다.

대화를 통해 상대를 설득해야 할 때도 창의적 사고가 필요하다. 고정관념에 사로잡혀 있다면 상대의 마음을 움직일 새로운 동력을 찾을 수 없기 때문이다. 하지만 이 경우에는 어려움이 더해진다. 나 혼자의 생각만이 아니라 상대방의 생각과 감정, 욕망까지도 고려해야 하기 때문이다.

대화에서는 두 사람의 욕망과 의지가 충돌한다. 상대도 나와 똑같이 자신의 생각을 나에게 불어넣으려 하기 때문이다. 특히 상대의 언어가 촉발시키는 사고 프레임은 매우 큰 저해 요소로 작용한다. 게다가 이때는 주의해야 할 것이 하나 더 있다. 상상력과 창의력을 쓰되, 상대를 설득하는 데 있어 상대가 받아들일 만큼의, 꼭 필요한 만큼의 상상력만 써야 한다는 점이다. 지나치면 상대의 이해력이나 기분을 거슬려서 오히려 역효과가 날 수 있기 때문이다.

마지막으로 창의력 발휘를 방해하는 하나의 요소가 더 있다. 그것은 현재의 내 기분과 감정이다. 강한 감정, 특히 분노, 공포, 수치심, 당황스러움 같은 강한 긴장성 감정에 사로잡혀 있을 때에는 새로운 사고를 할 수가 없다. 예를 들어 자녀와 대화할 땐 어떤 대화법이 바람직한지 잘 알고 있으면서도 막상 실제로는 잘 안 되는 경우가 있다. 그 이유는 감정을 제어하지 못하는 상태에 놓여서 아이의 생각을 살피고 아이의 프레임에 맞는 설득 요인을 찾는 창의적 사고를 할 여유가 없기 때문이다.

이렇듯 어려운 것이 대화이고 소통이다. 그래서 상대의 입장을 고려하여 설득한다는 식의 단순한 원리로는 원하는 목적을 달성할 수도 없고 상대와 좋은 관계를 맺을 수도 없다.

5. 기존 프레임에 의한 창의력의 방해

● 기억 vs 상상

기억이란 (직접경험이든 간접경험이든) 과거의 경험을 인출하는 행위다. 반면에 상상이란 경험하지 않은 것을 사고하는 행위다. 물론 기존의 것들을 새로이 조합하는 방식으로 이루어지지만.

기억과 상상 중에 어느 것이 더 어려울까? 당연히 상상이 더 어렵다. 우선 상상이란 새로운 조합인데 많이 해보지 않았기 때문이다. 가령 연필은 1565년, 고무지우개는 1770년 처음으로 만들어졌지만[17] 오늘날 우리가 너무나 당연하게 사용하고 있는 지우개 달린 연필이 나온 것은 1858년이다. 그러니까 연필과 지우개가 결합되어 한 제품이 되기까지는 무려 88년을 기다려야 했다는 얘기다.

▲ 연필(1565)

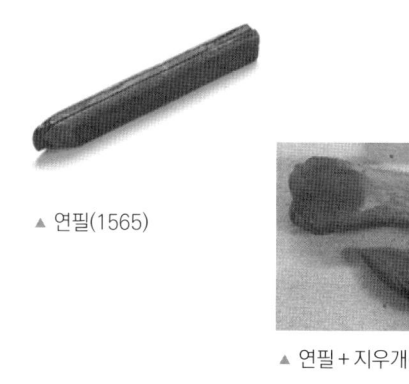

▲ 연필 + 지우개(1770)

▲ 지우개 달린 연필(1858)

그러나 보다 더 중요한 원인이 있다. 새로운 조합을 방해하는 것들이 있기 때문이다. 무엇이 방해하는 걸까? 그것은 바로 기존의 고정관념이다.

증기기관차가 처음 등장했을 때는 아래 그림에서 보듯이 기관사는 기차 밖에서 운전을 했다. 그래서 기관사가 특히 곡선 구간에서 떨어져 죽는 사고가 자주 발생했다. 게다가 굴뚝에서 나오는 연기를 들이마시는 등 많은 불편도 따랐으며, 이로 인해 많은 기관사들이 진폐증에 시달리기도 했다.

그렇다면 왜 증기기관차를 설계할 때 굴뚝을 기관사 뒤에 설치하여 기관사가 연기를 마시지 않도록 설계하지 않았을까? 왜 애당초에 추락 사고를 방지하기 위해 오늘날처럼 운전석에 캡을 씌워 그 안에서 운전하도록 만들지 않았을까? 당시의 기차 설계자들이 머리가 좋지 않아서였을까? 천만에다! 그들은 당대에 내로라하는 고급 두뇌의 소유자들이었다. 그렇다면 그들은 왜 이러한 선택을 행하였을까?

참으로 어처구니없게도 그것은 단순한 고정관념 하나 때문이었다. 당시에 사람들은 기관차는 증기의 힘으로 가는 마차라고 생각하여 마차의 마부처럼 밖에서 운전하게 디자인했던 것이다. 물론 이 사례는 '최소저항선(Path of Least Resistance)', 즉 가장 쉬운 방식을 찾는 심리적 경향을 설명할 때 많이 쓰이지만 근본적으로는 인간의 고정관념에 의한 것이다.[18]

이제 케인스 경제학(Keynesian economics)를 탄생시킨 위대한 경제학자 존 메이너드 케인즈(John Maynard Keynes)의 말은 큰 울림으로 다가온다.

"진정으로 어려운 것은 새로운 아이디어를 개발하는 것이 아니라 이전에 가지고 있던 아이디어에서 벗어나는 것이다."

"The difficulty lies not so much in developing new ideas as in escaping from old ones."

▲ 증기기관차

▲ 마차

고정관념이란 우리의 사고 자체를 일정한 방식에 따라 이루어지게끔 구속하는 이미 굳어진 사고를 말한다. 고정관념은 무언가를 생각하려 할 때 즉각적으로 설치되어 우리에게 거역할 수 없는 하나의 프레임이 되어 버린다. 따라서 이런 고정관념으로부터 탈출해야 한다. 아인슈타인(Albert Einstein)도 이전의 고정관념을 깼기 때문에 그 프레임에서 벗어나 우주가 휘어진 공간이라는 생각을 할 수가 있었다.

● 우물 안 개구리

다음은 장자 외편 제16장 추수(秋水)편에 나오는 정저지와(井底之蛙)라는 글이다.

> 井蛙不可以語於海者 (정와불가이어어해자)
> 拘於虛也. (구어허야)
> 우물 속의 개구리는 바다에 대해 말할 수 없으니
> 우물에 구속되어 있기 때문이요
>
> 冰夏蟲不可以語於冰者 (하충불가이어어빙자)

제2부 프레임, 사고의 원천 93

篤於時也. (독어시야)
여름에만 사는 벌레가 얼음에 대하여 말할 수 없는 것은
자기가 사는 여름만 시절인 줄 믿기 때문이며,

曲士不可以語於道者 (곡사불가이어어도자)
束於敎也. (속어교야)
편협한 선비가 도를 말할 수 없는 것은
속된 가르침에 속박되어 있기 때문이다.

이 텍스트는 우리 인간이 항상 맞닥뜨려 있는 프레임을 잘 설명해 주고 있다. 우물 속에서만 사는 개구리는 우물이라는 프레임 밖의 바다를 생각할 수가 없고, 여름에만 사는 벌레는 여름이라는 프레임 밖의 얼음을 알 수가 없으며, 생각이 비뚤어진 선비는 자신의 프레임에 빠져 도(道)를 알 수 없다는 것을 말함으로써, 우리가 프레임에 빠지면 결코 그 프레임 밖의 세상을 생각할 수 없음을 강조하고 있다.

● 창의성에는 용기도 필요하다!

현대 무용의 어머니, 또는 모던 댄스의 개척자라 불리는 이사도라 던컨(Angela Isadora Duncan)은 프랑스 고전 발레의 복장과 토우슈즈를 벗어 던진 여성으로 유명하다. 그래서 '맨발의 이사도라'라는 별명이 붙었다. 기존 발레 규칙들을 완전히 무시하면서 자유댄스를 주창하여 현대 발레의 새로운 장을 열었다.

그러나 정작 고향인 미국에서는 조롱과 조소의 대상이 되었다. 그래서 유럽으로 건너가서 외려 발레의 본고장 프랑스에서 '오호, 이거 새로운 거네!'

라는 평가를 이끌어 내면서 인정받았다. 그러니까 혁명은 변방에서 시작되었는데 그 변방은 인습에 젖어 이를 받아들이지 못했다는 이 역설적 상황이 벌어진 것이었다.

왜 그럴까?

혁명의 토양은 인습이지만 혁명의 실행에는 용기가 필요하기 때문이다. 이사도라는 고향 사람들의 조롱을 비웃으면서 과감하게 유럽행 배를 탔다. 만일 그녀가 유럽행 배를 타는 용기를 내지 않았다면 살던 곳에서 평생 멸시의 대상으로만 남았을 것이다.

문제해결능력, 즉 창의력은, 기존의 규칙과 관습, 즉 인습에 찌들어서 아무 것도 보이지 않을 때 새로움에 대한 갈망으로 나오지만, 거기에 용기가 덧붙여질 때 비로소 완성이 된다. 우리는 살아가면서 용기의 부족으로 정말 많은 것을 놓친다.

▲ 이사도라 던컨

● **럭비의 탄생**

럭비라는 스포츠가 탄생하도록 만든 것도 한 젊은이의 용기였다. 그는 윌리엄 웹 엘리스(William Webb Ellis)라고 하는 잉글랜드의 사립고등학교인 럭비 스쿨(Rugby School)의 학생이었는데, 그의 위대한 공적은 그를 아래의 사진처럼 동상으로 그를 남게 했다. 동상 아래의 기념석에는 다음과 같은 내용이 담겨 있다.

THIS STONE COMMEMORATES THE EXPLOIT OF WILLIAM WEBB ELLIS WHO WITH A FINE DISREGARD FOR THE RULES OF FOOTBALL ASPLAYED IN HIS TIME FIRST TOOK THE BALL IN HIS ARMS AND RAN WITH IT THUS ORIGINATING THE DISTINCTIVE FEATURE OF THE RUGBY GAME.
A.D.1823

(이 돌은 당시 축구 규칙을 멋지게 무시하고 처음으로 공을 품에 안고 달려가면서 럭비 게임의 훌륭한 특징을 만들어낸 윌리엄 웹 엘리스(William Webb Ellis)의 업적을 기념하기 위해 세웠다.
서기 1823년

제2부 프레임, 사고의 원천

여기서 '멋진 무시'(a fine disregard)라는 표현이 눈에 들어온다. 손을 쓰지 못하게 하는 당시의 축구 규칙에 대한 무시를 '멋지다'고 한 것이다. 규칙은 보통 지켜야 하는 대상이므로 어길 때 받을 수 있는 비난을 고려하면 보통 용기가 있지 않고는 무시하기 어렵기 때문이다. 1823년 잉글랜드의 럭비스쿨의 학생인 윌리엄 앨리스는 축구 경기 중 답답한 마음에 공을 품에 안고 골대 앞까지 돌진하여 골을 기록했다. 다음 날 잉글랜드의 언론은 이 행동에 대한 찬반 양론으로 나뉘었다. 한쪽은 '축구의 기본 규칙을 어겼으니 비난받아 마땅하다.'라고 했지만 다른 한쪽은 '손을 쓰지 못하도록 하는 규칙은 인간의 본능을 제한하는 규칙이므로 폐기되는 것이 마땅하다. 엘리스의 행동은 매우 용기있는 행동이므로 찬사를 보낸다.'라는 입장을 표명했다. 이 사건은 손을 쓰면서 축구를 하는 새로운 스포츠인 '럭비풋볼'(엘리스의 학교 이름을 따서 지었다.)을 창안하는 계기가 되었다. 엘리스의 용기있는 행동이 있은 지 23년 후인 1846년 고유한 규칙을 제정하고 토마스 아놀드(Thomas Arnold) 교장이 이 새로운 스포츠를 학교의 정규 교육과정에 편입하면서 럭비가 탄생하였다.

이 사례에서도 우리는 사람들의 멸시와 조롱을 두려워하지 않고 용기를 내서 최초로 시도한 것이 얼마나 중요한지를 알 수 있다. 기존의 고정관념은 프레임을 구성하여 우리를 그 프레임에 빠지게 함으로써 새로운 상상을 하지 못하게 한다.

● 용어 '프레임'의 다양한 사용

요즈음 '프레임'이라는 용어를 많이 접한다. '프레임'이라는 용어는 레이코프(George Lakoff)의 인지언어학, 필모어(Charles Fillmore)의 전산언어학, 트버스키(Amos Tversky)와 카너먼(Daniel Kahneman)의 행동경제학, 고프먼(Erving Goffman)의 사회학,

치알디니(Robert Cialdini)와 최인철의 심리학 등 다양한 학문 분야에서 다양한 의미로 쓰이고 있다. 정치, 사회운동, 광고, 마케팅 등, 분야에 따라서도 다르게 사용된다. 공통점을 찾자면 대상, 현상, 세상을 바라보는 사고와 해석의 틀이라는 것이다.

이와 달리 이 책에서는 '어떤 대상을 사고할 때 바라보는 관점에 따라 즉각적이고 무의식적으로 형성되는 사고의 틀'이라고 정의한다. 따라서 특정 분야에 국한되지 않을 뿐만 아니라, 지속적으로 형성되는 것과 일시적으로 형성되는 것을 모두 포괄하고, 이슈와 같은 표층적인 것과 도덕적 가치처럼 심층적인 것을 구분하지 않고 포괄한다. 특히 시간적으로는 개인의 경험과 사회의 역사에 의해 형성되지만, 프레임의 형성 요인, 즉 구조적인 생성기제는 기존의 고정관념과 언어를 모두 포괄한다. 이 점에서 프레임에 대한 우리의 정의는 기존의 모호한 개념적 접근에 대해 차별성을 가진다고 감히 말하고자 한다. 특히 기존의 고정관념뿐 아니라 우리가 평소에 사용하는 언어도 프레임을 형성하는 본질적 요인이라고 보는 점을 특별히 강조하고자 한다.

제 4 장

프레임은 어떻게 도입되는가?(I)

　많은 경우 상대를 설득하는 것은 쉽지 않다. 왜일까?
　설득이 쉽지 않은 이유는 평범한 말로는 설득이 되지 않기 때문이다. 상대가 내 말에 동의하지 않거나
　상대가 내 제의를 거절하는 상황에서 그저 내 이야기를 다시 반복하는 것은 결코 설득을 성공시켜 주지 못한다. 요컨대 꽉 막힌 상황에서는 창의력이 필요하듯이 설득이 난감한 상황에서도 창의력이 필요하다.
　여기 이런 말이 있다.
　'길이 끝나는 곳에서 여행은 시작된다.'
　우리는 길이 있어야 걸을 수 있다. 그러나 길이 나 있는 곳으로 다니는 것은 여행이 아니라 일상이다. 길이 난 대로 가는 것에서 우리가 볼 수 있는 것은 평범하고 우리가 이미 알고 있는 것들뿐이다. 거기에는 아무런 새로운 것이 없다.
　그런데 그러한 답답함으로부터 남들이 다니지 않은 곳으로 향한다면, 그러니까 새로운 길을 만들며 걷는다면 거기에서는 새로운 것들을 발견할 수 있다. 그러한 경험이 바로 여행이라 할 수 있다. 우리는 흔히 길이 있어야 여행을 할 수 있다고 생각한다. 마치 길은 여행의 전제 조건인 것처럼 생각하는 것이다.
　그러나 길에 머물러 있으면, 길이 안내하는 곳으로만 간다면 그것은 일상

의 반복일 뿐, 진정한 여행은 시작하지 못한다. 마찬가지로 기존의 프레임에 젖어 있다면, 그 프레임 밖의 것은 결코 볼 수 없게 되므로

상대를 설득하기 위해 반드시 필요한 새로운 프레임을 떠올릴 수가 없다. 새로운 프레임을 떠올려야만

비로소 기존에 보지 못했던 새로운 상상을 할 수가 있고 이러한 상상이 우리를 창의적 사고로 이끈다.

그 창의적 사고로 인해 이제 비로소 상대를 설득할 수 있는 아이디어를 얻을 수 있다.

이처럼 대화를 통해 상대를 설득해야 할 때도 창의적 사고가 필요하다. 고정관념에 사로잡혀 있다면 상대의 마음을 움직일 새로운 동력을 찾을 수 없기 때문이다.

지금까지 우리의 생각은 자유롭지 않고 사고의 선행요소들에 의해 점령당해 있으며 이들이 설정해 놓은 특정한 관점에 의해 사고의 틀, 즉 프레임이 형성된다는 사실을 알게 되었다. 그리고 이 프레임은 사고를 가능하게 하는 가이드라인의 역할을 하지만, 동시에 이 사고를 일정한 방향으로 이끌어 그 안에서만 사고하게 만든다는 사실을 알았다. 그런데 이 병주고 약주는 이중적 성격을 가지고 있는 프레임은 우리의 언어에 절대적인 지배를 받고 있다는 사실을 살펴보았다.

언어는 세계를 바라보는 창으로서 프레임을 형성하는 원천이 되고, 이러다 보니 언어가 만들어 놓은 틀대로 사고하게 됨으로써 우리에게 정작 필요한 창의적 사고를 오히려 방해하는 요인으로 작용한다. 방해 요인들을 극복하는 방안을 찾기 위해서는 우선 프레임을 만들어내는 관점이 어떻게 도입되는지를 알아보는 것이 필요하다.

이제 그것을 살펴보자.

1. 관점이 대상을 만든다

현대 언어학의 기원을 이루는 스위스의 저명한 언어학자 소쉬르(Ferdinand de Saussure)는 이런 말을 남겼다. "관점(perspective)이 대상을 만들어 낸다." 이것이 무슨 말인가? 대상이 관점에 선행하여 존재하고, 그다음에 그것을 바라보는 관점이 존재한다는 것이 당연하지 않은가. 물론 상식적으로라면 그렇다.

하지만 이렇게 생각해보자.

산 위에 나무가 한 그루 있다고 가정하자. 식물학자라면 이 나무를 구조와 상태, 성장, 생식, 물질대사 등의 관점에서 볼 것이고, 미술가라면 나무의 잎과 줄기의 선과 면, 색깔 등 미학적 관점에서 바라볼 것이다. 역사학자는 이 나무에서 조선시대의 왕이 행차하다가 쉬어갔다는 데 주목할 것이요, 시인은 이루지 못할 사랑을 나눈 두 남녀의 비극적 이야기가 탄생한 곳이라는 관점에서 접근할 것이다. 시인에게 이 나무의 식물학적 구조나 생장은 아무런 의미가 없을 것이다.

이처럼 모든 대상은 어떤 관점에서 바라보는가에 따라 너무나도 다른 존재가 된다. 그래서 어쩌면 내가 보는 관점이 그 대상이 가지는 의미가 된다는 얘기다. 더 나아가 내가 대상을 특정한 관점으로 바라볼 때 비로소 그 대상이 존재하게 되는 것이다. 내가 바라보기 이전에는 설사 그것이 존재했다 한들 무슨 의미가 있으랴.

여행을 하면 보는 만큼 얻는다. 유럽 여행을 하면 성당을 많이 가게 되는데, 처음엔 감탄을 하다가 두 번 째, 세 번 째 방문 때부터는 크게 감명 받지 않을 뿐더러 심지어 지겨워지기도 한다. 만일 그 성당의 역사적, 종교적 의미를 모르고 본다면 그저 또 하나의 성당일 뿐이니까. 국내 관광에서도 절을 찾아다니다보면 '그 절이 그 절'이라고 생각할 때가 있다. 이렇게 여행을 하더라도 바라보는 관점이 없이 막연히 방문을 하면, 나중엔 어디를 다녀왔는지 기억도 못하게 되고 결과적으로는 그 대상도 사라지게 된다. 이런 점에서 관점이 대상을 만들어낸다는 말뜻을 이해할 수 있으리라.

이언 해킹(Ian Hacking)은 개념의 출현이 현상을 출현시키는 '**고리 효과**(looping effect)'를 제시했다. 즉 새로운 개념을 만들어내면, 거꾸로 그러한 유형에 해당하는 대상이 만들어진다는 것이다. 가령 '아동 학대(child abuse)'라는 개념이 만들어지면서 많은 사례들이 보고되기 시작했다. 그리고 '다중인격 환자(split personality)'의 개념이 출현하면서 이 같은 유형의 사람들이 나타나기 시작했다는 것이다. 아동학대의 개념이 없던 시절에는 그저 집안의 문제나 자녀 교육 스타일의 차이로 생각했으므로 아동학대가 없었다고도 할 수 있다. 물론 개념이 없었다고 과거에 그 사실이 없었다고까지 말하는 것은 지나친 측면이 있다. 하지만 분명한 것은 개념의 정립으로 그런 현상에 대한 인식이 비로소 마련된다는 점이다. 이렇게 본다면 소쉬르의 '관점이 대상을 선행한다'라는 명제와 일맥상통한다고 하겠다.

관점이 대상을 만들 듯이, 관점은 사람들로 하여금 분명한 사고의 틀을 만들어낸다. 즉 관점은 프레임을 만든다. 앞에서도 말했듯이, 프레임이란 사고하기 위해 무의식적으로 형성되는 사고의 틀로서 사고의 가이드라인이 되어 다르게 사고할 가능성을 차단하게 된다.

제2부 프레임, 사고의 원천

당신은 이 그림이 무엇을 나타낸다고 생각하는가?[19]

오리일까 토끼일까? 어느 쪽이든 일단 한쪽으로 생각하기 시작하면 다른 쪽으로는 보이지 않게 된다. **우리가 무언가를 보고 있다는 것은 한편으로 다른 많은 것들을 보지 않고 있다는 얘기다.**

무언가를 볼 때 우리는 항상 어떠한 관점에서 본다. 그럴 수밖에 없다. 그러므로 우리의 사고는 부분적일 수밖에 없다. 예를 들어, 한 대상을 다양한 각도에서 찍은 여러 장의 사진들을 보면, 동일한 대상이라 하더라도 찍은 각도에 따라 다른 대상으로 비쳐지는 것을 볼 수 있다. 이는 관점이 마련되어야 비로소 사고가 가능하다는 것을 의미한다.

우리가 흔히 쓰는 말인 고정관점이란 무엇인가? 특정 관점이 반복, 강화되면 그 대상을 접근하는 틀이 강화되는데 이것이 바로 고정관점이 되는 것이다. 결론적으로 〈인간은 관점의 동물이다.〉라고 말할 수 있다.

우리는 흔히 자식 교육이 어렵다는 말을 한다. 굉장히 지체 높고 지위가 높은 사람인데도, 예를 들어 대기업 사장이나 고위직 공무원이라 하더라도 자식은 자신의 뜻대로 할 수 없는 경우가 많다.

자식은 그러한 아버지의 말을 잘 안 듣는다. 이럴 때 아버지 말이 안 먹히는 것은 사장이나 고위직 공무원이 아니라 그저 아버지로 보기 때문이다. 아이들이 부모 말 안 듣는 이유는 결국 관점 때문인 것이다.

우리가 상대를 편안한 사람이라고 간주할 수도 있지만 때에 따라서는 만만한 사람이라고 판단하는 경우도 있다. 이런 사례는 대인관계를 결정하는 요인도 결국은 관점이라는 사실을 일깨워 준다.

▲ 국화빵 굽는 틀

▲ 붕어빵 굽는 틀

물론 프레임이 우리의 생각을 완전히 국화빵 찍듯이 그렇게 기계적으로 찍어낸다는 말이 아니라 사고의 방향과 구조를 결정한다는 의미이다. 즉 틀을 결정한다는 뜻이지 내용물까지 결정짓는다는 말은 아니다. 국화빵에 비유하자면 프레임은 국화빵을 찍는 기계이고, 실제 그 기계로 국화빵을 만들기 위해 밀가루를 어떤 제품을 쓰고 팥을 얼마만큼 넣을지는 개인이 선택할 몫이라는 것이다.

관점이 프레임을 만든다면, 관점은 우리에게 어떻게 스며들어 자리 잡는 것일까? 답변은 간단하다. 관점은 우리가 사용하는 언어에 의해 알게 모르게 도입된다. 즉 어떤 어휘를 듣거나 떠올리면 그 어휘가 품고 있거나 그것에 관련된 관점이 형성되는 것이다.

관점을 만드는 언어를 유형별로 살펴보자.

① 본질적 관점어

어떤 말은 본질적으로 사람들에게 긍정적 관점과 부정적 관점을 유발한다. '공'과 '사', '도입'과 '매각', '미래'와 '과거', '장기적인 것'과 '일시적인 것', '실천'과 '선언' 등에서 앞의 것은 긍정적, 뒤의 것은 부정적인 관점으로 접근하게 한다.

② 대표의미 효과

어휘의 의미요소들 가운데 대표적인 것이 전체 의미를 지배하여 그러한 관점으로 대상을 바라보게 한다. '남자', '여자', '학생', '학교' 등의 경우 각각의 대표의미가 관점을 생성한다.

③ 이데올로기 배경어

어떤 단어들은 이데올로기를 그 안에 담고 있어 그 단어를 듣는 순간 그 이데올로기의 관점으로 대상을 바라보게 만든다. '스승', '가장(家長)', '광주민주화운동' 등에서 그 예를 볼 수 있다.

④ 개념군에 의한 관점 도입

어떤 단어가 활성화하는 개념군이 그로부터 연유되는 연상 기억, 감정, 고정관념 등을 불러일으켜 관점을 만들게 된다. '범죄와의 전쟁', '인민의 적' 등으로 국민의 의식을 지배했던 예를 생각하면 되겠다.

⑤ 이분법적 사고에 의한 관점 도입

때로는 세상을 두 개념의 대립으로 보는 이분법적 사고(흑백논리)가 관점을 도입하기도 한다. 한쪽이 아니면 다른 쪽이라는 식으로 대상을 바라보게 만드는 것이다.

⑥ 은유에 의한 관점 도입

은유는 목표영역이라는 새로운 영역의 관념을 불러일으킴으로써 새로운 관점을 도입한다.

2. 본질적 관점어

● '경쟁체제 도입'이냐, '사기업에 매각'이냐?

2012년 10월 30일 방영된 EBS 다큐프라임 〈킹메이커〉 2부에 흥미로운 설문조사가 있었다.[20] 궁극적으로는 동일한 의미를 지녔지만 언어 표현만 달리하여 설문을 작성한 후에 서울 강남역과 인천의 구월동에서 이틀 동안 찬반투표를 실시한 것이다.

"KTX 일부 노선을 사기업에 매각하는 것에 찬성하십니까?"

첫째 날 제시한 이 설문에는 찬성이 많았을까 아니면 반대가 많았을까? 왠지 반대가 많았을 것 같지 않은가?

아닌 게 아니라 이 설문에 대해 시민들의 반응은 다음과 같이 나타났다.

[강남] 찬성 11 vs 반대 100
[구월동] 찬성 17 vs 반대 100

두 지역 모두에서 반대가 압도적으로 많았다. 그런데 둘째 날에 제시한 질문은 첫날과 다른 어휘로 구성되어 있었다.

"고속철도의 경쟁체제 도입에 찬성하십니까?"

이 설문에 대한 시민들의 투표 결과는 어땠을까? 어쩐지 앞의 설문에 비해 찬성이 높을 것 같은 느낌이 들지 않는가. 아니나 다를까, 결과는 다음과 같았다.

[강남] 찬성 71 vs 반대 100
[구월동] 찬성 100 vs 반대 60

즉 첫날 투표 결과에 비해 강남의 경우 찬성이 대폭 상승하였고, 구월동의 경우에는 아예 찬반이 뒤바뀌어 찬성 쪽으로 돌아섰음을 볼 수 있다.

왜 이런 상반된 결과가 나왔을까? 일부 노선 매각에 반대표를 던진 사람들은 대체적으로 아래와 같은 반응을 보였다.

> "사기업에 매각하면 비싸질까 봐요."
> "공기업에서 해야 되는 것을 사기업으로 넘기면 국민들이 그 부분에 대한 부담을 더 많이 느껴야 될 것 같아서…."
> "그래도 우리 공기업이 갖고 있어야지, 개인 업체에 가는 것은 반대한다."
> "대중교통이니까. 사기업에 넘어가면 안 된다고 생각해요."

제2부 프레임, 사고의 원천

그럼 매각에 찬성표를 던진 사람들의 반응은?

"우리 한국 사회가 앞으로도 경쟁력 있고 바람직한 변화를 유도해야 되는데…."
"경쟁을 하면 조금 더 높은 곳으로 갈 수 있는 바탕이 제공된다고 생각해서."
"서로 경쟁이 돼야지 서비스나 이런 것이 개선되고 그러지 않을까 해서…."
"경쟁을 통해서 발전을 하는 거죠."

시민들의 반응에도 그 답이 있지만 프레임 이론에 입각한 나의 생각은 이렇다.

첫째 설문 "KTX 일부 노선을 사기업에 매각하는 것에 찬성하십니까?"에는 '사기업'이라는 단어가 있는데 이는 본질적으로 부정적 이미지를 형성하는 단어이다.

'공(公)'과 '사(私)'의 대립에서 '사'는 부정적인 가치를 나타낸다.

앞서 살펴본 위치 프레임의 원리대로 긍정/부정 가치어가 병렬될 때는 항상 긍정가치어가 앞선다. 그래서 '공사(公私)'다.

또 '매각하다'라는 단어가 있는데 '매각'은 본질적으로 사람들로 하여금 부정적 관점으로 접근하게 한다. 인간은 무언가가 생기는 것을 좋아하지 없어지는 것을 좋아하지 않기 때문이다. 이는 '구입'이나 '매입'과 같은 단어들에 긍정적인 관점을 부여하는 것과 좋은 대조를 이룬다.

둘째 설문 "고속철도의 경쟁체제 도입에 찬성하십니까?"에는 '경쟁'과 '도입'이라는 단어가 포함되어 있다. 이 두 단어는 모두 긍정적인 가치를 나타낸다. '경쟁'은 과거에는 중립적이었는데 언제부터인가 우리 사회에서 긍정적인 가치로 바뀌었다. '도입'은 앞서 지적했듯이 무언가가 생기는 것이어서 긍정적인 관점으로 접근하게 한다.

한편 찰스 필모어(Charles J. Fillmore)는 다음과 같이 말한다.

> 단어는 개개의 개념을 강조할 뿐만 아니라 프레임이 나타나는 어떤 관점을 명시한다. 예를 들어 '팔다'는 판매자의 관점에서 상황을 보고 '사다'는 구매자의 관점에서 상황을 본다.
> Words not only highlight individual concepts, but also specify a certain perspective from which the frame is viewed. For example "sell" views the situation from the perspective of the seller and "buy" from the perspective of the buyer.

다시 말해 단어는 우리에게 단지 하나의 개념만을 던져주는 것이 아니다. 그뿐 아니라 프레임을 만들어 내는 어떤 관점을 동시에 우리에게 제시한다는 것이다.

예를 들어 '팔다'라는 단어가 등장하면 단지 판다는 의미를 전할 뿐 아니라 우리를 판매자의 관점에서 상황을 보게 한다는 것이다. 반면에 '사다'라는 단어가 나오면 우리를 구매자의 관점에서 상황을 보게 만든다. 첫째 설문에서 '매각하다'라는 동사가 나왔는데 이것은 파는 사람을 주어로 취하기 때문에 (여기에서는 이 파는 주체가 정부이므로) 매각 행위가 '정부의' 행위라고 생각하게 한다.

반면에, 둘째 설문에서는 '도입하다'라는 단어가 나오는데, 여기서 '도입하다'는 주어가 반드시 정부가 아니다. 도입하는 주체는 공동체 사회도 포함할 수 있는 것이기 때문이다. 그러므로 도입하는 것은 정부의 행위라는 느낌을 덜 주고 우리 모두가 그것을 함께 가지게 된다는 의미를 갖게 된다. 그래서 정부가 아니라 우리 모두가 갖게 된다는 의미, 즉 첫째 설문보다 훨씬 더 긍정적인 의미로 해석되는 것이다.

이상의 관점은 투표자들이 설문지에 포함된 언어들을 보는 순간 무의식적으로 갖게 되는 생각들이다. 이처럼 우리가 사용하는 언어 가운데 어떤 단어들은 본질적으로 긍정적 혹은 부정적인 관점으로 우리를 인도한다. 따라서 어휘 선택이 사람들의 사고를 움직이는 결정적인 역할을 한다는 점도 알아두어야 할 것이다.

물론 설문 내용에 대한 각자의 판단이 이미 존재하겠지만 (그래서 강한 주관을 갖고 있거나 이미 자신의 의견이 확고한 사람들의 경우에는 크게 영향을 주지 않을 수 있지만) 그렇지 않은 많은 사람들에게는 큰 영향을 끼치게 되는 것이다.

다음 절에서는 본질적 관점어들에 어떤 것들이 있는지 좀 더 많은 예를 통해 이해해 보자.

3. 부정 프레임어와 긍정 프레임어(1) - 구체적 언어

본질적 관점어들에는 어떤 것들이 있는지 좀 더 많은 예를 통해 이해해 보자.

● **버스 노선을 폐지한다고?**

어느 회사에서 사원들을 위해 운행하는 출퇴근 버스 가운데 특정 노선을 폐지하기로 한 공고를 다음과 같이 냈다.

통근 버스 **노선 폐지 공고

본사는 그동안 운행하던 **노선의 폐지를 승인하고 다음과 같이 공고 한다.

2024년 8월 2일
주식회사 *** 대표 홍길동

1. 폐지되는 노선
   ○ ***노선 : 지하철역 ~ 사옥(10km)
2. 폐지사유
   ○ 배경 : 이용자 감소
3. 시행일 : 2024년 9월 1일

이용자가 나날이 줄어서 적자폭이 불어났고 급기야는 이용자가 4명밖에

되지 않게 되었다. 그래서 부득이 회사 측은 노선을 폐지하기에 이르렀다. 사실 매우 합리적인 조치였고 별 문제가 없어 보였다.

그러나 이 공고가 난 다음날부터 회사 게시판에는 불만 의견으로 불이 났다. 사원들과 논의 과정 한 번 없이 사측에서 일방적으로 폐지했다는 내용이 주를 이루었다.

그런데 이용자는 4명인데, 불만 댓글을 단 사람은 200명이 넘었다. 왜 이럴까? 반대를 주도한 사람들은 흥미롭게도 해당 노선을 이용하던 사원들이 아니었다. 어차피 이용자 수가 줄어서 폐쇄하기로 결정한 것이었으니 불만을 제기하는 사람이 많지는 않기 때문이다. 사실 요즘 인터넷 공간이 그러하듯, 반대 여론을 펴는 사람이라고 해서 꼭 이해당사자(버스이용자)라는 보장은 없다.

사실 이 정도는 요즘 상식이 되어 있으므로 담당부서 사람들이 이를 몰랐을 리가 없다. 그럼에도 이렇게 문제를 키운 것은 담당자의 안이한 태도라고 봐도 좋을 터.

이 같은 사태가 발생하는 것은 너무나 당연했다. 사원들과 소통 없이 일방적으로 의사 결정을 한 것은 잘못된 것이기 때문에 빌미를 제공한 것이라 할 수 있다.

하지만 이용자가 적어서 폐지하는 것이라면 굳이 이렇게 분란을 일으킬 필요가 있었을까? 분란의 원인은 사실 공고를 전하는 방식에 있었다. 사람들은 이 공고로부터 좋은 감정을 가질 수 없다. 이는 '폐지'라는 단어가 만들어낸 본질적 저항감에서 비롯되었다. '폐지'는 본질적으로 부정적인 관점을 불러일으키는 단어인 것이다. 따라서 이 어휘 대신 '노선 (합리적) (재)조정'과 같은 표현으로 교체하는 것이 이용자의 심기를 불편하지 않게 만드는 방법이 될 수 있다.

> **통근 버스 운행 조정 안내**
>
> 2024년도 하반기 통근 버스 운행은 최근 이용자 감소에 따른 노선조정 및 운행 효율성 제고를 위하여 아래와 같이 운행되오니 이용에 착오 없으시기 바랍니다.
>
> 1. 2024년도 통근 버스 운행 및 중지 시기
>   - **노선 : 2024년 9월 1일 부터 운행(출근. 셔틀, 퇴근)

이렇게 수정 공고를 내보낸 후 직원들의 불만은 많이 줄어들었다.

내친 김에 이처럼 본질적으로 사람들을 긍정 혹은 부정의 관점으로 유도하는 단어들을 좀 더 살펴보자.

● **구체적 언어 vs 추상적 언어**

구체적인 언어가 추상적인 언어보다 선호된다. 예를 들어 고마운 마음을 표현할 때는 단지 고맙다는 말만 할 것이 아니라 감사의 이유를 함께 표현하는 것이다.

　　a) "감사한다."
　　b) "선생님이 아니었으면 저는 엄청 힘들었을 거예요."
　　c) "선생님이 그렇게 해주셔서 제가 큰 덕을 보았어요."

a)보다는 b) 혹은 c)가 상대의 마음을 더 움직일 것이 분명하다. 구체성이 담보되면 진정성을 느끼게 해주는 반면, 그것이 결여되면 진정성을 의심하게 만들기 때문이다. 따라서 가급적이면 구체적으로 표현하는 것이 좋다.

감사의 말을 들었을 때도 마찬가지다.

- a) "별말씀을요."
- b) "별것 아닌 걸요. 당연한 건데요 뭘."
  "그냥 도와드리고 싶었어요. 저한테도 그동안 도움 많이 주셨잖아요."
- c) "그렇게 하는 게 제 마음이 편해서 그랬을 뿐이에요. 그러니까 사실은 저를 위한 일이었어요."

아무런 대꾸도 안 하는 것보다는 a)정도라도 말하는 것이 좋지만 그보다는 b)나 c)로 응대하는 것이 더 좋다.

부하직원에게 단지 '조직'에 헌신하라는 말로 설득하려 들면 성공하기 어렵다. 너무 추상적이어서 막막하기 때문이다. 그보다는 좀 더 구체적으로 어떤 '과제'에 헌신하라고 하는 것이 좋은 방법이다. 상대가 목표를 확실하게 설정하는 것은 물론, 업무 내용을 잘 이해할 수 있기 때문이다.

한국의 중년 이상 남성들은 구체적으로 표현하기는커녕 아예 표현을 하지 않는 경향이 있다. 그러면서 '마음은 있는데 표현이 잘 안 된다'거나 '꼭 무슨 말을 해야 하나, 눈빛만 보아도 알 수 있는데…' 하면서 변명을 한다. 하지만 명심해야 한다. 사랑은 표현할 때까지 사랑이 아니라는 것을.

정치권에서 흔히 사과를 표명할 때 항상 문제가 되는 것이 사과의 구체성이다. 그냥 두루뭉술하게 "국민 여러분께 심려를 끼쳐드려 죄송하게 되었습니다."라고 하는 경우가 많은데, 이런 식의 사과는 그 진정성을 느끼게 해주지 않아서 오히려 역효과를 불러일으킨다.

4. 부정 프레임어와 긍정 프레임어(2) – 미래 지향 언어

● 과거지향보다 미래지향

사람들은 미래지향적인 이야기를 과거지향적인 이야기보다 좋아한다. 특히 정치분야에 있어서는 더욱 그러하다. 지나간 이야기보다는 국가의 미래 모습이 어떠한지를 더욱 보고 싶어 하는 것이다.

그런데 지난 11대 대통령 선거에서 박근혜 후보가 유포한 선거 홍보 동영상들은 모두 후보가 약속하는 국가의 미래 모습을 컬러 영상에 담았다. 하나는 젊은 남녀가 자전거를 타고 즐겁게 출근하는 모습을 담고, 다른 하나는 남녀노소가 어우러져 각자의 일터에서 화합하며 일하는 모습을 담았다. 반면에 문재인 후보는 이 같은 일이 다시는 되풀이되어서는 안 되겠다는 취지로 광주민주화운동 등 우리 사회의 암울했던 과거를 흑백 영상에 담았다. 박근혜 후보의 홍보 영상들을 본 유권자들은 유쾌한 감정을 느꼈고 문재인 후보의 홍보 영상들을 본 유권자들은 불편함의 감정을 겪었을 것이다. 이들은 박근혜 후보의 승리와 문재인 후보의 패배를 불러일으키는 데 일조했을 것으로 판단된다. 12대 대선 캠페인 때는 문재인 후보가 전략을 수정하여 컬러 동영상에 '문재인의 약속'이라는 제목으로 미래의 모습을 제시하였는데, 그것은 이후 당선으로 이어지는 데 분명히 공헌하였을 것으로 우리는 판단한다.

많은 정치인들이 평소에는 사이좋게 잘 지내다가도 선거 때만 되면 상대 후보에 대한 비난 공세를 취한다. 소위 네거티브 전략이다. 그리고 투표일에 다가갈수록 그 비난의 수위는 더 높아만 간다. 정치인들은 이처럼 네거티브를 들고 나온다. 상대의 약점을 강조함으로써 자신이 우위에 있다는 입증하려는 의도이다. 그러나 사실 정치인들은 이 네거티브가 생각하는 것만큼의 큰 효과는 없다는 것을 잘 모른다. 선거 때마다 네거티브가 난무하지만 실제 유권자들의 표심으로 연결되지 않는다. 만일 그것이 표심에 곧바로 연결된다면 여론은 그때마다 출렁일 것이다. 그러나 그렇지 않다는 것을 우리는 본다. 그 이유는 무엇일까? 그것은 유권자들은 과거에 그 후보가 어떠했는지보다 앞으로 어떤 일을 할 것인지, 그 후보가 당선되면 나라가, 우리 고장이 어떻게 바뀔 것인지에 대해 더 관심이 있기 때문이다. 한마디로 '역사는 과거, 정치는 미래'라는 프레임이 사람들의 머릿속에 들어가 있기 때문이다.

● 일시적인 것 vs 지속적인 것

또한 사람들은 일시적인 것보다 지속적인 것을 좋아한다.

12대 대통령 선거 운동 당시 박근혜 후보는 문재인, 안철수 후보의 단일화 움직임에 대해 "단일화 이벤트로 민생 위기로 극복하지 못한다."는 말을 했다. 이는 사람들로 하여금 이 두 사람의 단일화를 '일시적 이벤트'라는 관점으로 접근하게 하도록 하려는 전략이었다. 민생 해결은 '장기적 노력'을 요하는 문제이므로 이 둘을 대비하는 효과를 의도한 것이다.

그러나 사실 두 후보의 단일화가 오랜 기간 동안 논의되어 왔던 점을 고려해 본다면, 그리고 단일화의 효과는 다음 5년을 결정하는 것이라는 점에서 일시적 이벤트는 아님이 분명하다. 이처럼 단일화의 의미를 축소시키는 전략의 구사는 그만큼 사람들이 장기적인 활동을 단기적이고 일시적인 활동보다 선호하는 경향에 기반한 것이라 할 수 있다.

● '선언'의 언어 vs '실천'의 언어

본질적으로 '실천'의 언어가 '선언'의 언어보다 선호된다. 실천의 표현들은 메시지가 있다는 느낌을 주는 반면에, 선언적 표현들은 메시지가 없거나 약하다고 느껴지기 때문이다. 다음은 과거 대선 후보들의 슬로건이다.

- 8대 대선 : 준비된 대통령(김대중, IMF상태) vs 깨끗한 정치, 튼튼한 경제(이회창)
- 10대 대선 : 실천하는 경제대통령, 국민성공시대(이명박) vs 좋은 대통령, 가족이 행복한 나라(정동영)

전자들('준비된', '실천하는')은 실천의 의미를, 후자들('깨끗한', '튼튼한', '좋은', '행복한')은 선언의 의미를 나타내는데, 전자들을 슬로건으로 내건 후보자들이 모두 당선되었다.

다음에서 노무현 후보와 이회창 후보의 슬로건은 모두 선언의 표현이지만 그나마 전자의 슬로건이 긍정적 가치의 '창출'을 선언하고 있는 반면, 후자는 너무나 당연한 선언을 하고 있어 정보성이 없다.

- 9대 대선 : 새로운 대한민국(노무현) vs 나라다운 나라(이회창)
- 11대 대선 : 내 꿈이 이루어지는 나라→준비된 여성대통령(박근혜) vs 우리나라 대통령→사람이 먼저다(문재인)

11대의 경우 박근혜 후보의 초기 슬로건은 선언적인 언어('꿈')에 불과했으나 후에 실천의 언어('준비된')로 전환하여 당선되었다. 문재인 후보는 당연한 선언의 언어로부터 긍정적 가치를 제시하는 방식으로 바꾸었으나 여전히 실천적 메시지가 없었다.

● 부정적 가치의 청산 vs 긍정적 가치의 제시

사람들은 긍정적 가치를 제시하는 것을 부정적 가치를 청산하는 것보다 더 좋아한다. 다음 대선 슬로건들을 보자.

- 6대 대선 : 위대한 보통사람의 시대(노태우) vs 군정종식(김영삼) vs 평화와 화합의 시대(김대중)
- 7대 : 신한국창조(김영삼) vs 이제는 바꿔보자(김대중) vs 경제대통령(정주영)

6대 대선에서 노태우 후보는 '위대한', '보통사람'이라는 긍정적 가치를 제시하여 당선된 반면에, 김영삼 후보는 군정을 '종식'시키는 부정적 가치의 청산을 제시했다. 김대중 후보의 슬로건은 상대적으로 너무 추상적이었다. 마찬가지로, 7대 대선에서 김영삼 후보는 '신한국', '창조'라는 긍정적 가치를 제시하며 당선된 반면에, 김대중 후보는 구정권의 청산이라는 부정적 가치의 청산을 제시했다.

부정적 가치의 청산은 긍정적 가치의 제시보다 선호되지 않지만, 이것이 그나마 단지 '정권'을 비판 혹은 심판하는 것보다는 선호되는 것 같다. 사실 '정권 심판'을 내세우는 후보가 대선에서 성공한 적이 없다. 반면에 12대 대선에서 문재인 후보는 단지 정권에 대한 비판 혹은 심판이 아니라, '적폐'라는 부정적 가치의 청산을 슬로건으로 내세워서 당선되었다. '정권 심판'은 정권의 실정을 모든 국민이 인정할 것이라는 전제 하에 제시되지만 사실 이는 상대 후보 진영을 더욱 분노하게 하여 결집을 공고히 할 뿐이기 때문에 실패한다.

5. 대표의미 효과

● 남녀에 대한 고정관념

주부가 장을 보고 집에 돌아와 보니 중학생인 아이가 소파에서 스마트폰을 가지고 놀고 있다.

이 모습을 지켜보는 엄마의 마음은 어떨까? 대개는 속이 부글부글 끓는다. 공부하고 있기를 기대했건만 아이가 그 기대를 여지없이 무너뜨렸기 때문이다. 그러면 왜 엄마는 아이가 공부하고 있기를 기대했을까? 바로 '학생은 공부하는 사람'이라는 고정관념 때문이다. 그렇다면 이런 고정관념은 어디서 왔을까? 그건 '학생'이라는 말의 정의가 '학교에 다니면서 공부하는 사람'이기 때문이다. 그래서 우리는 '학생'의 가장 중요한 의미성분, 즉 대표의미에 의해 무의식중에 '공부'라는 관념을 가장 일차적으로 가지며, 그것부터 즉각적으로 떠올리는 것이다.

그런 다음 거실로 나와 보니 남편이 소파에 누워 텔레비전을 보고 있다.

아내는 또다시 심기가 불편해진다. '남편'은 대체적으로 '일을 하여 집안의 생계를 책임지는 사람'이라는 것을 대표의미로 갖고 있는데 지금 소파에서 뒹굴고 있기 때문이다. 물론 피곤한 이유를 알고 쉴 만한 사정이 있다 하더라도 머릿속에 즉각적으로 드는 생각은 그런 고정관념일 뿐이다.

자, 이번엔 딸아이가 엄마가 소파에서 자는 모습을 본다고 가정하자.

아이의 생각은 우선 이럴 것이다. '엄마가 피곤하신가보네.' 아이에게 엄마는 '여러 가지 집안일을 하는 사람'이기 때문이다.

이처럼 대부분의 경우 고정관념이란 그 어휘의 대표적인 의미 구성성분으로부터 나온다.

모처럼 휴양지에 온 부부가 언쟁을 한다.

> 男 : 면도기 가져왔어?
> 女 : 아니.
> 男 : 아니 그것도 안 챙겼어?
> 女 : 아니 자기 건 자기가 챙겨야지. 애도 아니고. 하루 이틀도 아니고 ~
> 男 : 뭐 애? 내가 애야? 내가 또 언제 맨날 그랬다고 그래?
> 　　그리고 그런 건 당신이 챙겨야지. 집에서 놀면서 그런 것도 하나 못해? 당신이 집에서 하는 게 뭐야?
> 女 : 내가 집에서 노는 줄 알아? 밥하고 빨래하고 청소하고….
> 　　(이러다 지난 일을 줄줄이 끄집어낸다.)

이 대화에서 우리는 남녀 서로에 대한 고정관념이 얼마나 확고한지, 또 그 때문에 얼마나 다른 관점에서 대화를 나누는지를 볼 수 있다. 위의 대화를 분석해보자.

> 男 : 면도기 가져왔어?
> 女 : 아니.
> 男 : 아니 그것도 안 챙겼어?

여기서 '살림은 여자의 일'이라는 고정관념에 입각하여 남자는 면도기 가져오는 것을 [살림의 프레임]으로 접근하고 있다.

> 女 : 아니 자기 건 자기가 챙겨야지. 애도 아니고. 하루 이틀도 아니고 ~

반면에 여자는 이 현상을 살림이 아니라 [여행의 프레임]으로 접근하고 있다. 또한 남편을 [성인]이라는 프레임으로 접근하여 '성인이라면 자기 물건은 자기가 챙겨야 한다'는 주장을 펼치고 있다.

> 男 : 뭐 애? 내가 애야? 내가 또 언제 맨날 그랬다고 그래?
> 그리고 그런 건 당신이 챙겨야지. 집에서 놀면서 그런 것도 하나 못해? 당신이 집에서 하는 게 뭐야?

자, 여기서 남자는 자신의 고정관념인 '여자는 집에서 논다, 남자는 밖에서 힘들게 일한다.'는 프레임으로 반론을 제기한다.

> 女 : 내가 집에서 노는 줄 알아? 밥하고 빨래하고 청소하고….

그러자 여자는 '남자는 바깥일만 할 뿐, 집안일은 여자가 다 한다'는 프레임을 통해 반박하는 것이다.

이상에서 보듯이, 남자와 여자에 대한 많은 의미들 가운데 대표적인 일과 가정에 대한 대표개념들이 고정관념으로 굳어 있음을 볼 수 있다. 이로부터 관점이 생기고 프레임이 형성되는 것이다.

● 가위는 자르기 위한 것?

사물의 경우에는 대개 용도가 그 대표개념이 된다.[21] 예를 들어 가위는 자르기 위한 것, 숟가락은 떠먹기 위한 것, 비누는 씻기 위한 것과 같은 개념이다.

심리학 실험 가운데 유명한 마이어(Norman Maier)의 두 줄 문제(Two string problem)라는 것이 있다. 그림에서 보듯이 천장에 매달린 두 줄을 하나로 연결하라는 과제를 주고 바닥에 있는 도구들을 이용할 수 있게 하였다. 하지만 두 줄의 길이가 너무 짧고 바닥에는 도움이 될 만한 도구가 없어 아무도 줄을 연결할 수 없었다.

정말 방법이 없을까? 사실 가위를 이용하면 쉽게 연결할 수 있다. 가위를 벌리고 손잡이 부분에다 두 줄 끝을 묶으면 된다. 하지만 이 생각을 해내기가 결코 쉽지 않다. 왜? 가위는 자르기 위한 것이라는 대표의미가 고정관념을 형성하는 바람에, 연결하는 데 가위를 쓸 수 있다는 생각을 하지 못하도록 방해받는 것이다.[22]

다음은 교장 선생님들이 흔히 하시는 말씀이다.

"학생들이 체육 시간을 늘려달라고 했다. 대학 가기가 하늘에 별 따기인 세상에서 놀 시간을 달라고 하다니, 도대체 학교가 놀이터인 줄 알아?"

여기에서도 학생은 '공부하는 사람'이고 학교는 '공부하는 곳'이라는 대표의미의 효과를 볼 수 있다.

왜 대표의미가 전체 의미를 지배할까? 모든 대상은 복합체인데 인간은 그 가운데 하나만을 중심으로 간주하기 때문이다. 다시 말해 인간은 **대상을**

이해할 때 주된 것을 중심에 놓고 나머지를 배경에 넣어 인식하는 것이다. 전자를 **전경**(前景; figure)이라 하고 후자를 **배경**(背景; ground)이라 한다. 우리가 음악을 들을 때, 예를 들어 교향곡을 들을 때, 그 수많은 선율을 동등하게 듣고 있는가? 결코 그렇지 않다. 우리는 음악을 들을 때 주선율을 전경으로, 화음을 배경으로 듣는다.

카메라의 초점(focus)와 배경(background)도 마찬가지이다.

초점 부분은 선명하게, 배경은 흐릿하게 보인다. 초점을 중심, 즉 전경으로 보고 나머지 풍경은 배경으로 인식하게 되는 것이다.

사고 또한 마찬가지 방식으로 이루어진다. 특정 개념이 중심이 되어 하나의 관점을 형성하고, 그 관점이 프레임을 이루어 사고를 이끌고 지배하는 것이다. 바로 이 때문에 특정한 개념 하나가 중심이 된 특정 개념, 즉 대표 개념이 그 의미 전체를 나타내게 되는 것이다.

그리고 그것이 우리에게 편안함도 준다. 다음 진열창을 보자.

Shirtique

Before　　　　　　　　After

좌측 윈도우의 디스플레이는 산만한 느낌을 준다. 왜 정리가 안 된 느낌을 줄까? 초점이 없어서 그러하다.

반면에 우측 진열창의 디스플레이는 잘 정돈된 느낌을 준다. 가운데에 배치된 남녀 마네킹이 초점을 이루고 나머지 물건들은 배경을 이루어 금방 이해가 되고 편안한 느낌을 주는 것이다. 전경에 집중할 수 있으니까 그러하다.

백화점에 가면 사람들이 걸어 다니는 통로에 조명을 켤까? 조명은 배경이 아니라 전경에 켜야 할 것이다. 전경은 당연히 상품이다. 따라서 상품에만 조명을 켜고 동선에는 조명을 켜지 않는다.

그런데 이처럼 주된 대상을 전경(중심)에 놓고 나머지는 배경(부차적인 것)에 놓는 프레임은 인간의 기본적 인식 구조인데, 이것이 때로 큰 오류를 낳는다. 소위 '기본적 귀인오류'이다. 우리는 보통 문제가 발생했을 때 그 원인을 어디에서 찾느냐에 있어서 경우에 따라 차이를 보인다.

타인에게 문제가 생겼을 때는 그 사람 자체에 문제가 있어서 발생한 일이라고 생각한다. 즉 **'그 사람 탓'이라고 본다**. 원인이 그 사람의 내부에 있다고 판단하므로 이러한 태도를 '내부귀인'이라 한다. 반면에 나에게 어떤 문제가 발생하면 '내 탓'이라고 보지 않고 나를 둘러싼 환경의 탓이라 생각한다. 원인을 내가 아니라 나의 외부에서 찾는다는 점에서 이를 '외부귀인'이라 한다. 이러한 인식 상의 오류를 우리는 여기서 '내외남내'라고 부르고자 한다. 내가 하면 외부귀인, 남이 하면 내부귀인이므로.

반대의 경우도 있다. 이는 자책이다. 자책이란 일종의 자기 비난인데, 내게 발생한 문제를 내가 잘못했기 때문이라고 생각하는 방식, 즉 내부귀인으로 인해 스스로에게 책임을 돌리는 것이다.

우리가 흔히 말하는 '내로남불'의 원인은 무엇일까? 바로 '내외남내' 때문이다. 그렇다면 우리는 왜 내외남내를 할까? 나는 그 당시에 그럴 수밖에 없었던 사정을 잘 알고 있지만, 남은 그럴 만한 사정이 있었을 것이라고 미처 생각하지 못하기 때문이다. 결국 정보의 불균형이 원인이라 할 수 있다.

제 5 장

프레임은 어떻게 도입되는가?(II)

1. 이데올로기 배경어

● 절벽인가 낭떠러지인가?

'절벽'과 '낭떠러지'는 동의어일까? 물론 동의어이다. 동일한 대상을 가리킨다는 점에서는 동의어이다.

그러나 동일한 대상을 가리키지만 그 말에서 연상되는 의미, 호감, 차별, 비하(경멸), 증오 등의 주관적 의미는 얼마든지 다를 수가 있다. 예를 들어, '노인'(老人)과 '늙은이', '집'과 '집구석', '간'과 '간땡이' 등은 서로 같을 수가 없다. 마찬가지로 '좁다'와 '비좁다', '좁아 터지다'도 그렇고, '다니다'와 '쏘다니다'도 그렇다.

이런 주관적 의미들은 어떻게 하여 생길까? 이는 그 대상을 바라보는 관점에 의해 생성된다. 언어란 그저 어둠 속에서 갑자기 튀어나오는 말이 아니라 언제나 누군가가 하는 말이다. 그러므로 언어는 항상 어떤 관점을 담고 있다. 언어표현은 주관적일 수밖에 없다.

'낭떠러지'와 '절벽'은 동일한 대상을 가리키지만 전자는 위에서 내려다보는 관점을 반영하고 있는 반면, 후자는 아래서 올려다보는 관점을 담고 있다.

▲ 절벽

▲ 낭떠러지

나아가 언어는 이데올로기를 담고 있는 경우가 많다. 이데올로기란 권력에 봉사하는 집단적 믿음을 말한다.

1991년 6월 3일, 정원식 당시 총리가 마지막 강의를 하러 외국어 대학에 들어갈 때 학생들로부터 달걀과 밀가루 세례를 받은 적이 있다. 당시 언론들은 '어떻게 학생들이 스승에게 그럴 수 있는가?'라면서 학생들의 행동을 질타했다. 이 경우 '선생, 교수, 스승' 등은 동일한 대상을 가리킬 수 있는 단어들이지만 거의 모든 언론이 그 가운데 특히 '스승'이란 단어를 선택했다. 이유는 무엇일까? '스승'은 유교적 이데올로기를 담고 있는 단어이기 때문이다. 유교에서 스승은 그림자도 감히 밟아서는 안 되는 존재라고 하지 않는가.

남편을 가리키는 '가장(家長)'이니, '주인'이니, '바깥양반'이라는 단어들은 가부장적 지배 이데올로기를 품고 있다. 조폭 영화가 인기 있는 이유 역시 이와 관련이 있다. 영화 〈대부(The Godfather)〉에 남자들이 열광하는 이유도 마찬가지다. 이런 영화들은 가부장제의 맨 꼭대기라 할 수 있는 이야기 구조를 갖고 있어서 권위, 위계, 규율, 상벌, 충성, 복종, 가족애 등을 보여주는 종합

선물 세트다.

　보수진영이 진보진영을 부를 때 '좌파'라는 용어를 사용할 때가 많다. 사실 '좌파'와 '우파'는 '진보'와 '보수'보다 더 이데올로기의 냄새를 풍긴다. '좌파'라는 용어를 통해 진보진영을 사회주의자, 공산주의자인 것처럼 인식하게 하는 효과를 볼 수 있기 때문이다. 이처럼 외연을 극단화하는 효과 때문에 진보진영을 '좌빨, 빨갱이, 종북세력, 종북좌파' 등의 용어로 부르려는 시도 또한 많다. 이와 반대로 진보진영에서는 보수진영을 '우파, 보수꼴통, 꼴보수' 등으로 부르기도 한다.

　한편 '위안부(慰安婦)'라는 용어는 제2차 세계대전 당시 일본군의 성적 '위안'을 제공하는 여성이라는 의미로, 전적으로 일본군의 제국주의 이데올로기를 담고 있는 말이다. 심지어 '종군(從軍) 위안부'라는 말은 스스로 군대를 따라갔다는 의미이니 더더욱 그러하다. 이처럼 실상을 왜곡하는 용어 대신에 현실을 정확히 반영하기 위해 최근에는 '성노예'라는 용어로 대체하고 있다.

　또 동일한 외국인이라도 경우에 따라서 불법체류자(illegal immigrant), 이주민(immigrants), 난민(refugee)이라고 다르게 부른다. '이주민'은 그들을 평등하게 바라보는 관점을 반영하는 반면, '불법체류자'는 법적 관점에서 접근하면서 외국인 혐오 이데올로기를 반영하는 경우가 많다. 그런가하면 '난민'은 다분히 인본주의(humanism) 관점을 반영한다.

　우리는 1980년 5월 18일에 일어난 사건을 두고 처음에는 '광주사태'라고 불렀다. 물론 이 표현에는 진압을 정당화하려는 권력의 이데올로기가 배어 있다. 반면 요즘 쓰고 있는 '광주 민주화 운동'이라는 표현에는 진압군에 맞서 싸운 대학생들과 시민들의 민주화와 저항의 이데올로기가 담겨 있다. 이런 이유에서 표현 하나 바꾸려고 오랜 세월을 두고 서로 싸워온 것이다.

　권력은 자신의 입맛에 따라 어떤 사건을 축소하기도 확대하기도 한다. 대체로 남의 일은 축소어법(litotes, euphemism)으로 표현하고 자신의 일은 확대어법(과장어법)으로 표현한다.

예를 들어 프랑스로부터의 독립전쟁인 알제리 전쟁(1954~62)이 터졌을 때 프랑스에서는 '전쟁'이라는 표현을 쓰는 것을 기피했다. 대신 '소수의 선동자들', '폭도' 같은 어휘를 사용했다. '전쟁'은 알제리를 하나의 국가로 인정하는 꼴이 되기 때문이다. 따라서 폭동이라는 말로 축소한 것이다. 전형적인 축소어법의 예다. 한편 일본은 '태평양 전쟁'을 '대동아 전쟁'이라는 말로 확대하여 일본 제국주의의 자기정당화를 담았다. 전형적인 확대어법의 예라고 할 수 있다.

일본의 많은 사람이 자기들이 추구하는 게 서구 열강이 추구하는 것과 마찬가지였다고 생각한다. 부국강병과 역내 세력화를 추구했다. 단지 전쟁에서 패했을 뿐이다.

심한 경우 일본의 잘못은 진주만 2차 공습을 안 한 것이라고 생각하는 사람도 있다.

일본은 '패전'이라고 말하지 않고, '종전'이라고 한다. 미군의 점령인데, '점령'이라고 안 하고 '진주'라고 한다.

● 이데올로기라곤 조금도 없는 말이었는데

본래는 이데올로기적 배경이 없는 어휘인데 이를 이데올로기화하여 사용하는 경우도 있다. 이 단어들은 그 안에 이데올로기가 숨겨져 있다는 사실을 사람들이 의식하기 어렵기 때문에 이데올로기 배경이 있는 말보다 효과가 더 강력하다. 예컨대 유태인들의 대량학살을 이끌어낸 장본인은 다름 아닌 '유태인'이라는 어휘 그 자체였다고 이야기할 수 있다. '유태인'이라는 어휘는 그저 한 민족 집단을 일컫는 말이어서 애당초 중립적인 어휘였다. 하지만 이후 지속적으로 반유태주의자들이 이 단어를 '장사군', '도둑놈' 혹은 단순히 '자신들과는 다른 사람', '무국적자' 등의 부정적인 속성으로 특징지어지는 인종이라는 의미로 사용했기 때문에 이 말에는 엄청난 인종 차별의 이데올로기가 스며들게 되었다.

일본인들이 과거 한국인을 '조센징'이라고 불렀던 것도 그러했다. 이는 본래 중립적인 단어 '조선인(朝鮮人)'이라는 뜻에 불과했지만, 점차 한국인에 대한 멸시와 폄하의 의미, 인종적으로 열등하다는 인종차별 이데올로기를 담아서 쓰이게 되었다.

예전 호주의 백호주의(白濠主義)처럼 캐나다에서도 백인우월주의자들이 유색인종의 이민을 받지 않으려고 운동을 벌인 적이 있다. 이때 그들이 채택한 구호가 '캐나다를 백색으로 유지하자(Keep Canada white!)'였다. 사실 백색(white)이라는 단어 자체에는 어떤 이데올로기도 담겨 있지 않다. 그런데 슬로건의 틀 안에서 이를 사용함으로써 하얀색을 교묘하게 백인을 가리키게 하여 백인우월주의라는 이데올로기를 주입하고 있다.

흥미롭게도 미국의 흑인들도 이를 역이용하여 시위 구호로 '흑색이 아름답다(Black is beautiful!)'를 사용한 적이 있다.[23]

우리나라의 경우, '민중', '민주', '민족'과 같은 구호들은 반독재 민주화 투쟁을 벌이던 대학생들의 이데올로기를 반영하는 말이었다. 그런데 이 가운데 '민중'이라는 것은 처음부터 그런 이데올로기를 반영하는 말이 아니었다. 이 학생들을 최루탄으로 쫓던 경찰도 예전에는 '민중'의 지팡이라고 자처해오지 않았던가.

이처럼 어떤 언어들은 본질적으로 이데올로기를 담고 있고, 어떤 언어들은 그 교묘한 관용적 사용에 의해서 이데올로기를 전하게 된다. 언어의 이러한 특성 때문에 권력을 가진 자들은 이를 적극적으로 활용한다. 이런 관점에서 레비(Bernard-Henry Lévy)가 '**언어는 곧 권력 그 자체**'라고 한 것은 의미심장하다.

이런 언어의 특성을 이용하여 국가가 아예 합법적으로 집권 이데올로기를 합리화하고 국민들의 의식을 통제하기 위해 언어생활에 개입하고 언어사용을 통제하는 수단이 있다. 그것이 바로 언어정책이다. 물론 국민 상호간의 의사소통을 보장해주는 것이 정부의 의무이고, 행정서비스에서 다수 국민이 소외되지 않도록, 혹은 특정 계층이 소외되지 않도록 언어의 통일을 확보해야 하기 때문에 언어정책은 필요한 것이라 할 수 있다.

이보다 더 중요한 것은 이런 순기능 외에 역기능도 존재한다는 점이다. 이를테면 표준어 정립을 통해서는 중앙의 통제력을 강화할 뿐 아니라 행정 비용의 절감을 이끌어 낼 수 있으며, 또 자국민의 자국어에 대한 사랑과 애국심을 고취시켜 집권 이데올로기를 강화하는 수단으로 이용될 수 있다.

2. 개념군

● '개념군'이란 게 뭐길래?

찰스 필모어(Charles J. Fillmore)가 창안한 프레임 의미론(Frame semantics)이라는 언어학 이론이 있다. 이 이론은 단어의 의미는 단지 그 단어가 가지고 있는 언어적 정의뿐 아니라 이 세상에 대한 지식과 관련이 있다는 점을 강조한다. 즉, 어떠한 단순한 단어라도 그것과 관련된 지식에 접근하지 않고는 그 온전한 의미를 이해할 수 없다는 것이다. 예를 들어 '팔다'라는 단순한 단어의 의미도, '상업적 거래의 상황, 이를테면, 판매자, 구매자, 상품, 돈, 돈과 상품의 관계, 판매자와 상품과 돈과의 관계, 구매자와 상품과 돈과의 관계' 등과 같은 것에 대한 지식이 없다면 이해할 수 없다는 것이다.[24]

우리는 이 말을 이렇게 이해해 볼 수 있겠다. 예를 들어, 아픈 아이에게 병원에 다녀오라고 말한다고 가정해보자. 이때 아이가 병원의 개념을 알고 있다면, 즉 '병원'의 의미, 그러니까 사전에 나와 있는 대로 '병자를 진찰하고 치료하는 데 필요한 설비를 갖추어놓은 곳'이라고 이해하고 있다면, 병원에 가서 치료를 받고 올 수 있을까?

대답은 '아니다'이다. '병원'에 관한 이런 지식만으로는 병원에 가서 치료를 받는 데 결코 충분하지 않다. '의사, 간호사, 약, 수술, 치료비, 접수, (병원비) 지불, 건강보험, 처방전, 약국' 등에 관한 개념을 함께 알아야 치료를 받을 수 있다. 보통 성인들은 병원에 대한 이 같은 개념들을 함께 떠올려 병원에서 치료를 받고 온다.

이처럼 하나의 개념은 다른 여러 개념들과 서로 연결되어 있다. '병원'이라는 단어를 듣는 순간 우리의 뇌 안에서는 이러한 관련 개념들이 함께 활성화된다. 이는 마치 워드프로세서를 작동시키면 그 프로그램을 사용할 때 필요한 다른 기능들까지 한꺼번에 메모리에 읽어 들이는 것과 같다. 뇌는 그렇게 프로그래밍이 되어 있는 것이다.

시장에 가서 채소를 살 때도 단지 물건을 산다는 개념만을 이용하진 않는다. 관련 개념, 즉 지불 수단(현금, 카드), 가격(너무 비싸면 깎으려 하고 싸면 만족함), 계산(거스름돈을 받음) 등의 개념을 함께 불러내어 상거래를 하는 것이다.

이처럼 하나의 어휘에 함께 연결되어 있는 개념들의 집합을 '**개념군**(set of concepts)'이라 하자. 이 개념군의 활성화로 우리는 사고를 하고 대화를 할 수 있다.

딸이 아빠에게 말한다.

"아빠, 오늘 데이트하는데, 돈 좀 주세요."

아빠는 딸의 이러한 요구를 곧바로 이해한다. 왜냐하면 '데이트'라는 단어를 듣는 순간 아빠의 머릿속에 관련 개념군이 활발하게 작동되기 때문이다. '남자친구, 만남, (교통수단을 통한) 이동, (예쁘게 보이기 위한) 미용, 식사, (영화 관람 등) 취미활동' 같은 것들이다. 그래서 돈이 필요하다는 것을 이해하게 된다. 미용의 필요성으로 딸이 '입고 나갈 옷이 없어요'라고 말해도 이를 이해할 수 있다. 컴퓨터라면 이러한 것들을 이해할 수 있을까? 인공지능 프로그램을 개발하려면 이 같은 개념군의 정보를 처리해야 할 것이다.

이처럼 개념군의 형성은 상대의 말을 이해할 수 있게 돕는다. 강의를 듣거나 대화를 나눌 때 남들은 이해를 하는데 나 혼자 이해하지 못하는 것은 대부분의 경우 필요한 개념군이 나한테 형성돼 있지 않아서이다. 남들 대화의 중간에 끼려면 이해가 잘 안 되는 것도 마찬가지 이유에서다.

우리는 '추석'이라 해야 할 때 '설날'이라고 실언하는 경우가 종종 있다. 왜 그럴까? 두 어휘가 '명절'이라는 동일한 개념군 안에 존재하고 있어서 함께 활성화되기 때문이다. 그래서 헷갈릴 수가 있다.

이제 개념군을 좀 더 정확히 정의해보자. 개념군이란 '**일련의 상호 연관된 행위로 구성되는 복합적인 사건, 현상, 행위, 상태 및 배경지식**(background knowledge)'을 말한다. 앞서 살펴본 상거래, 치료(병원), 데이트와 식사(식당), 결혼, 재판, 시위, 전쟁 등 많은 개념들이 개념군을 이루고 있다.

그런데 문제는 거기서 끝나는 것이 아니라 개념군으로부터 연유되는 연상 기억, 감정, 고정관념 등이 모두 개념군 안에 포함된다는 데 있다. 이들로 인해 새로운 관점이 도입되고 새로운 사고의 프레임이 형성되는 것이다.

● 범죄 소탕 vs 범죄와의 전쟁

언제부터인가 세계 각국의 지도자들이 '범죄 소탕'이라는 표현 대신 '범죄와의 전쟁'이라는 표현을 쓰고 있다. 범죄를 퇴치하기 위한 강력한 의지를 천명하기에 매우 적절한 표현으로 간주된다. 하지만 그 안에는 매우 위험한 관점도 내포되어 있다. 본래 '범죄'는 단속, 체포, 수사, 재판, 처벌 등의 개념들과 서로 연결되어 하나의 개념군을 이루고 있다. 따라서 '범죄'가 이들 개념들과 결합하는 것은 자연스럽다. 그런데 범죄가 '전쟁'과 결합하면 '전쟁'의 관점이 끼어들게 되고 이는 그것과 연결되어 있는 선전포고, 적, 전투, 살상, 승리·패배, 조약 등의 개념군을 활성화하여 범법자를 재판 없이 살상할 수 있다는 생각을 무의식적으로 하게 만든다. 즉 범죄를 '전쟁'과 결합시키면 '범법자'를 '적'의 관점에서 바라보는 프레임을 도입하게 된다. 이처럼 새로운 개념군에 속하는 어휘를 결합하면 새로운 관점이 도입된다.

소련의 스탈린은 자신의 뜻에 조금이라도 동조하지 않는 사람이라면 그 누구든 혹독한 탄압을 가하였다. 1,710,000명을 구속했고 최소한

1,440,000명을 형벌에 처했으며 이 중 724,000명을 사형에 처했다. 그는 국민적 저항을 불러일으키지 않고 어떻게 이토록 많은 사람을 처단할 수 있었을까? 그것은 그가 만든 기막힌 언어 덕분이다. 그는 자신의 정적(政敵)을 단순히 범법자로 부르지 않고 '인민의 적(враг народ)'이라고 불렀다. 따라서 '스탈린'의 적이 아니라 '인민'의 적이라는 점을 내세워 인민의 공분을 사게 했고, 또한 단순히 법을 어긴 사람이 아니라 '적'이라는 점을 내세워 자연스럽게 '전쟁'의 개념군을 활성화하여 전쟁의 프레임을 형성시켰다. 이로써 국민들은 그들에 대한 처형을 정당한 행위로 받아들이게 된 것이다.

이외에도 스탈린은 자신이 행하는 모든 행위를 '혁명', '계급투쟁', '프롤레타리아 독재', '사회주의 조국' 등의 언어로 정당화하였다. 그 결과, 이의를 제기하는 사람에 대해 곧바로 '반동'으로 몰 수 있었다.

2004년 미국 대통령 선거에서 조지 부시를 재선시키기 위해 노력하던 공화당원들은 2003년에 시작한 이라크 전쟁 때문에 고전하고 있었다. 왜냐

하면 '이라크 전쟁(Iraq war)'이라는 말은 남의 나라에서 우리의 젊은이들이 피를 흘리는 전쟁이라는 관념을 불러일으켰기 때문이다. 따라서 그들은 이 용어를 사용하는 대신 '테러와의 전쟁(war on terror)'이라는 용어로 바꾸어 선거에 임했다. 이는 우리를 위협하는 테러 세력과의 전쟁이라는 관점으로 사람들을 유도했기 때문에 그 전쟁을 정당화하여 선거의 판세를 뒤집을 수 있었다.

사실 9·11테러에 대해 국제경찰의 문제로 다루자는 콜린 파월(Colin Powell)과 같은 사람들의 주장도 있었다. 국제형사법정, 반인륜범죄로 빈 라덴(Osama bin Laden)을 기소하자는 주장이었다.

그러나 '테러와의 전쟁'이라는 용어를 만들어 냄으로써, "우리는 지금 테러리스트라는 적과 대치하고 있으며 전쟁 중의 적은 죽여야 한다."라는 매우 강력하고 위험한, 법을 초월하기 때문에 위험한 해결책을 주장한 사람들이 득세하였고 이를 통해 결국은 군사적 해결책을 취하는 쪽으로 기울었다.

이상에서 본 것처럼 단어의 특정한 결합은 새로운 개념군을 활성화함으로써 새로운 프레임을 끌어들여 사람들의 마음을 움직일 수 있다.

3. 이분법적 사고

● '네/아니요' 딜레마

나는 언젠가 경찰관 채용 과정에 면접관으로 참여한 적이 있다. 그 면접에서 모든 지원자들에게 경찰이 추구해야 할 최고의 가치를 묻고 그것을 선택한 이유도 함께 설명하게 했다. 많은 지원자들이 '공정, 정의, 인권, 청렴, 정직, 성실, 봉사, 신뢰, 친절, 안전' 등의 가치를 선택했는데, 이 가운데서도 '청렴'을 꼽은 지원자들은 곤욕을 치렀다. 다음과 같은 식으로 인터뷰가 진행되었기 때문이다.

> Q : 현 시점에서 경찰이 추구해야 할 최고의 가치는 무엇이라 생각합니까?
> A : 청렴입니다.
> Q : 그럼 경찰이 부패해 있다는 말인가요?
> A : ??

모든 지원자들이 제대로 답변하지 못하고 쩔쩔맸는데 보기가 안타까웠다. 여기서 지원자들은 **네-아니요 딜레마**(Yes-No Dilemma)'에 빠져 '네'라고도 '아니요'라고도 할 수 없었다. '네'라고 하면 경찰이 부패해 있다는 것을 인정하게 되는데, 그렇게 되면 '그럼 왜 당신은 부패한 조직에 들어오려 하는가?'라는 후속 질문에 답변할 길이 막막해지고, '아니요'라고 하면 '그럼 왜 당신은 경찰이 청렴을 추구해야 한다고 생각하는가?'라는 답하기 곤란한 질문을 받게 되었던 것이다.

이것은 지원자들이 이분법적 사고에 빠져 있기 때문이다. 이분법적 사고는 **'흑백논리'**라고도 하는데, 어느 한쪽을 부정하면 저절로 다른 한쪽을 긍정하게 되는 논리다. 누구나 종종 이런 논리에 빠지게 되는데, 이렇게 되면 항상 한쪽의 긍정이 다른 쪽을 부정하게 되고, 한쪽의 부정이 다른 쪽을 긍정하게 된다. 오로지 두 가지의 관점으로 세상을 바라볼 수밖에 없게 되는 것이다.

예를 들어 A가 진보적인 사고를 가지고 있는 사람인데 B가 A를 좋아하지 않는 눈치를 보인다면, 우리는 흔히 B가 보수주의자라고 생각하게 된다. 사실 A가 중도주의자일 가능성이 있는데도 우리는 이처럼 이분법적 사고에 기반을 둔 관점으로 B를 바라보는 것이다. 어떤 이들은 너무 강력한 이분법 사고에 빠져 이런 식의 적대감을 드러내기도 한다. "너 A 아니야? 그럼 B로군. 너는 나쁜 놈이야"라며. 사실 극단의 보수주의자들이 진보주의자들을 '빨갱이'라고 부르는 것도 바로 이 이분법 때문이다. 세상을 두 부류의 집단으로 나누고, 자기 생각에 동의하지 않으면 무작정 공산주의자로 보는 것이다.

● 안정이냐 혼란이냐?

선거 때만 되면 나오는 '안정이냐 혼란이냐?'라는 구호는 의문문의 형식을 취하고 있지만 결코 유권자를 향한 질문이 아니다. 마치 두 선택지밖에 없다는 듯 사람들을 흑백논리에 빠뜨리고 있다. 다음과 같은 전제와 함축을 담고 있는 말이다.

첫째, 안정된 삶을 보장해 주는 정치세력이 있는데 자신들이 바로 그것이라는 것, 둘째, 자기들과 대치하고 있는 세력은 반대로 혼란으로 이끄는 세력이라는 것, 셋째, 안정을 추구하는 세력이 지금 혼란을 야기하는 세력의 위협에 직면해 있다는 점, 넷째, 안정이란 반드시 지켜져야 하는 소중한 것이므로 자신들을 선택해 달라는 점이다. 따라서 그 의문문은 실제로는 명령문인 셈이다. 결국 아주 짧은 한 문장인데도 굉장히 많은 의미를 전달하고 있는 것이다. 그리고 그러한 이데올로기적인 의미가 우리가 전혀 의식하지 못하는 가운데 전해진다는 점이 무서운 것이다.

'자유 민주주의 수호'나 '자유세계의 수호' 같은 표현들도 마찬가지라고 할 수 있다. 보수 정당만 있는 우리의 현실에서는 맞지 않은 이야기지만, 보수 정당은 이런 구호들을 통해 늘 야당을 사회주의 내지 공산주의 세력이거나, 혹은 그런 세력과 연계되어 있는 세력이라는 주장을 은연중 함축해 왔다.

이렇듯 인간은 많은 경우 이분법적 사고를 갖고 있는데 이것이 언어에도 그대로 반영된다. "그 여자 어때?"라는 질문에 "안 예뻐"라고 답한다면 무슨 뜻이 담겨 있을까? '예쁘다'의 부정이므로 논리적으로는 예쁘지도 않고 못생기지도 않은 상태를 나타낼 수 있지만, 실제 언어생활에서는 못생겼다는 뜻이 된다. 그러니까 논리적으로는 다양한 해석이 가능한 상황임에도 불구하고 우리는 너무나도 쉽게 '예쁘다' 아니면 '못생겼다'는 이분법적 사고로 판단하게 된다.

'나는 그 사람 좋아하지 않아'라는 말도 마찬가지다. 논리적으로는 좋아하지도 싫어하지도 않는다는 해석이 가능함에도 불구하고, 실제 우리의 언어생활에서는 이 해석이 배제되고 오직 '싫어한다'라는 뜻으로만 쓰이는 것이다. 영어의 'Not bad'도 직역하면 '나쁘지 않다'라는 뜻이지만 실상은 (좋지도 나쁘지도 않다는 뜻은 배제되고) '꽤 좋다'는 뜻으로만 쓰이는데 이 또한 이분법적 사고의 예라 할 수 있다.

● '위대한 보통사람'의 시대

정치권에서는 인간의 이분법적 사고를 선거 전략으로 활용하는 경우가 많다. 가령 노태우 전 대통령은 대선 후보 당시 '위대한 보통사람의 시대'라는 슬로건을 채택했다. 이는 '과거의 시대는 특권층을 위한 정치를 폈다'라는 전제 하에 '나는 중산층과 서민을 대변할 것이다'라는 함축적 의미를 불러일으키는 효과를 내었다. 이런 함축이 가능한 것은 세상 사람들을 '보통사람'과 '특권층'이라는 두 개의 계층으로만 나누는 이분법적 사고가 작동되기 때문이다.

프랑스에서도 프랑수아 올랑드(François Hollande) 전 대통령은 '정상적인 대통령(un Président normal)'이라는 선거구호를 내세웠는데, 여기에는 이전의 대통령이 비정상적이었다는 전제를 도입하면서 국민은 정상적인 대통령을 원하고 있고 자신이 바로 정상적인 대통령이 될 사람이라는 메시지가 함축되어 있었다. 이 역시 정상과 비정상으로의 이분법적 사고에 기반을 둔 전략이었다.

이분법적 사고는 많은 기업들이 마케팅 전략으로도 활용한다. 보험상품 판매원은 고객에게 전화를 걸어 "새 상품을 소개한다. 가입하세요."라고 말하는 대신, "선생님은 우수고객으로 선정되었습니다."라고 말한다. 이 말은 '본사는 우수고객을 선정하여 혜택을 주고 있는데, 이 상품은 고객에게 이익이다. 우리가 그 혜택을 당신에게 주려 한다. 그러니 당신은 가입하는 것이 당연하다'라는 사고를 불러일으킨다. 이 같은 보험상품 판매원의 너스레는 우리를 이분법적 사고로 몰아넣는다. 고객을 우수고객과 그렇지 않은 고객으로 구분하고 모든 상품을 이익과 손해의 관점으로 보게 하니까 말이다.

물론 이런 말에 걸려들 사람은 요즘 세상에 별로 없다. 이미 많이 노출된 전략이기 때문이기도 하지만 이처럼 개인의 이익이 걸린 경우에는 사람들이

이 같은 암묵적 함축을 비교적 잘 파악하기 때문이다.

　그러나 개인의 이익이 걸리지 않은 이데올로기적 담화에서는 이를 쉬이 인지하지 못한다. 그래서 많은 정치 전략이 이분법적 사고를 이용하는 것이다. "우리 당은 정직합니다!" 이렇게 말하면 은연중에 '상대 당은 정직하지 않다'는 느낌을 준다. "안정이냐 혼란이냐?" 같은 정치 구호는 흑백논리를 이용하여 우리에게 오직 두 개의 선택지밖에 없다는 생각을 불러일으킨다.

4. 은밀한 유도 – 은유

● **마음은 그릇 속의 액체**

우리는 은유(metaphor)를 보통 두 사물 간의 유사성에 근거한 장식적 장치라는 수사법 정도로 생각한다. 예컨대 '내 가슴 속에 박힌 시커먼 못 하나'라는 표현에서 '못'은 '근심'을 보다 생생하게 나타내는 은유로 보는 것이다.

그러나 인지언어학에서는 은유가 세상에 대한 기본적 개념화 방식이며, 우리의 사고는 대부분 **개념적 은유**로 이루어진다고 한다. 개념적 은유란 추상적이고 비감각적인 경험의 영역들을 친숙하고 구체적인 방식으로 개념화해줄 수 있는 수단을 가리킨다.

예를 들어 '마음'은 추상적인 영역에 속하는 대상이어서 우리가 직접 체험할 수 있는 것보다 구체적 영역인 '그릇 속의 액체'로 개념화하여 이해한다. 이런 개념화는 정성을 '쏟다', 사랑이 '넘치다', 사랑이 '식다', 사랑에 '빠지다', 분노로 '출렁이다', 마음이 '가라앉다'와 같은 표현을 통해 확인할 수 있다. 이때 표현하고자 하는 영역('마음')을 **목표영역**이라 하고 표현수단이 되는 구체적 영역('그릇 속의 액체')을 **근원영역**이라 하는데, 목표영역에 새로운 영역인 근원영역이 도입됨으로 인해 새로운 관점이 우리의 사고에 들어서게 된다.

우리는 "우리의 아들들을 전쟁터에 내보낸다!" 같은 표현을 자주 본다. 군대의 해외 파병에 반대하는 사람들이 '군인'이라는 단어 대신에 '아들'이라는 단어를 이용하는 경우다. 우리 국민은 피를 나눈 가족과 같다는 관점을 도입하는 효과를 내기 때문이다. 종교단체나 노조 등에서 신도와 조합원을 '형제', '자매'로 부르는 것도 마찬가지 이유에서다. 집단을 피를 나눈 가족의 프레임으로 접근하게 하는 것이다.

미국의 조지 W. 부시 대통령 내각에서 국방부장관을 지낸 도널드 럼스펠드(Donald Rumsfeld)는 이렇게 말한 적이 있다. "그들의 늪을 말려버려야 한다!" 이 은유는 국민들로 하여금 테러리스트들을 인간이 아니라 뱀과 같은 사악한 존재로 보게 만들고 있다. 그는 또 이런 표현도 썼다. "입구에 연기를 피워 그들을 구멍에서 나오게 하겠다." 그것은 '두더지 같은 놈들'보다 수준 높은 비유다.[25]

한편 위에서 언급한 부시 대통령은 이렇게 말했다. "우리가 미국을 방어하는 데 부모동의서는 필요 없습니다." '부모동의서'라는 단어를 통해 미국 국민은 초등학생이 아니라 성인이므로 다른 나라의 눈치를 보지 않고 결정을 내려야 한다는 관점을 도입한 것이다.[26] 독립심과 자긍심이라는 프레임으로 자신의 정책 결정을 정당화하려는 취지이다.

우리는 흔히 '우울증은 마음의 감기'라고들 하는데, 이는 누구나 걸릴 수 있는 가벼운 병이라는 인상을 준다. 우울증에 걸린 사람을 위로하는 데 도움을 주기는 하지만, 자살에 이를 수 있는 심각성을 간과하게 만들기도 하는 표현이다.

이처럼 은유의 사용은 우리를 목표영역이라는 새로운 영역에 들어가도록 만듦으로써 새로운 관점을 갖도록 한다.[27]

'시간은 돈이다'라는 은유는 '시간'이라는 추상적이고 비감각적인 것을 '돈'이라는 친숙하고 구체적인 것으로 개념화함으로써 이해를 보다 쉽게 해주고 있다. '시간'이라는 '목표 영역'의 요소들이, '돈'이라는 '근원영역'의 여러 요소가 잘 매핑됨을 볼 수 있다. '시간'이 '돈'처럼 '소중'한 것이기도 하고 '시간'을 '돈'처럼 '낭비할' 수도 있고 '절약할' 수도 있으니 말이다.

그런데 이때 근원영역의 모든 요소들이 목표영역에 대응되는 것은 아니다. 예컨대 '돈'은 '쌓아놓을' 수도 있고 '예치'할 수도 있지만 '시간'은 그렇게 할 수 없는 것이다. '(이론의/건물의) 토대'나 '(이론이/건물이) 흔들린다, 붕괴한다, 무너진다, 단단하다'에서처럼 '이론'(목표영역)을 구성하는 많은 요소들이 '건물'(근원영역)의 많은 요소들에 잘 매핑되지만, 건물에는 이론에는 있는 '가정, 전제, 증거, 결론' 같은 요소가 있을 수 없다. 이처럼 근원영역에 속하는 요소가 목표영역에 있는 요소에는 매핑되지 않을 때 우리는 '매핑갭'(mapping gap)이 발생한다고 한다. 프란디(Prandi 1998)는 은유적 사용의 경우, 모델에 의해 승인된 대상과 양립할 수 없는 모든 의미는 우리의 일관된 개념 구조에 의해 자동적으로 차단된다는 점을 지적한다.[28] 이처럼 목표한 의미만을 남기고 나머지는 버리는 것이 은유의 기본 속성이다.

최근에는 '마약 김밥'이라는 은유 표현이 등장하여 사회문제와 교육문제가 되고 있다. 2023년 12월 '식품 등의 표시·광고에 관한 법률' 개정안이 국회 본회의를 통과한 이후, 학교 주변에서 판매하는 식품의 이름에 '마약'이라는 표현을 금지하는 조례가 몇몇 지방자치단체에서 제정되고 있기 때문이다.

사실 최근 청소년 마약 범죄가 늘고 있는데, 청소년들이 많이 먹는 식품들에 '마약'이라는 표현이 명칭으로 사용되는 바람에 경각심이 해이해지고 심지어 마약을 긍정적인 것으로 바라보게 만들 우려가 높다는 지적이 나오고 있는 실정이다. 물론 여기서 '마약'이란 실제 마약이 아니라 '김밥', '국수', '떡볶이', '호떡', '치킨' 등의 음식을 가리키는 명사에 붙어, 중독될 정도로 맛이 있다는 것을 강조하기 위해 도입된 '은유'적 표현이다. 은유 이론의 기본적인 매핑갭 이론에 따라 중독될 정도로 맛있다는 의미만 남고, 몸과 마음을 망가뜨린다는 마약의 부정적 의미는 버려져야 할 것이다. 그러나 '마약'의 경우에는 이것이 그렇게 간단치가 않다. 왜냐하면 오히려 그 유해성이 긍정성으로 탈바꿈되는 경향이 있기 때문이다. '마약 김밥'이라는 표현은 자꾸 사용하게 되면 '마약'을 긍정적으로 이미지화하는 역할을 할 우려가 있기 때문이다. (박만규 2024)

은유는 우리에게 보다 친숙한 근원영역을 통해 대상을 새롭게 바라보게 함으로써 우리의 사고를 새로운 프레임에 집어넣는다. 그래서 은유는 우리를 그렇게 설정된 프레임에 무비판적으로 빠져들게 한다. 이러한 은유의 특성은 은유가 본질적으로 가지는 단점일 수 있다. 예컨대 '노동력을 투입하다', '값싼 노동력' 등에서 볼 수 있듯이 우리는 노동을 '자원'으로 간주하는 은유를 이용하는데, 이는 자본가의 시각을 부각하는 반면에, 노동이 개인에게 주는 의미나 만족 등과 같은 가치를 은폐할 수가 있다.

또 '노력은 배신하지 않는다.'와 같은 은유는 단지 노력의 중요성을 강조하는 목적을 수행하는 것임에도 불구하고 모든 실패를 오직 노력이 부족해서 발생한 결과라고 간주하게 만듦으로써 본래의 의미를 왜곡할 위험이 있다.

카터 전 미국 대통령은 '에너지를 얻으려는 것은 전쟁이다.'라는 은유를 사용한 바 있는데 이는 에너지를 얻기 위한 노력에 동참하는 경쟁자들을 '적'으로 간주하는 사고를 부추겼다. 특히 권력을 가진 사람들이 은유를 창출해 낼 때 그 위험성은 엄청나게 커진다. 은유는 실재를 정의하는 힘을 갖고 있기 때문이다.

이처럼 의도했든 의도하지 않았든 간에 은유는 특정한 관점이나 프레임으로 사람들의 생각을 유도함으로써 특정한 생각을 과장하여 받아들이게 하거나, 반대로 특정한 생각을 하지 못하도록 차단시키는데, 전자를 흔히 '부각'(highlighting), 후자를 '은폐'(hiding)라고 한다. 이러한 부각과 은폐의 기능은 보통 정치 분야에서 많이 행해지고 있어 논란을 일으키고 있지만, 사실 이는 본질적으로는 과학 분야에서도 마찬가지이다. 오히려 더욱 은밀한 방식으로 이루어지고 있다고도 할 수 있다.

과학기술과 관련한 담화에서 어떤 기술이 국민의 생활이나 식품의 안정성 문제를 제기할 경우, 일반 국민들에게 아무런 위해가 없거나 인체에 무해하다는 점을 부각시키기 위해서 그 기술이 가지는 긍정적인 측면만을 집중적으로 제시함으로써 일반 대중들을 설득하는 경향이 있다. 그리고 이때 인체에 위해가 되거나 안정성 입증에 불리한 실험적 데이터나 근거들은 언급을 회피하거나 나아가 은폐하는 조처를 취하기도 한다. 이 같은 조처들을 취하는 데에는 식품을 생산하는 기업체들뿐 아니라 관련된 전문가들, 정책을 입안하는 정부의 관료들까지 폭넓게 참여한다.

또 생명윤리 관련 문제에서 부정적인 측면을 최소화하고 긍정적인 측면을 부각하기 위해 은유를 사용하는 사례들이 많이 있다. 유전자 편집 기술인 크리스퍼(CRISPR)를 설명할 때, 이를 '생명의 열쇠'라고 표현하면서 마치 문제를 단번에 해결하는 수단인 것처럼 표현하는 것이라든가, '생명공학의 혁명' 혹은 '생명의 신비'라고 표현하며 혁신성과 필요성을 절대화하고 신비화하는 사례가 있다. 이는 잠재하고 있는 크리스퍼의 위험성을 은폐하는 역할을 한다.

많은 과학자들이 크리스퍼/카스9 기술이 적용된 농산물에 대해 '변형'이라는 용어를 회피하고 있다. GMO(Genetically Modified Organism) 변형이 주는 부정적 시선을 차단하고 싶기 때문이다. 이들은 대신 '편집', '표적화(targeting)', '교정(correction)', '유전자 가위(gene scissors)' 등 다양한 은유적 표현을 동원하면서 새로운 범주화를 시도하고 있다. (김훈기 2017: 59)

영어권에서 질병들을 흔히 전투(battle)나 싸움(fight)과 같은 것에 비유해 왔다.(Sontag, 1978; Reisfield, G. and G. Wilson. 2004; Granger 2014) 바이러스나 병원균이 외부의 적으로 표현하는 은유의 사용은 공동의 위협에 대응하기 위해서 대중을 긴급히 동원하는 조처들을 정당화하는 데 일조한다. 전쟁 상황에 있기 때문에 환자와 의료진의 고통과 희생을 당연한 것으로 여기게 만들기 때문이다. 그래서 국민들을 이 같은 조처에 동참하는 일을 매우 수월하게 만들면서 다른 한편으로는 환자와 의료진의 권리와 복지를 일시적으로 소홀히 하는 것도 당연한 것으로 만든다. Ross(1986)도 질병과 관련된 군사적 은유가 환자들이 그들의 권리를 희생시키는 것을 보다 쉽게 여기도록 할 수 있다고 주장한 바 있다. (김철규 2021:55)

이는 실제로 우리나라에서도 일어났다. 바이러스가 생명력을 가진 존재가 아님에도 불구하고, 적을 막기 위한 전투와 코로나19 바이러스의 전염을 막는 방역의 유사성을 강조하면서 방역협조에 따른 국민들의 희생을 당연하게 여기게끔 만든 측면이 있다.

의료진의 희생을 마치 군인들이 전쟁에서 자신을 희생하는 것처럼 의료 인력들에게도 요구되었으며, 전시상황에서 내려지는 국가총동원령의 일환으로 생각하여 이들의 희생을 당연시하게 만들었다. 또한 거리두기로 인한 자영업자 손실을 당연시 하도록 하는 데 일조하였다. 자영업자들이 집합금지 명령에 따르는 것을 국가총력전에 동참하는 거룩한 행위로 인식하게 만들어 집합금지 명령으로 인한 매출감소와 같은 금전적 손해가 발생하는 측면을 우리 사회가 잘 보지 못하게 만들 우려가 있다.

결론적으로, 질병에 대한 전투 은유는 다양한 위험성을 내포한다. 따라서 질병에 대한 다양한 은유를 활용하여 질병의 복잡성을 반영하고, 환자와 의료진의 권리를 보장하는 것이 중요하다. 이를 통해 질병에 대한 보다 균형 잡힌 이해와 접근이 가능할 것이다.

그러므로 이러한 위험성을 고려하여, 질병에 대한 다양한 은유를 개발하고 활용할 필요가 있다. 질병 은유를 보다 다양화하여 다양한 측면들을 균형 있고 조화롭게 반영할 수 있도록 하는 것이 좋을 것이다. 이를 통해 환자와 의료진의 권리와 복지를 보장하고, 질병에 대한 긍정적이고 포용적인 인식을 형성할 수 있을 것이다.

그로스(2007, 11-12, 15-16)는 지식의 창조가 "자기 설득으로 시작해 다른 이의 설득으로 끝나는 일"이고 과학의 텍스트는 "언제나 설득을 위한 수단이며 과학자한테 어떤 특정 과학이 옳다는 신념을 주는 방식"이라고 주장했다. 과학은 상대적으로 엄격한 검증 과정을 거친 지식의 산물이긴 하지만 웅변술처럼 설득에 중심을 둔 수사학적 기획이며, 수사학의 범주에서 과학 텍스트의 특징들을 설명할 수 있다는 것이다. (김훈기 2017:57)

KEY POINT

우리는 4장과 5장에서 프레임의 원인이 되는 관점들이 어떻게 도입되는지를 살펴보았다.

❶ 본질적 관점어

어떤 말은 본질적으로 사람들에게 긍정적 관점과 부정적 관점을 유발한다. '공'과 '사', '도입'과 '매각', '미래'와 '과거', '장기적인 것'과 '일시적인 것', '실천'과 '선언' 등에서 앞의 것은 긍정적, 뒤의 것은 부정적인 관점으로 접근하게 한다.

❷ 대표의미 효과

어휘의 의미요소들 가운데 대표적인 것이 전체 의미를 지배하여 그러한 관점으로 대상을 바라보게 한다. '남자', '여자', '학생', '학교' 등의 경우 각각의 대표의미가 관점을 생성한다.

❸ 이데올로기 배경어

어떤 단어들은 이데올로기를 그 안에 담고 있어 그 단어를 듣는 순간 그 이데올로기의 관점으로 대상을 바라보게 만든다. '스승', '가장(家長)', '광주민주화운동' 등에서 그 예를 볼 수 있다.

❹ 개념군

어떤 단어가 활성화하는 개념군이 그로부터 연유되는 연상 기억, 감정, 고정관념 등을 불러일으켜 관점을 만들게 된다. '범죄와의 전쟁', '인민의 적' 등으로 국민의 의식을 지배했던 예를 생각하면 되겠다.

❺ 이분법적 사고

때로는 세상을 두 개념의 대립으로 보는 이분법적 사고(흑백논리)가 관점을 도입하기도 한다. 한쪽이 아니면 다른 쪽이라는 식으로 대상을 바라보게 만드는 것이다.

❻ 은유

은유는 목표영역이라는 새로운 영역의 관념을 불러일으킴으로써 새로운 관점을 도입한다.

이상과 같은 현상들로 인해 어떤 문제에 대해 자신도 모르게 특정한 관점이 도입되어 프레임을 형성하고 이것이 사고를 이끌게 된다.

다음 장에서는 설득을 위해 어떻게 상대의 프레임을 활성화시킬 수 있는지, 그리고 어떤 언어를 사용하여야 그것이 가능한지를 살펴보자.

제3부

프레임의 사용법

L'important n'est pas de convaincre, mais de donner à réfléchir.
설득하려 하지 말고 생각할 것을 주라.

Bernard Werber (베르나르 베르베르)

제 6 장

프레임 작동의 원리

1. 사고는 정말 합리적인가?

우리는 앞 장에서 사고를 시작하게 만드는 첫 관문인 관점이 어떻게 도입되는가를 살펴보았다. 관점이 도입되면 그 관점이 안내하는 데에 따라 사고의 기본 틀인 프레임이 형성되는데, 일단 프레임이 형성되면 곧바로 우리의 사고는 그 대부분이 결정된다. 왜냐하면 우리의 사고가 (가이드라인의 역할을 하는) 그 프레임 안에 머물기 때문이다.

그렇다면 프레임 내에서 이루어지는 사고는 이후 어떤 원리에 의해 작동될까? 흔히 우리는 그것을 '논리'라고 생각한다. 왜냐하면 오랫동안 서양 사회의 사상을 지배해온 것이 합리주의인데, 합리주의에서는 인간의 사고가 논리적으로 이루어진다고 가르쳐 왔기 때문이다. 그리고 우리는 어릴 때부터 학교에서 이렇게 교육을 받아 왔기 때문에 이렇게 믿고 있다. 인간은 이성적으로 타당하다고 생각할 때 행위를 할 동기가 유발된다고 배워 왔던 것이다.

그런데 만일 인간이 이렇게 합리적인 사고를 하는 존재라면 사람들을 설득하는 방법은 매우 간단해진다. 즉 사람들을 설득하려면 단지 그것을 논리적으로 증명하면 될 것이다. 하지만 설득이 과연 그러한가? 자신의 주장이 논리적으로 옳다는 것만 증명하면 상대가 설득이 되던가? 결코 그렇지 않다. 논리적인 증명을 통해 상대를 설득하는 것이 결코 쉽지 않음을 우리는 수많은 경험을 통해 잘 알고 있다.

이제 우리는 다른 길을 걸어야 한다. 즉 **상대를 설득하려면 논리적으로 증명하려고 덤빌 것이 아니라 상대의 프레임을 활성화시켜야 하고, 먼저 그 프레임을 활성화할 수 있는 언어를 사용해야 하는 것이다.**

그러나 그럼에도 불구하고 우리는 워낙 어릴 때부터 '인간은 이성의 동물'이라고 배워왔기에, 그리고 과학 기술의 발전 등 실제로 인간의 이성이 진보시킨 많은 사례를 보기 때문에, 이성에 대한 우리의 믿음은 쉽게 버려지지 않는다. 그래서 우선 우리가 우리 스스로 생각하듯이 그렇게 합리적이지 않다는 것을 깨달을 필요가 있다. 이제 이에 대해서 살펴보도록 하자.

● 나의 사고는 정말 합리적인가?

합리주의에서는 모든 인간은 선천적으로 이성(理性)을 가지고 태어나며 그 이성이 보편적인 것이므로 기본적으로 인간의 사고가 합리적이라고 간주한다. 여기서 '합리(合理)'란 이성에 부합한다는 뜻이다. 정말일까? 인간의 사고는 과연 합리적일까?

● 왜 고전경제학 이론들은 맞지 않을까?

고전경제학은 사람들이 자신의 이익을 극대화하기 위해 합리적으로 소비한다는 가정 하에 연구한다. 하지만 현대의 많은 심리학과 인지과학의 연구를 통해 이 가정은 틀렸음이 드러났다. 소비자들은 자신의 여러 가지 고정관념과 신념에 기반을 두고 움직인다. 대표적인 몇 가지 경우를 살펴보자.

● 편승소비

우선 '편승(便乘)하는 소비'의 경향을 들 수 있다. 옆집 주부가 값비싼 청소기를 샀다면 그 브랜드를 나도 사야 한다든가, 연예인이나 유명인이 구매하면 나도 구매하는 경향이다. 그 상품이 내게 꼭 필요해서가 아니다. 그리고 그 상품이 갖고 있는 기능들이 필요해서가 아니다. 이런 것들은 전혀 고려되지 않는 매우 비합리적인 구매 결정이다.

이는 '밴드왜건 효과(bandwagon effect)'로도 알려져 있다. 미국에서 서커스 공연을 하거나 퍼레이드를 할 때 맨 앞에 악대가 탄 마차(밴드왜건)를 앞세워 사람들의 주목을 먼저 끄는 경우가 많았는데, 이 악대 마차를 보려고 많은 사람들이 뒤따르는 것을 가리켜 하비 라이번스타인(Harvey Leibenstein)이 그렇게 이름 붙였다.

제품의 기능은 잘 모르면서 다른 많은 사람들이 선택했다는 이유만으로 구입을 결정하는 일종의 모방심리이다. 이것은 사람들에게 뒤쳐지지 않으려는 심리, 그리고 내가 따로 고립되어 있지 않다는 안도감을 느끼려는 심리에서 비롯된 것이다. 내가 집단에 소속되어 있다는 안정감을 느끼려는 동기가 그 원인인 것이다. 주식시장에서 인기를 끄는 특정 주식에 대한 소위 '묻지마 투자'도 이 밴드왜건 효과를 보여준다. 한때 초·중·고 학생들 사이에 광풍처럼 몰아쳤던 '**페이스' 패딩 붐도 마찬가지다.

● **과시적 소비**

비합리적 소비의 또 다른 패턴은 '과시적 소비'다. 고전경제학 이론의 기본 원칙 가운데 하나인 수요와 가격의 반비례 관계이다. 그런데 이 원칙도 명품 소비 앞에서는 맥없이 무너진다.

고가 사치품의 경우 비쌀수록 오히려 수요는 더 커진다. 전혀 필요 없는 기능들로 가득한 전자제품이나 자동차도 없어서 못 파는 경우가 많다. 이처럼 자신이 남들보다 더 낫다는 걸 과시하려는 심리에 의해 고가품을 구매하는 현상을 '베블런 효과(Veblen effect)'라고 한다.29) 그 현상을 지적한 미국 경제학

자 쏘스타인 베블런(Thorstein Veblen)의 이름을 딴 것이다. 진화심리학에서는 남성이 과시적으로 명품을 소비하는 것을 보다 나은 배우자를 획득하기 위한 동기로 설명한다.

밴드왜건 효과와 베블런 효과로 명명된 편승적 소비와 과시적 소비는 인간의 내면에 있는 동조심리와 개성주의라는 두 개의 모순적 사고 패턴을 보여주는 예이지만, 둘 다 결코 합리적이지 않은 경제활동의 모습을 보여주는 사례라 할 수 있다.

패션에서도 동일한 사고 패턴을 발견할 수 있는데, 노르웨이 철학자 라스 스벤젠(Lars Svendsen)의 다음과 같은 이야기를 들어보자.

> 패션은 항상 두 개의 상반적인 요소를 포함하고 있다. 하나는 패션을 통해 자기 자신을 보여준다는 것, 다른 하나는 동시에 특정 집단의 구성원으로서의 자신을 보여준다는 점이다. 이러한 맥락에서 봤을 때 패션 아이템을 몸에 걸친다는 것은 개인주의와 순응주의를 동시에 포함하고 표현한다는 점에서 가히 '걸어다니는 역설(walking paradox)'이라고 할 수 있다.[30]

라스 스벤슨은 우리가 말한 '편승 소비'와 '과시적 소비'를 각각 '순응주의'와 '개인주의'라는 관점에서 다시 보여 주고 있다. 즉 패션을 통해서 자기 자신을 도드라지게 보여주려 하는 '개인주의'는 '과시적 소비'로 나타나고, 자신이 특정 집단의 구성원이라는 소속감은 '편승적 소비'로 나타나는 것이다.

이처럼 경제활동에 있어서 사람들이 취하는 비합리적 행동들에 주목한 경제학자가 있었는데 그는 대니얼 카너먼(Daniel Kahneman)이다. 카너먼은 노벨경제학상을 탄 최초의 심리학자이다. 그는 고전경제학의 합리주의라는 가정을 폐기하고 인간의 실제 행동을 연구하여, 사람들이 어떻게 행동하고 그로 인해 어떤 결과가 발생하는지를 규명하기 위한 행동경제학(behavioral economics)을 주창하였다.

한편 합리주의는 정치분야에서도 왜 투표 결과들이 관련된 정치적 사건들과 일치하지 않는가 하는 의문에 대해서도 속 시원한 답변을 주지 못한다.

2014년 4월 16일에 발생한 세월호 사고로 야당이 절대적으로 유리한 상황에서도 직후에 치러진 7.30재보선에서 야당이 참패를 면치 못했는데, 이 같은 결과를 전문가들과 정치평론가들은 전혀 예측하지 못했다. 당시 수도권에서 새정치연합은 대선주자급 손학규와 김두관을 전략공천 했음에도 4대 1로 완패하였다.

이명박 정부 시절 발생한 '자원외교 비리'와 관련해, 분식회계와 비자금 조성 등 혐의로 구속영장이 청구됐던 성완종 경남기업 회장은 2015년 4월 9일 스스로 목숨을 끊었다. 그는 유서와 함께 쪽지 1장을 남겼는데, 쪽지에는 당시의 유력 정치인들 8명의 이름이 적혀 있었고, 이들 가운데 6명의 이름 옆에는 뇌물로 추정되는 돈 액수도 적혀 있었다. 이 쪽지를 '성완종 리스트'라고 한다. 이 사건으로 2015년 4.29재보선에서 야당이 절대적으로 유리한 상황이 되었다. 그럼에도 불구하고 당시 선거에서 야당은 압승을 거둘 것이라는 예상을 뒤엎고, 여당인 새누리당이 공천을 한 20곳 중 15곳에서 승리했다.

만일 사람들이 합리적이라면 투표할 때 정당의 정책과 신뢰도와 후보들의 정치적 역량을 보고 판단해야 할 것이다. 그러나 실제 사람들은 그러한 것에 의거하지 않고, 자기가 갖고 있는 정당과 후보에 대한 이미지와 고정관념, 신념, 욕망 등을 투영하여 투표를 한다.

나아가 정치이론이 맞다면 마땅히 진보 정당을 지지해야 할 가난하거나 평범한 서민들이 보수 정당에 투표하는 현상도 합리주의적 관점에서는 설명할 수 없다.

2. 생활 속의 비합리적 사고들

● 우물에 독뿌리기 오류

이제는 우리 일상에서 자주 보고 경험하는 비합리적 사고들을 살펴보자. 논리학자 이윤일 교수는 다음과 같은 예들을 제시했다.[31]

"꼭 공부 못하는 아이들이 특활 시간을 지켜 달라느니 야간 자율 학습을 폐지하라느니 한다니까."

이는 특활 시간을 지켜 달라는, 혹은 야간 자율 학습을 폐지해 달라는 요구를 하는 학생들에게 교사가 흔히 하는 지적이다. 그러나 이는 학생들의 약점을 지적함으로써 자신의 주장에 대해 반박할 수 있는 가능성을 원천적으로 봉쇄하는 비합리적인 논증이다. 이를 논리학에서는 '우물에 독 뿌리기 오류'(fallacy of poisoning the well)라고 한다. 무릇 모든 대화는 건전한 토론의 과정을 필요로 하는 것인데, 상대가 주장할 수 있는 자격이나 기반 자체를 비난함으로써 토론의 과정 자체를 봉쇄하는 부당한 전략이다. 몇 가지 예시를 더 제시하면 다음과 같다.

① 내 말에 이의를 제기하는 자는 공산당이다.
② 이번 금융실명제를 부정적으로 보는 사람들은 부당하게 부를 축적한 자들이다.
③ 당신은 가톨릭 신부이므로 가톨릭의 입장을 대변할 것이 틀림없습니다. 따라서 당신은 이 토론에 참여할 자격이 없습니다.
④ 성경 말씀을 믿지 않는 자는 사탄의 자식이다.

'허수아비의 오류'(fallacy of strawman)도 우리가 흔히 저지르는 논리적 오류이다. 이는 논증자가 상대방의 논증을 보다 쉽게 공격하기 위하여 상대방의 논증을 왜곡한 후, 그 왜곡된 논증을 논박함으로써 상대방의 본래의 논증도 잘못된 것으로 유도하는 비합리적인 논증이다. 그러니까 간단히 말해, 상대의 논증 왜곡(확대해석) 후 반박하는 것이다.

예컨대 학생복지 위원회가 캠퍼스 내에서 음주 공간을 허락해 달라고 요청한 것에 대해 대학의 교무처장이 다음과 같이 말하는 것이다.

"도대체 학생들이 원하는 것이 무엇인가? 1학년 때부터 4학년 졸업 때까지 허구한 날을 술에 취해 지내는 것이 그들의 소원이란 말인가? 학생들은 온 교정을 술집으로 만들겠단 말인가? 그런 어처구니없는 요청이 어디 있는가!"

학생들의 요구는 일정한 음주 공간을 만들어 달라는 것이지, 결코 온 교정을 술집으로 만들겠다는 것이 아니다. 위 논증은 학생들의 요구를 왜곡되게 해석하고 그것을 들어줄 수 없다고 말하는 논리적 모순을 보이는데도 우리는 흔히 이 같은 오류를 범한다.

학생들이 체육 시간을 늘려달라고 했다. 여기에 대해 학생주임 선생님이 이렇게 말한다.

"대학 가기가 하늘에 별 따기인 세상에서 놀 시간을 달라고 하다니, 도대체 학교가 놀이터인 줄 알아?"

여기서 학생주임 선생님은 체육 수업시간을 노는 시간으로 간주하고 있음을 볼 수 있다. 수업을 노는 시간으로 폄하하고 있는 것이다. 고등학교에서의 교육은 그 나름의 가치가 있는 것인데, 오직 대학 가는 것을 고등학교에서 공부하는 것 전부의 이유로 간주하고 있다. 그리고 그러한 지고(?)의 가치에 관심을 갖지 않는다고 그 학생을 나쁜 학생으로 매도하고 있다.

노동자들이 보다 나은 작업 조건을 위해 통풍 장치를 설치해 달라고 청원서를 제출하였는데, 회사가 다음과 같은 논리를 펴며 수락하지 않는 것도 마찬가지이다.

> 유감스럽게도 냉방기는 대단히 비싸다. 환기 시설을 공장 구석구석까지 가설해야 하고 대형 열교환 장치도 지붕 위에 달아야 한다. 또 그 설비들을 한 여름 동안 가동하면 엄청난 비용이 먹힐 것이다. 이런 점들을 고려해 볼 때 그 청원서는 받아들일 수가 없다.

● **의도 확대**

의도 확대의 오류란 의도하지 않은 결과가 의도된 행위에 의해서 일어났다고 확대 해석함으로써 빠지는 오류를 말하는데, 이 역시 우리가 일상적으로 자주 범하는 오류이다.

다음 대화를 보자.

> "너, 왜 시험 안 봤어?
> 학교 그만두고 싶니?"
>
> "너 성적이 이게 뭐야.
> 그렇게 쉽게 인생을 포기해서는 안 돼."

시험을 보지 않은 이유는 수없이 많이 있을 수 있는데, 이를 학교를 그만두려는 의도로 확대 해석하고 있다. 또 성적이 잘 나오지 않은 것을 인생의 포기로 간주하는 것도 지나친 논리의 비약이다.

일주일에 꼭 두 번 술을 마시고 싶어하는군. 그런데 술은 간암의 치명적인 원인이 된다는 걸 모르나? 네가 간암에 걸리고 싶어한다는 것은 도저히 이해가 안 가.

술을 마시는 사람이 간암에 걸리고 싶어서 술을 마시는 것은 아니다. 그런데도 마치 그런 의도를 가지고 술을 마시는 양 확대 해석하고 있는 것이다.

- "형, 자동차 키 좀 줘."
- "너 사고 치면 보험 혜택도 못 받는다는 거 알아? 줄 수 없어."

● "나는 생각한다. 그러므로 나는 존재한다." 정말?

합리주의의 창시자인 데카르트(René Descartes)는 말했다.

"나는 생각한다, 그러므로 나는 존재한다."

이 말은, 의심할 수 있는 것을 다 의심해도 결코 의심할 수 없는 것이 있는데, 그것은 바로 내가 생각한다는 사실 자체라는 것이다. 그만큼 생각한다는 것이 나의 본질임을 강조한 말이다. 이처럼 합리주의는 우리의 사고가 온전히 의식에 바탕을 두고 있다고 가정하고 있으나, 프로이트에 의해 인간의 사고는 무의식이 절대적인 비중을 차지하고 있다는 사실이 밝혀졌다. 그리고 많은 인지과학자와 심리학자들은 인간이 의식적으로 논리를 따지고 판단하는 경우는 약 2%에 불과하다고 한다.

'나는 생각한다'라는 데카르트의 명제에서 '생각하는' 활동은 자기가 생각한다는 사실을 의식하는 경우이다. 하지만 대부분의 경우 우리는 많은 생각을 하고 있으면서도 내가 생각하고 있다는 것을 의식하지는 못한다. 대부분의 생각이 무의식적으로 이루어지고 있다는 얘기다.

프레임은 의식이 아니라 무의식적으로 형성되는 것이다. 그리고 무의식은 온갖 비합리적인 경험과 고정관념, 신념, 가치들로 구성된다.

물론 우리는 명료한 의식을 갖고 논리적으로 따져가면서 생각을 한다. 하지만 그것은 무의식적으로 프레임이 형성된 이후의 일이고 논리적 사고라는 것도 그 틀 안에서만 이루어진다. 요컨대 합리주의는 우리의 사고가 이성이 아니라 프레임에 의해 형성된다는 사실을 간과한 것이다.

2002년 노벨 경제학상 수상자인 대니얼 카너먼은 행동경제학의 시초가 되는 서적으로 평가받는 그의 대표 저서인 《생각에 관한 생각》에서, 인간의 생각이 두 개의 시스템으로 구성되어 있음을 지적했다.[32] 시스템 1은 어림짐작으로 빠르게 판단하는데, 이는 무의식적이고 자동적으로 이루어진다. 여기에는 의식이 개입하지 않고, 따라서 노력이 거의 불필요하다. 이후에 필요하면 시스템 2로 들어가는데 이는 집중하고 심사숙고하는 정보처리의 단계로서 기억하고 계산하고 추론하는 과정이다. 우리의 의사결정의 첫 단계는 시스템 1이고 이를 통해 시스템 2로 이동한다는 것이다. 이를 우리의 용어로 바꾸면 시스템 1에서 프레임에 의해 형성된 생각이 시스템 2로 넘어가는 것이다.

인간은 프레임에 기반을 두고 생각하도록 프로그램 되어 있다. 프레임이 형성되고 활성화되어야 그 안에서 사고가 일어난다. 인간은 주어진 사실이나 상대의 주장이 자신의 프레임 안에 들어와서 잘 부합하지 않으면 그것을 잘 이해하지 못한다. 설사 억지로 이해했다 하더라도 그것을 곧 망각하거나 별로 중요하지 않은 문제라고 간주하기까지 한다. 그래서 내가 프레임을 명확하게 설정하지 않고 말을 하면 상대가 잘 이해하지 못하게 되고 잘 기억하지도 못하게 된다. 말을 많이 한다고 좋은 것이 아니고 명확하게 사고의 틀을 만들어 그 안에 내용을 담아야 한다.

결론을 내려보자.

합리주의의 오류는 사고가 프레임에 의해 형성된다는 사실을 보지 못한 점과, 이 프레임이 무의식적(직관적)으로 형성된다는 점을 보지 못한 것이다. 그렇다면 우리의 무의식은 무엇으로 구성되어 있을까? 그것은 오랜 시간 동안 구축된 고정관념들과 다양한 감정적 경험들로 이루어져 있다.

다음 절에서 이를 살펴 보도록 하자.

3. 사고의 원동력, 신념

우리의 사고는 결코 논리적으로 이루어지지 않음을 보았다.

그렇다면 우리 사고의 기반은 도대체 무엇인가? 마냥 비합리적인 것이고 따라서 아무런 원칙도 없이 그때마다 달라지는 것일 뿐인가? 제멋대로여서 결코 예측할 수 없는 변화무쌍한 것인가?

그렇지는 않다. 인간의 생각은 분명한 원칙에 입각하여 작동한다.

놀랍게도 그것은 개인적으로 옳다고 믿는 신념과 각자가 일시적으로 겪는 감정이다. 하나하나 살펴보자.

● 나에게는 신념; 남이 보면 편견

람사르 협약(Ramsar Convention). 우리나라가 2008년 경남 창원에서 총회를 유치한 이후 이 생소했던 협약은 우리에게도 친숙해졌다. 이는 습지를 보존하고 지속가능한 이용을 목적으로 체결한 국제 협약으로, 람사르에서 체결되었기 때문에 그런 이름으로 불린다.

그런데 람사르가 어디 있는지를 아는 사람은 드물다. 람사르는 이란에 있다. "아니 어떻게 이란에 습지가 있지?" 하고 놀라는 사람이 많을 것이다. 우리에게 이란은 산악이나 사막의 이미지로 각인되어 있으니 무리도 아니다. 그건 우리의 선입견일 뿐이다.

이처럼 어떤 대상에 대하여 이미 마음속에 가지고 있는 관념을 '선입견'이라 한다. 이 선입견들 가운데 너무나 기반이 확고한 나머지 여간해서는 변하지 않는 관념을 **고정관념**(stereotype)'이라 한다. 우리는 어떤 것을 생각할 때 이미 그에 대해 사전에 가지고 있는 고정관념을 통해 사고하는 경향이 있다.

고정관념은 무의식이 되어 사고의 틀, 즉 프레임을 구성하며, 나의 사고 자체를 일정한 방식에 따라 이루어지게끔 구속한다.

고정관념에는 좋은 것도 있고 나쁜 것도 있다. 고정관념 중에서 남들이 볼 때 한쪽으로 치우친, 그래서 잘못된 것을 '편견'이라 부른다.33)

반대로 자신이 옳다고 믿는 확고한 관념은 '신념'이라 일컬어진다. 즉 신념은 믿음과 결합하여 더욱 강화된 고정관념이다. 이 신념 가운데 , 앞서도 이야기 했지만, 특정 집단에 의해 함께 신봉되고 그 집단이 따르는 권력에 봉사하게 될 경우, 이를 우리는 '**이데올로기**'라고 부른다.

고정관념은 남이 보기에는 편견이지만 나에게는 신념이다. 따라서 편견과 신념은 어찌 보면 동의어이다. 자신에게는 편견까지도 신념이므로 이제부터는 모든 고정관념을 신념이라 부르기로 하겠다.

몇 번을 가르쳐줘도 상대방이 과거의 생각을 고집하는 모습을 경험했을 것이다. 왜 그럴까?

그의 처음 생각이 이미 신념으로 변해 있기 때문이다. 이처럼 어떤 문제에 대해 사람들 사이에 생각이 다른 것은 논리적 사고의 차이 때문이 아니라, 그 문제에 대해 각자가 적용하는 신념과 이 신념이 형성하는 프레임이 다르기 때문이다.

물론 프레임은 일시적으로 형성되기도 한다. 가령 병원에서 3층 입원실에 가려고 엘리베이터를 타려고 할 때, 사람이 많아 꽉 찬 엘리베이터를 두 번이나 그냥 보낸 다음에야 계단으로 가면 된다는 생각이 날 때가 있다. 이것은 다른 사람들처럼 엘리베이터를 타야 한다는 프레임에 빠져서 다른 방법으로 이동할 수 있다는 생각을 하지 못하게 되기 때문이다.

그러나 신념은 심층적인 프레임으로서, 시간이 지나도 스스로는 다른 생각을 하지 못하게 만든다.

그렇다면 **신념은 왜, 어떻게 생겨났을까? 신념은 진화론적 관점에서 어떤 이점이 있기에 인간에게 형성되었을까? 그것은 아마 빠른 판단 및 결정에 도움을 주기 때문일 것**이다. 신념이 있음으로 해서 매 결정의 순간마다 일일이 처음부터 다시 숙고할 필요가 없이 신속한 판단을 내릴 수 있고, 또 그렇게 함으로써 심리적으로도 편안함을 유지할 수 있을 테니까. 신념은 내가 사고하기 전에 먼저 작동하는 기본적 사고, 즉 자동으로 처리되는 무의식적 사고, 수학의 공리(公理)처럼 증명이 없이 자명한 진리로 인정되는 것, 사고에 전제된 사고이기 때문이다.

그렇다면 신념(가치관)은 어떻게 형성될까? 반복된 사고의 누적으로 신념이 형성된다. 처음에는 길이 없지만 사람들이 한 번, 두 번 다니다 보면 길이 되는 것과 마찬가지이다.

이처럼 같은 생각이 여러 차례 반복이 되면 뉴런(신경세포)의 연결부인 시냅스(synapses)가 강화된다. 회백질(grey matter)이 변화된다. 이렇게 우리의 뇌에는 가소성이 있다. 가소성이란 고체가 외부에서 탄성 한계 이상의 힘을 받아 형태가 바뀐 뒤 그 힘이 없어져도 본래의 모양으로 돌아가지 않는 성질을 말하는데, 뇌에 이러한 가소성이 있음으로 인해 우리의 생각이 바뀌는 것이다. 이를 '뇌의 가소성'(brain plasticity) 혹은 '신경 가소성' (Neuroplasticity, neural plasticity)이라 한다.

● 신념이 몰고 오는 부작용

그러나 이러한 기제에는 부작용도 있다. 신념은 자신과 배치되는 새로운 정보, 지식을 받아들이기 어렵게 한다는 점이다. 자신이 기존에 가지고 있던 믿음과 배치되는 정보나 지식을 새로 마주했을 때 우리는 심리적으로 불편한 감정을 겪게 되는데, 이를 심리학에서 '**인지부조화**'라 한다. 이 불편함을 해소하기 위해서 그 둘 가운데 한쪽을 취하게 되는데, 대개는 기존의 믿음을 유지하는 쪽을 택한다.

프란시스 베이컨이 말했듯이, 인간은 참된 것보다 자신이 원하는 것을 쉽게 믿어 버리는 것이다. 여러 정보 중 자기가 믿고 싶은 정보만 선택하려는 이 같은 경향을 '**확증편향**(確證偏向; Confirmation bias)'이라 하는데, 원래 가지고 있는 생각이나 신념을 취하는 것이 새롭게 주어진 것을 조사하고 확인하는 것보다 더욱 편하고 쉽기 때문이다.

확증편향은 간단히 말해 익숙한 게 편하기 때문에 생기는 경향인데 인간에게는 너무나 당연한 것이라 할 수 있다.

이처럼 일단 형성된 신념은 잘 바뀌지 않는다. 이미 마음속에 자리 잡은 신념은 여간해서는 흔들리지 않는다. 토론을 해도 달라지지 않는다. 우리는 수많은 토론회를 보아왔지만 마지막에 자신의 신념을 양보하는 모습은 거의 본 적이 없다.

예를 들어 사형제도 폐지라든가 무상급식에 관한 토론의 결과, 자신의 주장을 내려놓고 상대방의 의견을 지지하는 것은 본 기억이 없다. 또 상대가 여러 사례를 통해 학교에서 체벌로 인한 문제가 많음을 지적해도, 그것이 만일 자신의 신념에 반한다면 "음… 그래도 애들은 때려서 키워야 해" 하면서 고개를 젓는 사람들을 우리는 흔히 본다.

알버트 아인슈타인은 이렇게 말한 적이 있다.

> 원자를 깨는 것보다 편견을 깨는 것이 더 어렵다.
> (알버트 아인슈타인)

> It is harder to crack a prejudice than an atom.
> – Albert Einstein.

항상성 유지 메커니즘

우리의 몸은 항상성 유지 기제를 갖고 있다. 이는 현재의 건강한 상태를 계속 유지하려는 메커니즘이다. 이와 마찬가지로 우리의 마음도 본래의 평온한 상태, 즉 평정심을 유지하고 갈등을 회피하려는 메커니즘을 갖고 있다. 즉 긍정적 정서를 유지하려 하는 경향이다.

그러므로 자기가 갖고 있는 신념과 자신이 새롭게 취득한 정보와 지식 사이에 사실 관계 상의 모순이 올 때 인지부조화가 생성이 되는데, 이때, 앞에서도 말했듯이, 인지부조화를 해소하는 방식은 새롭게 취득한 정보와 지식을 회피하고 기존에 갖고 있던 신념을 유지하는 선택을 한다. 즉 확증편향이다. 그것이 행복을 주기 때문이다.

● 신념은 자존심

인지부조화가 와도 신념을 버리지 않는 데에는 확증편향 외에 또 다른 이유가 있다. 그것은 자존심이다. 나의 신념은 하도 오랜 기간 동안 내 마음속 깊은 곳에 뿌리를 내려서 나의 가치관과 동의어가 된다.

그리고는 급기야 나 자신과 동의어가 되어, 나의 자존심과 자부심이 되기도 한다. 남의 압력에 의해 그것을 버리게 되면 수치심이 들어서 버리지 못하는 존재가 된 것이다. 나의 신념이 상대방에 의해 부인되면 자존심이 상한다. 그냥 남의 생각이라고 하면 될 터인데, 그게 안 되고 내 신념의 부정이라고 생각하는 것이다.

친구와 멀어지기 위해 가장 좋은 화제는 종교와 정치 이야기라는 말이 있다. 그것은 사람이 가지는 많은 생각 가운데 바꾸기가 가장 어려운 '신념'과 관계되는 생각이기 때문이다.

과거의 무상 급식 논쟁에서 '무상'을 얻어먹는다는 관점에서 접근하여 "내 아이는 내 능력으로 밥 먹일 수 있다. 아무리 없이 살아도 우리가 무슨 거지냐?" 하면서 무상급식을 모욕으로 받아들이는 사람들이 있었다.

동성결혼도 마찬가지다. 실제 동성결혼으로 피해를 보는 사람은 없는데도 이에 대해 격렬하게 반대하는 사람들이 있다. 이는 동성결혼을 전통적인 결혼제도라는 가치에 대한 공격으로 받아들이고, 나아가 그러한 가치의 유지를 신념으로 갖고 있는 자신에 대한 공격으로 간주하기 때문이다.

● 진실이 우리를 자유롭게 하리라? 천만에!

위에서 우리는 인지부조화와 확증편향에 대해 이야기했다. 그런데 만일 새로운 정보와 기존의 믿음 간의 부조화 정도가 아니라, 단순히 어떤 것에 관한 의견을 주고받는 차원을 넘어서서, 새롭게 주어진 정보가 참이고 내가 지금까지 믿어왔던 것이 완전히 틀렸다고 판명된다면 우리는 어떤 상태에 놓이게 될까?

아마도 엄청난 충격이 될 것이다. 그런데 그처럼 커다란 충격 앞에서조차 우리는 보통 어떤 선택을 하는가? 지금까지의 오해를 인정하고 새로운 정보를 받아들이는가?

아니, 자신의 정체성과 자존심이 걸려 있는 문제이기 때문에 결코 그렇게 하지 않는다. 예컨대 내가 믿고 지지해온 사람이 사실은 우리의 정신을 부정하고 우리의 이익을 저해하는 사람으로 밝혀졌을 때, 우리는 대개 이렇게 반응한다.

우선 "그럴 리가 있나? 뭔가 착오가 있을 거야." 그러다가 움직일 수 없는 결정적인 증거가 제시되어도 "아냐, 그 사람이 그런 말을 했다면 필시 그럴 만한 이유가 있겠지",

그러다 더 이상 고집을 피울 수 없게 되면 조금 물러나서 "좋은 의도로 말 했는데 본래의 뜻이 와전된 것일 거야" 혹은 "본래는 그런 의도가 아니었는 데 좀 과장하다보니 그런 말을 하게 되었을 거야" 하면서 여전히 그 사람을 비호한다.

우리가 흔히 경험하는 자기합리화다.

레이코프는 이렇게 말한다.

"진리가 우리를 자유롭게 할 것이다? 사람은 기본적으로 합리적인 존재 이므로, 진실을 알려주면 옳은 결정을 내릴 것이니까?

천만에, 그렇지 않다. 진실이 받아들여지려면 프레임에 부합해야 한다. 진실이 프레임에 부합하지 않으면 프레임은 남고 진실이 버려진다."

이라크전의 구실이었던 대량살상무기가 존재하지 않았다는 사실이 드러 났음에도 불구하고 이라크전쟁에 대한 정당화 프레임은 여전히 작동했다. '악한 세력에 대한 응징, 보복이 정의'라는 프레임이 이라크전쟁으로 인해 (테러리스트가 아닌) 수많은 이라크 양민이 죽고 다쳤다는 사실을 은폐한다.

심지어 재판에서 유죄 판결을 받은 사건조차 일부 지지자들은 옹호한다. 우리나라에서도 황우석 교수의 실험이 날조였음이 밝혀졌음에도 불구하고 여전히 그에 대한 지지를 철회하지 않는 골수지지자들이 있지 않은가? 신념 화된 프레임에 한번 빠지면 이로부터 좀처럼 헤어나지 못함을 잘 보여주는 사례라 할 것이다.

4. 신념의 힘

● **가치와 이익, 어느 쪽이 강할까?**

우리는 지금까지, 관점의 안내에 의해 사고의 기본 틀(프레임)이 형성되고, 이후 그 안에서 이루어지는 사고는 신념을 기반으로 형성된다는 점을 보았다. 여기서 한 가지만 짚고 넘어가자.

돈이나 이권처럼 우리가 항상 의식적으로 추구하는 경제적 이익보다 우리의 신념, 즉 무의식적 고정관념이 더 강력할까? 즉 현실적으로 매우 중요한 경제적 이익을 우리는 분명하게 의식할 수밖에 없는데, 무의식 속에 자리한 신념 혹은 가치들이 과연 그런 이익보다 더 클 수 있을까?

이에 대해서 레이코프는 몇 가지 예를 통해 실제로 사람들이 가치를 더욱 중요시하고 있음을 강조한다. 예컨대 왜 가난하거나 평범한 서민들이 보수정당을 지지할까? 그런 현상도 정치적 이익이 중요하다면 설명될 수 없다. 그들이 이익보다는 자신들의 가치에 따라 투표한다고 가정해야 설명이 가능하다. 각 유권자는 나름의 기준으로 지도자가 갖추어야 할 덕목들을 설정해놓고 있는데, 레이코프에 의하면 이는 가치(도덕적 가치 포함), 인간적 유대(인간관계), 진정성, 신뢰, 정체성 등으로 구성되어 있다는 것이다.

2003년 미국 캘리포니아 주지사 선거에 아널드 슈워제네거가 공화당 후보로 나왔을 때 노조원들은 당시 주지사였던 그레이 데이비스(민주당)가 아놀드 슈워제네거보다 서민과 노동자에게 훨씬 유리한 태도를 취한다는 것을 적극 홍보했다. "데이비스와 슈워제네거 중 어느 편이 더 당신에게 유리합니까?" 이 질문에는 거의 대부분 데이비스라고 대답했던 노조원들이, 정작 누구에게 투표할 예정이냐고 묻자 슈워제네거에게 투표할 것이라고 답했다고 한다.34) 이 또한 정치적 이익이나 정책보다는 가치 프레임이 우위에 있음을 보여주는 사례라 하겠다.

가령 슈워제네거가 어려움을 극복하고 자수성가했다는 점, 그래서 강한 인내심과 추진력의 소유자일 거라는 점, 보디빌딩과 영화에서 세계적인 스타가 되었으므로 능력이 대단하다는 점, 그리고 그 능력이 정치에서도 발휘될 것이라는 기대, 또한 데이비스에 비해 어딘가 신뢰가 간다는 점 등이 노조원들의 표심 결정에 작용했으리라. 요컨대 자신이 얻게 될 이익보다 이 같은 가치들, 즉 자신의 신념이 투표자들의 마음을 결정한다는 것이다.

프레임 사이의 연상관계는 개인마다 다르게 관찰된다. 어떤 사람에게는 어떤 프레임이 다른 프레임을 활성화하기도 한다. 두 개의 프레임이 서로 쉽게 연결되는 것이다. 예를 들어 기성 정치인을 놓아두고 정치 분야에 데뷔하는 앵커나 연예인을 선출하는 사람은 앵커나 연예인으로서의 능력에 호감을 가지고, 그러한 능력이 곧바로 정치 분야에 전이되고, 정치분야에서도 그러한 능력이 잘 발휘될 수 있을 것이라는 믿음을 갖는 사람들이 있다. 연상망에 의해 무의식적으로 바로 연결되는 것이다. 특히 자수성가 한 사람의 이미지가 있다거나 어려움을 극복한 사람의 이미지가 덧붙여진다면 더욱 정치 분야에 유리할 것이다. 이런 사람들에게는 연예인을 모델로 쓰는 마케팅, 즉 스타 마케팅 전략이 잘 먹힌다.

그러나 어떤 사람에게는 두 개의 프레임은 서로 연결이 차단된다. 두 개의 서로 다른 영역으로 존재하는 것이다. 즉 연예인은 정치인이 될 수 없다. 또 평일 술을 자주 먹고 방탕한 생활을 하더라도 일요일 아침에는 아무일 없었다는 듯이 교회에 가서 기도를 하는 사람들이 많이 있다. 이는 두 개의 프레임 사이에 연결이 활성화되지 않고 잘 차단되어 있기 때문이다.

이처럼 신념이 사람들의 의사결정을 결정한다는 분석에도 불구하고 사람의 마음은 신념보다 여전히 역시 이익에 좌우된다는 생각을 굽힐 수 없는 이들도 많다. "신념이 밥 먹여 주나?" 하면서 말이다. 사실 레이코프가 든 사례가 주로 투표-정치 분야였기 때문에 이익보다 신념이 더더욱 중요했을지 모른다.

하지만 많은 사례와 연구결과가 우리를 결코 그렇게 생각할 수 없게 만든다. 사실 기업처럼 이윤을 추구하는 조직도 마찬가지다. 내게 돈을 더 주는 리더보다는 내 신념과 내 가치를 인정해주는 리더를 더 열심히 따른다는 것을 우리는 잘 안다.

문재인 대통령은 신고리 원전 5·6호기 공사의 재개 여부를 결정하기 위해 공론화 과정을 거치자고 제안했다. 이에 따라 시민 471명으로 구성된 공론화위원회가 구성되었고, 2017년 10월 20일, 정부에 원전 공사의 재개 결정을 담은 권고안을 발표했다. 재개 의견이 59.5%, 중단 의견이 40.5%로 나타난 가운데, 우리나라 원자력 발전 정책은 축소하는 방향으로 나아가야 한다는 결론을 냈다. 무엇이 시민참여단의 마음을 움직였을까?

시민참여단은 6개 항목 즉, 안전성, 안정적 에너지 공급, 전력공급 경제성, 지역 및 국가 산업, 전기요금, 환경성이 각각 얼마나 중요한지를 숙고했다. 대체로 건설 중단 의견을 제출한 위원은 안정성, 환경성 등의 가치에 더 높은 비중을 두었을 것이고, 건설 재개 쪽에 섰던 위원들은 전력공급 경제성, 전기요금, 지역 및 국가 산업, 즉 경제적 이익에 더 높은 비중을 두었을 것으로 기대했다.

그러나 결과는 놀랍게도 양측 모두에게 '경제적 이익'은 하위권으로 밀렸고, '안전성', '에너지의 안정적 공급', '환경성' 같은 가치를 더 중요한 것으로 고려했다. 표에서 보듯이, 건설 재개 쪽에서도 전력공급 경제성을 3위에 올렸을 뿐, 지역 및 국가 산업과 전기요금은 5~6위로 그 가치를 낮게 평가했다. 우리는 여기서 사회가 추구해야 하는 가치를 돈이나 이권 같은 경제적 이익보다 훨씬 더 중요하게 보고 있음을 확인할 수 있다.

그럼에도 경제적 이익이 더 중요할 거라는 우리의 상식이 생겨난 배경은 뭘까? 아마도 이익은 의식 차원에서 작동하는 반면, 가치는 그보다 더 깊은 무의식 차원에서 작동하기 때문이 아닐까? 가치와 신념은 우리도 모르게 작동하고, '신념은 내가 결코 버릴 수 없는 내 자존심'이라는 등식이 성립되기 때문일 것이다.

〈신고리 5·6호기 공론화 '시민참여형 조사' 보고서〉 (신고리 5·6호기 공론화위원회, 2017.10.20) 결과에 따르면 다음과 같다.

▶ **최종 판단의 결정 요인들**

〈건설 중단 측〉	〈건설 재개 측〉
1. 안전성	1 안정적 에너지 공급
2. 환경성	2. 안전성
3. 안정적 에너지 공급	3. 전력공급 경제성
4. 전력공급 경제성	4. 환경성
5. 지역 및 국가 산업	5. 지역 및 국가 산업
6. 전기요금	6. 전기요금

▶ 최종 판단의 결정 요인 추이(7점 척도)

판단 요인	전체			건설 재개			건설 중단		
	2차	3차	4차	2차	3차	4차	2차	3차	4차
1) 안전성 측면	6.7	6.7	6.7	6.6	6.6	6.6	6.8	6.8	6.8
2) 안정적 에너지공급 측면	6.3	6.3	6.3	6.5	6.6	6.6	6.0	5.8	5.9
3) 전력공급 경제성 측면	6.0	5.9	6.0	6.3	6.3	6.4	5.5	5.3	5.4
4) 지역 및 국가 산업 측면	5.7	5.7	5.9	6.0	6.0	6.1	5.4	5.2	5.6
5) 전기요금 측면	5.6	5.6	5.7	6.0	6.0	6.0	5.1	5.1	5.2
6) 환경성 측면	6.4	6.3	6.3	6.2	6.2	6.2	6.5	6.5	6.4

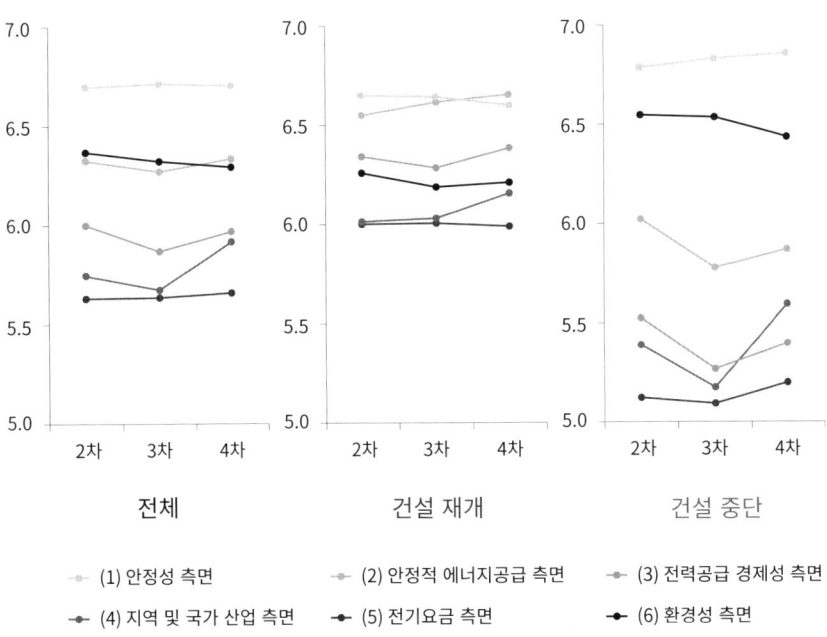

제 7 장

올바른 프레임 사용법은?

1. 사고의 원동력, 감정

● 주체는 감정이고 이성은 도구일 뿐

소크라테스는 왜 사형을 당했나?

"악법도 법이다."

철학자 소크라테스가 그런 말을 남기고 의연하게 죽음을 맞이했다는 사실을 우리는 잘 알고 있다. 하지만 그가 어떤 연유로 어떻게 사형선고를 받았는지는 잘 모른다. 그 경위를 잠시 살펴보자.

소크라테스는 젊은이들을 타락시킨 죄와 국가의 수호신을 믿지 않고 새로운 신을 받아들인 죄로 기소되었다. 501명의 배심원으로 구성된 아테네 시민 법정이 꾸려졌다. 1차 판결은 유무죄를 가리는 것이었는데, 일종의 사상범이었기 때문에 281표:220표라는 근소한 차이로 유죄가 선고되었다. 그런데 형량을 결정하는 2차 투표에서는 오히려 361표:140표라는 현격한 차이로 사형판결이 나버렸다. 2차 투표 직전의 최후변론에서 무슨 일이 일어났기에 1차 투표에서 무죄 의견을 제시했던 80명이 도리어 사형 판결로 이

▲ 소크라테스의 죽음(The Death of Socrates, by Jacques-Louis David, 1787)

동했을까?

소크라테스는 자기의 잘못을 인정하지 않았으며 소신을 굽히지 않았다. 물론 자기 뜻을 굽히지 않는 것은 나쁜 일이 아니다. 그러나 자기 소신을 전달하는 방법에 문제가 있었다. 그는 지적, 도덕적 자기 우월성에 갇혀 국민들을 가르치려 들었다. 자신의 깊은 사상을 이해하지 못하는 국민을 꾸짖고 민도를 탓했던 것이다.35) 이 같은 소크라테스의 태도는 오히려 시민들을 자극했다. 자신의 무죄를 설득하는 데 실패한 것을 시민의 무지로 정당화하려는 그의 오만한 태도는 시민들의 자존심을 크게 상하게 했다. 감정이 크게 상한 배심원들은 (1차에서 무죄를 던진 이들까지) 사형을 언도하게 되었던 것이다. 당시로서는 상당한 진보주의자였던 소크라테스, 그는 결국 자신이 옳은데 국민들이 그걸 몰라준다는 사고에 빠지는 오늘날의 진보주의자의 오류를 그대로 보여주었다.

소크라테스의 재판 사례는 우리가 얼마나 감정에 좌우되는지를 잘 보여

준다. 냉정한 판단이 무엇보다 요구되는 재판 과정에서조차 인간은 감정의 파도를 넘지 못한다. 더욱이 소크라테스는 대화를 통해 다른 사람들과 소통하고 이를 통해 사상을 발전시키는 '문답술'을 개발해 철학의 창시자로 불리지 않는가? 위대한 사상가로도 평가되지 않는가? 그러나 사람들을 설득함에 있어서는 참으로 부족한 사람이었던 것이다. 배심원들의 감정을 상하게 하지 않고서도 얼마든지 자기 사상을 설득할 수 있었을 텐데, 그런 점에서는 '헛똑똑이'였다고 할 수 있다.

● 전투에서 이기고 전쟁에서 지는 사람들

인간은 이성의 동물인가, 감정의 동물인가? 과거에는 전자가 보편적인 답이었지만, 최근의 연구에 따르면 이는 결코 사실이 아니다. 과거의 합리주의 모델에서 감정은 예측불가한 부정적인 것, 그래서 항상 이성에 의해 통제받고 다스려져야 할 대상으로 치부되어 온 반면, 이성은 항상 올바르고 바람직하고 긍정적인 것이고 간주되어왔다. 요컨대 이성과 감정은 서로 대립하고 상호 배타적으로 기능한다고 이해되어왔다.

그러나 뇌신경학과 인지과학이 발달한 오늘날에는 오히려 이들이 공존하며 기능적으로 서로 결합하고 협조하는 것으로 이해되고 있다. 우리가 어떤 판단을 하거나 결정을 내릴 때 오직 이성만이 논리적 추론을 담당하는 것이 아니라 감정도 큰 역할을 한다는 얘기다. 즉 사람은 어떤 결정을 내릴 때마다 논리적으로 추론하는 것이 아니라, 이전의 유사한 경험에서 축적된 기억의 도움을 받아 신속한 결정을 내린다는 것이다.

이것이 가능한 이유는 기억할 때 긍정적 혹은 부정적인 감정을 함께 저장하기 때문이다. 이렇게 하면 이전에 좋지 않은 결과가 초래되었다는 기억과 함께 불쾌한 감정이 떠오르고, 이를 근거로 부정적인 결론을 금방 내릴 수 있다. 반대로 이전에 좋은 결과가 나타났다는 기억과 함께 유쾌한 감정이 떠오르면, 긍정적 시각으로 문제를 접근하게 되는 것이다. 이처럼 감정은 결정을 내려야 할 때 중요한 역할을 한다.[36]

이렇게 함으로써 인간은 보다 신속하게 결정을 내릴 수 있고, 매번 논리적 추론을 하려고 에너지를 낭비하지 않아도 된다. 이것을 '**신체표지 가설**(somatic marker hypothesis)'이라고 부른다. 이는 뇌의 일부가 손상된 환자가 의사결정 능력뿐 아니라 감정조절 능력에도 동시에 결함이 있음을 신경학자 안토니오 다마시오(Antonio Damasio)가 관찰한 데에서 나왔다. 그의 연구팀은 환자의 전전두엽 피질(prefrontal cortex) 복내측(ventromedial) 부위가 손상되었음을 알아냈고 동일한 부위에 문제가 생긴 환자들을 대상으로 다양한 실험(도박 실험, 식당 결정 실험 등)을 행하여, 어떤 결정을 내릴 때 감정이 결정적 영향을 끼친다는 사실을 확인했다.

이처럼 이성은 감정의 도움 없이는 결정을 내리기 어렵다. 여기서 우리는 이성보다 감정의 지배력이 더 크다는 걸 볼 수 있다. 증거는 더 있다.

감정은 이성이 활동할 수 있도록 에너지를 공급하고 승인하는 역할도 한다. 요컨대 이성적으로는 반드시 해야 할 일이라고 판단되더라도 기분이 안 날 때는 그 일을 할 수가 없다. 많은 학생들의 괴로움도 바로 이것이다. 공부해야 한다는 사실은 잘 알지만, 공부하고 싶지 않은 기분일 때는 어쩔 도리가 없으니!

그렇다, 이성이 감정을 움직이는 게 아니라 감정이 이성을 움직인다고 할 수 있다. 즉 감정은 이성의 주인이다. 아래 그림과 같이 멋진 컴퓨터 시스템이 있으면 놀라운 일들을 수행할 수 있다.

그러나 이런 시스템도 사용하기로 마음먹어야, 다시 말해 스위치를 켜야, 작동한다. 마찬가지로 우리의 이성적 활동도 감정의 승인이 떨어져야 작동하는 것이다. 이처럼 **일은 이성이 하지만, 일을 하도록 에너지를 공급하는 역할은 감정이 담당**하는 것이다.

그러니까 감정이 주체요, 이성은 그 도구에 지나지 않는다고도 할 수 있다. 당신이 몇 사람과 대화를 나누고 있다고 가정하자. 당신이 어떤 주장을 했을 때 누군가가 당신의 주장을 반박한다. 이때 당신에게는 어떤 생각이 떠오를까?

'생각해보니 맞는 말이군. 내 생각이 틀렸다는 걸 인정해야겠네. 좀 창피하긴 하지만….'

이처럼 이성이 먼저 작동하여 상대의 말을 이해하고 그런 다음에 감정적 반응이 나타날까? 아니면 반대로 이렇게 생각할까?

'뭐야, 내 의견에 반대해? 기분이 별로 안 좋네. 저 의견을 반박할 이야깃거리가 없을까? 그래 맞아, 이렇게 얘기해야지.'

대부분의 경우 후자와 같은 일이 일어날 것이다. 물론 별로 반박할 논거가 없을 때는 상대의 의견을 받아들일 수도 있겠지만, 어떤 경우라도 감정이 먼저 기동하고 그 감정에 따라 이성을 활용하여 반박 근거를 찾거나 수용하는 것이다.

이처럼 우리의 사고는 감정에 기반을 둔다. 감정이 선행하고 이성이 뒤따른다. 감정의 힘은 너무나 커서 이성을 압도한다. 그런데도 사람들은 이성에 호소하려는 (지식과 논리를 통해 상대를 설득하려는) 오류를 자꾸 범하고 있다.

누군가 자신의 자식 이야기를 꺼낼 때 우리는 때에 따라 다른 반응을 일으킨다. 우선 그가 내 자식보다 잘 되어 가고 있을 때는 질투심이 일어 마음이 불편해진다. 이렇게 부정적 감정에 휩싸이게 되면 상대가 무슨 말을 하더라도 그의 말에 동의하기 어려운 상태가 된다. 반면에 그가 내 자식보다 잘 되지 못할 때는 감정적으로 불편한 상태가 되지 않으므로 상대의 말을 여유 있게 들어주고 동의해 줄 수 있는 상태가 된다.

심지어 이런 경우도 있다. 내가 상대를 논리적으로 설득하여 상대도 나의 논리를 다 수긍했다. 그러나 이럴 때조차 상대가 이렇게 말하는 경우가 있다.

"그래 네 말이 다 맞아. 그렇지만 왠지 나는 그러기 싫어."

논리적으로는 다 인정하면서도 감정이 인허하지 않는다는 얘기다. 이렇게 되면 설득은 물 건너 간 셈이다.

이것만 보더라도 이성보다 감정이 더 우위에 있음을 알 수 있다. 그래서 논리에 기반을 둔 설득보다는 감정을 바탕으로 한 설득이 더 중요하다고 하겠다. 그렇다면 그것은 어떤 설득인가? 우선 상대의 닫힌 감정의 문을 여는 것이다. 그러므로 '이성 대 감정'의 비율은 '1 대 10'이라고 해야 하지 않을까 싶다. 사정이 이러하다면 우리가 상대에게 구사해야 할 언어는 '설득의 언어'라기보다는 '공감의 언어'가 되어야 함이 틀림없다.

기억하자, 이성이 일을 하지만, 그렇게 하도록 에너지를 공급하는 것은 감정이라는 것을!

아등바등 논쟁에서 이기려고만 하는 사람들을 주변에서 흔히 볼 수 있다. 이들은 전투에서 이기고 전쟁에서는 지는 사람들이다. 설사전쟁에서 이겨도 남는 것은 없는 경우가 대부분이다. 흔히 '상처뿐인 영광'이라는 말처럼. 워털루 전투에서 나폴레옹에게 승리한 영국의 웰링턴 장군이 말했다. "패배한 전쟁 다음으로 가장 비참한 전쟁은 승리한 전쟁이다." 전쟁에서 이겨도 내게는 손해이니 피하는 것이 상책이다. 그 진리를 〈손자병법〉에서는 다음과 같은 말로 꿰뚫고 있다. '싸우지 않고 적을 굴복시키는 것이 최상이다(不戰而屈人之兵, 善之善者也).'

2. 상대의 프레임을 부정하지 마라!

지금까지 우리는 프레임이 우리 생각을 어떻게 지배하는지, 그리고 그 프레임을 형성하는 관점은 어떻게 도입되는지, 알아보았다. 그리고 프레임의 기반은 결코 합리적인 사고가 아니라 개인이 가지고 있는 신념과 감정이라는 점도 살펴보았다.

어떤 언어가 관점을 만들고, 그 관점에 의해 프레임(사고틀)이 형성된다. 그런 사고틀에 빠지면 새로운 생각, 창의적 사고를 하기가 매우 어렵다. 또 상대가 쳐놓은 프레임에 빠지면 반론을 제기하기가 쉽지 않다.

이를 한번 뒤집어보자! 기존 관념에 의한 프레임 혹은 상대가 제시한 프레임에서 벗어나 새로운 프레임을 제시하거나 나의 프레임을 상대에게 주입함으로써 상대를 설득할 수 있다는 의미다. 그렇다면 어떻게?

이제부터는 프레임을 사용하는 기본적인 방법에 대해 살펴보기로 한다.

● 존재를 인정하는 '부정'을 피하라

앞서 우리는 리처드 닉슨 대통령의 사례를 언급했다. "당신 사기꾼이죠?"라는 질문에 대해 "저는 사기꾼이 아닙니다!"라고 답함으로써 오히려 국민들은 그가 사기꾼일 것이라고 생각하게 되었음이 여론조사로 드러났다고 말이다. 또한 1968년 미국 대통령 선거에서 휴버트 험프리(Hubert H. Humphrey, Jr.)가 채택했던 슬로건도 마찬가지였다. '닉슨이 여러분에게 무엇을 해주었나요?' 그리고 '다른 대안은 없다.' 이런 문구는 오히려 경쟁자였던 닉슨의 인지도만 올려주었던 것이다.

이 같은 사례에서 보듯이, 어떤 주장을 반박하거나 방어할 때 상대의 주장을 부정하는 것은 자살행위나 마찬가지다. 이럴 땐 절대 상대의 주장을 부정하지 말라고 레이코프는 권고한다. 부정하면 오히려 상대 프레임을 강화해줄 뿐이기 때문이다. 하지만, 왜 그럴까?

부정은 무엇인가에 대한 행위로, 그 무엇인가의 존재를 전제로 하기 때문이다. 즉 그 '무엇'이 사실이든 아니든 간에 적어도 그 존재를 인정한다는 의미이다. 이를테면 부인하려는 대상을 언급하기 위해서는 그것에 이름을 부여해야 하는데, 이렇게 이름이 부여되는 순간 존재자로서의 인식은 불가피하다.

어떤 대상에 이름이 있다면 그 대상은 진정 존재하는 것이 되기 때문이다. 이를 **명칭 부여 효과, 명명효과**(naming effect)라 한다.

2017년 대선 당시 한 TV 토론에서 안철수 후보는 "제가 MB 아바타입니까?"라고 문제인 후보에게 수차례 고집스럽게 질문하였다. 이는 자신이 MB의 지원을 받는 아바타가 아니라는 것을 대중에게 알리려는 취지였다. 물론 문재인 후보로부터 그렇게 생각하지 않는다는 답변을 얻어냈지만 이로 인해 오히려 안후보는 자신에 대한 그 같은 의구심을 더욱 짙게 만들었다.

● 그렇다고 회피하면 안 된다

그렇다고 상대의 주장에 대해 언급을 회피해서도 안 된다. 질문에 답변하는 것을 피하는 것은 곧 비겁자라는 또 다른 프레임에 걸려들기 때문이다. 통합진보당은 2012년 1월 창당 행사에서 약식 국민의례를 했다. 태극기를 게양하고 국기에 대한 경례는 하되, 애국가 합창은 뺐다.

보수세력은 통합진보당을 향해 '애국가도 부르지 않는 정당'이라고 비판했다. 당 안팎에선 민주화 이후 진보정당의 문화도 바뀌어야 하는 게 아니냐는 의견을 내놓았다. 이에 대해 통합진보당의 여러 의원들은 "지금 입장이 없다"며 언급을 피했다.

또 일부 진보학자는 이에 대해 충분히 논쟁할 수 있지만 지금 맥락에서는 생뚱맞다면서 "당내 민주주의 논쟁이 문제인데 애국가 문제를 가지고 또 문제를 만들면 복잡해진다. 이는 절차적 문제인데 이런 식으로 문제를 꼬이게 해서는 안된다"고 말하면서 이에 관한 분명한 입장 표명을 유보했다. 이처럼 통합진보당 구당권파는 애국가를 부르지 않는 이유에 대해 끝내 함구함으로써 국민으로부터 멀어져 갔다.

여기서 '상대의 프레임을 부정하지 마라!'를 '부정적 프레임을 쓰지 마라'는 의미로 해석하면 안 된다. 이 둘을 혼동하지 말기 바란다. 상대가 제시한 프레임을 부정하지 않는 것은 이미 그 프레임 안에 들어가 있는 사람들에게 오히려 더 그 생각을 불러일으키기 때문에 그 프레임을 도리어 강화시키는 효과가 있기 때문이다. 반면에 부정적 내용의 프레임, 소위 '네거티브 프레임'(negative frame)은 그것을 새 프레임(이에 관해서는 다음 절에서 다룬다.)으로 제시하여 쓸 때는 일시적 효과가 있다. 다만 이 경우도 일시적인 효과밖에 없으며 중장기적으로는 오히려 역효과가 난다는 점을 잊지 말아야 한다.

3. 새 프레임을 도입하라!

그렇다면 상대의 곤란한 질문에 대해 어떻게 하는 것이 좋을까?

예컨대 닉슨은 "당신 사기꾼이죠?"라는 질문을 받았을 때, 과연 어떻게 답변해야 했을까? 사기꾼이 아니라고 답하지 말고 (즉 정직성 프레임에서 벗어나) 새로운 프레임을, 가령 대통령으로서 직무에 충실함이 옳다는 직책 프레임을 제시했어야 했다.

"저는 단지 국가를 위해 일했을 뿐이다. 저는 탄압 받고 있습니다."

이랬더라면 훨씬 낫지 않았을까?

물론 결국 닉슨의 부정행위는 나중에 사실로 드러났기 때문에 상황을 모면하는 데 그쳤을 테지만, 적어도 당시에 그가 거짓말하고 있다는 인상은 주지 않았을 것이다.

이처럼 레이코프는 상대의 주장에 부정을 할 것이 아니라 새로운 프레임을 제시하라고 권유한다. 특히 정치 분야에서는 새로운 가치를 제시함으로써 국민의 관심을 끄는 것이 좋은 방법이다.

> 상대의 프레임에 의한 질문을 받았을 때 조지 레이코프는 다음과 같이 정리한다.
> - 상대의 시각에서 프레임이 구성된 질문에는 절대로 대답하지 마라. 언제나 나의 가치와 나의 프레임에 맞도록 질문의 프레임을 재구성하라.
>
> 그리고 수사적 의문문을 사용하라 :
> "~하다면 더 낫지 않겠습니까?"
> "~한다면 우리 모두에게 더 좋지 않겠습니까?"[37]
> - 언제나 가치에 대한 이야기부터 시작하라. 되도록이면 모든 사람들이 공감하는 가치 중에서 내가 유도하고자 하는 프레임에 부합하는 것을 고른다.[38]

초반 선거운동 과정에서 열세였던 빌 클린턴 후보가 역전할 수 있었던 것은 그 유명한 슬로건 덕분이었다. 그는 부시 정부의 실정에 대해 네거티브 프레임을 쓰지 않았다.

1992년 미국대통령선거 당시,

아버지 조지 부시와 빌클린턴이 맞붙었다. 부시는 90%라는 압도적인 지지율은 보이고 있었다. 빌 클린턴은 3위에 그치고 있었다. 그는 다음과 같은 부정적 지적에 직면해 있었다.

1. 영국에서 마리화나를 피운 적이 있다는 사실
2. 거기에 베트남전에 반대했다는 것과 베트남전에 가지 않기 위해 일부러 영국 옥스퍼드 대학에 도피성 유학을 했다는 혐의가 가해지면서 미국의 퇴역군인을 비롯한 보수층의 맹렬한 공격에 시달렸고 부시는 "내가 태평양 전쟁에서 총알을 물고 있을 동안 클린턴은 영국에서 손톱을 물고 있었다!"라고 비난했다.

그런데 평범한 후보 같았으면 연일 그러한 의혹에 일일이 부인하는 성명을 발표하거나 기자회견을 하는 데 시간과 열정을 할애하고 있었을 텐데 그는 그러지 않았다.

그는 그러한 의혹에 일일이 대응하지 않았다.

그는 돌파구를 찾으려 고심하고 있던 중, 부시가 인플레이션을 억제하려다 발생시킨 불경기로 당황하고 있었다는 사실에 주목했다. 그는 여기에 착안을 하여 경제가 중요하다는 프레임을 들고 나왔다.

그는 이렇게 말했다. "바보야, 문제는 경제거든(It's the economy, stupid)!"

이 슬로건이 함축하는 바는 다음과 같은 것이다.

> 지금 내가 마리화나를 피웠는지 안 피웠는지는 중요한 게 아니야. 베트남전에 가지 않기 위해 일부러 영국 옥스퍼드 대학에 도피성 유학을 했는지 아닌지는

중요한 게 아니야.
지금 우리는 당장 먹고 사는 문제가 우리의 목을 죄고 있어. 우리에겐 살림을 펴줄 좋은 경제가 있어야 해. 그런 사소한 일들에 시시비비를 가릴 정도로 우리가 한가하지 않아. 나라가 태평하지 않아.
진짜 중요한 것은 경제를 되살려야 한다는 것이야. 그런 희망을 주는 후보에 우리는 표를 주어야 한다는 거야.

이러한 내용으로 희망을 주는 새로운 가치 프레임을 제시한 것이다.

이 슬로건은 적중했고 미국 국민들의 마음을 파고들어 클린턴은 당선될 수 있었다.

한편 노무현 전 대통령은 2002년 대선 유세 과정에서 장인의 빨치산 전력이 문제되어 난감한 상황을 맞이했다. 장인의 빨치산 전력이 사실이 아니라고 할 수는 없었다. 그것은 사실이었으니까. 그렇다고 빨치산 전력이 무슨 문젯거리냐고 할 수도 없었다. 그는 어떻게 이 '빨치산 프레임'에서 빠져나

올 수 있었을까? 그렇다, 그는 새로운 프레임을 제시하여 이 위기를 벗어났다. "그럼 사랑하는 아내와 이혼해야 합니까? 그렇게 하면 대통령 자격이 있고, 이 아내를 그대로 사랑하면 대통령 자격이 없다는 것입니까? 여러분, 이 자리에서 여러분들이 심판해주십시오. 여러분이 그런 아내를 가지고 있는 사람은 대통령 자격이 없다고 판단하신다면, 저 대통령 후보 그만두겠습니다. 여러분이 하라고 하면 열심히 하겠습니다." 그는 가족이라는 새로운 프레임을 제시함으로써 위기를 극복하고 이듬해 결국 대통령이 되었다.

진퇴양난에 몰렸을 땐 더욱이 새로운 프레임의 창안이 절실하다. 이라크 전쟁이 답보를 거듭하자 부시 미 대통령은 고민에 빠졌다. 적절한 시점에 병력을 철수시켜야 하는데 문제는 전쟁이 아직 끝나지 않은 상황의 병력 철수는 도망치는 것으로 비쳐질 가능성이 높기 때문이었다. 숙고를 거듭하던 그의 진영은 결국 '전쟁' 프레임으로부터 '점령' 프레임으로의 전환을 결정한다. 즉 전쟁은 이미 끝났고 미국은 이라크를 점령하고 있다는 프레임이다. 이렇게 되면 병사들은 철수가 아니라 귀국을 하는 것이고, 도망치기라는 비난에서 자유로워질 수 있었다. 처음 철수를 언급할 때는 여론이 매우 안 좋았지만, 점령 프레임으로 바꾸자 여론이 호전되어 별 문제없이 미군은 철수할 수 있었다.

2018년 5월, 전라북도 교육감 3선에 도전한 김승환 교육감은 한 방송 인터뷰에서 진행자의 만만치 않은 질문에 부딪쳤다. "상대 후보들은 이른바 3선 피로감을 얘기하고 있어요. 이런 여론도 없지는 않을 텐데요. 어떻게 극복해나갈 생각이세요?" 이런 질문에 대해 보통은 이렇게 답하기 쉽다. "3선 피로감이라니, 무슨 말씀이세요? 도민들은 조금도 피로함을 느끼지 않으십니다. 오히려 많은 분들이 저를 격려해주고 계십니다." 이런 답변이 상대방의 주장을 정면으로 반박하는 것으로 생각하기 쉽지만, 사실은 상대방의 프레임에 빠져 그 안에서 맴도는 것에 불과하다. 왜냐하면 청취자들은 여전히 3선 피로감이라는 사고의 틀 내에 머무르게 되고, 따라서 이를 걷어내지 못하기 때문이다. 이런 답은 청취자나 유권자에게 결코 감동을 줄 수도 없고 설득력 있게 파고들 수도 없다.

그때 김 교육감은 새로운 프레임을 제시하면서 답했다. "저는 오히려 3선 중량감이라는 말씀을 드리고 싶습니다. 어느 지역보다 교육감의 역량을 잘 키워온 곳이 전라북도라고 생각하고요. 그 본인이 바로 저 자신이다. 3선 중량감이 어떤 것인지 앞으로 4년 동안 보여드리고 싶습니다." 성공적인 답변이었다. 그리고 그는 3선에 성공했다.

제 7대 독일연방총리(1998-2005)를 지낸 게르하르트 슈뢰더가 내한하여 김영희 중앙일보 대기자와 인터뷰를 가진 바 있다.(중앙일보, 2017년 9월 11일) 이때 "친구인 블라디미르 푸틴에게 김정은의 도발 견제를 요청할 수 없나?"라는 기자의 질문을 받게 되었다. 이는 쉽게 대답할 수 없는 질문이었다. 있다고 대답하면 실행에 옮겨야 하니 부담스럽고 없다고 대답하자니 제안을 거절하는 꼴이 되어 더 더욱 안 될 말이다. 이럴 경우 유효한 것은 질문의 프레임에서 벗어나서 새로운 긍정적인 프레임을 제시하는 것이다. 슈뢰더는 다음과 같이 대답했다.

"현재 한 가지 긍정적으로 느껴지는 것은 문재인 대통령이 러시아와의 관계 개선에 관심을 갖고 있다는 점이다. 빌리 브란트 전 총리의 동방정책의 정신은 경제협력을 통해 서로 가까워진다는 것이었다. 러시아와 한국이 에너지 분야에서 협력한다면 성공적으로 잘될 것이라고 본다."

슈뢰더는 질문에 즉답을 한 것이 아니다. 그렇다면 동문서답(東問西答)이 아닌가 하는 의문을 제기할 수도 있다. 그러나 동문서답이란 '물음과는 전혀 상관없는 엉뚱한 대답'이므로 그의 대답이 동문서답은 아니다. 굳이 푸틴에게 김정은의 도발 견제를 요청할 필요가 없다는 취지였고, 문재인 대통령이 취하고 있는 러시아와의 경제협력 노선이 잘 될 것이니 자연스럽게 러시아가 북한의 도발 견제를 해 줄 것이라는 새로운 프레임을 제시한 것으로 볼 수 있다.

대화 상황에서 상대가 곤란한 질문으로 나를 압박해 올 때, 새 프레임 제시 전략은 경우에 따라 상대로부터 재반박을 받을 수도 있다. "딴 소리 하지 말고 질문에 대답하세요."라는 식으로 말이다. 또 예를 들어, "아니 지난 번에는 A라고 하셨는데, 지금은 B라고 하시네요. 일관성이 없으시군요!"라는 반박을 받을 수도 있다. 따라서 조심스러운 접근이 필요하다. 그러면 어떻게 하는 것이 좋을까?

이럴 경우에는 재반박의 우려가 없도록, 인접해 있지만 관점이 다른 사고 범주의 새로운 개념으로 접근할 필요가 있다. 두 가지 프레임이 가능한데, 첫 번째는 솔직 프레임이다. "맞습니다. 그때는 그랬습니다."라고 말한다. 이렇게 하면 상대는 일단 만족하고, 공격성을 내려놓는다.

또 다른 방법은 상황론 프레임을 적용하는 것이다. 즉 그때는 지금과 상황이나 환경이 달랐다고 접근하 는 것이다.

> "그때는 제가 너무 어렸습니다."
> "그때는 제가 가난했습니다."
> "그런데 그때와 지금은 상황이 다릅니다."

나아가 다음과 같이 더 부연할 수도 있다.

> 상황이 바뀌면 대처 방식이 바뀌어야 한다. 이것은 일관성을 상실한 것이 아닙니다. 철학과 원칙은 일관성을 유지한 것이니까요.

4. 프레임을 선점하라

상대보다 먼저 프레임을 제시하라!

이것이 '상대의 프레임을 부정하지 마라'와 '새 프레임을 도입하라'에 이은 프레임 사용의 세 번째 원칙이다. 프레임을 선점하고 이를 지속적으로 반복하여 이슈화하는 것이 필요하다. 보통 우리가 이슈 선점이라고 하는 것이다. 왜 이슈 선점이 필요한가?

새 프레임을 제시하면 상대는 거기에 빠지게 된다. 반응을 해야 하는, 즉 답변을 해야 하는 입장이 되기 때문이다. 프레임을 만들어 제시하고 이를 지속적으로 배포하여 사람들에게 이슈가 되면 상대는 어떤 형식으로든 거기에 응답해야 하는 입장이 되는 것이다.

만일 상대가 하나의 이슈를 던졌다고 가정해보자. 이럴 경우 나는 답변을 해야 하는데, 만일 탐탁지 않다고 해서 이를 회피한다면 앞서 말한 바 있는 비겁자 프레임 혹은 반대자 프레임에 걸려들게 된다.

2012년 후반의 대통령선거 운동 당시, 문재인 후보가 정권교체를 위한 후보 단일화를 제의했다. 단일화 이슈를 먼저 선점한 것이다.

이렇게 되니 안철수 후보는 답변을 해야 하는 입장에 처했다. 만일 응하면 단일화를 해야 할 것이고, 거부하면 야권 지지층으로부터 부정적 이미지를 얻을 수 있는 위태로운 상황이었다.

문 후보의 요구에 안 후보는 "지금은 때가 아니다"라고 하면서 단일화 논의 착수 요구를 회피했다. 이후 이슈가 지속되자 한 발 물러나면서 이렇게 대응했다. "단일화를 안 하겠다는 것이 아니다. 우선은 정책에 집중해야 한다. 단일화 방식이 아니라 가치에 대한 합의점을 찾는 게 먼저다. 여기에 국민 동의를 얻는 것이다."

이처럼 그는 단일화 제의에 대해 흔쾌히 받아들이지 않고 어정쩡한 태도를 보인 것이다. 이는 문 후보가 제기한 단일화 이슈를 사실상 회피하는 것으로 비쳤다. 이후 그의 지지율은 하락하기 시작했다.

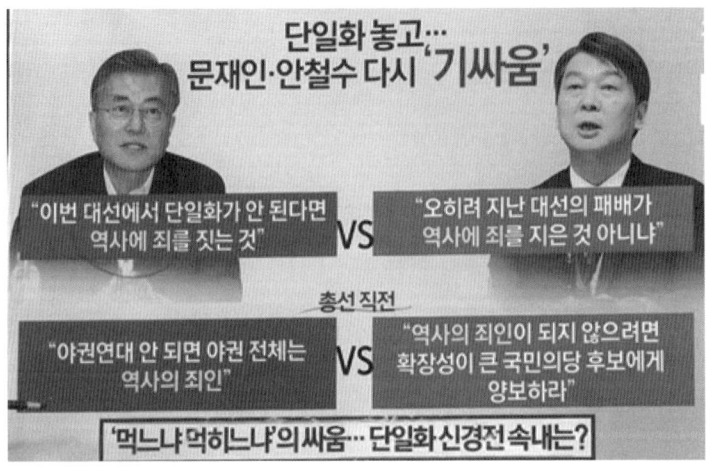

이후 문재인 후보가 "이번 대선에서 단일화가 안 된다면 역사에 죄를 짓는 것"이라고 말하자 안철수 후보는 "오히려 지난 대선의 패배가 역사에 죄를 지은 것이 아니냐?"며 논의의 초점을 다른 곳으로 돌렸다.

또한 총선 직전에 "야권 연대가 안 되면 야권 전체는 역사의 죄인이 되는 것"이라고 문재인 후보가 말했을 때도 안철수 후보는 "역사의 죄인이 되지 않으려면 확장성이 큰 국민의 당 후보에게 양보하라"고 하며 단일화 작업 자체를 사실상 거부했다.

이처럼 상대가 제기한 이슈에 대해 명확한 입장을 내놓지 않으면 대중들은 '곤란한 문제니까 회피하는군'이라고 생각할 수 있고, 이렇게 되면 비겁자라는 이미지를 얻게 된다. 심지어는 '저 사람이 반대하는 모양이구나. 그러기에 말이 없지'라는 반응을 얻으며, 제안된 이슈에 반대하는 사람으로 몰릴 수 있다. 어느 세력이나 권력도 부정할 수 없는 중요한 가치를 선점하여 이슈화했을 때 만일 그에 대한 언급을 회피한다면 그 가치를 부정하는 세력으로 인식되는 결과가 발생한다. 이는 앞서 말한 이분법적 사고, 즉 흑백논리 효과다. 하나를 주장함으로써 곧바로 다른 하나를 부정하게 되는 상황에 빠지게 된다. 따라서 단일화 하자는 주장에 대해 침묵하는 행동은 곧바로 단일화에 반대하는 행동으로 치부되는 것이다. 사실 논리적으로는 중립적 입장, 그러니까 양쪽 모두 장단점이 있으므로 적극적 찬성도 적극적 반대도 아닌 입장이 가능한데도 흑백논리에 빠져 찬성 아니면 반대라는 두 가지 입장만을 강요하는 것이다.

공격이 최상의 방어라는 스포츠계 격언은 정치계에서도 그대로 적용된다. 이슈는 선점해야 하는 것이다.

물론 이슈를 선점하는 것이 항상 성공의 보증수표는 아니다. 무엇보다 당연히 콘텐츠가 좋아야 한다. 그런데 좋은 콘텐츠를 만드는 것이 어디 그리 쉬운가!

● 좋은 프레임으로 주도 효과를 노려라

경제파탄에 대해 진보진영에서 재벌과 정경유착 등을 문제의 근원으로 제기하면, 보수진영에서는 과격 노조와 포퓰리즘(populism) 정책이 근본 원인이라고 주장한다. 또 정국혼란에 대해서도 진보 측에서는 사실을 왜곡하는 보수 언론에 책임이 있다고 주장하는 반면, 보수 측에서는 촛불시위 등의 대중선동과 팟 캐스트 등의 인터넷 언론에 책임이 있다고 주장한다. 이처럼 끝없는 논쟁으로 이어져서 결론이 나지 않을 경우에도 이슈 제기자는 손해 볼 것이 없다. 일반 대중에게는 뭐가 뭔지 모르겠다는 피로감을 주면서도 이슈 제기자가 상황을 주도했다는 인상을 남기게 되기 때문이다. 또한 이슈 제기자는 인지도가 상승하는 성과를 얻게 된다. 설령 아무런 효과가 없더라도 결코 손해 보는 일은 없다. 즉 밑져야 본전인 셈이다. 노이즈 마케팅(Noise marketing)을 하는 이유 또한 여기에 있다. 노이즈 마케팅은 논의거리가 여러 분야와 복합되어 다양한 전문가 및 이해집단의 참여를 이끌어 낼수록 효과적이다.

물론 제안했던 내용이 대중이 원하는 것이라면, 긍정적인 이미지를 획득하게 된다. 예를 들어 위에서 말한 단일화 이슈를 선점한 문재인 후보의 경우, 어쨌든 '나는 단일화를 위해 최선을 다했다'는 이미지를 얻게 되는 것이다.

이슈 선점의 또 다른 장점은 다른 이슈를 잠재우는 기능이다. 하나의 이슈가 상황을 뒤덮고 있을 때 새로운 이슈를 터뜨리면 앞선 이슈가 희석되거나 사라진다. 따라서 곤혹스러운 국면 타개용으로 매우 유효하다.

이슈의 소재, 즉 프레임은 어떤 것이 좋을까?

우선 상대방도 인정하지 않을 수 없는 보편적 가치를 담고 있어야 한다. 정치 분야의 경우 '민생', '경제', '서민', '애국심', '일자리 창출' 등을 비롯해 '가족', '안전', '사랑', '애국심', '건강'과 같이 누구나 공감할 수 있는 가치들을 예로 들 수 있다.

또 다른 하나는 상대 진영이 추구해온 핵심가치를 가져오는, 어찌 보면 빼앗아 오는 방법이다. 이명박 후보의 '공정사회', '동반성장'과 박근혜 후보의 '복지론', '경제민주화'가 여기에 해당한다.

이럴 경우 상대는 의표를 찔려 제대로 대응하기 어렵다. 보수진영은 이 전략을 잘 구사하여 성공한 예가 많으나, 진보진영은 보수의 긍정적인 개념인 '안보', '성장', '안정' 등을 가져오지 못했다.

그리고 전통적으로 진보진영은 특히 안보에는 불안한 세력이라는 이미지를 털어내는 데 성공하지 못했다.

2015년 역사 교과서 국정화 파동 때 여당은 국정교과서가 국민 통합을 위한 올바른 교과서라는 프레임을 들고 나왔는데, 야당은 검인정에서 과거 국정교과서로 회귀, 퇴행, 퇴보하는 조처라고 비난하고, 역사의 수레바퀴를 되돌린다고 힐난했다. 이렇게 상대가 제시한 프레임 안에 머물지 말고 새 프레임, 예컨대 보편적인 가치인 '민주주의 보전', 보수의 가치라 할 수 있는 '자유 수호'와 같은 가치에 호소하는 전략이 더욱 효과적이었을 것이다.

정치 외에 다른 모든 분야에서도 프레임 선점의 원칙은 유효하다. 가령 세탁기 마케팅에서는 세탁력, 진동 및 소음, 전력 소모, 살균력, 천의 손상 방지 등 기능적인 문제들, 지구 온난화로 인한 기후변화, 환경 보존, 삶의 질 추구와 같은 가치관 변화 등의 주제를 선점하여 이슈화함에 따라 마케팅의 효과는 크게 갈린다.

프레임 선점의 원칙은 일상의 대화나 토론 같은 영역에도 훌륭하게 적용된다. 어느 대화나 토론에서도 주도하는 사람이 있다. 그들은 남보다 먼저 프레임을 제시하고 이를 대화나 토론의 주제로 곧잘 만드는, 프레임 선점 원칙의 실천가들이다.

제 8 장

가장 중요한 프레임은?

1. 신념과 가치에 기반을 두라

● 상대의 가치로 접근하기

앞에서 사고는 신념에 바탕을 둔다고 했다. 따라서 논리가 아니라 신념, 특히 가치를 기반으로 상대를 설득해야 한다. 우리는 인간의 확증편향 심리를 보았고, 진실조차 신념에 패배함을 보았다. 진실도 물론 중요하지만 진실만으로는 상대를 설득할 수 없다. 상대방의 신념 프레임에 맞춰야 한다.

우리는 어떤 대상이나 생각에 대해 '왠지 그게 좋아' 혹은 '어쩐지 그게 좋아 보이지 않아' 하면서 깊이 생각을 하지 않고도 쉽게 결론을 맺는 경우가 있다. 이는 명백하게 그 대상이나 생각이 우리의 신념이나 가치관에 부합하거나 부합하지 않기 때문이다.

흔히 상대방이 이야기를 듣고 그것이 옳은 이야기라는 생각을 해도, 그래서 그 생각에 대체로 동의함에도 불구하고, 선뜻 동의해 주지 않는 경우가 있다. 어딘지 찜찜한 구석이 있다고 생각하면서 말이다.

"맞는 얘긴 것 같기는 한데, 100%는 아니야. 뭔가 좀 부족한데. 내가 놓치고 있는 뭔가가 더 있는 것 같아" 하면서 망설이는 것이다.

　내가 믿고 있는 방식, 내가 평소에 바라보는 관점으로 접근하는 것이 아니라서 낯설고 어색하기 때문이다. 즉, 내 신념이 쳐놓은 프레임이 새로운 대상에 대한 이해와 수용을 방해하기 때문이다.

　보통 부모와 자녀의 생각이 대립하는 것은 논리적으로 옳고 그름의 문제가 아니다. 대개는 각자가 갖고 있는 고정관념, 신념·가치관이 서로 달라서인 경우이다. 각자는 자기의 고정관념, 신념·가치관에 입각해서 생각하고 대화에 임하고 있는 것이다. 상대방의 관점과 프레임으로 접근하면 서로를 쉽게 이해할 수 있지만 그게 안 돼서 서로 대립하는 것이다.

　따라서 상대를 설득하기 위해서는, 논리가 아니라 상대방의 신념·가치에 호소하는 자세가 무엇보다 필요하다. 그러려면 상대의 신념·가치 프레임을 활성화하는 언어를 사용해야 할 것이다. 프레임이 서로 일치할 때 시원스럽게 소통이 이루어진다. 하지만 그렇지 못할 때는 소통은 이루어지지 않고 반대로 오해가 생기고 갈등이 생기니까 말이다.

● 대화의 목적은 진리가 아니라 설득

　사람들과 대화를 나누고 있을 때나 다른 사람의 연설을 듣고 있을 때 상대나 연사의 한마디가 가슴에 와 닿는 경우가 있다. 감동을 받는 순간이다. 감동이란 경험은 무엇을 말하는 것일까? 감동이란 상대방의 말이 나의 신념과 나의 가치관에 부합할 때 느끼는 합일감이다. 같은 신념과 가치관은 같은 관점으로 대상이나 상황을 바라본다는 뜻이므로 가슴에서 큰 울림이 일어나게 된다.

　"웅변의 목적은 진리가 아니라 설득이다."

19세기 정치가요 역사가였던 토머스 머콜리(Thomas B. Macaulay)는 이렇게 말했다.

마찬가지로 대화의 목적 또한 진리가 아니라 설득인 경우가 많다.

상대를 설득하려면 내 생각을 상대의 신념 프레임 안에 넣어서 전달해야 한다. 만일 내 신념에만 기대어 내 생각을 (그것도 진실이랍시고) 일방적으로 전한다면 상대는 결코 설득되지 않을 뿐 아니라 오히려 반감만 갖게 된다.

내 생각을 내 프레임에 넣어서 전하는 것은 상대에게 가르치려 드는 행위일 뿐이다. 누가 대화를 할 때 훈화를 듣고 싶어할까? 누가 이야기를 나눌 때 설교를 듣고 싶어하겠는가?

어떤 사람이 전자제품이 고장 나서 그 물건을 구입했던 가게를 찾아갔다. 그랬더니 가게 직원이 말했다. "그건 저희 소관이 아니에요. AS를 맡은 회사가 따로 있으니 거기로 가세요." 물론 직원은 사실을 말했다. 하지만 소비자 입장에서는 언짢았다.

소비자의 관점에서는 제품을 구입하는 것과 제품을 고치는 것은 구분되지 않는다. 제품을 고치기 위해서 제품을 구입한 곳에 가는 행위는 너무나도 자연스러운 행위이다. 제품의 AS를 담당하는 회사를 제품을 판매하는 회사에서 분리시키는 것은 판매회사의 업무 처리 편의에 의한 구분이다. 즉 회사의 프레임이다.

가게 직원은 단지 자신의(회사의) 프레임에 맞추어 얘기한 것이었고 소비자는 자기 신념에 맞지 않으니 이를 받아들이고 싶지 않다. 이처럼 자신에게는 당연한 것이어도 상대에게는 아닐 수 있다.

부모와 자식 간의 대화도 마찬가지다. 부모는 자신의 신념·가치관에 의거한 프레임으로 자식을 설득하려 한다. 하지만 그것은 설득이 아니라 설교다.

설득은 상대의 프레임에 맞추어 설명하는 방식인 반면, 설교는 자기 신념에 기반을 둔 프레임을 상대에게 강요하는 방식이다.

그렇다. **상대를 설득하려면 그의 신념·가치관에 기반을 둔 프레임 안에 내가 전하려는 메시지를 넣을 때 가능**해진다.

● **날더러 그걸 하라고? 자존심 상하네!**

내 친구 중에 강 사장이라고 있다. 그런데 그 강사장이 요즘 사업이 잘 안 되어 고민에 빠졌다. 한때 잘 나가던 회사의 사장이었던 그가 호프잔을 기울이면서 친구들에게 자신의 좋지 않은 상황을 토로했다. 이때 함께 대화를 나누고 있던 한 친구가 "이봐, 회사가 그렇게 어려우면 관두고, 꽃 배달 사업을 하면 어떨까?"하고 제안한다.

강 사장이 대답하지 않자 친구가 말했다. "너, 인맥 있잖아. 전화번호만 등록하면 돼. 주문이 오면 전화로 연결만 시켜주면 되는 거야."

그러자 강 사장은 이렇게 대꾸했다. "꽃 배달이라니? 자존심이 허락하지 않아." 강 사장은 속으로 아마 이렇게 생각했을 것이다. '그래도 한때 내 분야에서는 한가락 하던 사람이었는데, 사업이 좀 안 된다고 생전 발도 들여놓지 않던 일을 그저 호구지책으로 제안하다니, 이 친구 날 너무 무시하는구나.'

그런데 그의 이런 속마음을 못 헤아리고 친한 친구랍시고 허물없이 "너 아직 배가 안 고프구나! 아직 뜨거운 맛을 못 봤어!"라고 말한다면 어찌 되겠는가? 설득은커녕 대화가 중단되고 자칫 잘못하면 우정에 금이 갈 수도 있다.

우리는 흔히 이런 실수를 한다. 자기 나름으로는 도와주려는 것이지만 상대에게는 간섭이 될 수 있는 것이다. 우리는 상대를 설득하려 하는 말이지만 상대에게는 그것이 설교처럼 느껴질 때가 있다.

설교를 할 것인가? 설득을 할 것인가? 사이에서 우리는 당연히 설득을 택해야 할 것이다. 위에서 우리는 설교와 설득의 차이를 이렇게 정의했다.

'설득은 상대의 프레임에 맞추어 설명하는 방식인 반면, 설교는 자기 신념에 기반을 둔 프레임을 상대에게 강요하는 방식이다.'라고.

그래서 설득은 내 생각을 전하는 것이지만, 설교는 가르쳐 들리는 것이다. 항상 상대의 신념을 존중해 주고 내가 하려는 이야기를 그러한 신념에 맞추어 전한다면 설득은 성공할 것이다.

당시에 나는 그 친구들의 이야기를 듣고 있었다. 그때 나는 이렇게 생각하기 시작했다.

'그렇다면 어떤 프레임에 이 제안을 담아서 제시하면 이 친구를 설득할 수 있을까?'

핵심은 그의 신념이 무엇인지 알아내는 것이었다. 그 신념에 맞추어 주면 그를 설득할 수 있기 때문이다.

나는 상대의 신념을 충족시키고 다만 '부업'과 '노후대비'와 같은 긍정적인 프레임으로 설득을 하고자 했다. 아무리 어려워도 직업에서의 자부심 유지라는 신념을 지키는 것이 중요할 테니까. 따라서 그 신념 프레임 안에 꽃 배달을 넣어 제시하는 것이다.

그래서 나는 이렇게 말했다.

"이보게, 강 사장, 자네가 그래도 지금까지 그 분야에서는 대표주자 중 한 사람이 아니었든가! 그러니 그 일은 계속 열심히 하되 꽃 배달은 부업으로 하면 어떨까? 자네도 언젠가는 은퇴할 텐데 그땐 어떻게 할 거야? 노후대비로서는 딱 좋을 것 같은데, 어때?"

그러자 그는 표정이 한결 밝아지며 관심을 가지고 이것저것 묻기 시작했다.

나중에 얘기를 들어보니, 역시 강 사장이 꽃 배달업에 부정적인 시각을 가졌던 것은 그 사업 자체가 싫어서가 아니라, 업종의 전환이 본인의 전문분야에서의 실패를 의미하는 것이었기 때문이었다.

이후 이야기를 들어보니, 현재 강사장은 꽃 배달업을 하고 있다. 나의 제안대로 부업과 노후대비로 하고 있는 것이다. 그는 그 일에 매우 만족하고 있다.

● **영리한 세일즈맨**

30대 초반의 김 과장은 소형차를 살까 말까 고민하다가 우선 매장에 가서 상담이나 받아보자고 작정했다.

그런데 입구에서 세일즈맨이 그를 보자마자 "고객님, 그랜* 보러 오셨죠? 이쪽으로 오세요"라고 말하면서 곧바로 중형차 쪽으로 안내하는 게 아닌가! 엉겁결에 그는 영업사원에 이끌려 '그랜*'를 보게 되었고 마음에도 없는 차에 대한 세세한 설명을 한참 동안 듣고 있을 수밖에 없었다. 자존심, 체면 프레임이 작동했기 때문이다.

그러나 경제력이 뒷받침되지 못하였기 때문에 설명이 끝나자 조심스럽게 물었다. "좋은 차군요. 그런데 '아반*'는 어떤가요?"

이때 세일즈맨은 이렇게 대꾸한다. "고객님, 안목이 있으시군요. 아반*가 사실은 실속이 더 있습니다." 이 말은 그의 자존심을 상하지 않게 하려고 한 말이었는데, 이 말 덕분에 김 과장에게는 '실속' 프레임이 형성되어 자존심을 상하지 않으면서 실속의 소형차를 구매하기로 결정했다.

하지만 단지 구경만 하려고 왔던 그가 이렇게 구매까지 결정한 것은 영리한 세일즈맨이 쳐놓은 '체면' 프레임, 즉 '당신은 그랜* 정도의 차는 탈 수 있다'는 프레임에 빠져 결국 벗어나지 못했기 때문이었다.

세일즈맨은 체면을 구겨서는 안 된다고 생각하는 많은 고객의 신념 프레임을 자극해 실적을 올리는 사람으로 볼 수 있다. 그 영업사원은 현재 크게 성공해 있다.

● K교수의 사례

A대학의 K교수는 B대학에서 2학기에 대학원 강의를 해 달라는 요구를 받고 수락을 했다. 그런데 K교수가 속한 A 대학에는 '강의 및 강의료지급규칙'의 타교 출강 관련 조항에 이런 내용이 있었다.

"전임교원은 원칙적으로 타교출강을 할 수 없다. 다만, 불가피한 사정으로 타교에 출강하고자 할 때에는 미리 총장의 허가를 받아야 한다."

그가 이 조항을 모르고 덥석 상대의 간곡한 부탁이니 만큼 수락을 한 것이다. 그런데 교무처장이 이 조항의 위배를 문제 삼아서 출강을 불허했다. K교수는 매우 난감해 했다. 곧 학기가 시작인데 B대학에 한 약속을 지킬 수 없기 때문이었다. 그러한 난감한 사정을 개인적으로 내게 토로했다.

나는 교무처장의 비판 내용이 무엇이었는지를 그에게 물어보았다. 교무처장의 첫 번째 비판은 K교수가 학교의 규정을 어겼다는 사실, 즉 사전에 허가를 얻었어야 한다는 사실이었다. 그런데 이것은 분명하게 사과를 하면 될 문제라 할 수 있다.

그런데 이야기를 더 들어보니, 교무처장의 두 번째 비판은 연구 실적 향상에 힘을 기울여야 하는데(특히 최근에는 학교간 경쟁의 심화로 인해 연구실적 향상이 학교 전체의 실적 향상에 직접적인 영향을 주므로) 타교 출강에 시간을 빼앗기는 것을 못마땅하게 생각하는 것이었다. 나는 K교수에게 그 강의가 연구를 위한 것이 아닌지를 물었다. 그것은 대학원 강의로서 자신의 연구와 직접 연관되는 것이어서 연구 진척을 위해서 필요한 것이라 하였다. 나는 K교수에게 타교 출강의 목적이 연구실적 향상임을 다시 잘 강조하여 전하라고 조언을 했다. 교무처장은 이를 수락했다고 한다.

● 이런 '진상' 환자, 어떻게 대해줄까?

병원에 가면 환자 입장에서는 권위적이고 불친절한 의사들이 싫지만, 의사 입장에서는 말 많고 이것저것 따지는 환자들이 상대하기 어렵다. 이런 환자들을 의사들은 진상환자로 분류한다.

진상 손님이란 일반적인 사회 통념상 상식 수준을 벗어나는 행위를 하는 고객으로, 눈살을 찌푸리게 하는 손님이다. 이러한 고객은 상품을 구입한 후 특별한 이유 없이 환불을 요구 또는 반복하거나 말도 안되는 서비스를 강요하는 등 영업에 막대한 지장을 초래하는 원인이 된다.

진상환자도 이와 유사하게, 상식을 벗어나는 행위를 통해 의사의 진료와 병원 경영에 해악을 초래하는 환자이다. 진상환자 중에서도 특히 골치 아픈 유형이 자신의 의료지식을 과시하면서 이것저것 따지는 이들이다. 요즘은 의료 정보가 인터넷에 많이 올라와 있어 이런 환자들이 더욱 많아지는 추세다.

자, 이런 환자들은 어떻게 대해야 할까? 그들의 의료지식이 잘못되었다고 핀잔을 주거나 귀찮다는 듯이 대하면 그들은 다양한 형태로 반발할 수 있다. 그보다 더 큰 문제는 여기저기 다니면서 해당 의사와 병원에 대해 악성 루머를 퍼뜨릴 가능성이 높다는 점이다. 그런 사람들은 자기 불만을 여론화하는 힘이 크기 때문이다.

그럼 어떻게 해야 할까? 이런 문제에 결코 정답이 있을 순 없지만, 일단 진상환자의 주장을 경청하는 것이 필요하지 않을까? 그들은 대개 자신의 의료상식에 대한 과시욕을 가진 사람들이기 때문에 그런 욕망, 즉 자기는 의료지식이 풍부하다는 신념 프레임에 맞춰주는 것이다. 사실 그들의 욕망은 단지 그 신념을 인정받는 것이기 때문에 이것만 만족시켜주면 그다음은 매우 쉽다.

"참, 의료 상식이 풍부하시네요. 어디서 그런 것들을 배우셨나요? 대단하시네요." 일단 이렇게 말한 다음, "그런데 말이죠, 요즘은 다른 게 나와 있어요. 뭐 꼭 어떤 게 좋다기보다는 일장일단이 있으니까 환자의 상황에 맞춰야죠."라든가, "사실 그 방법은 비용 대비 실속이 없어요. 그래서 이런 방식이 더 좋습니다." 같이 상대의 지식을 인정해주되 새로운 지식을 더해주는 방식을 취하면, 상대를 만족시키고 의사로서의 권위도 유지할 수 있다. 이렇게 되면 환자는 오히려 자신에게 새로운 지식을 전해준 의사에게 고마운 마음을 갖게 되고, 밖에 나가서는 그 의사와 병원에 대해 홍보까지 해줄 것이다.

2. 보편적 신념으로 접근하기

● 만능 키워드

　상대방의 신념 프레임에 맞춰주는 것이 반드시 필요함을 누누이 강조했다. 그런데 다음으로 중요한 것이 보편적 신념 프레임에 맞추는 것이다. 보편적 신념이란 누구나가 공통적으로 가지고 있는 신념이므로 나와 상대가 함께 갖고 있는 신념이다. 그래서 그 사용이 매우 안전하다. 그뿐만 아니라 시대적 신념이기도 하다. 따라서 보편적 신념은 만능 키워드가 된다.

　마치 한 건물의 모든 문을 열 수 있는 마스터 키처럼 마스터 키워드(master keyword)가 되는 것이다. 요컨대 보편적 신념의 프레임을 활성화하는 단어들, 즉 마스터 키워드를 찾아서 상대방에게 제시하는 것이 설득할 때 매우 효과적이다.

　정치 분야라면 어떤 단어들이 될까? '서민', '일자리 창출', '애국심', '공정', '복지', '자유', '번영', '안보', '민주', '민족'과 같은 단어들이 전형적으로 여기에 속한다. '민생'도 대표적인 만능 키워드다. 우리나라의 대통령들은 곤란한 질문이 나올 때 흔히 "그것은 국회가 알아서 할 일이다. 저는 민생 챙기기에 주력하겠습니다."라고 말함으로써 효과적으로 피해가기도 하다.

　만능 키워드는 누구나가 공감하는 말이나 내용인지라, 상대방도 반론을 제기할 수 없다는 점에서 매우 안전하게 사용할 수 있다는 장점이 있다. 어느 누가 "일자리 창출은 중요한 것이 아닙니다."라고 말할 수 있겠는가? 사정이 이렇다보니, 만능 키워드는 정치인들이 자신의 의도를 과장하여 포장할 때 많이 동원된다. 작은 정책의 목적을 국민, 대중, 민주주의, 애국 등으로 포장하는 것이다. 특히 자신의 사적인 이익을 추구하면서도 그러한 자신의 의도를 정당화할 때도 많이 쓴다.

만능 키워드는 심지어 사용하는 사람에 의해 그 의미가 자의적으로 규정되기도 한다. 가령 '국민의 뜻'이 그러하다. 사실 이 말처럼 우리가 정치인들에게 자주 듣는 말도 없을 것이다. 정권이나 정치인들이 중요한 결정을 내릴 때는 어김없이 '국민의 뜻'임을 내세운다.

정계은퇴도 국민의 뜻이고 정계복귀도 국민의 뜻이다. 그러나 사실 '국민의 뜻'이란, 당이나 정권의 일반적 노선 혹은 당리당략, 또는 고위 정치인의 사적인 정치적 결단을 정당화하는 전략에 지나지 않는다.

정당이나 정치인이 국민의 뜻을 안다고 판단하는 것은 권력의 남용을 미리 정당화하는 것에 불과하다. 어휘의 의미를 자기에게 유리하게 사용해 포장하는 전략이라고나 할까.[39]

● **뭐니 뭐니 해도 가족이지!**

누구에게나 가슴을 울리는 보편적 가치가 있다. 그것은 가족과 사랑이다. 2008년 미국, 대선 출마를 선언하고 민주당 경선에 뛰어들었던 힐러리 클린

▲ 힐러리 클린턴

턴은 선거 홍보용 비디오를 만들 때 혼자 인터뷰하는 모습을 자주 선보였다. 자수성가한 커리어 우먼으로서의 긍지를 내세우기 위한 것이었다. 그러나 불행하게도 대중은 이를 좋지 않게 보았는데, 그것은 가족이라는 가치를 중요시하지 않는 사람이라는 이미지를 주었기 때문이었다. 결과적으로 그녀는 당내 경선에서 버락 오바마에게 패하고 만다.

2016년 민주당 대통령 후보 경선 때는 보좌진의 충고를 듣고 아이를 안고 있는 모습을 보여주었는데, 이는 사람들의 가족 프레임을 활성화해 좋은 모습으로 각인되었다. 이번에는 당내 경선에서 승리할 수 있었다.

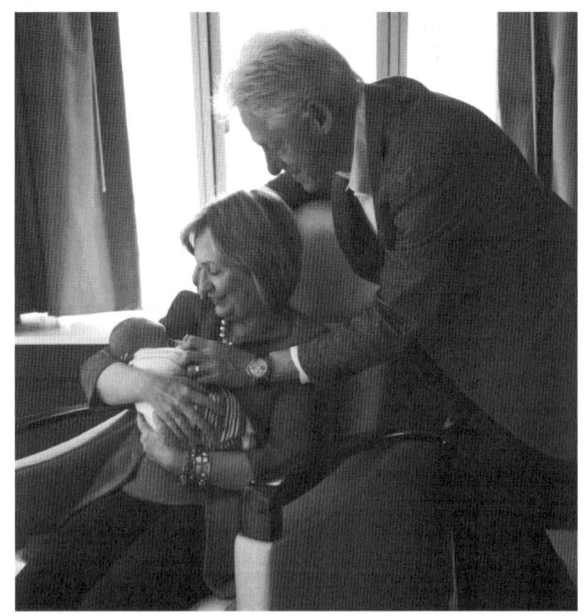

▲ 클린턴 부부와 아이

제2차 세계대전 때 노르망디 상륙작전으로 유명한 미국의 조지 패튼 장군은 그렇게 외치면서 병사들의 사기를 북돋기 위해 이런 말을 자주 했다고 한다.

"놈들을 빨리 후려치면 우린 빨리 집에 간다!"

이 역시 병사들에게 가족이 있는 곳에 빨리 돌아가고 싶은 심정을 자극하는 고도의 가족 전략이라 할 수 있겠습니다. 이 가족 프레임을 통해 부하들이 자신의 명령을 잘 따르게 한 것으로 볼 수 있다.

프로야구 경기에서 투수가 난조를 보이면 감독이 마운드로 올라가 이야기를 나눈다. 무슨 이야기를 주고받을까? 야구와 직접 관계없는 말이라고 한다. "어이, 빨리 이기고 집에 가서 시원한 맥주나 한 잔 하지~" 이처럼 가족과 편안한 시간을 가지는 데에 초점을 맞추어 긴장을 풀고 유쾌한 기분을 갖게 한다는 얘기다.

앞서도 말한 바 있듯이, 2002년 대선 유세 과정에서 장인의 빨치산 전력이 문제되었을 때 난관을 헤쳐 나가기 위해 노무현 후보가 제시했던 것도 "그럼 사랑하는 아내와 이혼해야 합니까?"라는 가족 프레임이었다.

▲ 오스트리아 출신의 4대 사무총장 쿠르트 발트하임

오스트리아의 쿠어트 발트하임(Kurt Waldheim)은 UN역사상 가장 실력 있는 사무총장으로 인정받았다. 그는 제4대 UN 사무총장 임기(1972~81년)를 마친 후, 오스트리아 대통령선거에서 가장 가능성 높은 후보가 되었다.

그런데 주간지 〈프로필〉의 알프레도 보름 기자는 유력 후보 특집 기사를 준비하던 중 발트하임이 나치 활동을 했다는 제보를 받게 된다. 그가 나치 장교였고 유태인 학살에 참여한 전력이 있다는 것이었다. 나치 군복을 입고 찍은 사진, 나치군 문서 속 이름, 훈장 등 구체적인 증거까지 받았다. 고민하던 그는 결국 발트하임의 어두운 과거를 공개했다. 오스트리아는 충격에 빠졌다. 국제유대인회의에서 전범 재판을 받아야 한다는 주장이 제기됐을 정도였다.

전세가 역전되어 그는 매우 불리한 상황에 처하게 되었다. 그런데도 결국 그는 명연설로 동정 여론을 만들어냈고 결국 대통령에 당선되었다. 오스트리아가 전쟁의 피해자임을 강조했고, 동정여론을 만들어 냈다. 그가 사용했던 프레임 역시 '가족'이었고, 거기에 '피해자' 프레임까지 결합시켰다. 가해자가 아니라 피해자라니! 기막힌 반전 아이디어였다.

"오스트리아는 전쟁의 피해자였다. 히틀러의 피해 국가였다."

"전쟁 발발 당시 나는 어렸다. 당시 나에겐 선택의 여지가 없었고, 가족을 위해 어쩔 수 없이 입대해야 했다. 나는 가족을 위해 임무를 다했을 뿐이다."

비록 당선 이후 외교상 기피 인물(persona non grata)로 지목되어 대통령임에도 불구하고 다른 나라에서 외교사절로 인정받지 못했고, 재임 기간 동안 단 한 명도 다른 나라의 대통령으로부터 방문을 받지도 못하는 등의 수난을 겪었지만.

나는 예전 어느 해 설날 언저리에 내가 사는 지역의 지역구 시의원으로부터 한 통의 이메일을 받은 적이 있다. 그런데 그게 그저 그렇고 그런 정치인의 메시지와 달리 매우 감동적인 내용이라 캡처해 둘 정도였다. 그런데 그 감동의 원천은 역시 가족 프레임으로의 접근이었다. 편지 내용은 이러했다.

> 설날 명절 잘 보내세요.
> 눈이 많이 내려서 고향 가는 일이 걱정입니다. 제 고향 강원도 고성에는 눈이 엄청 왔대요.
> 장남이라 안 가면 부모님이 많이 섭섭해 하시거든요. 저도 가고 싶고….
> 올해 시작한 지도 벌써 한 달이 훌쩍 넘고 세월이 참 빠르구나, 새삼 느낍니다. 3년이 어떻게 지나갔는지 해놓은 건 없고, 주민들한테 어떻게 다시 설지 막막합니다.
> 전혀 일을 하지 않은 건 아니겠지만 자랑할 만한 일들은 아니라서요. 그래도 희망을 가지고 당당하게 나서겠습니다.
> 올해는 술을 조금만 먹겠습니다. 다음날이 너무 힘들거든요. 제가 술자리에서 좀 빼더라도 양해 바랍니다. 제가 건강해야 세 자녀를 잘 키울 수 있거든요.
> 가족과 함께하는 즐거운 설 명절 되시고 올 한 해 건승하시길 기원합니다.
> 수원시의원 김명욱 올림

'고향, 부모님, 건강, 자녀, 가족' 등 가족에 대한 사랑과 관련된 어휘들이 잘 어우러져 있으며, 이 단어들이 가족 사랑의 프레임을 형성하고 있음을 볼 수 있다.

누군가를 위로할 때도 가족 프레임은 효과적이다. 가령 실직했거나 승진에서 탈락한 남편을 아내가 위로할 때 어떻게 말하는 것이 좋을까? 역시 가족이라는 만능 키워드를 이용하되 남자이므로 대표 의미인 '일'을 곁들여주면 좋지 않을까?

"그래도 당신은 누가 뭐래도 **가족**과 사회를 위해 열심히 일했잖아. 당신은 정

말 **진지하고 치열하게** 살았어. 좋은 사업을 이끌기 위해 **몸을 돌보지 않고** 일했
잖아. 고마워, 여보. 그리고 또 기회가 있을 거야."

다음은 어느 남성의 인터뷰인데, 역시 가족을 소재로 한 훈훈한 내용이다.

> "가족을 생각하면 항상 **눈물**이 나오네요. **아내**와 **아이**가 아플 때 더욱 그래요. 특
> 히 좋은 **남편**, 자애로운 **아버지**가 돼주지 못한다는 **미안함**에 꽤나 **힘들었**어요.
> 속으로는 **가족**에게 많은 **시간을 함께**하지 못한다는 **미안함**에 시달리면서도, 겉
> 으로는 공연히 권위의식에 가득 찬 표현으로 **억지를 부리곤** 했죠."

자신의 사정을 제대로 설명하지 못하고 사랑 표현에도 몹시 서툴러 스스
로도 불만이 있었음을 잘 드러내고 있다.

● 보편적 가치들

사업상 혹은 업무와 관련하여 사람을 만날 때는 상대에 대한 기초적인 정
보를 갖고 대화에 임해야 한다. 그래야 대화가 원활하게 이루어지고 좋은 결
과를 얻을 수 있다. 그러나 대화를 할 때, 아이스브레이킹을 할 때나 잘 모르
는 새로운 사람이라 취미나 신념 등, 상대방에 대해 많은 정보를 갖고 있지
않다면 무엇을 화제로 삼아야 할까? 이럴 때는 한국인의 보편적인 가치관을
이용하면 좋을 것이다. 연초가 되면 다양한 여론조사 기관이 새해 소망을 조
사한 결과가 언론에 게재되니 이것들을 참고하는 것이 좋은 방법이 될 수 있
다. 아래에 최근 10년 동안 다양한 조사기관이 실시한 조사 결과를 제시한
다. 조사 기관이 다르고 조사 대상, 목적, 규모 등이 달라서 연도별로 상호
비교하기는 어려우나 가치관의 최근 변화 양상도 다소 읽을 수가 있다.

▶ 한국인의 새해 소망

순위\연도	2015년	2016년	2017년
1	건강	건강	건강
2	다이어트	다이어트	여행
3	여행	운동	덕질
4	운동	여행	운동
5	금연	덕질	다이어트
6	덕질(취미생활)	금연	연애
7	연애	연애	시험합격
8	독서	결혼	금연
9	결혼	저축·재테크	저축·재테크
10	시험합격	취업	취업

(출처: https://news.joins.com)

순위\연도	2018년	2019년	2020년	2021년	2022년	2023년	2024년
1	물질적 여유	외국어 습득	내집 마련	건강관리	건강 유지·회복	건강	건강
2	신체적/정신적 건강	자격증 취득	취직·이직	재테크 성공	다이어트·체중감량	경제적 자유	경제적 자유
3	정신적 여유	이직과 창업	다이어트	이직/창업	재산축적·빚 탕감	행복	경기 안정
4	시간적 여유	건강 관리	자기 계발	자격증 취득	가족과의 관계 유지·개선	취업	평범한 삶
5	원활한 인간관계	재테크 성공	연애, 결혼	외국어 습득	가족과의 관계 유지·개선	여행	행복
6		연봉 인상과 승진	직무상과	연봉 인상/승진	자격증 취득 등 자기계발	목표달성	목표 달성
7		학교 진학	해외여행	결혼·출산	취미활동	평범한 삶	내집 마련
8		내 집 마련	금연	내 집 마련	인간관계 개선	성공	여행
9		결혼과 출산	학업성취	진학	개인 시간	경기 안정	
10		연애	취미활동		내집 마련	체중 조절	
조사기관	인크루트 & 두잇서베이	휴넷	엘림넷 & 나우앤서베이	휴넷&과 자기관리 앱 '그로우'	피앰아이	피앰아이	피앰아이

3. 내 신념을 반복적으로 주입하기

　신념이란, 앞서 말했듯이, 오랜 기간 교육에 의해서 형성되거나, 사회적으로 학습되거나, 경험을 통해 형성된 것이다. 그러므로 쉽사리 바뀌는 것이 아니다. 그래서 상대의 프레임에 맞추는 것이 필요하다고 했다. 그런데 가끔 상대의 생각을 꼭 바꾸어야 할 때도 있죠., 이럴 땐 어떻게 해야 할까?

　물론 이럴 경우에는 상대에게 나의 신념과 가치관을 프레임으로 만들어 주입해야 한다. 이 일은 결코 단번에 이루어지지 않으므로 상당한 시간 투자가 필요하다. 따라서 일회성 대화에는 적용하기 어렵다. 매우 위험하기도 하다. 자칫 잘못하면 관계를 크게 해치기도 한다. 이런 방법은 수차례의 대화를 통해서 해야 할 각오를 하고 시작해야 한다. 그리고 반복적인 연설을 통해서, 사훈, 슬로건 등의 형식을 통해서만이 가능하다.

　산을 가다가 보면 길이 없을 때가 있다. 그러다 처음에 누군가가 가고 뒤이어 몇 사람이 다니기 시작하면 길이 된다. 그러다 정말 많은 사람이 다니게 되면 등산로가 된다. 우리의 뇌도 마찬가지다. 어떤 정보가 반복되어 주입되면 단기기억(작업기억)에서 장기기억으로 넘어가서 지식이 된다. 이 지식이 빈번하게 입출력이 되면 그것은 고정관념이 된다. 신념은 일종의 고속도로이다. 아무런 생각 없이, 무의식적으로 가게 되는 출퇴근길과 무의식적으로 오게 되는 귀갓길처럼 고민 없이 순간적으로 연결되는 망이다. 상대에게 이러한 고속도로나 출퇴근길과 귀갓길 같은 것을 만들어 줄 수 있다면…

● 명사화 전략

그렇다면 새로운 가치와 신념의 프레임은 어떻게 주입될 수 있는가? 그것은 언어를 통해서 가능하다. 새로운 표현을 만들고 반복해 사용함으로써 마치 그것이 실재하는 듯한 효과를 창출하는 것이다.

그 첫 번째 작업은 새로운 개념을 만들고 거기에 이름을 붙이는 것이다.

이름은 대상의 존재를 전제하기 때문이다. 즉 이름이 있다면 대상이 있다는 뜻이다. 앞서 부정의 역설적 효과에서 설명한 바 있는 '명칭 부여 효과'가 그것이다. 명칭이 부여된 것은 존재자로 간주된다. 예를 들어 '신(神)은 없다'라는 문장에서조차 우선 논리적으로 '신'의 존재가 요구된다. 어떤 대상을 주어 자리에 놓는다는 것은 그 대상이 있다는 것을 전제로 하기 때문이다.

앞서 언급한 바 있지만 스탈린이 사용한 '인민의 적'이라는 어휘는, 조금이라도 스탈린의 뜻에 동조하지 않는 사람이라면 그 어느 누구에 대해서도 혹독한 탄압을 가할 수 있게 해주었다. 또한 '아동학대', '다중인격', '성희롱' 등의 경우에도 그 명칭들이 만들어지면서 해당 현상이 출현하게 되었음을 보았다. 그 이전에도 성희롱이 무수히 많이 저질러졌지만 명칭이 없어서 존재자로 인정받지 못했었던 것이다.

이런 말이 있다. "여행을 가서는 되도록 많은 고유명사를 외우라." 그렇지 않으면 그냥 성당을 다녀왔다거나 무슨 탑이 있었다는 기억밖에 남지 않는다. 여행은 기억으로 남는다. 그래서 여행이 실재하게 되는 것이다. 이름을 붙이지 않으면 추억이 되지 않는다.

그렇다, **명사화 전략**을 이용하자! 그러면 그게 실재하는 것처럼 인식된다. 만일 회사에 새로운 정책을 도입하여 그것을 성공적으로 이끌고 싶다면 거기에 이름을 붙여라!

● 신념화 전략

명사화 전략이 세워졌다면, 이제 **두 번째 작업은 그것을 반복하는 것**이다. 즉 그 명사가 일시적 구호가 아니라 신념과 가치의 프레임이 되도록 반복하는 작업이다. 새로운 표현을 만들고 그것의 반복적 사용을 통해 그것이 실재함을 확신시켜주고 의심하지 않게 해주는, 그래서 기정사실화하는 효과를 창출하는 것이다. 반복은 프레임을 강화시켜주기 때문이다.

사실 역사적으로 볼 때 수많은 권력들이 존재가 확인되지 않는 대상들을 창출했고, 심지어는 존재하지 않는 대상들도 만들어 내어 국민들에게 반복해 주입시킴으로써 그 권력의 기반을 다져왔다. 정치적 이데올로기가 그것이다. 이데올로기는 자신의 입장을 정당화하기 위해 특정한 언어기호들을 반복적으로 사용하는 경우가 많다. 이 같은 특정 언어기호의 반복 사용은 그것이 지시하는 대상이 마치 객관적으로 존재하는 것처럼 만들어주는 효과를 내기 때문이다.

가령 '법 앞에서의 만인은 평등하다'가 그런 경우인데, 이를 믿는 사람들이 얼마나 될까? 그보다 실제로는 '유전무죄 무전유죄(有錢無罪 無錢有罪)'를 믿는 사람들이 더 많지 않을까? 물론 '법 앞에서의 만인의 평등'이 완전히 허황된 것은 아니지만, 적어도 부와 권력의 실제적인 불평등을 감추어주는 역할을 수행한다는 점만큼은 분명하다.[40]

'인민 민주주의', '프롤레타리아적 연대성' 등의 문구들은 현실적인 어떤 것에 상응하는 것처럼 보인다. 그러나 사실 이에 관련되어 있는 것은 대단히 모호한 현실이다. 적어도 스탈린 시대에 있어서의 '인민 민주주의' 국가들은 실제로는 소련의 정치-경제적 식민지였다. 또 '프롤레타리아적 연대성'이라는 것은 1968년 소련의 체코슬로바키아 침공을 정당화해주었다. 올리비에 르불(Olivier Reboul)의 지적대로, 이처럼 이름을 붙임으로써 그것이 존재하도록 만드는 주술-종교적인 방식이 통한 경우는 너무나 많다.

우리나라에서도 '빨갱이'나 '종북주의자'라는 용어가 일정한 역할을 해온 것이 사실이다. 이들은 실정법상 체포 대상이므로 진보세력 정치인을 모두 이렇게 부르는 것은 거짓이다. 이른바 색깔론이다.

반복해서 사용하다보면 이름도 어느새 고정돼 버린다. 관용표현(숙어)의 기원도 이러하다. 하나의 비유적 표현이 처음 누군가에 의해 쓰이다가 점차 여러 사람에 의해 유포되고 전체 언중으로 파급되어 지속적으로 사용되면 하나의 독립된 표현으로 정착하게 된다. 그리하여 유사한 의미를 나타내는 다른 단어로 바꿀 수조차 없는 지경에 이른다. '콜럼버스의 달걀'을 '콜럼버스의 계란'이라고 할 수 없고, 의도적으로 칭찬을 한다는 뜻인 '비행기를 태우다'를 '항공기를 태우다'라고 할 순 없잖은가!

특정한 언어기호의 반복 사용에 의한 대상 창출 효과를 르불은 '**객관화 호칭**(appellation objectivante)**의 사용 전략**'이라 칭했다. 그것이 지시하는 대상을 마치 객관적으로 존재하는 사물처럼 만들어주기 때문이다. 르불은 이 전략을 창출되는 대상에 따라 두 종류로 분류한다.

첫째는 긍정적 대상 창출이다. 이는 자신의 행위를 (긍정적으로) 정당화하는 데 사용된다. 예컨대 위에서 언급한 대로 '인민 민주주의'라는 말은 소련 위성국들의 식민 현실을 정당화하기 위해 창출되었고, '프롤레타리아적 연대성'이라는 표현은 1968년 소련이 체코 침공을 정당화하기 위해 쓰였다.

▲ 러시아의 체코 침공

둘째는 부정적 대상 창출 전략인데, 이는 반대자들에게 부정적 호칭을 붙임으로써 반대세력의 제거를 정당화하기 위해 사용된다. 예컨대, 스탈린의 '인민의 적'은 자신의 정적을 숙청하기 위해 만들어졌고, '복지 여왕(welfare queen)'은 제도를 오용, 악용, 남용하여 복지카드를 여러 장 만들어 사치를 즐기는 여성을 지칭하는 말로 진보적 복지정책을 비난하기 위해 만들어졌다. 이는 특히 레이건 전 미국 대통령이 선거 유세 때 슬로건으로 채택하여 거듭 제시함으로써 많은 유권자들이 실제 대상으로 인식하게 되었지만, 결국 실재하지 않는 대상임이 밝혀졌다.

▲ 복지여왕

▲ 복지여왕이 "민주당이 집권하면 두 대 살게요." 라고 자동차 딜러에게 말하고 있다.

이처럼 명칭을 부여하고 반복적으로 사용하여 새로운 가치와 신념이라는 대상을 창출하는 전략은 주로 정치 분야에서 많이 이용돼 왔지만 기업과 같은 조직의 사훈, 판매-마케팅 전략, 정책화에도 적용가능하고, 개인의 이미지 형성에도 적용될 수 있다.

지금까지의 이야기를 정리하면 다음과 같다.

(1) 상대의 신념과 가치에 맞춰라. 때로는 단 한 번의 감동적인 연설과 대화를 통해서도 상대를 설득할 수 있다.

(2) 나와 상대의 공통적 신념과 가치관으로 접근하라. 이때 만능 키워드가 도움이 된다.

(3) 새로운 가치와 신념에 명칭을 부여하고 반복적으로 제시하라. 상대의 마음속에 새로운 대상으로 자리 잡을 것이다.

4. 감정에 기반을 두라

설득을 위한 프레임 사용법의 마지막 원칙은 감정에 기반을 둔 프레임을 작성하라는 것이다.

이전 강의에서 우리는 사고의 동력이 신념과 함께 감정이라는 점을 살펴보았다.

특히 감정은 이성이 활동할 수 있도록 에너지를 공급하고 승인하는 역할을 함으로써 사고를 움직이는 주체라는 점을 보았다. 따라서 설득을 위한 프레임을 작성할 때 반드시 감정을 바탕으로 하는 것이 필요하다.

그럼에도 많은 사람들은 이와 반대로 상대를 설득하려 든다. 대표적인 사례로, 충분히 살 수 있었음에도 불구하고 배심원들의 감정을 상하게 하여 사형 판결을 자초한 '위대한 철학자인 동시에 어리석은 설득자' 소크라테스의 사례를 보았다. 이제 반대로 사람을 죽이고도 멀쩡히 살아남은 정치가의 이야기를 들어보자. 그의 이름은 브루투스(Marcus Iunius Brutus)다.

● 브루투스 연설의 비밀

브루투스는 독재자의 길을 걷기 시작한 시저(Julius Caesar)를 원로원 회의장에서 암살했다. 그리고 다음날 로마 시민을 상대로 자신의 행위를 정당화하는 연설을 한다. 비록 시민들을 완전히 설득하지는 못했지만, 그토록 존경과 사랑을 받았던 시저의 살해범인 그가 죽임을 당하지 않고 목숨을 부지할 수 있었던 것은 그 놀라운 연설 덕분이었다. 그는 결코 정치적 논리에 기대어 대중을 설득하려 하지 않았고, 반대로 애국심, 눈물, 사랑, 용기, 존경 등의 다분히 감정적인 어휘로써 철저하게 감정에 의존한 프레임을 작성하였다.

그는 결코 자신의 행위의 정당성을 객관적으로 증명하려 들지 않았다. 그의 연설문의 일부를 보자.

> 시저보다 로마를 더 **사랑**하기에
> 나의 사랑하는 로마 시민 여러분!
> 잠시 동안 조용히 나의 말을 들어주시기 바랍니다.
> 나의 인격을 믿고 나의 명예를 생각하여 이 브루투스의 말을 의심치 마십시오. 여러분은 잘 분별하는 마음으로 냉정하게 내 말의 옳고 그름을 판단하여 주시기 바랍니다.
> 만약 여러분 가운데 시저를 **사랑**하는 분이 계시다면, 나는 그에게 이 브루투스의 시저에 대한 **사랑**이 결코 여러분에게 뒤지지 않는다는 사실을 말씀드리려 한다.
> 이렇게 말씀드리면 여러분은, 그렇다면 무슨 까닭으로 시저를 죽였느냐고 나무랄 것입니다.
> 시저를 **사랑**하는 마음이 모자라서가 아니라 로마를 **사랑**하는 마음이 더욱 컸기 때문입니다. 이것이 나의 대답입니다.
> 시저로 하여금 살아서 노예처럼 죽게 할까요, 아니면 죽어서 자유인으로 살게 할 것입니까?
> 그가 **용감**하였던 까닭에 나는 **존경**합니다. 하지만 그가 옳지 못한 야심을 품고 있었기 때문에 **눈물**을 흘리며 그를 죽였습니다. 야심에 대해서는 죽음이 있을 따름입니다.
> 여러분 가운데는 좋아서 노예가 된 사람이 있습니까?
> **나라**를 **사랑**하지 않는 사람이 어디 있습니까?
> 만약 있으면 있다고 말씀하십시오. 나는 여러분의 대답을 기다리겠습니다.
> 한 사람도 없습니다.
> 그렇다면 여러분은 내가 한 일을 책망하지 않는다는 것으로 알겠습니다.
> 내가 시저에게 한 일은 여러분이 이 브루투스에 대하여 하셔야 할 일이 아니겠습니까? 시저의 죽음 경위는 '캐피탈' 전당기록에 남겨져 그의 영광이 손상됨이 없이, 그의 죄과도 더 이상 지워지는 일 없이 전해질 것입니다. 오! 시저의

시체 옆을 마크 안토니오가 울며 올라옵니다.

안토니오는 시저를 죽이는 일에 가담하지 않았습니다마는, 여러분과 함께 시저의 몰락으로 복리를 받은 공화국의 일원이 될 것입니다.

<u>이 브루투스는 나라를 위해서 **눈물**을 머금고 가장 **사랑**하는 친구를 죽였습니다.</u>

만약 로마가 브루투스의 죽음을 원한다면, 브루투스는 언제든지 시저를 죽인 것과 똑같은 칼을 이 몸에 받기를 사양하지 않을 것입니다.

● 글래드스턴의 화법 vs 디즈레일리의 화법

영국의 빅토리아 여왕 시대에 쌍벽을 이루던 두 정치인이 있었다. 한 사람은 윌리엄 글래드스턴(William E. Gladstone, 1809~98)으로, 12년 동안이나 수상 직을 역임했던 정치인이다. 그는 부유한 상인의 아들로 태어나 명문인 옥스퍼드 대학의 크라이스트 처치를 나와 고전과 수학에서 수석을 한 수재였다. 그는 총리를 4선이나 했으며 해박한 지식과 뛰어난 웅변으로 대중을 매료시킨 사람이다.

▲ 윌리엄 글래드스턴

▲ 벤저민 디즈레일리

다른 한 사람은 벤저민 디즈레일리(Benjamin Disraeli, 1804~81)로, 보수당 정치인이었다. 법률과 문학을 공부했으며 문인으로도 명망이 높았다. 의회정치 실현에 크게 기여하며 수상으로 두 번 봉직했다.

정치적 성향이나 기질이 서로 대조적인 이 두 사람과 모두 교분을 나누었던 사교계의 여왕이 있었으니, 그녀는 윈스턴 처칠(Winston Churchill)의 어머니 제니 제롬(Jennie Jerome)이다. 그녀의 회고록을 보면 이런 내용이 나온다.

> 글래드스턴 옆에 앉으면 나는 그가 영국에서 제일 똑똑한 사람이라는 생각이 들었다. 그러나 내가 디즈레일리 옆에 앉으면 그는 내가 영국에서 가장 똑똑한 여자라고 느끼게 해주었다.
> After sitting next to Gladstone, she wrote,
> "I thought he was the cleverest man in England.
> But when I sat next to Disraeli I thought I was the cleverest woman."
> – from the memoirs of Jennie Jerome, Winston Churchill's mother

우리는 과연 글래드스턴의 화법을 배워야 할까 아니면 디즈레일리의 화법을 배워야 할까? 대답은 자명하다.

제4부

새로운 프레임의 창출 원리

Le langage est une clef qui ouvre à peu près toutes les serrures.
언어는 거의 모든 자물쇠를 여는 열쇠이다.

Jean Dutourd (쟝 뒤투르)

제 9 장

관점 전환법(I)
- 발상의 전환

1. 본질회귀법(1) - 곤혹스런 발언에 대한 대처

상대를 설득하기 위해서는 내 생각을 좋은 프레임에 담아서 상대에게 제시해야 한다. 그래서 그 프레임 사용의 기본 원칙들을 살펴보았다. 그것들은 다시 상기해 보자.

> 상대의 프레임을 부정하지 마라,
> 새 프레임을 도입하라,
> 프레임을 선점하라,
> 신념과 가치에 기반을 두라,
> 보편적 신념으로 접근하라,
> 내 신념을 반복적으로 주입하라,
> 감정에 기반을 두라

그렇다면 이제 우리가 할 일은 무엇일까? 좋은 프레임을 만들기 위해 해야 할 일, 즉 새로운 관점을 도입하는 일이다. 그런데 새로운 관점을 도입하는 일은 말이 쉽지 실제로 해 보면 결코 쉽지 않은 일이다.

새로운 관점을 도입하려다 보면 대개는 무엇부터 시작해야 할지 막막하고 머릿 속이 하얗다. 그것은 우리가 늘 고정관념에 젖어 있기 때문이다. 고정관념이 이끄는 대로 상황을 바라보고 있기 때문이다. 고정관념에서 벗어나서 새 것을 보아야 한다.

그래서 배워야 하고 연습도 해 보고 훈련을 해야 한다. 이제부터 새로운 관점을 도입하는 데 도움이 될 6가지 사고법을 소개한다.

앞의 첫째~셋째 방법은 대화 도중에 상대방을 설득하거나 반박할 필요가 있을 때 도움이 되는 것이고,

넷째와 다섯째 방법은 상대를 비판하거나 칭찬해야 할 상황에서 활용할 수 있는 것이다. 마지막 방법은 슬로건을 만들 때 참고가 될 것이다.

각각의 사고법은 문제의 해결책을 찾기 쉽지 않을 때 필요한 새로운 관점을 열어 주기 위한 것이다. 알고 나면 이미 알고 있었던 것일 수도 있지만 알기 전에는 결코 쉽게 생각할 수 없는 것들이다. 즉 컬럼버스의 달걀이다. 따라서 해결책이 무엇인지 아는 것이 중요한 것이 아니라 해결책을 얻기 위해 관점을 전환하는 방법을 아는 것이 중요하다 하겠다.

첫 번째 방법은 대화의 본질로 돌아가라는 것이다. 이것을 저는 '본질회귀법'이라고 명명해 보았다.

● '우물에 독 뿌리기'에 대처하기

어느 고등학교의 교무실. 학생 둘이 선생님 앞에 서 있다. 선생님은 교무주임이고 학생들은 자기 반을 대표해서 요구사항을 관철하기 위해 와 있다. 최근에 특별활동시간이 대학입학에 직접 도움이 안 된다고 다른 시간으로

대치되거나 툭하면 없어지는 등, 정상적으로 운영되지 않는 경우가 많았기 때문에, 학생들은 특별활동 시간을 제대로 운영해달라고 요청한 것이다.

그런데 주임선생님의 답변은 이러했다.

"얘들아, 지금 때가 어느 때인데 한가롭게 이런 걸 갖고 날 만나러 오니? 한 자라도 더 읽고 외워야 할 시간에, 뭐, 특활 시간을 지켜달라고? 너희들 대학 갈 생각이 있는 거냐?"

학생들은 어떻게 대꾸해야 할지 난감했다.

"꼭 공부 못하는 아이들이 특활 시간을 지켜달라느니, 야간 자율 학습을 폐지하라느니 한다니까."

특히 '공부 못하는 아이들'이라는 말은 가슴에 비수로 꽂혔다. 학생들은 뭐라고 말해야 할지 몰랐다. 이대로 그냥 물러나면 자신들을 대표로 보낸 학생들의 원망을 견뎌낼 자신이 없고, 그렇다고 막무가내로 우길 수도 없는 노릇!

학생들은 어떤 논리를 펴야 할지 알 수가 없었다. 이들을 이토록 난감하게 한 것은 교무주임 선생님이 편 '**우물에 독 뿌리기**(fallacy of poisoning the well) **논리**' 때문이다.41) 이것은, '생활 속의 비합리적 사고들'라는 제목의 6장 2절에서 살펴본 바 있는 비합리적인 사고인데, 논리적으로는 오류이지만 실제로 우리가 잘 빠지는 사고이다. 대부분의 사람들은 여기에 대해 잘 대응하지 못한다. '우물에 독 뿌리기'란, 논증에 대한 반론의 가능성을 원천적으로 봉쇄함으로써 자신의 주장을 옹호하는 논증이다. 우물에 독을 타놓듯이, 상대의 주장을 흑백논리로 왜곡-해석하기 때문이다. 즉 세상의 모든 학생을 대학에 가고 싶어 열심히 공부하는 학생들과 거기에 관심이 없는 낙오자들로 나눈 다음, 요청을 하러 온 학생들은 후자에 속하는 나쁜 학생들이라는 논증을 펴고 있는 것이다. 그뿐 아니라 상대의 약점, 즉 그들이 공부를 못하는 그룹에 속한다는 사실을 콕 집어서 지적함으로써 반론을 제기할 가능성마저 원천 봉쇄해버리는 것이다. 게다가 고등학생들의 정당한 권리를 전혀 고려하지 않고, 고교 교육을 오직 대학 가기 위한 방편으로 축소-왜곡한 점도 논리적 오류인데다, 특별활동 보장이나 자율학습 축소는 공부를 못하는 학생들만이 원하는 것이라는 전혀 근거 없는 주장에 기댄 것도 오류다.

이럴 때는 어떻게 해야 할까? 상대가 오류를 범했고 내 주장이 정당함에도 이를 관철시키기가 매우 어려운 역설적 상황이다. 우리는 살면서 이러한 어처구니없는 상황을 자주 경험한다. 상대의 주장에서 즉각적으로 오류를 발견하기도 쉽지 않지만, 설사 발견한다 하더라도 따지는 듯한 태도를 취할 때 내 주장이 받아들여진다는 보장은 더욱 없다. 왜? 상대가 갑(甲)이고 내가 을(乙)이니까.

그렇다면 상대의 자존심도 거스르지 않으면서 반론을 펼칠 방법은 무엇일까? 반박을 어렵게 하는 요인은 갑을 관계 외에 또 있다. 약점을 지적당하거나 공격 받는다든지 상대방의 터무니없는 주장에 감정이 크게 상했을 때는, 내가 차분하고 냉정하게 반론을 준비할 정신적 여유가 없다는 점이다. 지금 이 학생들의 경우가 그렇다.

게다가 공부 못하는 것이 사실이라면, 그것을 부정할 수도 없고 감정에 휩싸여 "공부 못하면 학생도 아닌가요?"라고 되받을 수도 없다. 그렇게 말하면 논점이 그 쪽으로 옮겨지게 되니까. 논점을 이탈하면 본론은 꺼내지도 못한 채 엉뚱한 토론만 하다가 끝날 공산이 매우 크다.

이런 문제에 정답이 있는 것은 아니지만, 첫 번째 원칙은 본질로 돌아가라는 것이다. 그러니까 교사의 본질은 무엇일까? 그것은 학생들을 지도하는 사람이다. 그렇다면 이런 관점에서 이 문제를 접근하여 '학생 지도'라는 프레임을 구성하는 것이다. 만일 선생님께 "저희를 잘 지도해주세요."라고 말한다면 그것을 거부할 선생님은 없을 것이다.

"선생님, 저희들이 공부를 열심히 하는데도 성적이 안 올라요. 속상해요. 그래서 특기적성으로 대학을 가는 게 좋으니까 특활이 정말 중요하거든요. 선생님께서 잘 지도해주시면 저희에게 큰 도움이 될 것 같아요. 늘 그러셨듯이 잘 부탁해요, 선생님!"

이렇게 말하면 주임선생님도 요청을 받아들일 가능성이 높을 것이다.

본질회귀의 원칙은 앞선 강의에서 말한 '대표의미 효과'를 역이용하는 전략이기도 하다. 즉 본질회귀법은 일종의 대표의미 회귀법이기도 하다.

● 자료를 제시하세요, 자료를!

한 대학의 보직 교수회의에서 일어난 일이다. 총장이 회의 중에 교수들에게 새로운 아이디어를 제시할 것을 요구했다.

이 때 한 보직교수가 아이디어를 냈다. 이 아이디어는 신선했고 다소 파격적이기까지 했다. 그래서 많은 사람들이 솔깃해하는 표정을 지으며 술렁거리는 분위기가 되었다. 그러나 무릇 아이디어의 좋고 나쁨은 결국 실행 가능성에 의해 판가름이 나는 법! 특히 총장은 주장의 근거와 그것을 뒷받침하는 자료를 중시하는 스타일이었다. 그래서 이렇게 물었다. "그렇게 말씀하시는 근거가 뭡니까? 다른 학교에서는 어떻게 하고 있나요? 자료를 제시하세요, 자료를."

제안을 한 교수는 난처해졌다. 그는 이렇게 생각했다. "아니 아이디어를 내라고 해서 낸 것뿐인데, 어떻게 자료까지 제시하란 말인가? 더구나 새로운 일에 무슨 자료가 있다고?"

그렇지만 자료는 없다고 이야기할 수도 없다. 설득력이 없으니까. 그는 총장이 제시한 자료 프레임이 빠져 매우 곤란해졌다. 그러나 다행히 그는 숙고 끝에 곧 본질회귀를 이용해 새로운 프레임으로 답변할 수 있었다.

"총장님, 이것은 자료의 문제가 아닙니다. 이것은 철학의 문제입니다."
이어서 덧붙였다.

"도대체 우리가 이 사업을 왜 하는 겁니까? 우리의 교육 철학, 우리의 교육 목표를 실천하려는 것이 아닙니까? 자료 이전에 우리의 철학을 위해 이 방향으로 나아가야 한다고 생각한다." 이번에는 총장이 상대의 프레임에 빠져 수긍하지 않을 수 없었다.

● 우리가 추구하는 본질적 가치는?

2013년 7월 9일 미국 캘리포니아주 글렌데일 시에서 공청회가 열렸다. 일본군 위안부 소녀상, 즉 '평화의 소녀상' 관련 제막을 앞두고 열린 공청회였다. 이날 회의에선 참석자의 절반을 넘는 80여 명의 일본계 주민들이 자리를 채웠다. 40여 명은 자리가 없어 회의장에 들어가지 못했을 정도였다. 이들은 평화의 소녀상 제막에 거세게 반발했다.

"일본군 위안부는 역사를 날조하는 일이다."
"글렌데일은 한·일 외교 문제에서 발을 빼라"
"위안부는 매춘부일 뿐이다." 같은 식의 터무니없는 발언들을 토해냈다.
앤디 나오키라는 주민은 발언 제한 시간을 넘기며 "제대로 진실을 검증했다는 서류를 제출하라. 매춘부를 기념하는 도시가 어디 있느냐"고 목소리를 높였다.

일본계 여성들도 한목소리였다. "매춘부들은 일본 장교보다 많은 돈을 벌었다"
"미국도 6·25전쟁에서 한국 위안부를 이용했다" 라는 식의 주장을 펼쳤다.

그런데 다행히 20여 명이 참석한 한국계 주민들은 침착하게 대응했다.

특히 알렉스 우 글렌데일 자매도시 위원장은 이들의 터무니없는 주장들에 일일이 반박하지 않았다.

만일 그랬다면 일본계 주민들이 제시한 위안부 존재의 진실 공방이라는 프레임에 갇혀서 빠져나오기 어려웠을 것이다. 본질을 떠난 끝없는 논쟁만 남을 것이었다.

혼란스러울수록 본질로 돌아가야 한다. 도대체 어떤 가치가 우리에게 중요한가, 우리가 추구하는 본질적 가치는 무엇인가를 생각하는 것이다. 사실 일본계 주민들이 반발하는 것은 자신들이 저지른 행위가 인류의 평화와 화해에 반하는 반인륜적 범죄로 규정됨으로써 자신들의 뿌리인 일본의 명예가 훼손되고 국격이 떨어질까 두렵기 때문이다.

이럴 때 일본의 명예가 훼손되는 것에 초점이 맞추어진다면 그들의 반론은 끝나지 않을 것이다. 따라서 더 본질적인 문제인 인류의 평화와 화해라는 가치에 초점을 맞추어 접근한다면 받아들이지 않을 수 없을 것이므로 보다 바람직한 방법이 될 것이다.

글렌데일 위원장은 현명하게도 이 같은 본질회귀법을 적용해 이렇게 답했다. "소녀상은 일본을 처벌하자는 게 아니라 진정한 평화와 화해를 이루자는 하나의 약속입니다." 그러자 더 이상의 반론이 없이 조용해졌다.

이 공청회에서 한국계 주민들과 알렉스 우 위원장이 보여준 침착한 대응은 정말로 문제를 모범적으로 해결하는 전형을 보여 주었다. 이처럼 논쟁을 할 때 지켜야 할 철칙이 있다. 상대에게 공격이나 반론의 빌미를 주면 안 된다는 것이다. 상대는 진실을 밝히려는 것이 아니라, 공격하려 하기 때문이다. 상대에게 공격이나 반론의 빌미를 주면 1) 내가 제시한 논거에 흠집이나 버리고, 2) 논점이 그쪽으로 이동하므로 내 설득의 분위기가 실종하면서 오히려 상대의 반격에 방어해야 하는 바람직하지 않은 상황에 빠지게 된다.

　2016년 10월말부터 최순실 게이트라는 국정농단 사태로 촉발된, 박근혜 대통령의 퇴진을 요구하는 촛불항쟁이 일어났다. 시위는 매우 평화적으로 진행되었고, 시위 참여자들도 구급차가 나타나면 즉각 길을 터주는 등 참석자들도 매우 좋은 모습을 보였다. 이런 대규모 시위에서는 흔히 흥분한 일부 시민이 폭력적 행위를 하는 경우가 있는데, 이를 우려한 절대 다수의 시민들은 그러한 흐름을 극도로 경계하고 그러한 분위기가 보일 때 엄청난 절제력을 가지고 시위가 폭력에 흐르지 않도록 서로 독려함으로써 시위를 통제하던 경찰에 이러한 빌미를 주지 않았다. 촛불혁명의 성공 요인은 바로 이것이었다.

2. 본질회귀법(2) – 황당한 발언에 대한 대처

● 문병의 기본 목적은?

살다 보면 정말 어이없는 황당한 말을 하는 사람과 부딪칠 때가 있다. 언젠가 케이블 TV의 한 사건사고 재연 프로그램을 시청하다가 다음과 같은 대화를 나누는 남녀를 보았다.

> 처형 : (아픈 동생에게 문병을 안 하는 제부에게) 왜 병문안도 안 해?
> 제부 : 내가 문병한다고 그 사람이 나아요?
> 처형 : (기가 막혀 하며)…? 말하는 것 좀 봐….

대부분의 사람들은 이런 황당한 질문에 기가 막힌 나머지 적절한 대응조차 못한다. 기껏해야 "이런, 말하는 버릇 하고는!" 화를 내거나 혼자서 넋두리나 하고 만다. 혹은 "사람이 그러면 못 써!"라는 식의 당위론적 접근에 머물고 만다.

상대의 황당한 말에 왜 제대로 대응하지 못할까? 너무나 당연하고 기본적이고 자명해서, 설명할 필요도 없고 지금까지 설명한 적도 없기 때문이다. 그리고 그 어이없는 언어 표현이 쳐놓은 황당한 프레임에 갇히게 되어서 새로운 프레임을 떠올리기가 어렵기 때문이다.

이럴 땐 어떻게 하면 좋을까? 역시 본질회귀가 도움이 된다. 문병의 기본 목적이 무엇인가? 문병의 목적은 병을 낫게 하려는 것이 아니라 걱정이 되어서다. 그리고 그것이 기본예의다. 따라서 문병의 본질을 프레임에 담아서 제시하는 것이 필요하다.

"병을 낫게 하려고 문병하나? 문병으로 나을 것 같으면 세상에 아픈 사람 하나도 없겠네?! 문병은 낫게 하려고가 아니라 걱정이 돼서 하는 거야, 제부는 걱정도 안 되는 모양이군. 그리고 인간으로서의 기본 예의가 있지. 제부는 인간으로서 기본 예의도 없는 모양이군."

이렇게 말하면 상대방도 뭔가 대답을 해야 할 텐데 반론 제기가 쉽지 않을 것이다.

● '서로 존중하자'는 틀

의장이 회의를 편파적으로 진행하는 경우가 있다. 예컨대 의장이 위원들의 의견을 잘 반영하지 않고 자기 뜻대로 회의를 진행한다면 지적해야 할 것이다.

이럴 때 우리는 흔히 이렇게 이야기하기가 쉽다.

"위원장이 왜 회의를 편파적으로 진행하세요?"

이런 이야기를 들은 위원장은 아마 흥분하여 "내가 언제 회의를 편파적으로 진행했다고 그러세요?"라고 말할 것이다. 이렇게 상대를 자극하는 말은 상대의 반발을 불러일으킬 것이므로 좋은 방법이 되지 않는다. 이럴 경우 어떻게 하는 것이 좋을까? 모든 사람들이 공감하는 가치를 선택하여 프레임화 하는 것이 필요하다.

의장 책무의 본질을 프레임으로 제시할 수 있다. 즉 '의장은 위원의 의견을 존중해야' 한다는 프레임에 입각해 이렇게 반박하는 것이다.

"위원장이라면 위원들의 의견을 존중해야 하지 않나요?"

여기에 대해 위원장이 무슨 말을 할 수 있을까?

한 대학에서 신임교수를 선발하는데, A학과에서는 복수추천의 원칙에 따라 B와 C를 후보로 지정해 심사위원회에 제출했다. 그러면서 B 후보를 더 우선하여 추천한다는 의견을 달았다. 그런데 심사위원회에서는 학과 의견과 달리 C 후보가 더 우수해 보여서 갈등의 소지가 생겼다. 그래서 A학과의 학과장에게 이런 의견을 알리기로 했다. 비록 둘 중 한 사람을 낙점하는 것이 심사위원회의 고유 권한이기는 하지만 원만한 처리를 원했던 것이다.

그런데 전화를 받은 학과장은 강력하게 반발한다.

"해당 전공의 전문가들인 학과 교수들이 결정한 일이다. 본부에서 무슨 전문성이 있다고 뒤집느냐? 우리 결정대로 안 하면 가만있지 않겠다."

심사위원장은 어떻게 대답할까 난감해졌지만 이내 차분하게 '모든 규정과 절차는 존중되어야 한다'는 프레임으로 이렇게 답했다.

"우리가 학과의 결정을 존중했듯이, 학과도 우리를 존중했으면 좋겠습니다."

이처럼 상대가 공격적으로 나올 때 상호존중이라는 프레임을 제시하는 것은 매우 유효하다.

● 이 친구, 또 억지 부리네

대회를 운영하다보면 마감이 지나도록 서류를 제출하지 못한 지원자들이 항의하는 일은 매우 흔하다. 그중에는 좀 거칠게 항의하는 사람들도 있게 마련이다.

    A : 겨우 1~2분 늦은 걸 가지고 마감 시간 지났다고 절대 인정 안 해준다니 여기가 무슨 군대야 뭐야?

이럴 경우 담당자는 난감하다. 규정대로 운영하는 것이 당연한데도 억지를 부리는 사람에게 엄격한 태도를 보이면 불친절하다고 소란을 피울 것이고, 또 민원을 제기하면 담당자도 골치 아플 뿐 아니라 대회 사이트에 불만이 넘칠 테니 그러기도 쉽지 않다. 이럴 때는 역시 본질 회귀법이 좋다. 대회 운영에 있어 본질은 지원자들에게 공평한 기회를 부여하는 것과 원활한 운영이고, 이를 위해서는 규정의 엄격한 적용이 필수라는 점을 강조하는 것이다.

> B : 선생님, 저희는 모든 지원자들에게 공평해야 하기 때문에 마감시간을 엄격하게 지킬 수밖에 없습니다. 안 그러면 다른 지원자들이 항의를 하지 않겠습니까. 더구나 수백 명이 지원하는 대회의 운영을 위해서는 필수적입니다. 이해해주시기 바랍니다.
> (그럼에도 이렇게 협조해주시지 않으면 저희로서도 조치를 취할 수밖에 없습니다. 정상적으로 업무를 수행하는 것을 잘못된 운영으로 매도하시면 곤란합니다.)

대학에서 실시하는 교양강좌에 대해 불만을 제기하는 학생들이 간혹 있다. 매주 한 번씩 사회 각 분야의 전문가를 초청하여 강연을 듣고 보고서(감상문)를 쓰면 학점을 받는 방식으로 운영되는데, 몇몇 강연이 마음에 들지 않자 보고서에 감상문 대신 불만만 잔뜩 써놓고 강연에 대한 조롱과 욕설까지 쓴 학생이 있었다. 위원회가 소집되었고 이 학생에게 학점을 주면 안 된다는 의견이 다수를 이루었다. 그러나 강좌의 운영위원장이었던 나로서는 단지 학점을 안 주는 것이 능사가 아니라 이 학생을 계도하는 것이 필요하다고 생각했다. 그렇지 않으면 이 학생은 학점을 못 받고 불만을 키울 것이며, 본인의 잘못은 모른 채 유사한 상황에서 같은 행동을 함으로써 올바른 사회인으로 성장하지 못할 것 같은 생각이 들었기 때문이다. 그래서 나는 다음과 같은 이메일을 보냈다. 당시 내가 채택했던 프레임은 교양강좌 설립의 목적과 운영 목표라는 본질을 언급하는 것이었다.

> ○○○ 학생에게
> 학생은 강의에 대한 비판으로 가득한 중간 소감문을 제출했습니다. 강좌의 개선을 위한 건설적 비판이라면 좋지만, 학생의 소감문 내용은 그게 아니라 조롱과 비아냥거림으로 해석됩니다. 소감문은 강좌의 목적상 자기계발을 위해 작성하는 것이지, 그런 내용을 담는 것이 아닙니다.
> 비판정신은 지성인에게 매우 중요하고 필요한 덕목이나, 이 강좌의 목적은 아닙니다. 강좌의 목적에 부합하지 않는 내용은 수강에 의한 학점 부여의 대상이 되지 않습니다. 학생은 시험 답안지에 질문에 대한 답변 대신에 그 강의에 대한 비판을 적은 것과 마찬가지입니다.

이 학생은 자신의 잘못을 뉘우치는 장문의 답장을 보내왔다. 특히 본인이 예전에도 비슷한 잘못을 저질렀었다며 이제는 고치겠다고 했다.

3. 가중 선택법

● 딜레마에서 벗어나기

딜레마란 쉽게 말해 A를 취하자니 B를 포기해야 하고, B를 취하자니 A를 포기해야 해서, 이러지도 저러지도 못하는 상황이다. 살다보면 이런 상황을 무수히 만나게 된다. 하루에도 몇 번씩 이런 선택의 기로에 서게 된다.

우스갯소리로 점심으로 중국 음식을 시킬 때 짜장면을 먹을지 짬뽕을 먹을지 고민하다가 짬뽕을 선택하고 나면 막상 동료가 시킨 짜장면이 너무 맛있어 보인다고 한다. 물론 그 반대일 수도 있다. 진퇴양난(進退兩難)이라는 사자성어도 딜레마 상황을 설명해 주고 있다. 앞으로 나아가야 할지, 뒤로 물러나야 할지 결정내리기 어려운 상황을 나타내는 말이다.

자동차 운전자가 교차로를 지날 때 황색 신호가 있는 정지선 10~20m 앞은 딜레마 존에 해당된다. 물론 법적으로는 황색 신호로 바뀔 때는 우선 정차하는 것이 맞지만, 급제동을 걸면 뒷 차량과의 충돌 위험성이 있는 데다가 제동 거리로 인해 정지선을 넘어 정차하게 되면 우측에서 진입하는 차량이나 보행자와의 추돌이 우려된다. 반대로 만약 그대로 통과한다면, 신호 위반은 물론이고 반대편에서 오는 다른 진입 차량과의 추돌 위험성이 있다.

이처럼 두 개의 대립개념 구조에 빠져, 즉 서로 충돌하는 두 개의 선택지 앞에서 결정을 내리지 못할 경우 해결책은 둘 중의 하나다.

먼저 두 선택지 가운데 하나에 더 큰 가중치를 두어 선택한 뒤 다른 하나를 보완하는 방법이다. 이를 '**가중 선택법**'이라 하자. 다른 해결책은 두 가지 모두를 포괄할 수 있는 새로운 차원으로 문제에 접근하는 방법이다. 이를 우리는 '**차원 전환법**'이라 부르고자 한다. 우선 가중 선택법을 먼저 살펴보자.

● 휴대폰을 놓지 못하는 아이에게

요즘 학생들은 대개가 휴대폰을 잠시도 떼놓지 못한다. 오늘도 아이가 밥 먹을 때 휴대폰을 보고 있다. 보기가 매우 불편하다. 더구나 어른이 얘기하고 있는데도 채팅을 멈추지 않는다. 당연히 화가 난다. 그러나 화를 내면 논쟁이 벌어진다.

"밥 먹을 때는 휴대폰 내려놓을 수 없냐?" 혹은 "어른이 말씀하실 때는 휴대폰 하지 마라." 혹은 "너 학교에서 선생님이 말씀하실 때도 그러냐?"

그러면 이런 대답이 돌아온다. "아 참, 맨날 휴대폰 갖고 뭐라 그래.", "톡이 올 때 바로 답하지 않으면 안 된단 말이에요."

화를 내면 아이도 반발하고 부모는 그런 것도 이해 못하는 꼰대가 되고 만다. 이어 말싸움이 이어지고 분위기는 망쳐진다. 그렇다고 지적을 안 하고

넘어가자니 자식 교육이 안 되고 속이 부글부글 끓는다. 심지어 이 녀석이 나를 무시하나 하는 생각이 들어 부모의 권위의식에 상처가 난다.

결국 부모는 화를 낼 수도 안 낼 수도 없는 딜레마에 빠진다. 부모가 지적하면 야단맞기를 싫어하는 자식은 대화를 거부하게 된다. 부모의 훈계는 한낱 잔소리요 듣기 싫은 소리일 뿐이다.

특히 아이가 오랜만에 집에 온 경우 더욱 어렵다. 부모의 의도는 아이에게 진지하게 설득하려는 것이지만, 아이 입장에서는 집에 오면 편안하게 쉬고 싶어 하므로 싫어한다. 진지한 대화와 편안한 휴식의 대립! 서로의 욕망의 충돌이 빚어내는 딜레마이다.

통상 "딜레마(dilemma)에 빠졌다."는 말에서 보듯이, 일상 언어에서 딜레마라는 말은 난관에 봉착해서 이러지도 저러지도 못하는 딱한 사정을 일컫는다. 어원적으로는 희랍어에서 유래한 것으로 '두 개의 가정'을 의미한다. di는 '둘', lemma는 '가정'을 뜻한다. 논리학에서는 딜레마를 일종의 삼단논법으로 분석한다. 딜레마는 대전제가 두 개의 가언 명제로 구성되고, 소전제가 그 두 가언 명제의 전건을 선언적으로 긍정하든가 후건을 선언적으로 부정하든가 하는 두 개의 선언지(disjuncts)를 가진 선언 명제로 이루어진 삼단논법을 말한다.[42]

쉬운 예를 통해서 이 구조를 살펴보자. 신파극 '이수일과 심순애'에서 '돈을 따르자니 사랑이 울고, 사랑을 따르자니 돈이 운다.'라는 심순애의 딜레마는 다음과 같이 분석될 수 있다.

▶ 대전제 : 만일 돈을 따르면 사랑이 운다.
　　　　 또 만일 사랑을 따르면 돈이 운다.
▶ 소전제 : 그런데 나는 돈을 따르거나 사랑을 따른다.
▶ 결　론 : 따라서 사랑이 울거나 돈이 운다.

이 같은 딜레마에서 벗어나는 길 가운데 우선적인 것은 두 가언명제 가운데 하나를 선택하는 것이다. 즉 둘 중 하나가 혹시 사실이 아닐까 하고 의심해 보고 만일 사실이 아닌 것으로 드러나면 다른 하나를 선택하는 것이다. 그리고 만일 둘 다 사실이거나 둘 다 약간씩의 거짓이 들어있다면 부득이 두 가언명제의 가치를 따져보고 더욱 중요한 것을 선택하면서 나머지 하나는 보완한다. 이를 우리는 가중 선택법이라 칭하고자 한다. 심순애의 경우 둘 다 사실이어서 고민 끝에 돈에 가치를 더 부여하여 돈을 택했다.

이제 위에서 제시한 부모-자식 간의 딜레마를 이 같은 방식으로 분석해 보자.

▶ 대전제 : 만일 지적을 하면 아이가 반발할 것이다.
　　　　 또 만일 지적을 안 하면 교육이 안 된다.
▶ 소전제 : 그런데 나는 지적을 하거나, 지적을 하지 않는다.
▶ 결　론 : 따라서 아이가 반발을 하거나 교육이 안 된다.

여기서 두 가언명제를 재검토해 보자.

우선 첫째 가언명제의 문제점을 발견해 볼 수 있다. 지적을 한다고 반드시 아이가 반발하는 것은 아니지 않은가! 아이를 기분 나쁘지 않게 지적하면 아이가 받아들일 수 있을 것이니까. 진지하되 무겁지 않은, 편안한 대화를 하면 가능할 것이다. 요컨대 여기서의 전제는 말을 잘 해야 한다는 점이다. 기분 나쁘지 않게. 물론 이것이 쉽지 않다. 자칫 잘못하면 오히려 기분만 나쁘게 하게 되고 그러다 결국 말싸움이 되고 서로의 기분도 상하고, 결국 안 하느니만 못하게 될 수도 있다. 사실 이렇게 될 것이 두려워서 많은 경우 결행하지 못하는 것이다. 만일 정 자신이 없다면 섣불리 하지 않는 것이 좋을 것이다.

이제 둘째 가언명제를 재검토해 보자. 둘째 가언명제는 '지적을 안 하면 교육이 안 된다.'였다. 그런데 지적을 안 하는 것이 꼭 교육을 포기하는 것일까? 그것은 아닐 것이다. 꼭 지금 당장 해야 하는 것도 아니지 않는가! 시간을 갖고 천천히 교육하는 것도 방법이 아닌가? 지금은 차라리 참고 넘어가서 괜한 분란을 만들지 말고, 반대로 좋은 분위기를 만들고 아이의 장점을 칭찬을 하여 아이의 기분을 좋게 한다. 특히 집에 오면 부모가 잔소리를 하지 않는다고 생각하게 만든다. 그러다 적당한 시점이 오면, 그러니까 아이가 편하게 말을 들을 수 있는 상황이 되면 그때 이야기 하는 것이다.

두 가언명제를 검토해 보니 사실 나름의 허점들이 나타났다. 즉 각각이 약간의 거짓이 포함되어 있다. 앞서 언급하였듯이 이럴 경우에는 둘 중 하나를 선택하고 다른 하나는 보완하면 될 것이다. 부모의 기본적인 훈육 방식이나 아이의 기질 등을 고려하여, i) 아이의 기분이 상하지 않도록 잘 다독이며 말을 하여 아이가 받아들이도록 대화를 나누거나; ii) 일단 넘어가고 추후에 아이가 마음이 편할 때 이야기함으로써 지적을 수용할 수 있도록 하면 될 것이다.

아이의 양육방식에는 흔히 두 가지 상반된 방식이 있음을 우리는 잘 알고 있다. 예컨대 '아이는 엄하게 가르쳐야 한다.'는 방식과 '아이는 민주적으로 교육해야 한다'는 방식이 그것이다. 그런데 전자에 대해서 우리는 흔히 '너무 엄하게 하면 아이가 기를 못 편다'고 반론을 제기하고, 후자에 대해서는 '너무 민주적으로 가르치면 아이가 버릇이 없어진다'고 반론을 제기한다. 이러한 반론들은 결국 두 가언명제가 모두 전적으로 참이 아님을 말해 준다. 따라서 한 가언명제를 선택하고 다른 가언명제를 보완하는 방식으로 해결책을 마련할 수 있을 것이다. 즉 1) '아이는 엄하게 가르쳐야 하나 아이가 두려움을 느끼게 해서는 안 된다.' 2) '아이는 민주적으로 가르쳐야 하나 버릇없어지게 해서는 안 된다.' 물론 둘 가운데 어느 것에 가중치를 더 둘 것인지는 결국 '우리 아이는 기질이나 성격이 어떤 아이인가? 그동안 어떠한 환경에 처해 있었던가? 우리 아이에게 무엇이 더 필요한가?'와 같은 물음에 답해 봄으로써 결정할 수 있을 것이다.

● 한 사람이 너무 오래 말할 때

회의를 하다 보면 한 사람이 발언을 너무 장황하고 길게 할 때가 있다. 이럴 때 무작정 듣고 있자니 언제 끝날지 알 수도 없고 시간 낭비가 커서 모두들 불만이다. 그렇다고 "글쎄 그 얘기는 알았거든요. 그만하시죠." 혹은 "여기 그거 모르는 사람 없거든요."라고 말하면 상대를 무시하거나 핀잔을 주는 것이 되어 좋은 방법이 아닐 것이다.

좋은 해결책은 무엇일까? 두 가언명제 가운데 더 중요한 것이 무엇인가? 물론 그것은 발언을 중단시키는 것이리라. 안 그러면 무한정 듣고 있을 수밖에 없을 테니까. 즉 발언을 중단시키는 데에 가중치를 두어 일단 이를 택한다. 결국은 발언을 중단시키되 상대가 기분 나쁘지 않게, 즉 자존심 상하지 않게 말하는 것이 필요하다. 그렇다면 그것은 어떤 방식일까?

말을 길게 하는 사람에게 말을 자르되, 그의 발언에 의미를 부여해 주고 감사를 표시하는 것이 좋은 방법이다. 예컨대, 다음과 같이 말하는 것이다.

"그러니까 ~란 말씀이시죠?"
"말씀하시려는 취지는 잘 이해된 것 같습니다. 공감이 갑니다."
"생각해 볼 점이 많네요."
"핵심을 찌르셨습니다."
"좋은 말씀입니다. 좋은 의견 주셔서 감사합니다."

만일 여러 명이 토론하고 있는 상황이라면 이렇게 말을 하고는 존중하는 의미에서 박수까지 유도하면, 비록 자신의 발언이 중단되었다 하더라도 취지가 이미 전달되었고 인정과 감사의 박수까지 받은 터라 불만이 없어진다. 본인이 하고 싶은 말이 더 있었는데 중단 당하게 되어 약간의 찜찜함이 느껴진다 하더라도, 적어도 불만을 표명할 수 없게 될 것이다.

토론회를 진행하다 보면 발언할 사람은 많은데 시간 없을 때가 있다. 이럴 때는 "발언 신청자가 많은데 시간 부족하니 다 수용하기 어려워 죄송하다는 말씀 드립니다. 신청자들의 협조에 감사합니다."라고 덧붙일 수 있을 것이다. 이렇게 말하면 비록 발언이 잘렸더라도 충분히 이해할 수 있을 것이다.

● 대화 시 양(量)의 원칙

대화를 나눌 때 듣고 말하는 양의 비율에 대해 생각해 보자. 듣고 말함의 많고 적음에 있어서 네 가지 경우의 수가 나온다. 그 가운데에서 최선(最善)은 물론 '많이 듣고 조금 말하기'이다. 이것이 중요함을 많은 사람이 앎에도 불구하고 실천이 잘 안 될 뿐이다. 반대로 최악(最惡)은 '조금 듣고 많이 말하기'

일 것이다. 늘 경계해야 할 사항이다.

그렇다면 나머지 둘 중 어느 것이 더 좋을까? '많이 듣고 많이 말하기'가 차선(次善)일까 아니면 '조금 듣고 조금 말하기'가 차선일까? 이것은 듣고 말하는 비율이 같으므로 생각하기 나름이지만, 필자는 그래도 '많이 듣고 많이 말하기'가 조금 더 나을 것으로 생각된다. 왜냐하면 그래도 많이 들어 주는 것, 즉 경청이 더 중요하기 때문이다. 많이 들어주면 상대방이 기분 좋으니까, 말을 안 자르면 상대방의 자존심이 안 상하니까! 그리고 많이 듣고 많이 말하는 편이 대화에 더 활기 있게 참여하는 것이 되니까. 따라서 '많이 듣고 많이 말하기'가 차선(次善)이 되고, '조금 듣고 조금 말하기'가 차악(次惡)이 된다.

여기서 잠시 여담 한 마디를 하자. 선배와 후배가 술을 먹으면 누가 더 취할까? 경험상으로 보면 후배가 더 취한다. 한국 사회에서 선후배가 함께 술을 마시면 누가 더 말을 많이 하는가를 생각해 보면 답이 나온다. 당연히 선배가 대화를 주도하므로 선배가 주로 말하고 후배는 주로 듣는다. 말을 많이 하면 술 마실 겨를도 없고 먹었던 술도 깬다. 반면에 주로 듣다 보면 할 일이 없어서 결국은 마시게 되고 말을 안 하고 있으면 술이 더 취한다. 따라서 선배는 말짱하고 후배는 술이 취하게 되는 것이다. 이러고 2차를 가자 하면 후배는 부담스러워 사양하는 말을 하게 되고 선배는 이렇게 말한다. "젊은 사람이 왜 이렇게 술이 약해?"

● 계속 우길까 물러날까?

토론을 하다 보면 상대의 주장에 비해 나의 주장이 설득력이 떨어진다고 느낄 때가 있다. 이럴 때 내 주장을 계속 유지하자니 고집스러운 사람으로 비칠 우려가 있고, 그렇다고 상대방의 주장을 따르자니 머쓱하기도 하고 내 체면이 손상될 것 같은 생각도 든다. 정말 흔하게 빠지는 딜레마이다. 이럴 때는 어떻게 할까?

두 가언명제를 검토해 보면, 상대의 말을 따르는 것이 내 체면에 손상을 입힌다는 것이 항상 참이 아님을 알 수 있다. 따라서 상대의 주장을 흔쾌히 수용하는 것이 좋을 것이다. 즉 상대의 의견에 동의하고 가능하면 칭찬까지 해 줌으로써 내가 열린 사람이라는 점을 보여 준다. 이렇게 되면 나의 체면도 유지할 수 있다. 고집을 피우는 것이 오히려 나의 명예를 손상시키는 것이 되고 칭찬함으로써 상대와 대등하게 혹은 오히려 상대에 대해 우위를 점하는 느낌을 줄 수 있다.

● 부탁을 들어 줄까 말까

모임에서 한 바탕 웃음꽃을 피우며 즐거운 한 때를 보내고 서로 헤어지는 상황이다. A는 사람들에게 같은 방향으로 가는 사람이 있으면 태워주겠다고 제안을 한다. 이때 B가 타겠다고 나선다. A는 B를 태우고 출발한다. 그런데 B가 갑자기 맡겨놓은 물건을 찾고 싶다며 어떤 가게에 들렸다갈 수 있겠냐고 물어본다.

A는 황당하다. 왜냐하면 그러면 너무 돌아가게 되고 또 맡겨놓은 물건은 꼭 지금 찾아야 할 것이 아니기 때문이다. 그럼에도 B는 그것을 요구하는 눈치다. 데려다 주면 B가 좋아할 것이지만 A는 몹시 귀찮고 그의 요구가 지나치다고 생각된다. 안 데려다 주면 A는 편하지만 B는 자신의 요청을 거절당함으로 인해 민망함과 서운함에 휩싸일 것이다. 어떻게 해야 할지, 딜레마이다. A는 두 가언명제 중 어떤 것을 택해야 할까? 각 가언명제의 내용을 검토

해야 할 텐데, 이럴 경우 그 사람이 어떤 사람인지가 고려 대상이 되어야 할 것 같다.

만일 B가 고마움을 느끼고 표현하는 사람이라면 데려다 주는 것이 좋을 것이다. 이럴 경우 안 데려다 주고 바로 귀가한다면, '데려다 줄 걸 그랬네, 그랬으면 그 사람도 좋아하고 고마워했을 텐데. 괜히 안 들어주었구나. 그 사람이 몹시 서운해 했겠네.'하는 후회도 하지 않을 것이다.

그러나 만일 그 사람이 평소에 사소한 요구를 많이 하는 사람이라면, 그리고 들어 준다고 별로 고마워하지도 않는 사람이라면, 즉 그러한 요구를 들어주는 것을 당연시 하는 사람이라면 안 들어 주는 것이 더 좋을 것이다. 그래서 그 사람도 내 마음을 알게 할 필요가 있다. 그리고 그래야 내가 편하다.

● 말을 할까 참을까?

A는 맏며느리이다. 항상 집안의 대소사를 혼자 다 챙기는 스타일이다. 반면에 아랫동서들은 무관심하다. 명절이 다가와도 전화 한 통 하는 것은 고사하고, 음식을 나누어서 해오자고 제안해도 이 핑계 저 핑계로 어려움을 호소하며 요리조리 빠져나간다.

묵묵히 하면 알아주리라 했건만 십수 년이 지나도 마찬가지이다. 아니 오히려 그러한 관행에 익숙해져 당연하게 생각하는 듯하다. 그래서 그녀에게는 다음과 같은 딜레마가 생겼다.

    (ㄱ) 말을 하지 않는다. 왜냐하면 말을 하면 그나마 (표면적으로든) 좋은 관계를 해칠 것이고 그러면 그동안 해왔던 것도 무너지게 되어 억울하기 때문이다.
    (ㄴ) 말을 한다. 왜냐하면 이제는 내가 너무나 힘들고 때로 화도 나기 때문이다.

사실 그만큼 해주었으면 이제는 동서들이 알아서 해주기를 바라는데 그렇지 않다.

give and take의 불균형으로 인해 혼자만 잘해주고 손해 보는 느낌을 갖게 되는 이 같은 상황은 인생에서 꽤 흔하다.

선언지 (ㄱ)을 살펴보면, 말을 하는 것이 반드시 좋은 관계를 손상시키는 것은 아니라는 점에서, 즉 앞서 말한 대로 상대방이 기분 나쁘지 않게 말할 수만 있다면 충분히 가능한 선택이라는 점에서 항상 참은 아니다. 선언지 (ㄴ)을 검토해 보면, 말을 하면 결국 동서들에 대한 비판될 수밖에 없다는 점에서 오히려 관계를 단 번에 악화시킬 수 있기 때문에 문제가 있다.

요컨대 두 선언지 모두 나름의 문제가 있으므로, 둘 중 어느 쪽이라도 선택하고 나머지 한 쪽을 보완하는 방식으로 가도 상관이 없을 것이다. 다만 (ㄱ)을 선택하는 것은 스트레스를 계속 안고 살아가는 것이니 이제는 이 문제를 해결하는 것이 좋을 듯하여 (ㄴ)을 선택하기로 하자. 풍파를 원하지 않고 견딜 만 하다면 내버려 두겠지만 이제는 그런 상황이 아니기 때문이다. 그렇다면 말을 하되 상대의 기분을 거스르지 않고 설득력 있게 말해야 할 텐데 이것이 어떻게 가능할까? 물론 가능한 일이나 십 수 년이라는 세월 동안 반복된 일이라서 이의 문제점을 이제 와서 들추어내면 상대가 받아들이기 쉽지 않을 것이다. 처음에는 좋게 이야기를 해도 결국은 서로 서운함을 토로하고 화를 내는 것을 피할 수 없다.

우리는 항상 상대방에 대해 배려만을 해야 할까? 결코 화를 내어서는 안 될까? 아니다! 때로는 분노의 표출도 필요하다. 더구나 인간인 이상 분노를 참지 못하는 경우도 있다. 그럴 때는 분노를 표출할 수밖에 없다. 때로는 분노를 표출하는 것이 필요할 때도 있다. 그래야 나의 마음을 상대방에게 정확하게 알게 할 수 있기 때문이다. 그래서 상대로 하여금 조심스런 태도를 취하게 할 수 있다. 만일 그것이 내 의도라면 결론은 이렇게 된다.

분노를 표출하라. 다만 내가 무슨 말을 하려는지 잘 알고 하면 된다. 즉 내 분노를 내가 제어할 수 있는 범위 내에서 표출하면 된다. 소위 '꼭지'가 돌아서 내가 무슨 말을 하는지도 모를 정도의, 통제 불가능한 분노를 표출하면 안 된다. 상대에게 큰 상처를 입히는 주워 담을 수 없는 말을 하게 되기 때문이다. 그것은 문제를 돌이킬 수 없는 상황으로 인도하기 때문이다. 예를 들어 이런 표현들이다. "우리 이럴 거면 여기서 끝내자." 혹은 "이렇게 살 바에야 이혼하자." 이런 말들은 두 사람 사이의 관계 자체를 끝낼 수 있는 표현이다. 단순한 말싸움을 자칫 관계 자체 차원의 문제로 비화시켜서야 되겠는가?

요컨대 필요 시 화를 내되 내가 화를 내고 있다는 사실을 인지하면서, 그렇게 함으로써 통제의 범위 내에 두면서 분노를 표출하는 것이 필요하다. 우리가 생각하고 있다는 사실 자체에 대한 인식을 '메타인지'(metacognition)라 하는데, 분노를 이 메타인지 내에 두기만 하면 분노는 방법론적으로 문제 해결의 열쇠가 되기도 한다.

● 당신은 마추픽추에 갈 수 없다?

여행에 정통한 한 외국인 교수에게 필자가 마추픽추를 보러 페루에 가고 싶다고 한 적이 있다. 그런데 그는 다음과 같이 유머러스한 답변을 했다.

> 당신은 결코 마추픽추에 갈 수 없어요.
> 날씨가 나쁘면 길이 험준하기 때문에 위험해서 못 가요.
> 그리고 날씨가 좋으면 사람이 너무 많아서 못 가요.

▲ 페루의 마추픽추

이 농담은 딜레마 형식을 띠고 있다. 이 딜레마에서 어떻게 벗어날 수 있을까? 두 선언지 가운데 앞의 것은 분명한 사실이므로 의심하기 어렵다. 그러나 뒤의 것은 항상 참은 아니다. 날씨가 좋을 경우 사람이 많으면 불편하지만 그래도 감수하고 갈 수는 있기 때문이다. 따라서 날씨가 좋을 때 가면 될 것이다.

그러나 사실 이 딜레마는 가짜 딜레마이다. 사실 다른 선언지도 가능하기 때문이다. 날씨가 좋은 날이라 해도 비수기 때나 평일에는 사람이 많지 않으므로 이 때 갈 수도 있는 것이다. 선언지를 더 생각해 보지 못해 딜레마로 오인하는 경우라 할 수 있다.

선언지를 검토하여 그 가운데 하나를 선택하고 나머지를 보완하는 가중선택법은 결국 자료의 분석력과 상황에 대한 판단력에 달려 있다고 하겠다.

앞서 예시했던 신파극에서 필자는 심순애에게 이렇게 충고하고 싶다. 당신이 진정으로 원하는 것이 무엇인지 잘 생각해 보시오. 어느 것이 더 진실인지를. 심순애는 고민 끝에 김중배의 다이아 반지에 끌려 돈을 선택했다. 그러나 나중에 후회하였다. 이는 그녀가 두 선언지를 제대로 검토하지 못하여 자신이 진정으로 원한 것이 사랑이었음을 몰랐던 것이 아닐까!

4. 차원 전환법

● 아예 판을 바꾸는 거다!

딜레마를 벗어나기 위한 또 하나의 사고법으로 차원 전환법을 들 수 있다. 앞서 5장 『3. 이분법적 사고』에 예시한 경찰 공무원 면접시험에서의 답변 딜레마를 살펴보자.

> Q : 현 시점에서 경찰이 추구해야 할 최고의 가치는 무엇이라 생각하십니까?
> A : 청렴입니다.
> Q : 그럼 경찰이 부패해 있다는 말입니까?
> A : ???

여기서 "경찰이 부패해 있다는 말입니까?"라는 물음에 '네'라고 말할 수는 없다. 일단 그것은 경찰에 대한 모독이고 그 같은 부패한 조직에 왜 들어오려 하는가 하는 반문에 답변할 길이 없다. 그렇다고 '아니요'라고 말할 수도 없다. 그러면 왜 경찰이 추구해야 할 최고의 가치로 청렴을 들었는지에 대해 답변할 수 없기 때문이다.

이 같은 딜레마는 앞 절에서 말한 가중 선택법으로 해결할 수 없다. 왜냐하면 선언지 어느 것도 채택할 수가 없기 때문이다. 따라서 이럴 때는 생각의 차원을 완전히 달리하여야 한다. 두 선언지를 모두 아우를 수 있는 다른 차원으로 사고를 이전해야 하는 것이다. 그런데 이럴 경우 필자의 경험으로는 시간 차원의 도입이 많은 경우 유효하다. 즉 시간 차원을 도입하여 과거와 미래를 대조시키는 사고법이다. 사실 인간의 많은 것들이 시간에 따라 변한다. 불교식으로 말하면 '제행무상'(諸行無常)이다. 예컨대 경찰은 청렴한 조직이지만 과거에 일부 부패가 있었고 이를 일소하기 위해 많은 노력을 기울이고 있으며 앞으로도 부패하지 않도록 늘 노력을 기울여야 할 것이다.

따라서 다음과 같이 답변하는 것이 가능하다.

Q : 그럼 경찰이 부패해 있다는 말인가?
A : 아니요. 하지만 청렴을 유지하는 것이 무엇보다 중요하다고 생각한다.

이처럼 딜레마 상황에서 새로운 차원을 도입하여 해결하는 사고법을 우리는 '차원 전환법'이라고 칭하고자 한다.

● 시간적 차원을 도입하라

인터넷에서 떠도는 퀴즈를 하나 풀어 보자.

> 나는 존재하지 않았지만 언제나 있다. 아무도 나를 보지 못했고 앞으로도 그럴 것이다. 그럼에도 나는 지구상에 살아 숨 쉬는 모든 이의 믿음이다. 나는 누구일까?
> (I never was, am always to be. No one ever saw me, nor ever will. And yet I am the confidence of all who live and breathe on this terrestrial ball. Who am I?)

정답이 무엇일까? 위 문장들을 보면 현재, 과거, 미래형이 서로 대비되어 있다. 이로부터 우리는 시간에 의한 변화를 눈치 챌 수 있다. 정답은 '내일'이다. 우리는 많은 경우에 어떤 대상이 주어지고 문제가 주어지면 그 대상 안에 답이 있을 것이라는 고정관념에 갇힌다. 그래서 시간이라는 새로운 차원을 생각하지 못하게 된다. 생각을 할 때, 삶의 모든 것이 시간에 따라 변화한다는 생각을 가지는 것이 매우 필요하다. 이 같은 사고법을 시간 매개 전략이라 하자.

시간 매개 전략으로 풀 수 있는 다른 딜레마 상황을 몇 개 더 보자.

모 외국 기업이 한국의 한 도시에 소재한 공장을 폐쇄하겠다고 발표했다. 당연히 이 문제에 관해 기업과 노조, 지역주민, 정부, 학계 등에서 엄청난 논쟁이 일어났다. 한 강연회에서 가톨릭대 김기찬 교수는 이 문제의 해결책이 무엇인가 하는 질문을 받았다. 즉 노사문제 해결, 제품의 교체, 비즈니스 모델의 교체 중 어느 것이 정답인가 하는 것이었다. 이해 당사자들 간의 대립이 첨예하여 자칫 잘못 대답하면 큰 일이 나는 민감한 문제였다. 이에 대해 김교수는 시간 매개 전략으로 풀어내었다. 그의 대답은 "1년 관점에서 보면 노사문제 개선으로, 5년 관점에서 보면 제품의 교체로, 10년 관점에서 보면 비즈니스 모델의 교체로 해결해야 할 것이다."였다. 시간 차원을 도입한 훌륭한 답변이었다.

● **옆의 분과 친하세요?**

한 TV의 토크쇼에서 방청석에 나란히 앉아 있는 두 사람에 진행자가 물었다. "옆의 분하고 친하세요?" 참 뜬금없는 질문이었다. 서로 아는 사람이 아니었기 때문에 답변하기가 곤란했기 때문이다. 그는 질문을 받은 이상 답변은 해야 하겠는데 어찌 대답해야 할지 난감했다. 친하지 않다고 대답하면 재미도 없지만 옆에 있던 사람도 공연히 멋쩍고 민망하게 될 것이었고, 친하다고 대답하면 거짓말이 되기 때문이었다. 따라서 다른 방청객과 시청자는 긴장감에 휩싸여 그가 어떻게 말할지 기다렸다. 이때 그는 멋들어진 답변을 하였다.

"많이 친하다고 할 수는 없으나 좋은 분으로 보여 친하게 지내려고 생각하고 있었습니다."

시간을 매개로 하여 친하지 않은 현재로부터 친하게 지내고 싶다는 긍정적인 태도의 미래로의 전환을 담은 것이다. 그야 말로 우문현답(愚問賢答)이었다.

● 곤란한 상황에서 누구 편을 들겠는가?

어느 청년이 예비 장인으로부터 이런 질문을 받았다. "만일 자네가 내 딸과 결혼한 뒤에 자네의 아내와 장모 사이에 이견이 있다면 누구의 편을 들겠는가?" 그는 순간 딜레마에 빠졌다. 이럴 경우 정답은 없고 다만 중요한 것은 예비 장인이 원하는 답을 해야 할 뿐이다. 청년은 예비 장인어른이 어느 것을 원하실까 고민한다. 어떤 프레임을 취할 것인가? 아내의 사랑을 취해야 할 것인가, 효도를 취해야 할 것인가? 만일 이 딜레마를 가중 선택법으로 벗어나려 하면 다음과 같이 말하는 것이 될 것이다.

"아내의 편을 들겠습니다. 평생의 반려자이니까요." 이는 아내 사랑 프레임이다. 예비 장인은 '이 녀석, 아내를 사랑하는군.' 하고 생각할 것이다.

"장모님의 편을 들겠습니다. 어른이시니까요." 이는 효도 프레임이다. 예비 장인은 '이 녀석, 어른에 대한 공경심은 있군.' 하고 생각할 것이다.

그러나 이 방법은 다소의 위험이 따른다. 어느 선택이 옳을지 알 수가 없기 때문이다. 물론 어쩌면 예비 장인도 원하는 답이나 입장이 없을 수도 있다. 그렇다면 단지 답변의 태도가 문제일 뿐일 것이다.

만일 시간 매개 전략을 취하면 "앞에서는 장모님의 편을 들고 나중에 아내와 단 둘이 있을 때 아내의 이해를 구하겠습니다."라고 답변하는 방식이 될 것이다.

● 엄마가 더 좋아, 아빠가 더 좋아?

서로 라이벌 관계에 있는, 그래서 서로 경쟁하는 두 사람이나 조직을 평가해야 하는 상황에 처할 때가 있다. 그런데 이때 한쪽을 다른 한쪽에 비해 우월하다고 답변하면 한쪽의 마음을 얻을 수 있지만 다른 한쪽의 마음은 잃게 된다. 사실 우리는 어릴 때부터 부모님으로부터 "엄마가 더 좋아, 아빠가 더 좋아?"와 같은 질문을 많이 받으면서 성장했다. 그런데 이러한 질문은 의외로 그 유치함만큼이나 답변하기가 어렵다. 그래서 기껏 우리가 하는 대답은 "몰라" 아니면 "둘 다 좋아요" 같은 판에 박힌 것뿐이었다. 다만 조금 나이가 들면 "저한테 하는 거 보고 말할게요."와 같이 시간 매개 전략을 취할 수 있게 된다.

● 다면적 접근

서로 경쟁관계에 있는 관광지 A와 B에 대해 어느 곳이 더 좋은가 하는 질문을 받은 관광 전문가가 있었다. 두 관광지를 대표하는 사람들이 앞에 있어서 말 한 번 잘못하면 큰일 나는 상황이었다. 긴장감 가득한 분위기에서 그 전문가는 어떻게 말해야 할까? 모두 훌륭해서 차이가 없다는 식의 답변은 누구도 만족시켜 주지 못하는 창의력 제로의 답변이니 피해야 할 것이다. 이럴 경우에는 다면적 접근을 하는 것이 좋다. 모든 대상은 흔히 단일체로 바라보지만 사실은 관점에 따라 다르게 볼 수 있는 복합체이므로 여러 측면으로 나누어 접근하는 것이 필요하다. 그래서 "봄에는 아름다운 꽃이 만발하는 A가 좋고요, 가을에는 단풍이 기가 막힌 B가 좋습니다."라고 말하는 것이 하나의 방법이다.

기업에 대한 평가도 마찬가지다. 어느 기업이 더 나은지를 물어오면 '기술은 A기업이 낫고 디자인은 B기업이 낫다'는 식으로 답변할 수 있을 것이다.

● 되치기 전략

당신은 경찰관이다. 불법을 저지른 친구가 당신에게 도와달라고 한다. 도와주면 비리 경찰관이 되고 안 도와주면 친구를 잃는다. 이럴 때 당신은 어떻게 하겠는가?

어떤 직업에 종사하건 우리는 이 같은 딜레마 상황에 자주 처한다. 보통은 "안 된다니까! 나 잘리는 거 보고 싶어?"라고 하기 쉽다. 그러나 이렇게 분노를 표출하면 그렇지 않아도 청탁을 하는 입장이라 자존심이 상하기 쉬운 상황인데 상대를 몹시 기분 나쁘게 할 것이고 결국 친구를 잃게 된다. 또 다른 방법은 내가 직책상 그렇게 할 수 없음을 설득을 하는 것이다. 그러나 이럴 경우 대개는 상대가 설득이 될 리가 만무하여 결국은 실패하게 된다.

이처럼 분노 표출과 단순 설득은 성공하기가 어렵다. 그렇다면 어떻게 해야 할까? 쉬운 문제가 아니다. 이럴 때는 역발상이 필요하다. 사실 이 딜레마의 근본 원인은 진정한 친구란 어려울 때 도와주는 존재라는 거부할 수 없는 보편적 신념 때문이다. 불법을 저지른 그 친구가 도와달라는 것도 본인이 몹시 힘들기 때문이다.

그러나 자신이 어려움에서 벗어나기 위해서 이렇게 친구에게 도움을 요청하는 것이 청탁을 받는 사람 입장에서 보면 오히려 친구를 어려움으로 몰아닝는 것이다. 문제는 여기에 있는 것이다. 진정한 친구라는 가치관이 반대 방향으로도 적용되는 것이다. 따라서 진정한 친구라면 어려움에 처한 친구를 도와주지는 못할망정 어려움에 처하게 해서는 안 되는 것이 아닌가! 더구나 자기의 이익을 위해 친구를 이용하거나 친구에게 해를 끼치는 것은 결코 친구가 아닌 것이다. 진정한 친구란 오히려 서로를 이해해 주는 관계라 할 수 있다. 따라서 친구가 제시한 진정한 친구 프레임을 역으로 제시하는 것이 유효하다.

"친구야, 네 처지가 딱하니 어찌해야 좋을지 모르겠다. 그런데 나도 참 힘들다. 도와 줄 수 없어서 정말 미안하다! 너는 내 진정한 친구이니 내 입장도 이해해 줄 수 있겠지? 부탁한다."

이렇게 하면 상대도 나의 입장을 이해할 수 있을 것이다. 혹은 적어도 친구를 잃어버리는 상황에 처하지는 않을 것이다.

어쩌면 상대가 이렇게 말할 수 있을지 모른다.

"어떻게 친구가 이럴 수 있냐?"

"이러고도 네가 내 친구라 할 수 있냐?"

그러면 나도 반박을 할 수 있을 것이다. 본질 회귀법을 써서.

"친구가 뭐니? 아무리 자기 사정이 급하다고 친구를 도리어 어렵게 만들면 그게 친구냐? 너도 이게 안 된다는 거 알고 있잖아!"

이처럼 정말 막막할 때는 상대가 제시한 프레임을 그대로 상대에게 제시하는 전략이 유효할 때가 많은데, 상대에게 되돌려 준다는 의미에서 이를 '되치기 전략'이라 부를 수 있겠다. 상대의 공격을 역이용하는 이 같은 전략은 씨름으로 따지면 되치기 기술에 해당한다. 되치기란, 씨름에서 상대가 파고들 때 옆으로 슬쩍 빠져주면서 그 힘을 그대로 이용하여 상대가 제 힘으로 넘어지게 하는 기술이다.

이는 올리비에 르불이 정치 분야에서 흔히 쓰는 반박 전략으로 제시한 '재정의(再定義) 전략', 즉 상대의 용어를 자기에게 유리한 방식으로 다시 정의하여 반박하는 전략과 구조적으로 동일하다. 예컨대 한쪽이 상대방의 정책을 포퓰리즘이라고 비난하면 다른 한 쪽 역시 상대에게 그거야 말로 포퓰리즘이라고 비난하는 방식이 그러하다. 2015년 9월말, 이재명 성남 시장이 관내 3년 이상 주민등록을 두고 거주한 19~24세 청년들에게 분기별 25만원 이내의 청년배당을 지원하는 청년배당 제도를 도입하겠다고 나서자, 상대 당에서 "분기별 25만원 지급은 너무 푼돈이라며 선거를 의식한 포퓰리즘 정책 아니냐?"는 지적을 했다. 이 시장은 이에 대해 "사업 밑천을 주거나 생활비 정도를 준다면 그거야 말로 진짜 포퓰리즘일 것"이라고 반박했다.

군 정보기관인 기무사가 정치인을 사찰한 정황들이 나오자 야당 국회의원인 A가 정부와 군을 나라를 팔아먹는 행위라며 맹비난을 하였다. 이때 여당 국회의원인 B는 "애국심이 있는 사람이라면 남과 북이 대치하고 있는 상황에서 그렇게 함부로 우리의 군을 위태롭게 하는 발언을 하지 않는다."라고 맞섰다. 이때 A는 이렇게 말했다. "나도 누구 못지않은 애국자이다. 정권 연장을 위해 법을 어겨가며 군을 이용하여 국회와 국민을 감시하고 사찰하는 행위야 말로 남북이 대치하고 있는 상황에서 우리의 군을 위태롭게 하는 행위이다."

재정의 전략은 이처럼 상대방 논리의 힘을 그대로 이용한다. 사실 우리도 일상적인 논쟁에서 "내 말이 그 말이다."와 같은 식으로 반박 논리를 펴곤 한다.

재정의 전략은 새로운 논리를 개발하기 위한 비용이 들지 않는다는 장점을 갖고 있다. 단지 개념의 핵심 하나를 역이용할 뿐이다. 뒤집어 보면, 사실은 다른 개념을 하나의 동일한 용어로 표현하게 되는 것인데, 결과적으로 같은 용어에 대해 자신에게 유리한 의미를 채색하는 효과를 낸다. 1960년대 프랑스의 샤를 드골(Charles de Gaulle)은 공산당을 전체주의(totalitarianism)라고 비난했다. 반면에 공산당 지도부는 드골파의 체제를 전체주의라고 비난했다. 같은 용어를 각자 유리하게 정의하여 상대에게 되돌려주는 재정의 전략을 사용한 예라 할 수 있다.

되치기 전략과 재정의 전략은 딜레마 상황에서 선언지의 차원을 벗어나서 해결책을 찾는다는 점에서 차원 전환법의 한 유형으로 볼 수가 있다.

상대가 무례한 질문을 할 때 멋지게 반박하면 좋을 것이다. 그럴 때 상대의 발언을 그대로 이용하는 되치기 전략이 좋을 수 있다. 예컨대 서양에 가면 동양인을 비하하는 질문을 하는 무례한 사람들이 있는데, 예를 들어 이렇게 말하는 사람들이 있다. "당신네 동양인들은 왜 그렇게 눈이 작아요?" 이 질문에 당황하거나 화를 내기보다 침착하게 상대의 말을 그대로 역이용하는 것이다.

"그래요. 우리는 눈이 작아요. 하지만 세상을 보는 눈은 당신네들보다 크죠."

● 가장 빨리 가는 방법은?

인터넷에 이런 유모어가 있다. 영국의 한 신문사에서 퀴즈를 냈다. '런던에서 맨체스터로 가장 빨리 가는 방법은 무엇인가?' 두둑한 상금 욕심에 많은 사람이 응모에 나섰다. 물리학자, 수학자, 설계사, 회사원, 학생들이 저마다 기발한 해답을 제시했다. 수많은 경쟁자를 제치고 1등을 차지한 답안은 바로 '좋은 친구와 함께 가는 것'이었다. 훌륭한 차원 전환법이라 할 수 있다.

제 10 장

관점 전환법(II)

- 언어의 전환

1. 대상전환법

● **사람이 나쁘겠니? 결과가 나쁜 거지!**

부하직원이 제출한 보고서가 몹시 마음에 안 든다고 치자.

이때 만일 "이봐 김 대리, 이걸 보고서라고 쓴 거야?" 혹은 "보고서 이렇게밖에 못 써?"라고 하면, 김 대리는 민망해지고 기분이 몹시 나빠진다.

반면에 "이 보고서는 문제가 있네" 혹은 "보고서가 왜 이렇지?"라고 한다면 김 대리는 기분이 훨씬 덜 나쁘게 된다. 이런 차이는 어디서 오는 걸까?

전자는 생략되어 있기는 하지만 주어가 김 대리인 반면에, 후자는 주어가 보고서이기 때문이다.

주어가 상대방일 때는 비판의 대상도 상대방이 된다.

그러나 보고서를 주어로 삼을 때는 비판의 대상이 상대방이 아니라 단지 보고서일 뿐이다. 물론 상대방 입장에서 보면 비판의 대상이 결과적으로는 자신일 수 있지만, 적어도 자신이 비판의 직접적 대상은 아니다. 비판받을 때 그 대상이 자신이라면 신경이 더 쓰이고 긴장을 하게 되지만, 단지 일이나 일의 결과라면 다소 심리적 여유를 가질 수 있다.

아니, 심지어 자신은 비판의 대상이 아닐 수도 있다.

예컨대 "보고서에 문제가 있네, 전혀 자네답지 않은 걸"이라고 한마디 덧붙이면 더욱 그렇다. 일이 잘못되었을 뿐 자신은 원래 능력이 있는 사람으로 평가받는다는 의미가 되니, 상대방은 기분이 나쁘지 않을 수 있다.

이처럼 상대를 비판해야 하지만 기분 나쁘지 않게 하면서 개선을 유도하려면, 반드시 비판의 대상을 상대방이 아니라 그가 한 일의 결과물로 설정하는 것이 필요하다.

사람을 비판할 것인가, 아니면 그의 행위나 그 결과물을 비판할 것인가? 대답은 명확하다. 설득이 목적이라면 사람을 비판해서는 안 된다.

하지만 우리는 너무나도 흔히, 그리고 너무나도 쉽게, 사람을 비판한다.

조직 내에서 성과가 자꾸 나빠지고 있어서 그 원인을 찾고 있다. 이럴 때 두 유형의 직장 상사가 있다.

첫째 유형은 조직 내에서 일을 잘못하고 있는 사람이 누구인지를(Who is wrong?) 찾는다. 그리하여 그 부하 직원을 비난하거나 스트레스를 주고 벌을 내린다.

반면에 둘째 유형의 상사는 잘못되고 있는 일이 무엇인지(What is wrong?)를 찾는다. 그리하여 일을 개선하려고 노력한다. 우리는 사람을 다그치는 전자의 유형을 '보스(boss)'라 하고, 업무를 지향하는 둘째 유형의 상사를 '리더(leader)'라 칭한다.

실생활에서 우리는 리더보다 보스를 더 많이 본다. 그만큼 사람을 비판하는 것은 쉽고 일을 비판하는 것은 어렵다는 방증이다. 그래서 비판을 할 때는, 대상을 사람에서 일이나 결과물로 전환하는 훈련이 필요하다.

우리가 인간관계에서 실수를 하거나 실패를 맛보는 대부분의 이유는 자기도 모르게 상대방을 비판의 대상으로 삼기 때문이다. 비판을 할 때는 반드시 그 대상을 사람이 아닌 행위나 결과물로 전환하도록 각별히 신경을 쓰는 것이 필요하다. 우리는 이를 '**대상전환법**'이라 칭하고자 한다.

● 정말 중요한 건 주어야

대상전환법에 입각하여, 이제부터 비판을 해야 할 때는 상대가 아니라 행위나 결과물을 주어로 설정하는 전략을 실천해보기로 하자. 다음에 몇 가지 예를 제시한다.

> 약속을 지키셔야죠.
> → 약속은 지켜져야 한다고 생각한다.
>
> 그렇게 하시면 안 되죠.
> → 일이 그렇게 진행되면 안 되죠.
>
> 바꾸셔야 한다.
> → 변화가 있으면 좋겠습니다.
>
> 사장님, 이젠 바꾸셔야 한다.
> → 사장님, 이젠 변화가 있으면 좋겠습니다.
>
> 여보세요, 질서를 지키세요.
> → 아무리 급한 일이라 해도 질서는 지켜져야 한다.
>
> 그러지 마세요. 예의를 지키세요.
> → 아무리 화가 나는 일이더라도 예의는 지켜져야 한다.

내가 보직을 할 때의 일이다. 시청에 협조를 얻을 것이 있어서 협조 공문을 시청에 보내야 해서, 김과장에게 그리하라고 말했다. 그런데 시청에서 전화가 왔다. 아직 공문이 안 왔다는 것이었다. 그래서 나는 김과장을 불러서 말했다.

"김과장, 시청에 공문 발송했어요?"

그는 이러 저러한 변명을 하면서 아직 안 했다고 했다.

작성 요령을 다시 일러 주면서 빨리 보내라고 했다.

그런데 다시 시청에서 연락이 왔는데 아직도 안 왔다는 것이다.

나는 화가 났다. 무슨 일을 그렇게 더디게 하는지 이해하기가 힘들었다.

그런데 마침 금요일 오후 5시 30분이라 이왕 늦은 것이라 그 다음주 월요일 오전에 김과장을 불렀다.

"김과장, 아직도 공문 안 보냈어요?"라고 말하면 어떻게 되었을까? 이 말은 김과장에게 독촉, 책임 추궁의 의미로 들렸을 것이다. 그러면 김과장이 사기가 많이 떨어질 것을 우려해서 나는 그렇게 말하지 않았다.

이럴 때는 어떻게 하는 것일 좋을까? 나는 비판할 때는 비판의 대상을 사람으로 하지 말라는 대상전환법에 입각해서 이렇게 말했다.

"김과장, 공문은 발송됐나요?"

이 말은 독촉, 책임 추궁의 의미가 없고, 단순히 확인하는 의도로 느껴졌을 것이다.

다행이 발송이 되었다고 하길래 문제가 없이 넘어갈 수 있었는데, 결과와 상관없이 대상전환법은 나와 김과장의 관계를 악화시키지 않았다.

● 때로는 책임 회피의 수단으로도

바람직하지는 않지만, 대상전환법(이는 주어를 전환하는 것을 요체로 하므로 '주어전략'이라고 할 수도 있겠다)이 자신의 잘못에 대한 책임 회피의 수단으로 쓰일 수도 있다. 로널드 레이건은 "제가 잘못을 했습니다."(I've made mistakes)라고 말하는 대신에, 주어를 '잘못'으로 설정하여 "잘못이 있었습니다."(Mistakes were made.)라고 발뺌한 일화는 유명하다.[43]

사실 이러한 화법은 정치인들이나 외교관들의 경우 즐겨 사용된다. '미안하다'(남에게 대하여 마음이 편치 못하고 부끄럽다)나 '사과하다'(자기의 잘못을 인정하고 용서를 빌다) 혹은 '사죄하다'(지은 죄나 잘못에 대하여 용서를 빌다)는 자신의 잘못을 인정하는 의미를 담고 있는 말들인데, 이런 단어들을 사용하기 위해서는 반드시 자신을 주어를 삼아야 한다. 따라서 이를 회피하기 위해 이들은 '유감스럽다'(마음에 차지 아니하여 섭섭하거나 불만스러운 느낌이 남아 있는 듯하다)라는 어휘를 쓴다. 이때 주어는 본인이 아니라 본인이 저지른 잘못이어서 비껴갈 수가 있기 때문이다. 이러한 장점 때문에 정치권에서도 유감 표명은 흔히 쓰인다.

● 무례한 사람의 공격에 대해

회의를 주재하다 보면 의장에 대해 공격적으로 발언을 하는 경우가 있다.
"왜 회의를 편파적으로 진행하십니까?"
"그 발언 취소하세요!"
"빨리 투표나 하세요."
이런 식이다.
만일 여러분이 회의를 주재하는 의장이라면 어떻게 대답하시겠는가?

같이 공격적으로 대응하는 것이 좋을까? 아니다! 만일 그렇게 하면 의장의 권위는 지켜질지 몰라도 회의는 엉망이 된다. 어쩌면 상대방을 더욱 자극하여 더 공격적인 발언을 되받을 수도 있다. 그러면 어쩌면 의장의 권위도 지킬 수 없을 지도 모른다.

그렇다고 당황하여 자신을 공격한 상대방을 직접 비판하면 그 사람의 반발을 불러일으키기 때문에 상대방이 아니라 상대방의 행동을 비판하는 전략, 즉 비판의 대상을 전환하는 대상전환법(주어전략)을 쓰는 것이 필요하다.

그렇다면 상대의 어떤 행동을 비판할 수 있을까? 이럴 때는 본질로 돌아가라는 '본질 회귀법'이 언제나 유효하다. 그러니까 예를 들어 모든 회의 참석자는 상대방에 대한 예의를 지켜야 한다는 프레임 같은 것이다. 결국 '당신은 예의를 지켜야 한다'인데 여기에 주어 전략을 적용하면 어떻게 될까? '예의는 지켜져야 한다'가 될 것이다. 그럼 이제 당당하게 이렇게 말하는 것이다.

"회의의 주재권은 제게 있습니다. 회의의 진행에 대한 불만으로 저를 비판할 수는 있지만 예의는 지켜져야 합니다."

이렇게 말하면 불만을 제기했던 상대가 더 이상 공격적인 발언을 이어가지 않게 된다. 대개 화를 누그러뜨리고 조용히 의장의 진행에 협조를 하게 된다.

● 당신을 도와주려는 거예요

몇몇 기관이 협업하여 공동 사업을 펼치려 한다. 그런데 참여 기관 중 A 기관이 먼저 자기 분야의 사업계획서 초안을 작성해서 B기관에 가져왔다. B의 담당자가 보기에 그 계획서는 너무나도 부실하여 화가 날 지경이다. 하지만 이때 B의 담당자가 이렇게 말하면 안 될 것이다. "이걸 계획서라고 써 오신 겁니까? 우리 사업 망치려고 합니까?" 다시 써오라고 호통치고 싶은데, 기분 나쁘지 않게 말하려면 어떻게 해야 할까?

기본적으로 주어 전략을 쓰되, 이외에도 내가 상대방에게 도움을 주려는 의도를 갖고 있음을 덧붙여 알려주면 더 좋다. 예컨대 이렇게 말하면 어떨까? "내가 당신을 도와주려고 한다. 그런데 이 계획서는 다른 사람들이 모두 반대할 것이다. 내가 그 사람들을 설득할 수 없다. 이렇게 수정해라. 그러면 내 생각엔 인정받을 것이다." 이처럼 상대를 도와주려는 의도가 내게 있음을 알리면, 상대는 긴장을 풀고 고마운 마음으로 접근할 것이다. 아울러 다른 사람들의 의견을 끌어들이면서 문제를 객관화시키고, 판단 주체는 내가 아니라 다른 사람들이라고 생각하게 만들면, 상대는 더욱 쉽게 수긍할 것이다.

● **왜 나만 잡아요?**

한 운전자가 고속도로에서 과속으로 주행하다 교통 경찰관에게 걸렸다. 꼼짝없이 딱지를 떼게 되었다. 사정이 있었음을 설명해도, 좀 봐 달라고 해

도 소용이 없었다. 그래서 이렇게 말했다.

"아 왜 나만 잡아요? 저 차들도 다 과속이네요. 저기 봐요. 이 차들 모두!"

이럴 때 많은 교통 결찰관은 곤혹스러움을 느낀다. 짜증스럽게 면허증이나 달라고 하면 불친절하다고 할 것이고, 그렇다고 "아저씨는 낚시할 때 저수지 물고기 다 잡아요?"라고 농담을 할 수도 없다. 그래서 제대로 대응하지 못하는 경우가 꽤 있다.

그런데 똑 같은 상황이 미국에서 발생할 경우에는 사정이 좀 다르다. 한국 유학생이 미국 고속도로에서 과속으로 경찰관에게 걸렸다. 그래서 위와 똑 같이 말했다.

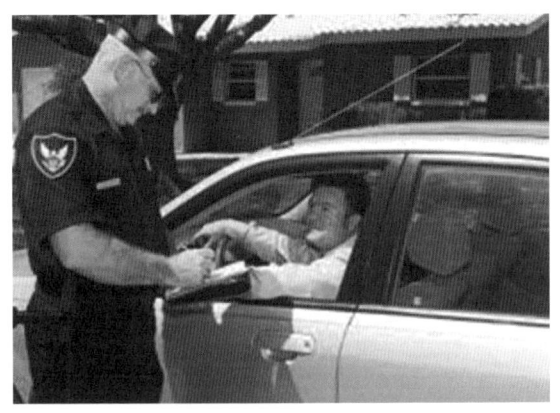

이때 미국의 교통경찰관은 대개 이렇게 말한다.

"It's none of your business."(그건 댁에서 상관할 일이 아닙니다.)

이 말을 들은 유학생은 말문이 막혀 도저히 반박할 수도, 사정할 수도 없었다.

미국은 규칙 기반 사회이다. 인종, 언어, 종교 등이 서로 다른 이민자들로 구성된 사회이므로 법과 규정을 세워 놓고 이에 준거하여 통치해 나갈 수밖에 없다. 문제가 발생했을 때는 법과 규정에 따라 정해진 권리와 의무에 입각하여 처리한다. 이로 인해 그들은 권리와 의무에 관한 의식이 분명하다. 소관 업무는 해당 담당자가 처리하고 담당자 이외에는 권리가 없다는 개념을 갖고 있다. 그래서 이렇게 업무 권한의 프레임으로 접근하는 것이 누구에게나 수용 가능한 쉽고도 명료한 접근법이 된다.

반면에 한국은 정(情) 기반 사회이다. 오랜 정착민들이 협업하여 쌀농사를 짓고 사는 상부상조(相扶相助)의 사회이므로 문제가 생기면 법 규정의 적용 이전에 인간관계의 정리(正理)로 해결한다. 따라서 한국의 경찰관들은 미국 경찰관들처럼 그냥 규정에 입각하여 당신이 상관할 일이 아니라고 답변하는 것이 깊이 개념화 되어 있지 않다. 그리고 그것은 인간관계의 정리상 너무 공격적인 말로 들린다.

그렇다면 어떻게 해야 할까? 이 문제는 교통 법규 위반이라는 법규 관련 사항이므로 기본적으로는 미국 경찰관처럼 업무 권한의 프레임으로 접근하는 것이 당연하다. 다만 우리 사회의 특성에 맞게 다소간 정에 호소하는 태도가 조금 더 가미 되어야 할 필요가 있다. 즉 어조를 다소간 완화시킬 필요가 있다.

a) 그건 댁에서 상관할 일이 아닙니다. / 그렇게 말씀하시면 안 되죠.
b) 그건 제 소관 사항입니다. / 그건 제가 알아서 할 일입니다.

a)의 첫 문장을 보면 주절의 주어는 '그것'이지만 그 안에 포함된 관계절 '댁에서 상관할 (일)'을 보면 '상관하다'의 주어는 '댁', 즉 상대방이다. 둘째

문장을 보면 표면적으로는 생략되어 있지만 주어는 역시 상대방이다. 따라서 이들은 상대의 기분을 상하게 할 것이다.

반면에 b)의 두 문장에서는 주어가 '그것', 즉 '그 문제' 혹은 '그 일'로 설정되어 있어서 상대가 비판의 대상이 아니다. 또 둘째 문장에서도 '알아서 하다'의 주어가 '저'이기 때문에 상대의 기분을 거스르지 않는다. 요컨대 주어 전략을 적절히 적용한 b)의 표현들이 a)보다 바람직하다 하겠다.

● 제 욕 했다면서요?

평소의 고정관념에 젖어 있던 관점을 전환한다는 것이 어디 쉬운 일이겠는가? 하지만 몇몇 예에서 보았듯이 주어만 바꾸어도 새로운 관점이 열린다. 그리고 그것은 딜레마로부터의 탈출을 도와줄 수 있다.

어떤 대학에서 교무회의가 열렸을 때였다. 회의의 목적은 A교수를 중심으로 본부의 보직 교수들이 새롭게 추진하고 있던 대규모 사업을 논의하고 중요 사항들을 의결하기 위함이었다. 그런데 이 사업에는 약간의 문제가 있었다. 사업의 목표는 좋으나 재정계획도 불투명하고 무리하게 추진하는 과정에서 절차적 문제점도 많이 드러났기 때문이다. 그래서 사업 아이디어가 제시된 후 시간이 지나면서 B교수를 비롯한 일부 교수들 사이에서 이 사업에 대한 회의적인 입장이 개진되고 있던 터였다.

회의가 시작되고 B교수의 발언 차례가 되자 그는 곤혹스러워졌다. 왜냐하면 자신의 신념으로는 이 사업에 반대하고 싶지만, 사업을 제안하고 추진하고 있는 A교수와 매우 친한 사이였고 또 그와의 친분관계 유지는 앞으로의 업무 관계에 있어 매우 중요하기 때문이었다. 마침 A교수는 출장으로 회의에 참석하지 못했는데, 그가 없는 상황에서 그가 추진하는 사업의 문제점을 지적하고 추진 절차의 무리함을 비판해야 했다. 어떻게 해야 할지 모를 딜레마 상황이었다. 학교의 미래를 위해 소신 발언을 해야 할지, 아니면 중요한 사람과의 친분관계를 유지해야 할지 곤혹스러웠다. 사실 살면서 부딪히는 많은 어려움 가운데 으뜸이 이런 상황이다.

그는 잠시 망설이다가 전자를 택했다. 학교의 미래가 더욱 중요하다고 판단했기 때문이다. B교수는 사업 추진에 대해 비판적 발언을 했고 그의 발언은 설득력이 있었다. 많은 논의 끝에 사업은 중단하는 쪽으로 결론이 났다.

이후 출장에서 돌아온 A교수는 회의에서 있었던 일을 전해 들었다. 말이란 돌고 돌면 부풀려지고 없던 이야기도 덧붙여지게 마련이다. 그리고 사람들은 흔히 일보다는 사람 사이의 관계에 관심이 더 많아 그런 관점에서 이야기가 돌고 돌았다. B교수가 A교수를 심하게 비판하더라, 잘나가던 A교수가 크게 타격을 입었다, 두 사람이 평소에 친한 것 같더니 아닌 모양이네, 등등.

화가 난 A교수가 B교수를 찾아가서 따진다. "지난 번 회의 때 제 욕 했다면서요? 아니 어떻게 그럴 수가 있어요?" 예상은 했지만 B교수는 당황스러웠다. 그러나 다행히 그는 관점을 사람이 아닌 업무로 전환해 다음과 같이 말했다.

"아니요. 저는 단지 절차의 문제점을 지적했습니다. 이야기가 와전된 것 같네요 제가 그럴 리가 있나요? 그런 오해를 하시다니 제가 서운하군요."

A교수는 순간 당황했으나 이내 화를 풀었고, 조금 뒤에는 오해해서 미안하다는 말까지 했다.

● **교통사고의 진짜 원인?**

주어 전략이 얼마나 효과적인지를 잘 드러내주는 사례를 하나 더 살펴보

자. 예전에 프랑스의 한 도지사가 가로수 때문에 생긴 교통사고 통계자료에 근거하여 도시의 가로수를 모두 베어버리기로 결정한 일이 있다.[44] 그런데 그 같은 엄청난 결정을 내릴 때 그가 의거했던 보고서의 제목이 '나무가 사람을 죽인다'였다. 이 제목은 매우 교묘했다. '나무'를 '죽이다'의 주어로 설정하여 사람들로 하여금 마치 나무 자체가 사고의 원인인 것처럼 생각하게 만들었기 때문이다.

만일 제목이 '나무들에 의한 교통사고의 증가'나 '나무들이 수많은 치명적 사고의 원인'이라고만 되어 있어도, 사람들은 자동차 운전자들의 과속이나 부주의한 운전이 사고의 원인일 수 있다는 점을 인식했을 것이다. 하지만 이 같은 인식의 가능성은 그 교묘한 문장 형식에 의해 차단되었다. 자동차 산업의 자본가들이나 기술 관료들과 결탁한 권력에 의해 애꿎은 나무들만 잘려나갔던 것이다. 이 사례에서 보듯이, **인간의 사고는 문장의 표현 구조에 크게 영향을 받으며 특히 주어는 매우 중요한 문장성분임**을 알 수 있다.

● 칭찬할 때는 사람을 주어로!

지금까지는 상대를 비판하는 상황에 대해서만 이야기했다. 이제 반대의 상황을 가정해보자. 만일 부하직원이 가져온 보고서가 매우 훌륭하여 마음에 들 때는 어떻게 말하는 것이 좋을까? 이럴 때도 관점을 사람에서 행위와 결과물로 전환하여야 할까? 아니다. 이때는 그 반대로 해야 한다.

칭찬이나 격려를 할 때는 사람을 주어로 하는 것이 좋다. "보고서가 훌륭하네!"라고 말하기보다 "이봐 김 대리, 자네 대단하네. 어쩜 이렇게 완벽한 보고서를 쓸 수가 있지?"라고 말하는 편이 상대의 기분을 훨씬 더 좋게 하고 자부심을 느끼게 할 것이다.

결론은 이렇다. 비판할 때는 일이나 결과물을 주어로, 칭찬할 때는 사람을 주어로!

● 명령문에서 '나-진술문'으로

상대를 주어로 하는 대표적인 문장 범주가 있다. 그것은 명령문이다. 잘 아시다시피 명령문에는 주어가 생략되어 있으며 그것은 상대방이다.

명령문은 상대에 대한 '명령'이기 때문에 상대에게 다소의 강압의 느낌을 전한다. 그래서 이것을 의문문의 형식으로 바꾸면 어조를 완화시켜 준다. 예를 들어 "문을 여세요." 대신에 "문을 여시겠어요?" 혹은 "문을 열어 주시겠어요?"라고 하는 식이다. 이처럼 명령의 기능 수행을 명령문이 아니라 의문문의 형식으로 실현하는 화행(speech act)을 간접화행(indrect speech)라고 한다. 이 같은 간접화행은 어조를 완화시켜 상대에게 보다 부드럽고 공손한 느낌을 준다.

그러나 비록 간접화행으로 실현되었다 하더라도 명령은 어쨌거나 본질적으로 상대에게 행동을 촉구하는 의미를 담고 있는 것이라 여전히 상대에게 부담을 주게 된다. 그래서 이보다는 나의 입장을 전달하는 방법을 소개할까 한다. 그것이 상대방을 자극하지 않으면서 결과적으로 상대에게 행동에 변화를 일으키는 효과를 주게 되어 바람직하기 때문이다.

집 앞에 많은 사람들이 담배꽁초를 버리길래 '꽁초를 버리지 마세요.'라는 팻말을 붙이는 경우가 많이 있다. 그러나 그렇게 해도 여전히 꽁초가 수북이 쌓이는 것을 자주 본다. 이때 다음과 같이 문구를 바꾸어보면 의외의 큰 효과를 볼 수가 있다.

'꽁초를 버리시면 제가 주워야 합니다. 감사합니다!'

이렇게 표현을 바꾸었더니 실제로 꽁초를 버리지 않았다는 보고가 많았다. 층간 소음이 최근 많은 문제를 일으키고 있는데, 이것도 마찬가지이다.

  뛰지마세요!
  → 당신이 뛰시면 저희는 잠에서 깹니다.

평소에 자주 쓰는 말들도 바꿀 수 있다.

  시키는 대로 해.
  → 난 네가 내 말대로 해주면 좋겠어.

  지각하지 마!
  → 다음 번에는 조금 더 일찍 나오면 좋겠는데. 기다리기가 이젠 좀 힘드네.

이상이 비판을 해야 할 때 반드시 지켜야 할 대상전환법의 주요 내용이다.

2. 긍정평가어법

● '지방 5%'가 아니고 '95% 무지방'

상대를 설득할 때 필요한 또 하나의 원칙은 긍정 관점으로 접근하라는 것이다. 긍정적 관점의 표현을 사용하는 것은 상대방으로 하여금 기분을 좋게 하거나 적어도 긴장된 감정을 완화하는 효과를 내기 때문에 좋다. 그것은 상대를 설득하기 위한 밑바탕이 된다.

긍정성이 중요한 것은, 기본적으로 인간의 뇌가 긍정적 감정을 갖기를 원하고 부정적 감정은 피하도록 되어 있기 때문이다. 똑 같은 내용이라도, 의사가 환자나 보호자에게 설명할 경우에, 수술하면 '죽을 확률이 5%'라고 말하는 것보다 '살 확률이 95%'라고 말할 때 수술을 선택하는 확률이 높다. 식품 광고에서도 지방이 5%라고 광고하는 것보다 95% 무지방이라고 표현하는 것이 제품을 선택하게 하는 확률을 높인다. 어떤 사업의 성공 확률을 말하는 것이 실패확률을 말하는 것보다 투자를 유치하는 데 유리하다.

근본적으로 인간은 긍정적 어법에 익숙하다. 더 잘 이해한다. 그래서 어느 언어에서나 우등비교에 비해 열등비교는 잘 사용되지 않는다. 즉 '그것이 더 좋다.'라고 말하지 '그것이 덜 좋다.'라고는 잘 말하지 않는 것이다. 또한 앞에서도 살펴보았듯이 상위어 개념을 형성할 때도 부정적 가치어보다 긍정적 가치어를 이용한다. '높다-낮다'에서 부정적 가치어 '낮이'가 아닌 긍정적 가치어 '높이'를 상위어로 형성하는 것이다.

사실 긍정적 관점이 중요함은 상식이 되어 버려 모르는 사람이 없다. 그러나 그것의 실천은 의외로 쉽지 않다.

우리는 다소 고압적인 태도로 비관적인 회의 분위기를 만드는 조직의 장을 보곤 한다. 창의적인 아이디어가 필요하니 의견을 자유롭게 개진하라고 해 놓고는 막상 의견을 듣고 난 후에는 그다지 긍정적으로 평가하지 않는다.

자신의 주장과 비슷한 의견들에 대해서는 "뭐 들어보니 결국은 내 얘기하고 마찬가지 얘기인 것 같네요."라고 큰 의미를 부여하지 않는다. 그리고 새로운 의견들에 대해서는 "새로운 의견들도 나오긴 했지만 그것들은 모두 우리의 기본 정책 방향과 맞지 않네요." 혹은 "시기적으로 이미 늦었으므로 이 시점에서는 수용하기가 어렵군요."라는 식으로 말함으로써 부정적 평가를 내려 버리는 경우가 많다.

이러한 리더의 태도는 결국 조직의 구성원들로 하여금 새롭고 창의적인 생각을 자유롭게 발표하도록 만들어 주지 않는다. 그래서 구성원들로 하여금 "그냥 말로만 그럴 뿐이야, 그냥 입 다물고 있는 게 최고야."와 같이 반응하게 만든다.

진정으로 조직의 발전을 위해 자유로운 의견 개진을 원한다면 비록 구성원들의 의견들이 마음에 들지 않더라도 조직의 장은 위와 똑 같은 내용이라도 훨씬 긍정적으로 코멘트를 할 수 있어야 한다.

기존의 주장과 똑 같은 의견들에 대해서는 "비슷한 의견들이 많이 나왔는데 이것들은 우리가 설정한 방향이 옳다는 것을 재삼 확인시켜 주므로 의미가 있습니다."라며 격려해 주고, 채택하기 어려운 새로운 의견들에 대해서는 "새로운 의견들도 나왔는데 우리의 정책 방향이 과연 옳은 것인지 재검토하는 계기를 마련해 주니 의미가 있는 의견들이었습니다. 늦었다고 생각할 수도 있겠지만 늦었다고 생각할 때가 가장 빠를 때이니 좋은 의견이라고 생각한다."라고 하면서 의견들에 대한 긍정적 평가를 내리는 것이 좋을 것이다.

● 융통성이 없는 거야, 원칙주의인 거야?

인간은 이기적인 본성을 갖고 있다. 그래서 '내로남불'이라는 말처럼, 똑같은 행위라도 내가 하면 로맨스로 생각하고 남이 하면 불륜으로 규정하는 것이다. 그러다 보니 우리는 논란이 있을 수 있는, 즉 관점에 따라 긍정적으로 볼 수도 있고 부정적으로 볼 수도 있는 행위를 남이 할 때 부정적인 평가를 내리기가 쉽다. 처세술에 능한 사람, 꾀가 많은 사람에 대해 긍정적으로 보면 지략가로 칭할 수도 있지만 내가 좋아하지 않는 사람이라면 부정적으로 보아 모사꾼으로 칭하고는 한다.

따라서 설득을 위해서는 남에 대한 평가를 부정적이지 않도록, 즉 긍정적으로 평가하는 훈련이 필요하다. 왜냐하면 어떤 언어든 부정적 관점어가 긍정적 관점어보다 훨씬 더 많이 발달해 있어서 사람들은 부정적 관점어를 더 손쉽고 편하게 쓰기 때문이다.

인간의 언어에 부정적 평가 어휘의 수가 더 많은 것은 많은 통계로 입증된 사실이다. 그렇게 부정적 평가 어휘가 발달한 데에는 이유가 있다. 우선 인간은 그 무엇보다도 위험을 피하는 것이 자신의 생존을 위해 필수적이기 때문에 모호한 상황에서는 일단 부정적인 해석을 하여 경계하는 것이 필요했다. 그리하여 인간의 마음은 부정적 측면에 집중하도록 설계되었고 그렇게 진화하였다. 그러다 보니 부정적 어휘가 더욱 발달하게 되었고, 그래서 우리는 부정적 관점에 더욱 쉽게 빠진다. 그러므로 긍정적 관점으로의 전환은 훈련을 통해야만 이루어질 수 있다. 잠시 몇 가지 예를 보자.

친구가 헛된 희망에 사로잡혀서 가능성이 없는 일에 매달리고 있을 때 우리는 흔히 이렇게 내뱉듯이 말한다.

"그게 뭐냐? 거기에 너무 추하게 집착하고 있잖아!"

혹은 "너 왜 그렇게 그 일에 집착하는 거니?"

그러나 이렇게 말하면 그 친구는 결코 집착을 중단하지 않는다.

만일 당신이 그 친구에게 단념하도록 설득하고자 한다면 보다 긍정적인 관점의 프레임을 사용하는 것이 좋을 것이다.

"이봐, 네가 그 일을 소중하게 생각하는 것은 나도 알아. 하지만 이건 정도가 좀 과한 것 아닐까?"

혹은 "이봐, 최선을 다하는 것은 보기 좋으나, 이번 경우는 좀 지나친 것 아닐까?"

더 나아가 보다 긍정적인 관점을 찾아 볼 수도 있다. '집착'이란 무엇일까? 어떤 것에 늘 마음이 쏠려 잊지 못하고 떨어지지 아니하려는 마음을 부정적으로 평가하는 어휘이다. 그렇다면 이러한 마음을 긍정적으로 평가하는 어휘는 무엇일까? 그것은 '애착'이다. 그러면 이렇게 표현할 수 있을 것이다.

"너한테 그 일에 대한 애착이 있다는 걸 알아. 하지만 만일 지나치다면 안 좋은 것 아니겠니? 좀 생각해 볼래?"

이렇게 말하면 친구가 충고를 받아들일 가능성이 높을 것이다.

사실 내가 보기에는 집착이지만 그 친구 입장에서는 애착인 것이다. 이러한 사실을 무시하고 내 관점에서만 바라보면 상대를 이해할 수가 없게 된다.

동일한 사람도 내가 보기에는 우유부단하지만 그를 좋게 평가하는 사람이 보기에는 신중한 사람일 수 있다. 만일 그 사람에 대해 좋게 말을 해야 하는 상황이라면 "그 사람 좀 우유부단해." 대신 "그 사람 신중한 데가 있지."라고 해야 할 것이다. 물론 더 나아가 "그 사람, 사려 깊은 편이야."라고 할 수도 있을 것이다. 그러나 평소에 그에 대해 가진 프레임이 이를 방해하기도 하거니와 어휘력을 닦아놓고 있지 않으면 막상 단어가 쉽게 입에서 나오지 않는다.

그렇다면 '융통성이 없다'든지, '꽉 막힌 사람'이라든지, '고지식하고 답답한 사람'이라는 부정적 평가어 대신에 사용할 수 있는 긍정 평가어는 무엇일까? '신념이 있다, 소신이 강하다'[소신파이다], 혹은 '원칙주의자'라든지 '원칙을 소중하게 여기는 사람이다'라고 하면 될 것이다.

어떤 사람에 대해 '탐욕스럽다, 욕심이 많다'라고 생각될 때가 있다. 이것도 내가 그를 싫어해서 그렇게 보이는 것이지 만일 내가 그를 좋아한다면, 그를 긍정적으로 본다면, 반대로 '의욕적이다, 의욕이 넘친다'라고 판단할 수도 있을 것이다. 또한 '시류에 영합하는' 행위를 비칠 때도 잘 생각해 보면, '시대의 흐름에 맞추는' 행위일 수도 있을 것이다. 사실 반대로 우리는 흔히 상대방에게 '도움을 주거나' '조언을 하려는' 의도를 가지면서도 혹시 상대방에게는 내가 '간섭하거나', '참견하는' 것으로 오해받을 수 있기 때문에 주저하거나 행동에 옮기지 않는 경우도 많다. 이처럼 우리의 언행은 생각하기에 따라 긍정적으로 보일 수도 있고 부정적으로 보일 수도 있는 것이다.

● 무시 vs 존중

부부간의 대화에서 우리는 흔히 배우자에게 이렇게 말한다.

"당신 왜 사람 말을 무시하는 거야?"

여기서 '무시'는 부정적인 관점을 반영하고 있다. 이런 어휘는 상대의 감정을 즉각적으로 상하게 한다. 당연히 후속 대화가 기분 좋은 내용일 리가 없다. 이보다는 더욱 긍정적인 어휘, 즉 그 반대말인 '존중'을 이용하여 표현하는 것이 좋을 것이다.

"난 당신이 내 의견을 존중해 주었으면 좋겠어."

이렇게 말하면 싸움으로 번질 수가 없다.

● 외교관, 긍정어법의 '끝판왕'

긍정어법을 가장 잘 구사하는 직업군은 외교관이다. 주지하는 바와 같이 외교관들은 결코 아니라고 하는 법이 없다. 그래서 다음과 같은 우스개가 전해온다.

> 외교관이 '예'라고 말한다면 그것은 '아마도'라는 의미이며,
> '아마도'라고 말한다면 그것은 '아니다'라는 의미다.
> 만약 '아니다'라고 말한다면 그는 외교관이라 할 수 없다.
> (When a diplomat says "Yes", he means "Perhaps";
> when he says "Perhaps", he means "No";
> and if he says "No", he is not a diplomat.)

● 상대주의 칭찬 전략

또 하나의 전략은 부득이 상대를 비판해야 할 때 오히려 칭찬을 하는 전략이다. 이것이 어떻게 가능한가? 상대평가를 통하면 가능하다.

우선은 상대방에 대한 비판 대신 상대와 타인을 모두 칭찬하는 방법이다. 학기말 고사를 치면 성적을 올려달라고 요청하는 학생들이 있다. 이럴 경우 교수가 채점을 잘못했음이 발견되지 않는 한 들어줄 수 없다. 그럼에도 답장을 쓸 때 매몰차게 쓸 수는 없어서 곤혹스러울 때가 있다.

예를 들어서 "다시 살펴보니 학생이 시험을 잘 못 봤네요."라는 식으로 쓰면 요청한 학생도 민망스러울 것이다. 따라서 다음과 같이 쓰는 것도 하나의 방법이다.

"학생도 잘 보았지만 다른 학생이 좀 더 잘 보았네요. 성적은 상대평가의

비율이 결정되어 있어 석차에 따라서 부여됩니다. 상대평가 범위가 지정되어 아쉽지만 어쩔 수 없군요. 다음번에는 더 열심히 하기 바랍니다."

또 칭찬 전략이 가능한 또 하나의 방식은 상대방을 과거와 현재의 모습으로 나누어 평가하는 것이다. 상대가 가져온 결과물이 너무나 실망스럽더라도 "야, 너 왜 이렇게 멍청하니?"라고 말하지 말고, "**야, 내가 알기로 너 이보다는 똑똑한데. 좀 잘하자."라고 하면 상대의 자존심도 세워주면서도 잘못을 지적할 수가 있다.

단점 지적 대신 칭찬을 하면서 다른 것을 요구하는 전략도 매우 유효하다. "야, 너 왜 이 안 닦았어?"라고 하는 것보다 "예쁜 우리 딸, 얼굴 잘 닦아서 예쁜데, 이까지 잘 닦으면 더 예쁠 텐데…" 이는 단점을 지적하는 대신 다른 장점을 일깨워준 후에 단점 보완을 요청하는 방식이다.

부하직원에게도 "이봐 김대리, 지난번에 프레젠테이션 엄청 잘했던데, 이번 건도 좀 그만큼만 하면 완벽할 텐데 말이야. 파이팅 하자? 응?"하고 어깨를 두드려 주면 힘을 내어 노력할 수 있을 것이다.

3. 완곡어법

앞 절에서 우리는 긍정평가어법에 대해 알아보았다. 그러나 이와 달리, 상대방의 행위나 품성 혹은 결과물에 대해 도저히 긍정적인 시각으로 전환하여 볼 수가 없을 때도 있다. 이럴 때는 부득이 비판을 할 수밖에 없는데, 그래도 그 강도를 조금이라도 완화하는 것이 설득하는 데에는 필요하다. 이는 흔히 완곡어법이라고 하는 것인데 몇 가지 예시를 살펴보기로 한다.

● **완화된 표현으로**

계획서가 마음에 안 들 때에 "이 보고서 형편없네."라고 하면 듣는 상대방은 기분이 몹시 나쁠 것이다. 이때 표현을 다소 완화시켜서 "이 보고서는 조금 엉성하네." 혹은 "이 보고서는 만족스럽지가 못하네."라고 말한다면 상대가 훨씬 덜 기분이 나쁠 것이다. 이와 같은 예를 몇 가지 제시하면 다음과 같다.

우선 우리는 흔히 분노할 때 '열 받다'라는 표현을 자주 쓴다. 이 구어적 표현은 '서운하다'나 '섭섭하다', '야속하다'라는 어휘로 완화 시킬 수 있다. 이들 단어는 상대에 대한 기대가 있었음을 전제로 한다는 점과 아직도 미련이 있다는 점, 그리고 전혀 공격성이 없다는 점에서 비록 부정적 감정을 전하긴 하지만 상대방에게 오히려 미안함 혹은 호감을 줄 수 있다.

너 때문에 정말 열 받는다. → 너한테 좀 서운하다[섭섭하다].

또는 경우에 따라 '달갑지 않다'라는 표현으로 완화할 수 있을 것이다.

나는 그 생각만 하면 열 받아 → 나는 그게 영 달갑지 않아.

사람에 대한 부정적 감정을 나타내는 '밉다'도 기본적인 애정을 전제하고 있는 '얄밉다'를 쓰면 훨씬 완화된다.

그 사람 정말 미워 죽겠어. → 그 사람 좀 얄미워.

'싫다'도 '즐겁지 않다'나 '반갑지 않다'로 완화할 수 있다. 상대가 부탁하거나 시키는 일이 하기 싫을 때 우리는 다음의 전자보다 후자로 표현하는 것이 좋을 것이다.

그 일은 정말 하기 싫어.
→ 그 일은 사실 내겐 별로 즐겁지[반갑지] 않은 일이야.

상대의 언행이나 태도에 불만이 있을 때에도 '이봐, 자네 그게 뭔가?' 하고 직설적인 언사를 하는 것보다 '나는 자네의 그러한 태도가 달갑지 않네.'라고 하는 것이 좋을 것이다.

사람에 대해 나쁜 평가를 내릴 때 '버릇없다'는 의미의 '싸가지 없다'를 참 많이 쓴다. 그러나 이 말은 너무 공격적이다. 사람에 대한 나쁜 평가를 하되 다소 완화된 단어로 '못됐다'가 있다. 또한 공격성이 전혀 없는 말로 '짓궂다'가 있다. 여기에는 오히려 다소의 정감도 들어 있어서 좋다.

그 사람 정말 싸가지 없어.
→ 그 사람 못됐어.
→ 그 사람이 좀 짓궂어.

주로 아랫사람이나 동년배의 잘못을 비판할 때 쓰는 '야단치다'와 '꾸짖다'는 속어에서 '욕하다'라는 더욱 강화된 표현으로 많이 쓰인다. '너 나 없는 데서 욕했지?'와 같이 말이다. 이들 표현은 '나무라다'로 완화할 수 있다. 그리고 보다 포괄적인 뜻을 나타내는 '(듣기) 싫은 소리 하다'나 '한 소리 하다' 혹은 '뭐라고 하다' 등으로 더욱 완화할 수 있다.

나 욕하지 마.
→ 나를 너무 나무라지 마.

내가 욕을 해 줬지.
→ 내가 (듣기) 싫은 소리 했어. /
내가 한 소리 했어. /
내가 따끔하게 한 마디 했어.

우리는 때로 분노에 휩싸여 매우 거친 표현을 사용한다. 이런 표현들은 자칫 상대와의 관계를 돌이킬 수 없도록 만들기도 한다. 가급적 감정을 자제하고 보다 완화된 표현으로 나의 뜻만 전달하고 거기에 필요 이상의 감정은 싣지 않도록 해야 할 것이다.

너는 왜 나를 죽이지 못해 안달이냐?
→ 너는 왜 나를 힘들게 하니?

어디서 눈을 부라리고 있습니까?
→ 왜 그렇게 위협적으로 보시나요?

때로는 긍정적 표현이라도 과하면 곤란하다. 적절히 완화시킬 필요가 있다. 예컨대 대상이 아이라면 '애지중지하다'나 '귀여워하다'가 적합하지만 중년 이상의 성인이라면 적합하지 않으므로 '아끼다'로 표현하는 것이 적절할 것이다.

> 돌아가시기 전까지도 선생님께서는 저를 많이 애지중지해[귀여워해] 주셨습니다.
> → 돌아가시기 전까지도 선생님께서는 저를 많이 아껴 주셨습니다.

● 긍정어를 부정하여

완화전략의 또 다른 방책은 부정적 평가어 대신에 긍정적 평가어를 부정해서 표현하는 것이다. 예를 들어, 부정 평가어인 '나쁘다' 대신 긍정 평가어의 부정형인 '좋지 않다'로 바꾸는 것이다. 또 부정 평가어인 '싫다' 대신 긍정 평가어의 부정형인 '좋아하지 않다'로 전환하여 표현하는 것이다.

이렇게 하면 같은 의미를 전달하되 느낌은 다소 약화시킬 수 있다. 왜 그럴까? '나쁘다'는 부정적인 뜻을 직접적으로 나타내는 것이어서 다른 해석의 여지를 전혀 주지 않지만 '좋지 않다'는 논리적으로 좋지도 나쁘지도 않은 중립적인 상태를 나타낼 수도 있는 여지를 주기 때문이다. 이때 이왕이면 부사 '그다지', '그렇게'를 넣거나 '~한 편은 아니다' 식으로 표현하면 완화효과를 더 낼 수 있다.[45]

> 그 사람 참 무례하더라.
> → 그 사람 그렇게 예의바르지는 않았어.
>
> 그 사람 왜 이렇게 불친절하니?
> → 그 사람 그다지 친절하지는 않았어.
>
> 그 아이 참 멍청하더군.
> → 그 아이가 그다지 똑똑한 편은 아니더라.

4. 핵심투사법

　이 시간에는 흔히 슬로건(slogan)이라고도 칭하는 표어, 강령, 구호, 사훈, 교훈, 급훈, 가훈 같은 조직의 목표나 노선을 담은 짧고 명쾌하고 감동적이고 기억하기 쉬운 문장 혹은 구절을 작성할 때 유용한 사고법을 제시하고자 한다.
　물론 여기에는 많은 방식이 있지만 그 가운데에서 가장 효과적으로 작용하는 사고법을 다루고자 한다. 이것은 우리가 '분석 투사법'으로 명명하는 것인데, 전체를 구성요소로 분석하여 그 가운데 좋은 핵심가치만을 취한 뒤 이를 타 영역에 투사하는 사고법이다.
　이 방법은 분석과 은유의 두 단계로 구성되는데, 각 단계를 예시를 통하여 살펴보자.

● 분석하기

　첫 단계인 분석은 대상을 구성요소(부분)로 해체한 뒤, 그중 가장 가치 있는 것을 선택하는 작업이다. 그 핵심가치로 전체를 대표하게 하는 것이다. 이런 점에서 이를 **환유**(metonymy)라고 할 수도 있다. 환유란 가리키는 대상이 시간상이나 공간상으로 인접한 다른 대상으로 표현하는 수사법을 말한다. 예를 들어 미국 정부를 워싱턴으로 부르거나, 노란 셔츠 입은 사람을 가리켜 '노란셔츠가 널 보고 있어'처럼 말하는 것이다. 부분으로 전체를, 전체로 부분을 나타내는 수사법인 제유도 현대 언어학에서는 환유의 일종으로 본다.
　이런 방식으로 탄생한 용어는 참 많은데, 대표적인 것이 '화장실'(프랑스어 toilettes에서 온 영어 단어 toilet은 '화장'이라는 뜻)이다. 보통 화장실에 들어가면 우선 탈의를 하고 용변을 본다. 그리고 손을 씻은 다음, 옷매무새를 단정히 하고 화장을 고친다.

과거에는 이 여러 과정 중에서 '용변'을 핵심가치로 택했었다. 그래서 변소(便所)라는 용어가 탄생한 것이다. 그러나 이 어휘가 가지는 어감이 아무래도 부정적이어서, 언제부터인가 마지막 단계인 '화장'을 선택하여 이 공간에서 이루어지는 전체 활동의 대표로 삼고 있다.

● 투사하기

다음 단계는 투사이다. 즉 분석된 요소들 가운데 선택한 가치를 다른 분야에 적용하는 것이다. 이는 다른 말로 은유(metaphore)라 하는 것인데, 인지언어학에서의 은유란, 단지 표현을 더 아름답게 하는 장식 전략이 아니라, 인간 인지의 핵심적 활동으로서, 추상적이고 비감각적인 경험의 영역들을 친숙하고 구체적인 방식으로 개념화해 주는 인지 활동인 것이다. 다시 말해, 추상적이고 새로운 경험인 목표영역(target domain)을 보다 구체적이고 익숙한 경험인 근원영역(source domain)에 대응시키는 활동인 것이다.

예를 들어, '인생은 나그네길이다'라는 표현이 있다. 인생은 영원한 것이 아니라 잠시 이승에 머무는 일이고 앞날을 예측할 수 없으니 우여곡절이 많아, 소소한 일에 굳이 미련을 둘 필요가 없다는 추상적이고 복잡한 생각을 우리에게 익숙한 구체적인 경험과 활동인 '여행'에 비유하여 그 의미를 더욱 쉽게 이해하게 해 준다. 이처럼 근원 영역인 여행을 목표 영역인 인생에 투사하여 이해하는 사고방식을 은유라 하는데, 그 기반은 두 영역 사이의 개념적 유사성이다. 즉 인생이 가지는 유한성과 우여곡절의 측면이 여행이 가지는 '자기 고장을 떠나 다른 곳에 잠시 머물고 어느 한곳에 정착하지 아니하고 이리저리 떠도는 행위'라는 개념과 서로 매우 닮아 있는 것이다.

● 은유를 이용한 세금명, '버핏세'

부자고 가난한 사람이고 간에 세금 더 내라고 하면 좋아할 사람이 없다. 그래서 부자에게 더 많은 세금을 내라고 하는 소위 '부유세' 혹은 '부자증세' 정책을 정부가 성공시키기는 쉽지 않다.

그런데 미국의 오바마 행정부는 성공했다. 어떻게 했을까? 부자 증세안을 '버핏세(稅)'로 명명하여, 좋은 여론을 만들었던 것이다.

'버핏 같은 존경받는 거부도 세금을 많이 내는 데 적극 앞장서고 있다'는 사고를 근원영역으로 설정하고 '부자가 번 돈으로 세금을 많이 내면 사람들에게 존경 받는다'라는 목표영역에 투사함으로써 중과세에 대한 부담감을 걷어낸 것이다.

반면에 우리나라에서는 이 같은 은유 전략을 이용하지 않고 그냥 '부유세' 혹은 '부자증세' 등과 같은 일차원적인 직설적 용어를 설정하여 조세 저항을 그대로 두고 있는 상황이다.

과거에 '햇살론'이라는 서민들을 위한 대출상품이 있었다.

그런데 이 상품이 처음 나왔을 때의 이름은 '보증부 서민 대출 상품'이었다. 시행 결과, 아무도 신청하러 오지 않아 실패하고 말았다. 왜냐하면 서민들 입장에서는 은행을 들어가서 상담을 받거나 신청을 하는 것 자체가 본인이 저신용자나 저소득자임을 자인하는 것이어서 자존심상 쉽게 신청하러 가기 어려웠던 것이다.

그래서 생각을 바꾸었다. 상품의 구성 요소 가운데 대출의 '취지'인 '서민

대출'을 취하지 않고 마지막 단계인 대출의 결과로 갖게 될 긍정적인 효과, 즉 삶에 햇살이 비치게 된다는 은유를 이용하여 '햇살론'이라고지었더니 심리적 부담이 제거되어서 많은 사람들이 신청하게 되었다. 대성공이었다.

'안심대출'이라는 대출상품도 마찬가지였다. 이는 서민들을 위해, 은행권 단기·변동금리를 장기·고정금리로 전환시켜 주고, 일시상환 주택담보대출을 분할상환 대출로 바꿔주는 대출 상품이었다.

이 상품 역시 대출의 '결과' 측면, 즉 대출을 받으면 '안심'하고 생활을 하거나 가계를 운영할 수 있다는 측면을 선택하였고, 작명도 은유를 이용하여 목표 영역으로 안심하고 생활할 수 있다는 점을 설정하여 긍정적인 결과를 얻었다. 2009년 말에 도입되었던 '미소금융'이 똑 같은 이유로 성공을 거두었다.

● '워드'에 유일하게 대항하고 있는 '훈글'

이상에서 본 것처럼 브랜드 네임을 정할 때, 전체를 구성요소(부분)로 해체한 뒤 그 중 가장 가치 있는 하나를 선택하고 이 핵심 가치로 전체를 대표하게 한 뒤, 이를 다른 영역에 투사하는 사고법을 '분석 투사법'이라 칭하고자 한다.

이때 핵심요소라고 해서 항상 상품이나 제도의 내용에만 관심을 기울여서는 안 된다. 그것이 지향하는 바나 목표하는 바, 혹은 앞으로 초래될 좋은 성과 또는 그 결과 갖게 될 자부심 등에 초점을 맞추는 전략도 필요하다. 왜냐하면 사람들은 미래지향적인 것에 더 끌리기 때문이다. 희망과 자부심을 심어주는 것이 좋은 전략이다.

위에서 보았던 버핏세의 아이디어도 기본적으로 부자로서 세금을 많이 내는 데에 자부심을 갖게 하는 전략이다. 워드프로세서 프로그램은 마이크로소프트사의 워드(MS Word)가 전세계를 휩쓸었는데 한국에서만 1위를 점하지 못하고 있다. 그것은 토종 소프트웨어인 '훈글'(HWP) 때문이다. 워드프로세서의 이름을 기능이 아니라 애국심을 자극할 수 있는 우리의 자랑스러운 '한글'로 명명함으로써 이를 사용하는 사람들에게 이 소프트웨어가 곧 한글이라는 인식을 심어 준 것이다.

● 세금 폭탄? 세금 구제!

정부가 세금을 올릴 때 '증세'라고 한다. 그런데 요즘 정부의 증세 정책에 대해 비판을 할 때 흔히 '세금 폭탄'이라는 용어를 동원하는 것을 볼 수 있다. 이 용어는 세금에 대한 부정적 측면, 세금의 폭력성을 강조하는 용어라 할 수 있다.

이것은 마치, 세금에 대해 말할 때 '매기다' 혹은 '부과하다'라는 동사를 쓰는 것이 일반적임에도 '세금을 얻어맞다', '세금을 때리다'을 쓰는 것과 마찬가지이다.

'세금 폭탄'은 세금을 폭탄으로 규정함으로써 전쟁 은유를 도입한다. 이를 통해 국민들을 죽음으로 모는 살상 무기로 보게 함으로써 세금의 순기능을 무력화한다.

그리고 나아가 진보정부가 부과하는(때리는) 세금으로부터 당신을 구제해주겠다는 논리로 미국의 보수파는 '세금 구제'(tax relief)라는 용어도 개발하였다. '감세'라는 중립적 어휘 대신 사용되는 이 단어에는 고도의 은유 전략이 담겨 있다.[46]

반대로, 세금을 많이 걷어야 하는 정부의 입장에서는 '증세'라는 어휘 대신에 '세수 확대'라는 용어를 사용하는 것이 바람직할 것이다. '증세'는 '세금'을 대상으로 하고 있어 국민의 입장에서는 이것이 올라가면 부담스럽지만, '세수 확대'는 '세수' 즉 '세금 수입'을 대상으로 하고 있어서 세금 수입을 필요로 하는 정부의 입장에 국민들을 서게 하는 효과를 내고 있다.

● 몇 가지 실패 사례들

분석 투사법을 적용할 때 주의해야 할 점은 부정적 프레임을 활성화시킬 수 있는 어휘를 사용해서는 안 된다는 것이다.

단어의 의미는 외시적(外示的) 의미(denotation)와 공시적(共示的) 의미(connotation)로 나눌 수 있다. 외시적 의미는 그 대상을 가리키는 데 참여하는 의미, 즉 지시적(指示的) 의미인 반면, 공시적 의미는 그 외시적 의미에 긍정적 혹은 부정적으로 동반되는 의미, 즉 연상적(聯想的) 의미를 말한다. 일상어로 '어감'이라고 하는 것이라고 이해해도 좋겠다.

예를 들어 '여자'와 '계집'은 외시적 의미는 동일하지만, 공시적인 의미는 상이하다. 왜냐하면 그 단어가 가리키는 대상은 같지만, '계집'은 '여자'에 비해 비하적인 느낌을 주며, 성차별적인 배경을 갖고 있다. '집'과 '집구석'도 마찬가지이다.

또 "내가 너에게 여러 번 말했다."에서 '여러 번'보다 "내가 너에게 골백번 말했다."에서 '골백번'은 상대에 대한 경멸적인 내포하고 있다. 요컨대 공시적 의미에는 긍·부정적 평가와 감정이 함께 녹아 있다.

18대 대선 운동이 펼쳐지던 2012년 10월 경에 투표시간 연장안을 놓고 여야가 격돌한 적이 있었다. 당시 여당은 퇴근 후인 저녁 8시까지로 투표시간을 연장하자는 의견을 들고 나왔다. 이것은 투표율을 높일 것이라는 것이 그 이유였다. 그러나 야당은, 이는 진보적 의견이 많은 젊은 층의 표를 더 많이 받기 위한 당리당략에 지나지 않는다고 폄훼하면서 적극 반대에 나섰다. 수많은 토론이 있었지만 그렇게 좋은 제도라면 진작에 주장했어야지 왜 선거가 코앞에 닥친 시점에 제기하느냐 하는 당리당략론에 밀려 결국 성사되지 못하였다. 이때 찬반을 놓고 벌이는 논쟁에서, 당시에 나는, '투표시간의 연장'이라는 중립적인, 그래서 커다란 임팩트가 없는 이름보다는 보다 긍정적인 관점을 제시해 주는 이름을 붙이고 설득을 하였다면 좋지 않았을까 하는 생각이 들었다. 예를 들면 '참여확대제'라는 식의 프레임이다.

민주주의는 국민의 참여를 전제로 하는 정치시스템이므로 국민의 참여율이 높을수록 좋은 제도라는 것은 의심의 여지가 없다. 그럼에도 불구하고 당시 여당은 야당이 씌운 '당리당략'의 프레임에서 벗어나지 못해 이를 관철시키지 못했다. 2021년 서울시장 보궐선거 때부터는 투표시간이 연장안이 채택되어 실시되고 있다.

한때 '무상(無償) 급식'이 정치권의 커다란 화두가 된 적이 있다. 몹시 뜨거운 논쟁을 야기했었다. 그 이유는 그 취지와 관계없이 이 '무상'이라는 단어에는 부정적 평가와 감정이 담겨 있었기 때문이다. 즉 공짜로 얻어지는 것은 노력에 의해 얻어지는 것이 아니라서 정당하지 못하다는 관념을 불러일으킬 수 있는 것이다. 또 그것을 원하지 않는 사람들에게는 자존심을 상하게 할 수도 있다. 이로 인해 "내 아이는 내 능력으로 밥을 먹일 수 있다. 우리는 거지가 아니다." 같은 생각을 갖게 되어 모욕으로 받아들이는 사람들도 있었다. 이로 인해 '무상 급식'은 다소간 부정적 프레임을 활성화시키고 말았다.

따라서 분석을 행하여 나오는 구성 요소들 가운데 부정적으로 비칠 가능성이 있는 요소들은 버리고 반드시 긍정적인 요소들을 취해야 할 것이다. '무상 급식'의 대안으로, 급식의 결과 아이들이 성장을 할 것이라는 점에 착안하여 '성장 급식'이라고 할 수도 있을 것이다. 어느 인터뷰에서인가 레이코프가 이를 제안한 적이 있던 것으로 기억된다. 또한 '영양 급식'이라든지 '의무 급식'과 같은 명명도 '무상 급식'보다 나았을 것이다.

보수 진영에서는 진보 진영을 가리킬 때 '진보'라는 말 대신에 '좌파'라는 용어를 더 많이 사용한다. 이는 '진보적'(progressive)이라는 어휘에 개선 또는 전진이라는 긍정적인 의미를 내포하고 있는 반면에 '좌파'라는 용어에는 공산주의 혹은 나아가 빨갱이를 함축할 가능성이 많기 때문이다. 특히 이 단어는 6·25동란을 몸소 겪은 세대에겐 무자비한 전쟁의 기억이 더해져서 매우 부정적이고 경멸적인 의미를 갖게 된 것이다.

몇 년 전 등장했던 '영리 병원'이라는 명칭도 실패 사례이다. '영리'에도 부정적 평가와 감정이 담겨 있기 때문이다. 특히 의료의 공공성을 훼손할 것이란 나쁜 이미지를 줬고, 이는 반대 측에 공격의 빌미를 제공했다. 정부가 뒤늦게 정확한 의미를 담아 '투자개방형 병원'으로 고쳐 불렀지만 '영리 병원' 인식을 바꾸기는 쉽지 않았다.

나쁜 이미지의 은폐

바람직하지 않지만 나쁜 대상에 좋은 가치를 덧씌우는 전략이 있다. 이런 것이 횡행하면 곤란할 것이다. 왜냐하면 사람들이 그 나쁜 대상에 대해 좋은 이미지를 갖게 되어 사회가 나쁘게 물들게 되기 때문이다. 예를 들면 대기질을 나쁘게 만드는 화력발전소를 설명할 때 거의 예외없이 좋은 형용사들을 앞세우는 전략 같은 것이다. 대표적인 예가 '건강하다', '깨끗하다', '친환경', '무공해' 등이다.

건강한[깨끗한, 안전한] 화력 발전소
자동차용 친환경[무공해] 디젤유 개발

마찬가지로 폐기물 처리 문제로 반대 여론이 있고 후쿠시마 원전 사고 이후에 안전 문제가 제기된 바 있는 핵발전소에도 그러한 형용사들이 필수적으로 붙고 있다.

안전한 원전, 핵발전
클린 에너지, 원전
그린 에너지, 원자력

또 많은 규제법안들이 이름은 '**보호 법안' '**지원 법안', '**장려 법안'인 경우가 많은데 이것도 나쁜 대상에 좋은 가치 덧씌우기 전략의 예로 볼 수 있을 것입니다.

부정적 행위에 대해 긍정적인 프레임을 활성화시키는 네이밍 사례들도 많다.

예를 들면, 한 때 성행했던 '원조교제'라는 용어가 그러하다. 성인이 청소년에게 금전적인 지원이나 기타 편의를 제공하는 대가로 청소년을 성행위의 대상으로 삼는 행위로서, 경제적 능력이 없는 청소년들을 대상으로 그 약점을 이용하여 성적으로 착취하는 행위이다. 본래 일본어에서 유래한 원조교제라는 단어를 사용하였지만, 현재는 청소년 성매매 또는 미성년자 성매매라는 표현을 사용하고 있다. 서울지방경찰청에서는 '원조교제'를 대신할 용어를 공모해 총 562개의 용어 가운데 '청소년 성매매'를 대체 용어로 선정했다고 한다.

영어권에도 비슷한 개념의 단어로 'Sugar Daddy'라는 말이 있다. 젊은 여성에게 일정하게 금품을 주고 성을 사는 중년 남성을 뜻하는데 '설탕'이 주는 달콤함이라는 긍정적 프레임으로 성매매를 은폐하는 용어라 할 수 있다. 최근에 우리나라에서는 '스폰서'라는 말도 많이 쓰인다.

좋은 대상인데도 좋은 프레임을 설정하지 못해서 실패하는 사례는 안타깝지만, 이처럼 나쁜 대상에다 긍정적 프레임을 설정해서 좋게 포장하는 전략을 성공시키는 예는 더욱 아쉽다. 이럴수록 좋은 대상에 좋은 프레임을 설정하는 노력이 중요하다는 점을 깨닫게 된다.

제5부

갈등의 해소

Le premier à demander pardon est le plus brave,
le premier à pardonner est le plus fort,
le premier à oublier est le plus heureux….

먼저 사과하는 자는 용기가 있고
먼저 용서하는 자는 강하다.
그리고 먼저 잊는 자는 행복하다.

Talleyrand (탈레랑)

제 11 장

갈등 해소 언어
- 설득과 감정

1. 이성, 감정, 욕망의 관계

● 인간관계의 다양한 '갈등'

상대를 설득하려 할 때 큰 걸림돌이 있다. 그것은 갈등이다. 이 갈등에 대해 잘 알고 대처하지 않으면 설득에 성공할 수 없다. 이 갈등에 대해 알아보도록 하자.

인간관계에는 다양한 갈등이 있다.

1) 우리는 때로 가족과 갈등을 겪고 있다. 특히 배우자와 소통이 잘 되지 않는 경우가 많다. 또 잘 지내고 싶은데 자녀가 까칠하게 나와서 힘들기도 하다. 여성들의 경우 동서들, 고부관계에 어려움도 더해진다.

2) 친구와 동료, 상사와의 관계에서 어려움은 큰 스트레스이다.

3) 아는 사람이 들어주기 곤란한 부탁, 청탁을 해왔을 때 기분 안 나쁘게 거절할 필요를 느끼지만 딱히 어떻게 해야 좋은지 답을 갖고 있지 않다.

4) 소비자를 직접 대해야 하는 직업을 가진 사람들은 진상 손님 때문에

고생이 이만저만이 아니다.

   5) 상대가, 특히 윗사람이 내게 반말을 쓰거나 말을 함부로 하면서 나를 무시할 때 어떻게 대응해야 좋을지 모른다.

   이 같은 갈등으로 인해 우리는 대인관계에서 서로 감정이 상하는 경우가 많이 있다. 그런데 문제는 많은 경우에 상대가 왜 그러는지 이해가 안 되는 경우도 많다는 것이다. 때로는 화낼 사람은 나인데 도리어 상대가 화를 내는 경우도 있다.

   이처럼 인생에서 갈등을 없앨 수 없다. 마치 바다에서 파도를 없앨 수 없듯이. 그렇다면 고난에 빠지지 않게 해달라고 기도하는 것보다 고난을 견뎌낼 수 있는 인내심과 지구력을 달라고 기도하는 것이 낫다. 마치 파도타기에서 균형을 잡을 수 있는 법이 필요하듯이.

   그런데 이런 갈등은 왜 생기는 걸까? 그리고 왜 이렇게 해결하기가 어려울까?

   겉으로 드러난 상대의 감정만 보고 그 안에 숨겨져 있는 욕망을 읽지 못해서 그렇다. 욕망을 알면 해결책이 보인다. 그래서 이제 욕망 얘기를 해볼까 한다.

   일은 실패하면 다시 시작할 수 있지만, 사람과의 관계는 한 번 깨지면 회복하기가 힘들다. 그러므로 우리는 관계에 투자해야 한다.

   워렌 버핏이 한 말이 떠오른다.

   "신뢰를 쌓는 데는 20년이 걸리지만 그것을 잃는 데는 5분이면 족하다."
- 버핏

무엇을 말하는가와 어떻게 말하는가는 다르다. 우리는 상대에게 어떤 말을 해도 좋다. 다만 아무렇게나 하면 안 될 뿐.(You can say anything but not anyway!) 어떤 주제도 말할 수 있다고 나는 생각한다. 그러나 우리는 흔히 이런 말들을 한다.

"에이, 그런 말을 어떻게 해? 나는 못해. 공연히 좋았던 관계를 깨뜨릴 수 있어."

"그런 얘기는 해서는 안 돼. 건드릴 수 없는 영역이야."

"큰일 날 소리야~"

우리가 이런 문제에 대해 말하는 것을 금기시 하는 것은 민감하고 어려운 문제여서, 상대의 기분을 해칠 것으로 판단되는 문제여서 그러하다.

그러나 어떤 이야기들은 안 하고는 해결이 안 되는 것들이 있다. 말을 해야 문제가 해결이 되고, 갈등이 해소가 된다. 다만 문제가 되는 것은 상대의 기분을 해치지 않도록 잘 할 수 있겠느냐 하는 것일 뿐이다. 그래서 우리에게는 기분 나쁘지 않게 말하고, 나쁘지 않게 비판하고, 나쁘지 않게 거절하는 능력이 필요하다.

그럼 출발해 보자.

● 마음에서 일어나는 일

우리 마음에서는 어떤 일이 일어나고 있을까?

욕망이다. 우리는 끊임없이 무언가를 원하고 있다. 그리고 이것이 사람마다 달라서 서로 충돌하게 된다. 그래서 욕망은 갈등을 만들어낸다.

물론 욕망은 이성으로 하여금 이용하여 일을 하도록 한다. 이때 이성이 일을 잘해서 욕망이 실현되면 유쾌한 감정이 생성되고, 실패하면 불쾌한 감정이 생성된다. 예를 들어 이 책이 재미있을 것으로 기대했으나 그렇지 못하면 지루함이라는 감정이 형성될 것이다. 요컨대 이성에 의한 인지활동은 욕망 실현의 도구이고, 감정에 의한 정서활동은 욕망 실현의 표현이다. 욕망이 인지와 정서를 낳는 것이다.

인류의 역사를 만든 것은 욕망이다. 개인의 일상을 지배하는 것도 욕망이다. 하지만 학교에서 우리는 욕망보다 이성의 중요성에 대해 배워왔다. 그것은 서구의 역사에서 합리주의 때문이었다. 여러분은 다음 질문에 대해 어떻게 대답하시겠는가?

'인간은 이성의 동물인가, 감정의 동물인가?'

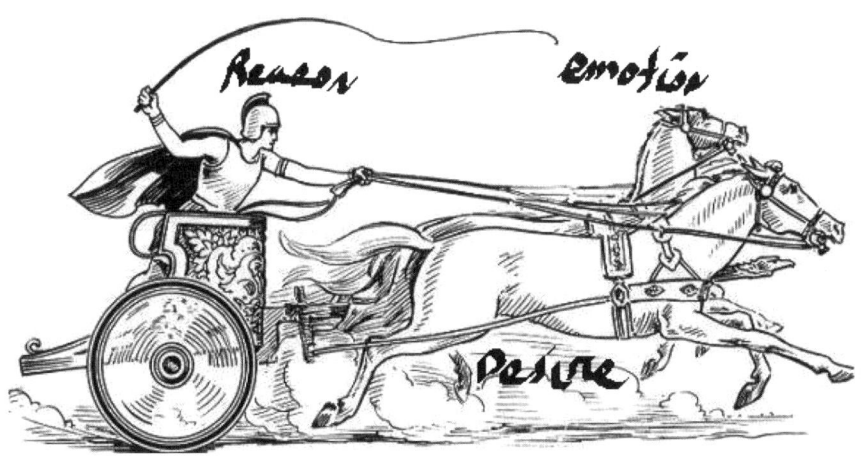

서구의 역사에서 합리주의의 틀을 짠 사람은 플라톤(Platon)이었다. 플라톤은 인간의 마음 혹은 영혼(psyche)은 이성, 감정, 욕구로 구성되어 있다고 보았다. 플라톤은 두 마리 말을 모는 마부로 이성과 감정과 욕망의 관계를 설명한다. 그림을 보자.

검은말은 욕망을 상징하는데, 육체적, 감각적, 맹목적, 비합리적인 모든 욕구를 상징한다. 쾌락, 안락함, 육체적 만족, 육체적 편안함에 대한 우리의 모든 무수한 욕망을 가리키는 것이다. 당연히 이들은 서로 충돌하기도 한다.

흰말은 감정을 상징하는데 혈기, 열정, 에너지, 힘을 가리킨다. 예를 들어 억울한 일을 당했을 때 화를 내는 것이나 자존심이 상했을 때 느끼는 상처와 이를 지키려는 마음과 같은 감정적인 측면을 말하는데, 역경에 맞서서 싸우거나, 도전에 맞서고 극복하려는 의지의 측면도 함께 아우른다. 많은 에너지와 힘을 가진 말, 백마가 이것을 상징한다.

마부는 이성을 상징한다. 우리의 이성적인 마음(nous)은 말과 마차를 인도하는 마부로 표현되는 것이다. 이것은 생각하고, 분석하고, 앞을 내다보고, 상황을 합리적으로 평가하고, 전반적으로 무엇이 가장 좋고 가장 진실한지를 측정하려고 노력하는 정신의 일부이다.

이 그림에서 우리는 이성이 감정을 조절하는 존재라고 설명하는 것을 볼 수 있다. 마부가 전체 시스템을 책임져야 하고, 언제 각 말에 고삐를 줄 것인지, 언제 뒤로 미룰 것인지에 대한 결정적인 결정을 내려야 한다. 전체 시스템은 말의 의사에 의해 결정되는 것이 아니라 말을 모는 마부의 합리적인 결정에 의해 결정되어야 한다.

플라톤의 도식에서 그 어느 것도 그 자체로 선하거나 악하지 않다. 예를 들어, 식욕이 많으면 하인으로서는 훌륭하지만, 주인으로서는 탐욕스러운, 즉 나쁜 주인을 만든다.

그래서 그는 국가의 계급에 대해 이렇게 말한다. 욕망은 생산자나 상인에게 요구되는 덕목, 감정(의지)는 군인에게 요구되는 덕목이고, 국가의 수호자, 즉 정치인들에게는 이성이 가장 많이 요구되는 덕목이라고 플라톤은 규정했다.

플라톤이 이성을 강조한 이후, 14-16세기 르네상스, 15-16세기 지리상의 발견, 16세기 종교개혁, 16-17세기 과학혁명, 18세기 계몽주의를 거치면서 이성은 항상 서양 사상의 중심이 되었고 그 지위를 높여만 갔다. 서구사회는 20세기초까지 이성에 대한 무한한 신뢰를 보였다.

1차 산업혁명(증기혁명)에서 2차 산업혁명(전기혁명)에 이르기까지 플라톤과 데카르트(Descartes)의 합리주의는 이성만능주의와 과학만능주의(scientism)가 되어 정점을 향해 치달았다. 과학과 이성이 가난과 질병으로부터 우리를 해방시켜줄 것이라고 생각했다. 머지않아 인류는 이상사회에 도달할 것이라고 믿었다. 요즘 100세시대에 돌입했다고 생각하고 아무도 이를 의심하지 않고 있고, 4차산업혁명으로 인해 특이점이 도래할 것이라는 것을 믿어 의심하지 않고 있는 것과 똑같은 분위기였다.

그러나 이런 확신과 꿈은 그러나 산산조각 나 버렸다. 이성에 대한 신뢰를 갑자기 잃어 버리는 사건이 벌어졌다. 그것은 무엇이었을까?

1차, 2차 세계대전의 발발이었다. 이 두 번에 걸친 비참한 전쟁으로 인해, 과학이, 이성이 인간을 행복하게 만들기 위해서가 아니라 인간을 살상하고 세계를 파멸에 이끌기 위해 사용된다는 것을 알았다.

인간이 이성적 존재이기는커녕 얼마나 광기에 찬 존재인지를 알게 되고, 인간이 얼마나 큰 감정의 지배력 아래 놓인 존재인지를 자각하게 되었다. 전쟁의 동기도 결코 이성적이지 않은 광기에 의한 것이었음을 깨닫고 절망했다.

만유인력의 법칙으로 잘 알려진 천재 뉴턴도 주식 투자에는 실패했다. 주식은 결코 인간들의 이성에 의해 움직이는 것이 아니다. 그는 이런 말을 했다. "천체의 움직임은 계산할 수 있지만 사람들의 광기는 계산할 수 없다."

이후 3차 산업혁명(정보화사회, 지식사회혁명)에 의해 대량생산으로부터 다품종 소량생산 체계로 전환됨에 따라 다양한 소비자의 감성에 맞출 필요성이 대두되었다. 이후에 나온 슬로건이 감성경영, 감성마케팅, 감성리더십, 감성공학과 같은 것들이었다.

그리고 1950년 이후 인지과학(cognitive science)의 연구 결과, '감정', '감성', '공감' 같은 것들이 얼마나 중요한지 우리에게 일깨워 주었다. 이후에 이런 키워드들이 우리의 일상과 산업을 지배하고 있다. 요즘, '이성'에 관한 이야기를 들어 보았는가?

그럼에도 우리는 학교에서 줄곧 이성의 우월성에 대해 배워왔다. 감각적이고 맹목적이고 비합리적인 감정을 이성이 잘 다스려야 한다고 말이다. 그러나 이것은 잘못된 이론이었음이 최근의 인지과학 연구에 의해 밝혀지고 있다.

인간은 이성의 동물인가, 감정의 동물인가? 이런 질문에 대해 예전에는 이성의 동물이라고 대답하는 것이 당연한 것이었다. 그러나 이제는 아니다. 인간은 감정의 동물이라고 답변하는 것이 당연한 시대가 되었다.

● 욕망의 존재, 인간

무엇이 인지와 정서의 활동을 낳는가? 앞에서 말했듯이, 다름 아닌 욕망이다. 그럼에도 인류의 학문 역사에서 욕망의 중요성을 깨닫기 시작한 것은 얼마 되지 않는다. 비록 17세기에 '욕망은 인간의 본질이다'라고 스피노자는 말했지만, 본격적인 연구는 프로이트 이후이다.

과거 서양철학에서는 이성과 감정에 대해서만 말을 했다. 욕망은 늘 음험하고 위험한, 하등한 것으로만 생각했다. 그런데 스피노자부터 욕망에 대해 이야기 하기 시작하면서 서양철학에서도 욕망을 말하기 시작했다. 권력에의 의지를 모든 생명체의 삶의 원동력으로 지적한 프레드리히 니체는 강렬한 삶을 살고자 하는 욕망이 존재의 가장 내밀한 본질이라고 설파했다. 이어 프로이트는 모든 인간의 존재의 근거를 욕망으로 규정했다. 이제 우리는 이렇게 말할 수 있다.

> 당신은 당신의 욕망이다.
> You are what you desire.

욕망의 성취 여부에 따라 감정이 생겨난다. 욕망이 이루어지면 유쾌의 감정이 생성되고, 욕망이 좌절되면 불쾌의 감정이 생성되는 것이다. 예를 들어 좋은 회사에 들어가고 싶은 욕망이 있었는데 입사시험에 합격하면 날아갈 듯한 기쁨, 행복의 감정이 생겨난다. 그러나 시험에 떨어져서 그 욕망이 실현되지 못하면 슬픔이나 분노의 감성이 생겨나는 것이다.

요컨대 우리가 가지는 수많은 감정은 결국 우리가 가지는 다양한 욕망의 실현 혹은 좌절로 인해 생성된다고 하겠다.

2. 감정의 역할

● 감정의 또다른 역할

앞에서 우리는 감정이란 욕망 실현 여부를 표현하는 것, 즉 욕망 실현의 결과라고 했다. 그런데 감정이 단지 욕망 실현의 결과에서 그치지 않는다는 사실을 알아야 한다. 감정은 반대로 욕망을 실행시키는 단계에서도 역할을 수행하기 때문이다.

예를 들어, 잘하면 계약을 따낼 수 있는 중요한 사람과의 약속이 있는 날 아침에 일어났는데 그 사람에 대한 서운함 혹은 분노의 감정이 생긴다면 그 사람을 만나러 나가지 않게 된다. 이성은 자신의 이익을 위해 빨리 일어나서 나가라고 말하고 있지만, 감정이 이를 허락하지 않으면 욕망을 실현시키기 위한 행동을 일으키지 않는 것이다.

우리는 지금까지 학교에서 이성이 감정을 조절하고 통제하는 기능을 담당한다고 배웠지만, 실제로는 반대로 감정이 이성 활동의 승인하거나 불허하는 결정권을 수행하는 경우가 더 많다는 점을 현대의 인지과학은 밝혀냈다. 즉 이성이 감정을 조절, 통제하는 것이 아니라, 반대로 감정이 이성을 통제하고 조절한다는 것이다. 예컨대 긍정적 감정이 형성되면 그것이 이성으로 하여금 활동하도록 만들고, 부정적 감정이 생기면 이성으로 하여금 일을 하지 않도록 만든다. 그러니까 감정은 이성에 에너지를 공급하는 원천이라 할 수 있다.

7장 『1. 사고의 원동력, 감정』에서 감정은 판단에도 개입한다고 말했다. 소위 신체표지가설(somatic marker hypothesis)이다. 반복적 상황에 쉽게 대처하고 빨리 판단하기 위해 인간은 경험과 기억에 감정을 함께 저장시킨다. 그리고 함께 저장된 감정의 유쾌/불쾌 정보를 참고하여 판단을 내리는 것이다. 그래서 유사한 상황이 오면 일일이 이성을 이용하여 곰곰 생각하지 않고 감정 기억을 이용하여 곧바로 판단을 내린다. 신체표지 가설은 이처럼 감정이 판단에도 깊숙이 개입한다는 사실을 잘 알려 준다. 감정적으로 중요한 기억이 그렇지 않은 기억보다 훨씬 더 깊이 각인된다는 사실만 보아도 이를 쉽게 알 수 있다.

사실 이성이 감정을 조절하는 일은 드물다. 반대로 감정이 이성의 사용을 승인하는 일이 훨씬 더 많다. 일할 감정이 생겨야 이성을 작동시켜 일을 하는 것이다. 요컨대 감정은 이성을 이용하도록 에너지를 공급하고, 살아가는 데 필요한 판단도 내리는 막강한 권력을 가지고 있다. 이러한 감정의 지위를 깨닫고 최근에는 모든 산업과 학문 분야에서 감정을 연구하고 있다. 반면에 현재 사용하고 있는 인공지능 시스템에는 감정이 들어가 있지 않다. 이는 인간이 판단을 내리는 방식과 AI가 판단을 내리는 과정의 큰 차이를 만들어 내고 있음을 보여 준다.

이처럼 사람들은 상황에 직면할 때마다 그 상황이 안겨주는 긍정 또는 부정의 감정을 느낀다. 그리고 그것을 뇌에 기억(감정 기억)으로 저장해 둔다. 그리고 필요할 때 인출하여 이용한다. 이를 이용하여 빠른 판단을 내릴 수 있게 된다. 이렇게 기억에 감정이 개입함으로 인해 감정이 이성에 개입하게 되는 것이다. 사실 정서적으로 영향이 미미하거나 중요하지 않은 경험은 쉽게 잊어버리고 그로 인해 기억되지도 않는 반면에, 정서적으로 영향이 크거나 중요한 경험은 잊혀지지 않고 강하게 기억된다는 사실을 보아도 그러하다.

기억과 판단에 감정이 중요하다는 사실을 알면 설득할 때 무엇보다 먼저 상대의 감정부터 고려해야 한다는 점을 깨달을 수 있다.

3. 갈등의 근원, 욕망

● 갈등의 생성 원인

왜 사람들 사이에 갈등이 생길까? 상대방에게도 욕망이 있기 때문이다. 상대방도 나와 똑같이 자신의 생각을 내게 불어넣으려고 한다. 그러므로 상대를 설득하려 할 때 상대의 욕망을 읽고 그것을 고려해야 한다. 욕망을 알면 해결책이 보인다.

우리는 상대방이 하는 말을 들을 때 일차적으로 그 문장들의 의미를 파악하면서 이해한다. 그러나 '의미'보다 더 중요한 것이 있는데 이는 '의도'이다. 그러니까 글자 그대로의 뜻이 아니라 그 속에 숨어 있는 뜻을 알아야 하는 것이다. 상대가 하는 '말의 의미'로부터 궁극적으로 '욕망의 의도'를 파악해야 한다.

예를 들어 상대가 질문을 하는 경우 그것이 글자 그대로의 질문이 아닌 경우가 많다. 소위 '답정너'의 경우가 그러하다. 이는 '답은 정해져 있으니 너는 대답만 하면 돼.'의 줄임말이다. 던져진 질문에 대해 청자는 오직 화자가 유도하는 대답을 해야 하는 상황인데, 이를 눈치채지 못하거나 어기면 화자는 만족하지 못한다. 이렇게 되면 설득은 물 건너 간다.

회의실 최악의 꼴불견을 조사한 설문 결과에서 1위를 한 것이 바로 '답정너형'이었다. 그러니까 질문의 형식을 띠지만 사실상 자기 의견을 고수하려는 사람이 회의에서 가장 못마땅한 사람으로 드러난 것이다. 이는 그만큼 사람들이 자신의 욕망을 은근히 드러내고 있다는 것을 방증한다.

　니체(Friedrich Nietzsche)는 말했다. "갈등이 나쁜 것이 아니다. 이는 생명의 자연스러운 현상이다. 권력 의지의 충돌로 인한 갈등을 두려워하지 말라"

　그렇다. 앞서 말했듯이, 인생에서 갈등을 없앨 수는 없다. 마치 바다에서 파도를 없앨 수 없듯이. 그렇다면 바다에서 파도를 없애 달라고 기도하는 것보다 파도에서 균형을 잡을 수 있는 법을 알게 해 달라고 기도하는 것이 낫듯이, 갈등에 빠지지 않게 해달라고 기도하는 것보다 갈등을 해소할 수 있는 능력을 달라고 기도하는 것이 낫다.

● 욕망은 왜 생길까?

도대체 인간에게 욕망은 왜 생기는 것일까? 그것은 삶의 필요(needs) 때문이다. 모든 생물체는 삶을 유지하려고 하는 욕망, 즉 코나투스(conatus, 관성, 노력, 추구를 뜻하는 라틴어)를 갖고 있다. 이는 일종의 자기 보존의 욕망인데, 자신의 평온한 상태를 지속적으로 유지하려는 욕구, 다른 말로는 항상성(homeostasis) 유지 욕구라 할 수 있다.

인간에게는 살기 위해 필요한 것들이 있다.

우선 몸이 살아야 한다. 에너지를 얻기 위해 음식을 먹고 물을 마시고 체온을 유지하기 위해 옷을 입고 쉬기도 해야 한다. 이런 생리적인 문제를 해결할 필요가 있기 때문에 몸은 우리에게 이런 것들을 원하게 만든다. 즉 욕망이 생기는 것이다. 그런 다음 위험으로부터 우리를 지켜야 하므로 안전에 관한 욕구가 생긴다.

이런 육체적 욕구가 충족되면 다음엔 심리적인 욕구를 충족해야 할 필요가 생긴다.

인간은 결코 고립해서는 살 수가 없고 사회 속에서 생존해야 하기 때문에 소속감과 우정, 애정 등이 있어야 하고 이를 충족하고픈 관계 욕구가 생긴다.

또한 이 같은 사회생활 속에서 나의 가치, 즉 쓸모를 인정받아야 살아갈 수 있는 기반을 얻는다. 내가 만일 가정이든 학교든 회사든 사회로부터 가치를 인정받지 못하면, 다시 말해 무시당하면 살아갈 수가 없다. 자살은 이렇게 자기효능감이 없을 때 일어난다. 따라서 자신을 보호하기 위해서, 살아가기 위해서, 관계 욕구와 인정 욕구가 생긴다.

사실 이러한 욕구들에 대해서는 에이브러햄 매슬로우(Abraham Maslow 1908~1970)가 이미 1943년 이론화한 바가 있다.

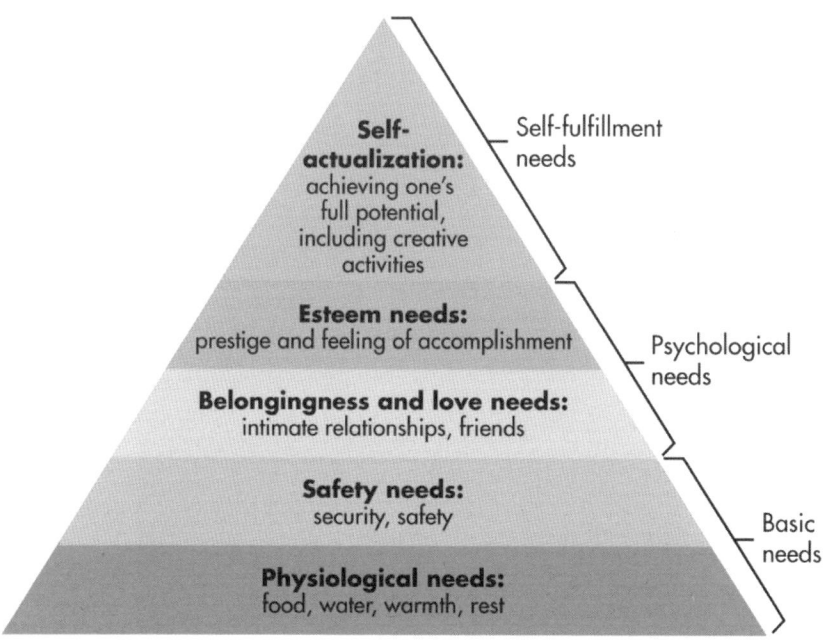

그림은 1943년에 '인간 동기의 이론'이라는 논문을 통해 발표한 매슬로우의 동기 구분을 보여 주고 있다. 그의 욕구단계설(동기화 이론)에 따르면 인간

의 욕구는 5단계로 나뉜다. 가장 낮은 단계인 1단계는 생리적 욕구(Physiological needs)이고, 그다음 2단계는 안전의 욕구(Safety needs)로서 이들은 물리적인 욕구를 구성한다. 이것이 충족이 되면 3단계인 소속과 애정의 욕구(Belongingness and love needs)를 추구하게 되고 그 다음 4단계에서는 존중(인정)의 욕구(Esteem needs)를 추구하고, 마지막 5단계에서는 자아실현의 욕구(Self actualization needs)를 추구하게 된다. 최종적으로 자신에게 의미 있고 가치 있는 일을 함으로써 만족을 얻는다는 것이다.

● 욕망의 대부분은 무의식적

그런데 이들 욕망의 대부분은 무의식적으로 이루어진다는 데에 문제가 있다. 요즘 컴퓨터 용어로 말하자면 자동처리의 방식으로 실행되는 것이다. 다시 말해 나도 모르게 내가 욕망한다는 것, 다른 말로 나의 욕망을 나도 모른다는 것이다.

나도 잘 모른다는 점에서 욕망은 내 안의 타인이라고 할 수 있다. 그러므로 이쯤 되면 나 자신도 이해하기 어려운데, 하물며 남을 이해하기란 얼마나 어려운지 짐작이 간다.

영어에는 이런 표현이 있다. "Do you know what you want?" 이는 직역하면 '너는 네가 무엇을 원하는지 아니?'라는 뜻이다. 영어권에서 물건을 사려고 백화점이나 상점에 들어가면 점원이 흔히 이렇게 물어본다. 만일 옷을 사고 싶다고 할 때 스타일과 천, 무늬, 브랜드 등을 이미 마음에 두고 온 것이 있는지를 물어본 것이다. 만일 그런 것이 없다면 다음과 같이 대답한다.

I don't know what I want. Can you just choose for me?
(딱히 결정한 것이 없어요. 추천 좀 해 주시겠어요?)

여기서 첫 번째 문장은 내가 무엇을 정확히 원하는지를 모르겠다는 의미로, 나의 욕망을 나 자신도 잘 모를 수 있음을 말해 준다. 무의식은 우리의 사고와 감정과 욕망의 복합체이다. 우리는 흔히 사람의 행동은 본인의 자유의지에 의해 이루어지는 것으로 생각하지만, 실제로는 이보다 무의식적 욕망에 의해 행해지는 것이 훨씬 더 많다는 것을 알아야 한다. 그리고 갈등의 근원인 이 욕망을 읽어내는 방법을 알아야 한다.

4. 감정보다 욕망을 읽어라

● 감정보다 욕망을 읽어라!

　우리는 앞에서, 상대와 대화를 할 때 감정보다는 그 아래에 깔려 있는 욕망을 파악하는 것이 필요하다는 것을 알아보았다. 감정은 결과일 뿐이니 욕망을 읽어야 한다는 것이다. 사실 욕망을 알면 갈등을 사전에 피할 수 있다. 혹은 생기더라도 이를 해결할 수 있는 방법을 찾을 수 있다!
　질문은 항상 질문이 아닐 수 있다는 말은 결국 우리는 자신이 원하는 답변을 듣고 싶다는 뜻이다. 그래서 상대방 말의 의미보다 의도를 파악해야 하고, 그 의도를 충족시켜 주는 것이 설득의 첫 걸음인 것이다.
　즉 우리는 의외로 자신이 원하는 것만 듣기를 원하는 경향이 있다는 것이다. 그러니까 '답정너'는 일부 사람들의 꼴불견이 아니라 우리 모두의 모습이라는 것이다.
　예를 들어보자. 만일 여러분의 배우자가 이렇게 질문을 한다면 어떻게 답하시겠는가?
　"만일 내가 먼저 세상을 떠나면 당신은 재혼할 거야?"
　이에 대해 다음과 같이 대답한다면 어떨까?
　"사랑은 함께 살 때 나누는 것이 중요한 것이지. 한쪽이 사별한다고 거기에 구속되어 다른 사랑을 못 만나는 것이 먼저 간 사람이 원하는 것일까? 나는 만일 내가 먼저 죽으면 당신이 나보다 더 좋은 사람을 만나 행복하게 살기를 바래."
　어찌 들으면 좋은 답변이라고 생각할 수 있다. 그러나 이런 질문을 던진 여러분의 배우자는 결코 이런 답변에 만족하지 않을 것이다. 이런 답변을 듣고자 던진 질문이 아니었기 때문이다. 출제자의 의도를 제대로 파악하지 못한 것이다.

이 답변은 합리적인 답변이라고 볼 수 있음에도 불구하고 상대가 서운하게 생각할 수 있는 것은 왜일까?

대화의 첫째 조건은 상대의 감정과 욕망을 인정하고 시작하는 것이다. 그리고 그 과정에서 만일 나의 잘못이 있다면 이를 인정하는 것이다.

대개의 경우 질문을 한 배우자가 듣고자 하는 답변은 "내가 당신을 잃고 어떻게 재혼을 해?"라는 말이다. 상대는 이 말이 거짓말인 줄, 혹은 거의 거짓말인 줄 알면서도 기분이 나쁘지 않다. 요컨대 위의 질문은 상대가 얼마나 나를 사랑하는지를 알아보기 위한, 그래서 그런 사랑을 확인하고자 하는 의도로 던진 질문이다. 그래서 그저 이런 답변을 듣고 싶은 것이다. 의미보다 의도인 것이다.

우리는 이처럼 질문이 단순히 질문이 아니라 답정너의 경우가 많다. 무엇보다 우선 의도를 파악한 후 거기에 맞추어 주는 것이 해답이다.

● 감정 흡수의 법칙

왜 이성과 달리 감정에는 발전이 없을까? 이성의 영역에서는 정보와 지식의 축적이 이루어지고 이를 기반으로 점진적 발전을 이룬다. 사실 인류는 이성의 영역에서는 엄청난 발전을 했다. 원시시대와 지금을 비교하면 비약적인 발전을 거듭해 왔다. 과학의 발전을 보면 쉽게 알 수 있다. 화성 탐사도 할 정도이다.

만약에 상대방이 많은 사람들이 이미 알고 있는 이야기를 할 때 우리는 흔히 이렇게 말한다.

"그 얘기는 했잖아."
"그게 언제 때 얘긴데."
"그 이론은 낡은 이론이야."

그러나 욕망과 감정의 영역에서는 그렇지 않다. 새로운 정보와 지식이 생겨도 축적되지 않고 일정 시간 지나면 흡수되어 사라진다. 우리는 흔히 이렇게 말한다.

"그래 그때는 그랬지."
"아 그때 생각난다."(망각)
"옛날 얘기다."
"난 다 잊었는데."
"그렇구나."

감정의 영역에서는 수천 년 전이나 지금이나 달라진 것이 거의 없다. 수천 년 전의 인간이나 지금의 인간이나 대인관계, 세대 간의 갈등, 남녀의 사랑 방식에 있어서 아무런 차이가 없다. 살인, 폭행, 강절도, 방화, 성범죄... 질투, 분노 조절 어려움 등. 자식에게 아무리 설명을 해 줘도 자식은 말을 안 듣는다. 경험해 보지 않고서는 알 수 없기 때문이다. 이처럼 직접 경험을 해 보지 않고는 모르기 때문에 그 이전의 정보, 선조 대의 지식이 아무런 도움이 되지 않는 현상을 우리는 '감정 흡수의 법칙'이라 부르고자 한다.

요컨대 이성은 전 시기에 이룩해 놓은 결과를 기준점으로 딛고 그 위에 성과를 축적해 나감으로써 발전하는 반면에, 감정은 이전 시기의 결과를 기준점으로 닫고 그 경험(성과)을 축적하지 못한다. 그렇다면 감정은 왜 과거에 경험한 것을 토대로 더 나은 행동을 하도록 해 줌으로써 발전하지 않을까?

무엇보다 감정은 생존을 위한 즉각적인 반응을 제공하는 기능을 본질로 하기 때문이다. 예를 들어, 두려움은 위험을 회피하게 하고, 기쁨은 긍정적 경험을 강화하며, 분노는 자기 방어를 촉진하는 본능적인 반응이다. 이러한 감정은 신속하게 작동해야 하기 때문에, 이전 경험을 논리적으로 분석하고 그에 따라 반응을 조정하는 것보다는, 즉각적으로 작동하는 것이 중요하다. 이것이, 지식과 기술을 축적하고 이를 바탕으로 문제를 해결하거나 새로운 방법을 개발하는 데 중점을 두는 이성과의 근본적이 차이점이다.

감정의 주요 목적은 즉각적인 상황에 대응하고, 사회적 관계를 형성하며, 개인의 생존을 돕는 것이다. 감정은 단순히 지식이나 기술을 축적하는 것이 아니라, 매 순간의 경험과 상황에 따라 유연하게 반응하는 것이 중요하다.

물론 감정은 이전의 경험을 통해 학습되고 조절될 수는 있다. 예를 들어, 어린 시절의 분노를 경험하고, 그로 인한 결과를 이해한 성인은 유사한 상황에서 더 나은 방식으로 분노를 조절할 수 있게 된다. 이처럼 개인이 자신의 감정을 이해하고, 조절하며, 타인의 감정을 이해하고 공감할 수 있는 능력을 감정적 지능(Emotional Intelligence)라 한다. 그러나 이는 개인의 감정적 경험을 통해서만 발전할 수 있으며, 이는 각자의 직접적 학습과 경험을 통해서만 가능할 뿐 타인과 결코 공유할 수 없다.

결론적으로 감정은 즉각적이고 유연한 반응을 제공하는 생물학적 본능으로, 지식과 기술을 축적하는 이성과는 그 목적을 달리한다. 감정은 개인의 생존과 사회적 유대를 돕기 위해 설계되었으며, 이 때문에 감정 자체가 변화하거나 '발전'하기보다는, 이를 '유지'하는 데 그 본래의 역할이 있는 것이다.

● 핵심 욕망 core desire

매슬로우의 욕구 5단계를 다시 상기해 보자. 생리 욕구, 안전 욕구, 소속과 관계 욕구, 존중(인정) 욕구, 자아실현(성취) 욕구이다.

심리학에서는 '욕망(desire)'과 '욕구(need)'를 구분하여 쓰는데, 보통 전자는 결핍상태를 충족하기 위해 무엇인가를 필요로 하거나 원하는 상태를 말하고, 후자는 충족이 가능한 생물학적 욕구나 요구와 달리 충족될 수 없는 사회적 구성물을 일컫는다. 그러나 일상어에서는 이 둘을 거의 구별하지 않고 사용한다. 국어사전의 정의를 보면 '욕망'은 무엇을 가지거나 무슨 일을 하고자 바라는 마음으로, '욕구'는 무엇을 얻거나 무슨 일을 하고자 바라는 일이라고 정의하고 있을 뿐이다. 예컨대 '신분상승의 욕구'와 '신분상승의 욕망'처럼 구분없이 쓴다. 그러므로 우리도 일상어의 용법대로 구분하지 않고 쓰려한다.

생리적 욕구와 안전 욕구는 생리현상 욕구의 해소와 안전 욕구가 미비할 때는 우리의 삶이 불가능해지는, 즉 생존과 관련된 필수적 욕구이다. 반면에 관계 욕구와 인정 욕구 및 자아실현 욕구는 생존과 관련된 욕구가 만족이 된 상태에서 생활을 영위할 때 가질 수 있는 문화적 욕구들이다.

인간에게 욕구가 있는 이유는 무엇일까? 이것은 인간이 자신의 삶의 항상성을 유지하도록 하기 위해 존재하는 것이다. 그러니까 먹는 데 쾌감이 있는 이유는 음식의 섭취가 생존에 필수적이기 때문이고, 다쳤을 때 통증이 있는 이유는 신체의 작용이 위험에 빠졌으니 빨리 고치라는 신호인 것이다.

그렇다면 소속 및 관계 욕망이 있는 이유는 무엇일까? 집단 밖에 나가면 생존이 어렵고 친구가 많을수록 성취에 유리하기 때문일 것이다. 삶에 행복이 있는 이유는 무엇일까? 이는 관계 유지와 존중 욕구, 자아실현을 지속적으로 이루기 위해서는 보상과 에너지의 공급이 필요하기 때문이리라.

생리적 욕구와 안전 욕구는 생존에 필수적이므로 반드시 충족해야 하는 것이라면, 관계 욕구와 인정 욕구 및 자아실현 욕구는 생존 욕구 충족의 전제 위에 가질 수 있는 문화적 욕구들이다. 그렇다면 이 문화적 욕구들 가운데 어느것이 필수적일까? 그러니까 삶의 지속을 위해 없어서는 안 되는 핵심 욕망(core desire)은 무엇일까? 관계욕구일까, 인정(존경) 욕구일까, 아니면 자아실현 욕구일까?

우리의 판단으로는 소속감, 사랑, 우정, 동료애 등과 같은 관계욕구와 성취, 성공, 승진, 합격 등과 같은 자아실현욕구보다 훨씬 더 강한 것이 인정욕구이다. 즉 핵심욕구는 인정욕구이다. 물론 구체적인 핵심 욕망은 개인마다 다르다. 예를 들어 어떤 사람에게는 머리가 좋다는 칭찬일 것이고 어떤 사람에게는 외모가 좋다는 평가일 것이고, 또 어떤 사람에게는 조직이나 모임에서 항상 자신이 중심이어야 하는 욕구(그렇지 않으면 관심이 없다)일 수 있다.

인정욕구란 한 마디로 자신이 능력이 있음을 인정받으려는 욕구를 말한다. 자신이 쓸모가 있다는 인정이 있어야 살아갈 수 있다. 이를 흔히 '자기효능감'이라 부른다. 만일 자신이 쓸모없는 존재라고 생각되면 살아갈 수가 없기 때문에 이는 인간의 모든 욕망 가운데 핵심이다. 무소유, 무욕을 강조하신 법정스님도 이것만은 놓을 수 없다고 하셨다.

자기가 살아갈 가치가 있는 사람이라고 인정을 받지 못한다면 죽음(자살)의 원인이 되기도 한다. 왜일까? 나의 가치(쓸모)를 인정받으면 내가 살 수 있고, 그렇지 못하면 살 수가 없기 때문이다. 가난해도 살아갈 수 있다. 그러나 내가 살 가치가 없는 존재라고 느껴진다면 이제 더 이상 살아갈 수가 없다. 이것이 재벌이 수천억 재산을 쌓아놓고도 자살하는 이유이다.

한 마디로 자기효능감의 유지는 스스로를 살아가게 하는 이유가 되고, 자기효능감 상실은 자신을 죽게 만드는 이유가 된다. 어떤 커다란 문제가 생겼는데(예컨대 감당할 수 없는 큰 빚을 지게 되었다든지) 자신이 그 문제를 해결할 능력이 없다고 판단될 때, 우리는 무력감에 빠지게 된다. 그리고 그러한 자신의 무능력을 스스로 용납할 수 없을 때 그 일에 피해를 입게 된 사람들에 대해 큰 죄책감에 빠지게 된다. 우리는 흔히 자살하는 사람들이 문제를 해결하지 않고 자살이라는 편한 길을 선택하는 것으로, 그래서 무책임한 사람이 자살을 한다고 생각하는 경향이 있다. 그러나 실제 연구 결과는 그 반대이다. 오히려 책임감이 강한 사람이 자신의 책임을 다하지 못했다는 자책으로 자살을 선택하게 된다. 문제의 원인이 자신에게 있다는 판단, 즉 내부귀인을 하면서 책임을 자신에게 돌리는 사람이 자살을 하는 경향이 높다. 반대로 외부귀인 (cf. 4장 『5. 대표 의미 효과』), 즉 문제의 원인이 자신이 아니라 외부에 있다고 생각하는 사람들은 뻔뻔스럽게 잘 산다. 아무튼 이처럼 무력감과 죄책감이 결합하면 사람들은 자살을 생각하게 된다.

그런데 이에 더해 이러한 문제 상황이 남들에게 알려지게 되면 남들로부터 무시당하고 조롱당하거나 그렇게 될 가능성이 생기면 엄청난 수치심을 느끼게 된다. 이러한 수치심은 스스로가 이제는 더 이상 살아야 할 가치가 없는 존재라는 생각을 만들어서 치명적인 상황이 된다. 결론적으로 핵심욕구는 인정욕구이다.

그런데 5가지 욕구를 충족시키기 위해 우리는 무엇을 하고 있을까?

생리적 욕구를 충족시키고 잘 유지하기 위해 운동을 하고 건강 강좌를 수강하는 등 다양한 건강 관리 활동을 한다. 안전 욕구의 충족을 위해 안전 환경 조성을 위내 노력하고 보험이나 재테크 강좌도 수강한다. 관계/소속 욕구 충족을 위해서는 여러 모임에 가입하고 동아리 활동들을 한다. 그리고 자아

실현 욕구 충족을 위해서는 각 분야의 공교육 혹은 사교육과 여러 취미 강좌를 수강하고 봉사 활동도 수행한다.

그런데 인정 욕구의 충족을 위해 우리는 무엇을 하고 있나? 사실 인정 욕구는 삶의 모든 영역에 관여하는 것이기에 이를 위해 특별히 우리가 할 일이 딱히 없다. 이것은 노력이 아니라 결과이기 때문이다. 이 가운데 특정 영역에서 인정받는 것을 성공이라 부르고 있다. 그러므로 인정욕구는 자신의 삶을 행복하게 영위하기에 필수적이다.

그리고 이는 뒤집어 보면 상대의 인정욕구를 충족시키는 것이 상대의 설득에 있어 핵심적인 사항이라는 것을 말해 주고 있다. 그렇다면 어떻게 상대방의 인정 욕구를 만족시킬 수 있는지에 대해 다음 절에서 알아보기로 하자.

제 12 장

자존감의 두 얼굴
– '자존심' vs '자부심'

앞에서 5개의 욕구 가운데 가장 핵심적인 욕구는 인정 욕구이며, 이는 다른 말로 자존감(自尊感)이라고 할 수 있다. 자존감이란 사전의 정의에 따르면 스스로 품위를 지키고 자기를 존중하는 마음이다. 그런데 이 자존감은 우리에게 두 얼굴을 하고 나타난다. 하나는 '자존심'이고 하나는 '자부심'이다.

1. '자존심'이란?

자존심과 자부심은 언뜻 동의어 같지만 실제로는 매우 다른 의미를 지니고 있다.

자존감은 보통 자존감이 '높다' 혹은 '낮다'로 표현되는 객관적 용어로, 학술용어나 심리학이나 정신분석학 혹은 심리상담과 같은 전문분야에 주로 쓰이는 말이다. 반면에, '자부심'과 '자존심'은 일상생활에서 자주 쓰는 말로서, '자부심'의 경우 자부심을 '느끼다', 자부심이 '강하다' 혹은 '약하다'로 표현되는 반면에, '자존심'은 보통 자존심이 '상하다' 혹은 자존심을 '잃다, 지키다'로 표현되는 주관적 용어이다. 이제 자부심과 자존심에 대해 좀 더 자세하게 살펴보자.

● 자존심

자존심은 사전에 '남에게 굽히지 아니하고 자신의 품위를 스스로 지키는 마음'이라고 정의되어 있다. 그런데 이 단어가 실제로 한국어에서는 어떻게 사용되고 있는지를 조사해 보았다. 즉 이 '자존심'이라는 단어가 실제로 결합되는 동사와 형용사들을 목록화해 본 것이다. 이를 언어학에서는 단어의 좌우의 환경에 분포되는 양상을 조사하는 것이라서 '분포분석'(distribution analysis)이라고 한다. 분포분석의 결과 '자존심'은 다음과 같은 단어들과 어울린다는 것이 드러났다.

> 자존심이 (상하다, 손상되다, 꺾이다, 짓밟히다; 허락하다, 있다, 없다)
> 자존심을 (걸다, 죽이다, 꺾다, 굽히다; 회복하다)
> 자존심에 상처를 입다
> 자존심이 (강하다, 세다)
> 자존심 때문에

우리는 이 같은 결합 양상으로부터 한국인에게 '자존심'이 어떻게 개념화되어 있는지를 알 수 있다.

● 자존심은 '얼굴'(체면)이다.

우선 자존심은 '얼굴'이라고 개념화되어 있음을 볼 수 있다. 자신이 우월하다는 생각을 가지면 얼굴을 위로 들지만 자신이 열등하다는 생각을 가지면 얼굴을 들 수가 없게 된다. 이처럼 남들 앞에서 자신이 떳떳하게 되지 않을 것을 우려하는 마음이 이 말에 담겨 있다. 자존심은 한 마디로 열등감에 빠지지 않기 위한 마음인 것이다.

중학생 세 명이 달리기 시합을 한다. 각자 '나이*', '르카*', '월드*' 운동화를 신고 달린다. 누가 1등을 할까?

정답은 '월드*'을 신은 아이이다. 왜냐하면 이 아이는 가장 가격이 싼 자신의 브랜드가 안 보이게 달려야 하기 때문이다. 반면에 '나이*'를 신은 아이는 자신의 고급 브랜드를 최대한 노출시켜야 하므로 꼴찌를 한다. 우스갯소리이지만 충분히 공감이 간다.

위의 목록에서 보았듯이 자존심은 주로 상하거나, 손상되거나, 꺾이거나, 짓밟히고, 자존심에 상처를 입거나, 자존심을 거는 것으로 표현되는데, 이러한 단어의 사용 양상은 자존심이 열등감에 빠지지 않기 위한 마음이라는 것을 잘 보여 주고 있다.

● 자존심은 '공격받는 성(城)'이다. 수성(守城)하라

자존심의 두 번째 개념화는 '자존심은 공격받는 성이다. 그러므로 반드시 지켜내라.'는 것이다. 이는 다음과 같은 사용례를 통해서 확인된다.

> 자존심 (싸움, 대결, 전쟁, 경쟁, 문제)
> 자존심이 무너지다
> 자존심을 지키다

이런 표현들은 모두 전쟁을 치르면서 성이 무너질지 모르는 위기에 처해 있고, 그러므로 이를 반드시 무너지지 않도록 지켜야 한다는 상황에서 쓰이는 것들이다. 요컨대 자존심은 남으로부터 공격받는 성이고 꼭 지켜야만 하는 대상으로 개념화 되어 있는 것이다.

모든 인간관계에서의 갈등 원인은 '자존심'이다. 내가 상대방에게 무시당한 느낌이 들 때 우리는 흔히 다음과 같이 반응한다.

"내가 만만해 보여?"
"나 무시하지 마!"
"나 할 수 있어."
"나 안 늙었어."

특히 마지막 말은 동정심은 싫다는 뜻이다. 그러나 이런 말 하는 사람들은 사실 이미 늙은 사람들이다. 젊은 사람들은 이런 말을 안 하기 때문이다. 한 발 더 나아가 다음과 같이 말하기도 한다.

"내가 왕년에는..."

이는 허세를 떠는 말이다. 자신에 대해 보호막을 치려는 의도이다. 그러나 이는 반대로 그만큼 자신이 힘이 없어졌음을 뜻한다. 이런 말은 과거의 사실이기 때문에, 즉 이제는 더 이상 사실이 아니기 때문에 이 말을 하는 사람을 애처롭게 만들 뿐이니 안 쓰는 것이 좋겠다. 더구나 이 말은 "나때는 말이야"(Latte is a horse)로 희화화되어 널리 쓰이고 있을 정도이니 말이다.

부모가 자식에게 흔히 하는 말 가운데 다음과 같은 것이 있다.

"네가 뭘 안다고 그래?"
"넌 맨날 그래."

이런 말은 자식의 자존심에 큰 상처를 낸다. 왜냐하면 이것은 자식을 무시하고 인정하지 않는다는 것을 뜻하기 때문이다. 우리는 가까운 사이라면 편한 말들을 할 수 있는 사이라고 생각하여 상대의 기분을 나쁘게 할 수 있는 말들을 너무도 쉽게 하는 경향이 있다. 그러나 가까운 사이에도 자존심의 손상은 예외가 없다.

그런데 이 '자존심'은 타인의 존재를 기반으로 형성된 개념이다. 즉 '자존심'은 나에 대한 타인들의 평가에 의해 내 안에 생기는 마음이다. 중요한 것은 평가 주체가 내가 아니라 남이라는 사실이다. 그리고 평가 대상은 남이 평가하는 나, 즉 남과의 비교를 통한 나이다. 이때 또 중요한 것이 평가 방식은 비교라는 점이다. 그래서 평가의 결과는 남이 나를 인정하느냐 혹은 무시하느냐로 귀결된다.

▶ 자존심

평가 주체	남
평가 대상	나
평가 방식	비교
평가 결과	인정받음 / 무시받음

그런데 주지하다시피 비교는 모든 스트레스의 원천이다. 비교만 하지 않아도 스트레스가 없을 것이다. 며느리가 시댁에서 갈등을 일으키는 대부분의 이유는 친정과의 문화 차이에서 오는 비교이며, 자식 자랑 이야기가 불편함을 자아내는 것도 자기 자식과의 비교 때문이다. 예컨대 누군가가 자식 이야기를 꺼낼 때, 만일 그가 내 자식보다 잘 되어 가고 있을 때는 불편한 감정을 갖게 되는 반면에, 그가 내 자식보다 잘 되지 못하거나 비슷할 때는 스트레스 없이, 여유 있게 들어주게 된다. 이는 우리가 무의식 중에 비교를 행하고 있음을 보여 준다.

그렇다면 인간은 왜 비교를 할까? 이는 사회적 존재의 필연성이다. 인간은 사회적 존재여서 함께 살아야 하는데, 그 과정에서 남과의 협력과 경쟁이 필수적이다. 이때 그 결과에 대한 평가는 결국 남과의 비교를 통해 이루어진다. 혼자서 멋있다고 생각하는 것과 혼자서 잘산다고 생각하는 것은 인정욕구를 충족시켜 주지 못하기 때문에 만족스럽지 못하다. 남이 그것을 인정해 줄 때 본인이 멋있고 잘사는 것이 된다. 그러므로 이러한 비교는 매우 자연스러운 현상이다.

그러나 비교는 대부분의 경우 그 주체가 자신이 아니라 남이라는 점, 그래서 결국 자신이 타인의 시선에 의해 좌우된다는 점에서 부정적인 메커니즘이다. 그러므로 가급적 이를 피하는 것이 좋다. 그러나 만일 그래도 이를 피할 수 없다면, 이왕이면 서로의 장점을 보자. 그러니까 나의 장점에 대해서는 나에게 '감사'를 하고 남의 장점에 대해서는 남에게 '칭찬'을 하자.

살인범의 살해 원인을 분석해 보면 놀랍게도 단지 분노가 치밀어서 살해한 것이 아니라 상대가 '자신을 무시해서'라는 답변이 많다. 그리고 집단폭행의 경우도 대부분, 예를 들어 "왜 째려봐?" 혹은 "말투가 왜 그래?"와 같은 사소한 시비에서 비롯되는데, 이 모두가 자존심이 상해서 벌어지는 일이다.

도움을 받은 사람이 도움을 준 사람에게 감사가 아니라 도리어 원한을 품는 경우도 있는데, 예를 들어 부자 친척이 자기네는 좋은 옷 입고 살면서 우리에게는 헌 옷 주고, 자기네는 쌀밥 먹고 우리에게는 보리밥 준다고 욕하기도 한다. 이것도 다 없이 산다고 무시당하는 느낌, 즉 자존심의 손상으로 인해 발생하는 현상이다.

이제 사례를 하나 들어 보자. 조영호 교수(아주대) 칼럼에 나오는 이야기이다.[47]

M씨는 좀 정신적으로 문제가 있는 분이었다. 그런 그가 우여곡절 끝에 고속도로 휴게소 매장에서 판매사원으로 일하게 됐다. M씨는 실수를 많이 하고 다른 사원들 하고 어울리지도 못했다. 급기야 매장 주인은 M씨를 해고하고 말았다. M씨는 자신이 좀 실수를 한 것은 맞지만 '해고'는 억울하게 느껴졌다. 그리고 직원들이 자신을 부당하게 '왕따'시켰다고 생각했다. 그래서 노동기관에 부당해고 구제 신청을 하게 됐다.

사실을 알아보니 일이 여러 가지로 꼬여 있었다. 사용자 측에서는 M씨가 판매대금을 빼돌렸다며 경찰에 고소까지 해 둔 상태였다. 여성인 M씨는 또 남성인 관리자로부터 성추행을 입었다는 주장도 했다. 얽히고설킨 이런 문제에 대해

하나하나 잘잘못을 따지기는 쉽지 않다. 그래서 이런 경우는 양당사자를 화해시키는 것이 좋다. 중재자들의 노력에 의해 이야기가 잘 정리되는 듯싶었다. 서로 잘못이 있으니 근로자는 해고를 인정하고, 사용자는 고소를 취하하자고 한 것이다.

근로자 M씨는 사실 횡령죄로 고소당한 것에 대해 걱정을 많이 하고 있었다. 그리고 직원들과의 관계를 볼 때, 다시 매장으로 들어가 근무하는 것은 불가능한 상황이었다. 그래서 사용자가 고소를 취하해준다면 자신도 해고를 받아들이는 것이 합당한 결과였다. M씨는 이 모든 이야기가 맞다고 하면서도 이 중재안을 받아들이지 않았다. 중재자들의 노력이 허사로 끝날 판이었다.

 M씨는 최종순간 이렇게 말하는 것이었다. "제가 스스로 회사를 관둘 수는 없습니까?" "회사가 이렇게 일방적으로 자신을 해고하는 것은 어찌되었건 받아들이기 힘듭니다." 사람들은 물었다. "그럼 어떻게 하실 건데요?" M씨는 대답을 했다. "제게 한 달간의 말미가 주시면 그 안에 사표를 쓰겠습니다." 결국 이 사건은 한 달간 근무를 더 하되 그 사이에 근로자가 사표를 쓰는 조건으로 마무리가 됐다. 그 후 M씨 는 회사에 출근하지 않았다. 며칠 후 '스스로' 사직서를 회사에 보냈던 것이다.

M씨는 왜 그랬을까? 한 마디로 회사에 의해 해고당하는 것은 자존심에 큰 상처를 입는 것인데, 차라리 스스로 사직서를 제출하는 모양을 취하는 것이 자존심을 덜 상하게 하는 행위가 되기 때문이다. 이 사례는 사유야 어떠하든 마무리는 자신의 자존심을 상하지 않는 방식으로 짓고 싶어 하는 심리를 보여 주고 있다. 또 우리가 정치권에서 흔히 보는 풍경으로, 장관후보가 청문회를 통과하기 어렵거나 임명하기에 어려울 경우 후보자가 자진사퇴하는 형식을 취하도록 하는 것도 마찬가지로 자존심 보호 전략이라 할 수 있다.

돈을 더 준다는데 마다할 사람은 없다. 대개 고마워한다. 그러나 돈을 주고도 욕을 먹는 경우가 있다. 그것은 바보짓이다. 돈을 주었으면 감사하다는 인사를 받아야지 왜 욕을 먹는가? 이처럼 돈을 주고도 욕을 먹는 것은 상대의 자존심을 상하게 했을 때이다.

'돈 받았으니까 돈 값을 해야지.'라든지, '돈 줄 테니 일 좀 해 봐.'라고 하든지, 심지어 '너 돈 좋아하잖아.'라고 말하는 사람도 있다. 그러나 상대가 해 준 일에 대한 정당한 대가로 돈을 주는 것이 아니라, 이렇게 돈을 주는 생색을 내거나 상대를 돈의 위력에 굴복시키면서 주는 것은 절대 안 된다. 종업원이 '돈으로 나를 통제하려 하네.'라는 느낌이 드는 순간 돈의 위력은 반감되는 것이다. 돈을 줄 때는 최대한 돈 냄새가 적게 나야 하고 대신 '당신이 귀한 존재'라는 것이 부각되어야 한다. 그럴 때 돈을 주고 상대로부터 감사의 마음을 전해 받을 수 있는 것이다.

그렇다면 자존심은 언제 발동할까? 자존심은 대개 인내의 한계에서 발동한다. 다음의 시를 보자.

〈사직서 쓰는 아침〉
– 전윤호

상기 본인은 일신상의 사정으로 인하여
이처럼 화창한 아침
사직코자 하오니
그간 볶아댄 정을 생각하여
재가해 주시기 바랍니다
머슴도 감정이 있어
걸핏하면 자해를 하고
산 채 잡혀 먹히기 싫은 심정으로
마지막엔 사직서를 쓰는 법
오늘 오후부터는
배가 고프더라도

내 맘대로 떠들고
가고픈 곳으로 가려 하오니
평소처럼
돌대가리 놈이라 생각하시고
뒤통수를 치진 말아주시기 바랍니다

이 시에서 '머슴도 감정이 있어'라는 구절은 인간에게는 감정이 있다는 점을 들면서 자존심이 상했다는 것을 말하고 있다. 먹고 사는 문제가 인간에게는 생리적 욕구와 안전 욕구라는 가장 기본적인 욕구에 해당되는 것인데, '배가 고프더라도 내 맘대로 떠들고 가고픈 곳으로 가려 하오니'라고 말함으로써 이런 욕구보다 나의 존엄을 지켜 줄 최소한의 자유를 선택한다는 점, 즉 자존심이 더욱 중요하다는 점을 강조하고 있다. 마지막에 '돌대가리 놈이라 생각하시고'라는 구절에서 우리는 사장이 화자에게 평소에 머리 나쁜 놈이라고 자존심을 몹시 상하게 했던 모양임을 알 수 있다.

자존심 하락의 원인은 무엇일까? 스스로의 역량 감퇴함을 느끼고 이를 남과 비교를 하여 자신감을 상실하기 때문이다. 이로 인해 열등감이 생기기 때문이다.

결론적으로, 대화를 할 때나 거래를 할 때 분명 이해를 했는데도 상대가 받아들이지 않을 때는 혹시 자존심 문제가 아닌가 하고 생각해 볼 필요가 있다.

2. 자존심의 이면

자신감이 상실되면 자신의 약점은 감추고 좋은 면만 노출하려는 욕구가 생기는데, 이를 잘 드러내고 있는 다음 시를 보자.

〈오늘은 일찍 집에 가자〉
- 이상국

오늘은 일찍 집에 가자
부엌에서 밥이 잦고 찌개가 끓는 동안
헐렁한 옷을 입고 아이들과 뒹굴며 장난을 치자
나는 벌서듯 너무 밖으로만 돌았다
어떤 날은 일찍 돌아가는 게
세상에 지는 것 같아서
길에서 어두워지기를 기다렸고
또 어떤 날은 상처를 감추거나
눈물자국을 안 보이려고
온몸에 어둠을 바르고 돌아가기도 했다
(…)

이 시는, 일찍 귀가하는 것이 세상에 지는 것 같은 느낌이 들 정도로 우리는 경쟁사회, 피로사회에 길들여져 있음을 잘 나타내 주고 있다. 상처를 감추거나 눈물자국을 안 보이려고 온몸에 어둠을 바르고 돌아가기도 하는데, 좋게 말하면 무거운 책임감이고 나쁘게 말하면 권위주의에 우리가 빠져 있다는 것이다. 이 같은 가식은 사실 자신감을 잃어서 생기는 것이다. 일찍 들어간다고 무능한 것도 아니고 상처를 보인다고 약한 것이 아닌데 말이다. 우리 모두 마음의 여유를 찾고 자신감을 되찾아 보아야 한다.

열등감의 긍정적 극복

열등감은 사람을 움츠러들게 한다. 그래서 자존심을 발동하게 만들고 대인관계를 폐쇄적으로 운영하게 만든다. 그리고 이는 성공할 확률을 낮게 만든다.

그러나 열등감을 긍정적으로 극복한다면 오히려 더 나은 삶을 살게 하는 원동력이 되기도 한다. 루이 14세, 나폴레옹, 주은래, 박정희 등 단신이면서 시골 출신인 사람들의 패기가 그러한 경우이다. 이들이 자신의 단점을 극복할 수 있었던 요인들 중 하나는 자신이 집단을 이끌어 가려 하는 기질(이른바 보스 기질)이다. 그러나 그 구체적인 방법은 무엇이었을까?

루이 14세는 5세에 즉위하여 세계 군주 가운데 최장수인 72년이나 집권한 사람이다. 2022년 작고한 영국의 엘리자베스 2세(Elizabeth II)가 70년으로 2위이다. 물론 루이 14세는 처음에는 나이가 너무 어려 이탈리아 추기경 쥘 마자랭(Jules Mazarin)의 섭정을 받았으나 1661년 그가 죽자 직접 통치에 나섰다. 물론 그는 명석한 사람이었으나 키가 160~165cm로 추정되는 단신이었다. 이러한 자신의 외모 콤플렉스를 감싸기 위해 그는 자신을 절대자화하기로 하였다. 이를 위해 왕권신수설과 같은 정치적 이데올로기를 만들어 자신이 신에게서 권력을 물려받은 사람이라는 생각을 신하들이나 국민들에게 심어주었다. 그런데 정신적 측면은 이렇게 포장할 수 있었지만, 육체는 포장하기가 쉽지 않았다. 키는 늘릴 수 없는 것이니 말이다. 그리하여 그가 선택한 방책은 사치품이었다. 즉 비교가 되지 않을 정도로 화려한 의상과 액세서리로 다른 사람들과 차별화하는 전략이었다. 무려 1500캐럿의 다이아몬드로 빼곡한 재킷을 입고, 당시 귀족의 상징이자 필수품이었던 가발을 쓰고, 최고급 향수을 뿌리고, 명품 장갑을 끼고, 실크 양말을 신었다. 특히 많은 보석이 박혀 있는 굽 높은 구두를 신어서 키가 크게 보이도록 하였다. 이는, 물론 힐을 안에 넣지는 않았으므로 오늘날의 키높이 구도와는 달랐지만 그래도 키높이 구두의 시조라고 할 수 있을 것이다.

여러분은 '루이 까또즈'(Louis Quatorze)라는 브랜드를 아시는가? 루이 14세라는 뜻이다. 루이 14세라는 브랜드가 나올 정도로 그는 오래 전부터 패션의 아이콘이 되었던 것이다. 원래는 프랑스 기업이었으나 인수 합병을 통해 지금은 한국 기업이 되었다.

인간의 신체는 절대 군주나 귀족이나 평민들이나 모두 같았으므로 의상을 통해 이들의 신분적 차이, 즉 사회적 권위와 영광의 차이를 표현하고자 했다는 것이다.

제5부 갈등의 해소 339

또한 그는 지방의 귀족들을 장악하기 위해 사치스러운 파티를 열어서 그들을 초청하여 즐기도록 해 주는 시혜 정치를 펼쳤다. 그 유명한 베르사이유 궁(Chateau de Versailles)을 이러한 목적으로 건축하였는데, 압도하는 건축 및 실내 장식을 통해 귀족들을 주눅들게 만들고 경외감을 품게 만들어 자신에게 복종하도록 유도하였다. 천정의 화려한 샹들리에를 매달고 사방을 거울로 휘감은 거울의 방(la Gallerie des Glaces)은 그 최정점을 보여주는 공간이다. 이 같은 사치생활은 귀족들로 하여금 왕에 대한 충성심을 고취시켰으며, 나아가 자신들도 모방하고 따라하도록 하는 심리를 발동하게 하는 바람에 각 지방 귀족들을 재정 악화에 빠지게 하였고 이로 인해 왕에게 권력을 내 줄 수밖에 없는 상황에 처하게 하였다.

자존심이 발동하는 원천은 열등감인데 이 열등감은 결국 남에 대해 질투가 나도록 만든다. 질투에 관한 유명한 시를 한 편 보자.

〈질투는 나의 힘〉
- 기형도

아주 오랜 세월이 흐른 뒤에
힘없는 책갈피는 이 종이를 떨어뜨리리
그때 내 마음은 너무나 많은 공장을 세웠으니
어리석게도 그토록 기록할 것이 많았구나
구름 밑을 천천히 쏘다니는 개처럼
지칠 줄 모르고 공중에서 머뭇거렸구나
나 가진 것 탄식 밖에 없어
저녁 거리마다 물끄러미 청춘을 세워 두고
살아온 날들을 신기하게 세어보았으니
그 누구도 나를 두려워하지 않았으니
내 희망의 내용은 질투뿐이었구나
그리하여 나는 우선 여기에 짧은 글을 남겨둔다
나의 생은 미친 듯이 사랑을 찾아 헤매었으나
단 한 번도 스스로를 사랑하지 않았노라

어쩌면 우리를 살아가게 하는 게 말이 희망이지 사실은 남들에 대한 질투가 아닐까? 물론 그게 나쁘기만 한 것은 아니지만, 문제는 그렇게 살면 나의 삶이 아니라 사실은 남의 삶의 짜깁기가 되는 것이다. 우리의 욕망은 주변의 욕망일 뿐이다. 프랑스의 정신분석학자 자크 라캉(Jacques Lacan)은 '인간은 타인의 욕망을 욕망한다.'(Le désir de l'homme est le désir de l'Autre.)라고 말했다. 모든 욕망은 타자의 욕망이라는 말이다. 누가 아이패드를 사면 그것이 사고 싶어져서 사게 되는 과정이 그러하다. 그래서 마지막 행처럼 되는 것이다.

> 나의 생은 미친 듯이 사랑을 찾아 헤매었으나
> 단 한 번도 스스로를 사랑하지 않았노라

먼 훗날 자신이 남에 대한 질투로 점철된 삶을 살고 있었음을 뒤늦게 깨닫지 말고, 오늘부터는 진정 자신을 사랑하고 자기만의 모습으로 자신의 삶을 설계하는 것이 필요하다. 즉 나에 대한 사랑이 부족하게 된다.

나에 대한 사랑 필요한데 이는 '자부심'이라 할 수 있다. 이에 대해 다음 절에서 알아보자.

3. '자부심'이란?

자기효능감의 두 얼굴 중 '자부심'에 대해 살펴 보자. 자부심은 사전에 이렇게 정의되어 있다. '자기 자신 또는 자기와 관련되어 있는 것에 대하여 스스로 그 가치나 능력을 믿고 당당히 여기는 마음.'

그렇다면 이제 '자부심'이라는 말이 한국인들에게 실제로 어떻게 사용되고 있는지를 살펴보자. '자부심'과 결합하는 동사와 형용사는 다음과 같다.

 자부심을 느끼다, 갖다,
 자부심이 (높다, 강하다, 대단하다)
 자부심을 (키우다, 높이다, 일깨우다)
 자부심이 (깃들다, 넘치다)
 자부심 하나로
 자부심 회복

이 같은 사용 양상으로 보아 한국어에서 자부심은 '긍지' 혹은 '명예'로 개념화 되어 있음을 볼 수 있다.

● **자부심은 '긍지'(명예)이다.**

자부심은 앞서 살펴본 '자존심'과 달리 '전쟁에서 지켜야 할 성'과 같은 개념이 없다. 그리고 자부심의 개념에는 상대방이 없다는 점이 '자존심'과 근본적으로 다르다. 자신에 대한 평가의 주체가 바로 자기 자신일 뿐이다. 남과의 비교가 없다. 남의 평가를 전혀 염두에 두지 않고 내 스스로 생각하는 나의 개념일 뿐이다. 요컨대 나의 체면을 전혀 생각하지 않는 마음이 자부심의 핵심 개념이라 할 수 있다. 그러니까 "누가 뭐래도 나는…"이라고 말할 때의 그 마음이다. 자부심은 남의 평가에 굳이 신경 쓰지 않는 태도이다.

개인주의가 발달한 사회인 서구사회에서는 칭찬할 때 개인의 역량을 칭찬한다. 그래서 최고칭찬이 "I am proud of you.", 즉 "나는 네가 자랑스럽다."이다. 반면에 집단주의 혹은 관계주의 사회인 동양에서는 상대를 칭찬할 때, '충성심이 강하다', '애국심이 강하다', '효성이 지극하다', '성실하다' 등 집단과 관계에 충실하다는 특징을 갖고 있음을 칭찬하는 경향이 강하다. 이 점은 매우 대조적이다.

그리고, 알다시피 집단주의/관계주의 사회인 한국에서는 눈치가 중요하다. '눈치'는 한국어에만 있는 단어인데, '남의 마음을 그때그때 상황으로 미루어 알아내는 것'을 의미한다. 즉 '남의 마음을 아는 것'이 중요하다는 것이다. 그래서 '자존심'은 남의 마음에 비친 자신의 모습으로 개념화한 것이다. 그러나 자부심은 '눈치'를 보지 않는 마음이다.

이상에서 논의한 바를 중심으로 자존심과 자부심의 특성을 정리해 보면 명확한 차이가 드러난다.

우선 평가 주체를 살펴보면 자존심의 경우는 '남'인 반면에 자부심의 경우에는 '나' 자신이다.

그리고 평가방식에 있어서도, 자존심은 타인과의 비교에 의한 상대평가인 반면에 자부심은 절대평가에 기반한다. 나 스스로 평가하기 때문에 비교의 대상이 없다. 그리고 평가 결과에 있어서도, 자존심의 경우는 인정을 받거나 무시 당하는 것인 반면에, 자부심은 언제나 자랑스러움을 느끼는 것이다.

▶ 자존심과 자부심의 비교

	자존심	자부심
평가 주체	남	나
평가 대상	나	나
평가 방식	비교	절대평가
평가 결과	인정받음 / 무시받음	자랑스러움

● 자부심의 최고 단계, 주체적 사랑

자, 이제 자부심의 최고의 단계를 보여주는 시가 한 편 있다. 잠시 감상해 보자.

〈내가 너를〉
- 나태주

내가 너를
얼마나 좋아하는지
너는 몰라도 된다.

너를 좋아하는 마음은
오로지 나의 것이요,
나의 그리움은
나 혼자만의 것으로도
차고 넘치니까

나는 이제
너 없이도 너를
좋아할 수 있다

이 시는 시작하는 단계의 미숙한 사랑으로부터 한층 더 원숙해진 사랑을 말하고 있다. 상대에게 매달리는 사랑, 요구하는 사랑, 의존적인 사랑, 조건적인 사랑으로부터 의연한 사랑, 베푸는 사랑, 주체적인 사랑, 무조건적인 사랑으로의 전환을 노래하고 있다.

너를 있는 그대로 사랑하고, 단점까지도 그대로 사랑할 수 있기 때문에 심지어 '너 없이도' 너를 좋아할 수 있는 마음까지 생겼음을, 즉 주체적인 사랑이 생겼음을 말하고 있다. 이는 곧 '자존심'이 아니라 '자부심'임을 말해주고 있다.

만일 이러한 자부심을 우리가 갖고 있다면 이제 사랑하는 이와 헤어져도 그에 대한 애정은 하나도 변함없이 간직할 수 있을 것이다.

● 자존심형 인간 vs 자부심형 인간

또 한 편의 짤막한 수필을 살펴보자. 여기에는 우리가 일상적으로 흔히 접하는 두 가지 대조적인 인간형이 등장한다. 자기 것을 지키는 데서 만족을 얻는 인간형과 자기 것을 베푸는 데서 만족을 얻는 인간형이다. 전자는 자존심형 인간이고 후자는 자부심형 인간이라 할 수 있다.

수필 '사람들은 모두 다른 생각으로 산다'
- 장오재

비 온 후. 두 평 남짓 텃밭 안부를 물으러 갔다. 워낙 좁은 밭이라 밭 사이에 누운 막대기로 경계를 표해뒀다. 비 온 후 고추가 얼마나 자랐는지 그 경계목을 넘어 가지가 옆 텃밭을 침범했나 보다. 꽃피어 곧 고추될 가지를 누군가 전지로 다 잘라 버렸다. 옆 텃밭 주인인 게지. 두 평 텃밭에도 소유권은 있다.

대구로 가는 길. 밤이 늦어 예천에서 자고 가기로 했다. 호텔보다야 고택이 운치가 있다. 네이버를 뒤져 어느 종갓집에 묵었다. 밤새 비는 얼마나 오는지 평상에서 막걸리를 두 병이나 비웠다. 다음날 아침. 나가는 우리를 칠순의 안주인이 극구 붙잡는다. 객에게 아침을 먹이지 않고 보내는 건 도리가 아니라며. 덕분에 우린 노부부의 반찬 그대로 아침을 먹고 시의원을 지내신 할아버지의 재는 이야기를 덤으로 들었다. 집을 나서며 우린 와인 한병을 드리고 나왔다. "만데 이런걸. 지나시마 또 들리소이."

한 세상인데 사는 봄새는 모두 다르다.

자존심은 내 의견에 대립하는 상대방 말을 인정하면 지는 것으로 생각한다. 반면에 자부심은 상대방과 나 사이의 의견 차이를 인정하는 여유를 가진다.

● 자존심 vs 자부심 비교

자존심은 얼굴과 무너지는 성을 지키는 것으로 개념화된 반면에 자부심은 긍지(명예)의 향유로 개념화되어 있다. 또 자존심은 평가주체가 타인이므로 타인의 눈치를 보아야 한다. 반면에 자부심은 평가주체가 자기 자신이다.
자존심의 원천은 열등감이다. 내가 남보다 모자란다는 열등감 때문에 자존심을 지키려는 마음이 생긴다. 반대로 자부심의 원천은 자부심이다. 물론 평가주체가 오직 자신이기 때문에 소위 '근자감'(근거 없는 자신감)일 수도 있다. 결국 자기만족일 수도 있다. 그러나 상관없다. 자신에 대한 스스로의 평가에 당당하다.

자존심은 자기 것을 지킴으로써 즐거움을 얻게 된다. 반면에 자부심은 자기 것을 베풀고 나누어줄 때 오히려 즐거움을 느끼게 된다. 남에게서 받는 것을 더 좋아하는 사람들이 있는 반면에, 자기 것을 남에게 주는 것을 더 좋아하는 사람들도 있는 것이다. 또 자존심은 자신에 대한 남들의 비판에 마음을 닫는다. 남으로부터 비판을 받으면 기분이 몹시 상한다. 그러나 자부심은 타인의 비판으로부터 자유롭다. 늘 열려 있는 마음을 가진다. "허허, 내가 그런가?" 혹은 "내가 좀 그런 면이 있지. 하하." 하면서 여유 있게 인정한다.

그리고 자존심은 대인관계에 매우 소극적으로 임하게 만든다. 왜냐하면 자칫 잘못해서 자존심을 상하게 될지도 모르기 때문이다. 반면에 자부심은 대인관계에 매우 적극적으로 임하게 만든다. 왜냐하면 항상 자신감에 차 있기 때문에 대인관계에서 상처를 받는 것을 별로 염두에 두지 않기 때문이다.

이와 같이 동일한 자기효능감에서 비롯된 것임에도 불구하고 자존심과 자부심은 철저하게 다르게 개념화되어 있다. 인정 욕구가 실현되면 자부심이 생긴다. 그러나 인정욕구가 좌절되면 자존심에 상처가 난다. 수치심, 모욕, 질투, 원망 등으로 인해서 자존심이 훼손되는 것이다.

	자존심	자부심
개념	얼굴, 수성(守城)	긍지(명예)의 향유
평가주체	타인; 눈치(인정, 무시)	자기 (자기만족일 수도)
원천	열등감	자신감(근자감일 수도)
즐거움	자기 것을 지킴	자기 것을 베풂
비판	닫힘	열림
대인관계	소극적	적극적
인정욕구	인정욕구의 좌절 시 발현	인정욕구의 실현 시 발현

● 비판에 대한 반응 차이

앞서 보았듯이, 비판에 대해서 자부심과 자존심은 커다란 반응의 차이를 드러내는 것이 매우 중요하다. 자부심은 열린 마음으로 타인의 비판을 받을 준비를 늘 하고 있다. 반면에 자존심은 비판에 상처를 받고 분노해서 앙갚음을 준비한다. 그래서 늘 타인의 비판에 대해 닫혀 있는 마음을 갖고 있다.

그러므로 우리에게는 열린 마음(자부심)을 갖되 자기(자존심)가 훼손되지 않도록 주의하는 것이 필요하다.

열린 마음은 나를 그대로 환경에 노출시키는 것이고, 나 자신의 변화를 꾀하면서 자신감도 갖추는 태도를 말하는 것이다.

밥 피어스의 진단

미국 NBA의 스타 플레이어 출신인 세계적인 농구 코치 밥 피어스(Bob Pierce)는 2020년 1월 방한하여 TOP 유소년 농구교실 스킬트레이닝 캠프에 메인 코치로 참여해 한국 농구 꿈나무들과 함께하는 자리를 가졌다. 그는 이렇게 말했다.

"한국농구 선수들은 겁이 너무 많은 것 같다. 농구를 이제 막 시작하는 유소년들의 경우 더더욱 그렇다. 주변 환경을 지나치게 의식한다. 충분히 잠재성이 풍부하고, 기술 습득력도 좋은 선수들이 많은데 성적에 대한 압박감 탓인지 심리적으로 쉽게 위축돼 더 좋은 선수로 성장하지 못하고 있다."
(Jumpball, 2020.02.01)

JUMPBALL
밥 피어스의 일침-"한국 선수들, 겁이 너무 많다..꿈 크게 가져야 해"

그의 지적을 한 마디로 요약하면 한국 선수들이 지나치게 주변 환경을 의식한다는 것이었는데, 우리식으로 말하면 결국 지나치게 '눈치'를 본다는 말이다.

● 사랑과 존경은 동시에 받을 수 있을까?

프리드리히 니체(Friedrich Wilhelm Nietzsche)는 이렇게 말했다.

> 사랑과 존경은 동시에 받을 수 없다.
> 존경에는 상하관계와 힘의 차이가 존재하기 때문이다.
> 그래서 자존심이 지나치게 강한 사람은 때때로 사랑받지 못한다.

그러나 내 생각은 조금 다르다. 니체의 말은 자존심만 고려한 분석이라고 생각한다. 나는 자부심까지 고려하여 다음과 같이 말하고 싶다.

> 자부심이 강한 사람은 사랑과 존경을 동시에 받을 수 있다.
> 그들은 모든 사람을 존경하고 아무도 두려워하지 않기 때문이다.

우리는 이제 자존심을 보호하면서도 자부심에 훨씬 더 신경을 쓰는 '자부심형 인간'이 되어야 한다. 이렇게 하면 남들에게 존경도 받고 사랑도 받을 수가 있을 것이다. 다만 이것이 말이 쉽지 실천은 그렇게 쉽지 않은 측면이 있다. 이러한 측면을 잘 그려낸 시 한 편을 보자.

〈겨울에〉
- 김지하

마음이 산란하여
문을 여니
흰 눈 가득한데
푸른 대가 겨울 견디네

사나운 짐승도 상처받으면

굴 속에 내내 웅크리는 법

아아
아직 한참 멀었다
마음만 열고
문은 닫아라.

여기서 마지막 두 행 '마음만 열고 문은 닫아라.'에서 우리는 열린 마음, 즉 자부심을 갖되 자존심은 다치지 않도록 보호하라는 메시지를 끌어낼 수 있다. 열린 마음이란, 내 마음을 있는 그대로 환경 혹은 다른 사람에게 노출시키는 것을 말한다. 그래서 내게 주어지는 평가를 경청하고 내가 고칠 것이 있다면 고치겠다는 마음이다. 변화를 꾀할 수 있다는 자신감을 갖추는 것을 말한다.

시 한편을 더 감상해 보자.

〈사랑은 이제〉
– 나태주

사랑은 이제
나의 일이 아니다
사랑은 이제 너의 일이다
네가 내게로 온다면 사랑이고
네가 내게로 오지 않으면
그냥 사랑이 아니니까

사랑은 두 사람의 일이다. 이 세상 모든 일은 혼자만의 힘으로 되지 않는다. 반은 나의 노력으로, 나머지 반은 환경이나 다른 이의 도움으로 이루어진다. 이 시에서 나는 최선을 다하고 결과를 기다리는 마음을 보여준다. 결과에 집착하지 않고 담담하게 기다린다. 결과가 좋으면 기뻐할 것이고 결과가 나빠도 그대로 받아들일 것이다. 왜냐하면 나는 최선을 다했기 때문이다. 내가 할 수 있는 일은 다했기 때문이다. 도움은 받을 수도 있지만 못 받을 수도 있는 것이고, 나의 일이 아니기 때문이다. 그런 일에 기쁨과 슬픔이 생기는 것은 나약한 인간이라 어찌할 수 없겠지만 결코 연연하지는 않겠다는 자세를 보여 주고 있다. 나의 일이 아닌 것에 집착하는 것은 어리석은 일이기 때문이다.

나는 사랑하고 있다. 내 모든 것을 걸고 사랑하고 있다. 이제 사랑은 내 손을 떠났다. 그래서 이제 나는 사랑에게 이렇게 말한다. '사랑아, 이젠 네 일만 남았다. 네가 내게로 온다면 사랑이고 네가 내게로 오지 않으면 그냥 사랑이 아니니까'. 최선을 다하고 결과는 담담하게 받아들인다. 결과가 좋지 않아도 괜찮다. 그만큼 내가 성장했을 테니까. 이것이 바로 자부심이다.

4. 자존심 보호 전략

● 자기 핸디캡 부여(self-handicapping)

사람들은 실패에 대한 두려움을 가지고 있다. 그 이유는 사람들은 다른 사람들에게 자신이 무능하다고 보이는 것을 원치 않을 뿐 아니라 스스로 생각해도 무능하다는 감정을 느끼게 되는 것을 싫어하기 때문이다. 이러한 이유로 사람들은 실패 상황에서 자신의 자존감 보호를 위해 다양한 전략들을 사용하는데, '자기 핸디캡 부여'(self-handicapping)는 이러한 전략들 중 하나이다. 에드워드 존스(Edward E. Jones)와 스티븐 버글라스(Steven Berglas)가 처음 이론화하였다.[48] 자기 핸디캡 부여는 자존심 보호를 위해서 실패할 가능성이 높은 일을 앞두고 미리 실패의 이유를 만들어 놓는 자존심 보호 전략을 말한다. 예를 들어 중요한 시험 당일 친구가 '공부 많이 했느냐'고 물어 보는 경우, '몸이 아팠다' 거나 '시험범위를 잘 못 알았다' 거나 '깜빡 잠이 들었다' 하는 등의 핑계를 대는 행동 등이 포함된다.

"김 사장님, 이번 사업에 재미 좀 보셨나요?"라고 물어보면, 여기에 대해 대개 재미를 별로 못 봤다는 답변을 하는 것을 본다. 만일 재미를 많이 봤다고 하면, 상대로부터 "그럼 가격을 좀 낮춰 주셔도 되겠네요.", "한 턱 내세요." 등과 같이 자신에게 불리한 말들로 돌아올 가능성이 높기 때문에 미리 자기 핸디캡 부여를 하는 것이다.

도박을 하는 사람들끼리 상대에게 "좀 땄나요?"라고 물으면 거의 대부분 못 땄다거나 잃었다고 연막을 친다. 분명히 딴 사람이 있고 잃은 사람이 있는 것이 도박판인데 물어보면 땄다고 하는 사람이 없다. 도박장 패러독스라 할 만하다.

● 셀프-핸디캐핑의 반대는 '자책'

셀프-핸디캐핑 전략은 '실패의 원인을 자신의 내부적인 원인에서 찾지 않고 운과 노력 부족과 같은 외부적인 원인의 탓으로 돌리는 전략'이라 할 수 있다. 그런데 그 반대의 경우를 취하는 경우가 있다. 그것은 자책, 즉 자기 비난이다. 자책은 내 문제의 원인을 내가 잘못해서 생겼다는 입장, 즉 내 문제의 원인을 내부귀인하는 태도를 말한다.

자책의 가장 심한 경우는 자살이다. 우리는 흔히 자살하는 사람을 무책임하다고 한다. 괴로우니까 자기 편하려고 자살을 택한다는, 즉 무책임하다는 것이다. 그러나 자살하는 사람은 정말 무책임한 사람인가? 그렇지 않다. 자살하는 사람들을 조사해 보면 오히려 책임감이 강한 사람이다.

'자책'이란 잘못의 원인을 자기 자신에게서 구하는 내부귀인의 결과라는 점에서 보면 알 수 있듯이 명백히 책임감이 강한 사람들이다. 자기 잘못으로 일이 잘못되었다고 생각하는 사람들인 것이므로 책임감이 없는 사람이 아닌 것이다. 살인은 반대로 외부귀인의 결과이다.

그렇다면 자책은 왜 할까? 자책이 오히려 자신에게 위로가 되기 때문이다. 비겁하게 원인을 밖으로 돌리면서 뻔뻔스럽게 살아가는 것보다는 자책을 하면서 깨끗하게 책임을 지는 것이다. 그렇게 함으로써 자기에게 쏟아질 감당하기 힘든 비난을 받으며 삶을 연명하는 것보다 차라리 죽음을 택하면서 "그래, 나는 나쁜 놈은 아니야."라는 스스로의 위안을 얻는 것이다. 이른바 '착한 사람 콤플렉스'이다.

● 셀프-핸디캐핑이 어려운 경우

다음은 취업포털사이트에서 조사한 설문 결과이다. 수능시험을 앞둔 수험생들이 가장 듣기 싫은 말을 물었는데, '지망하는 대학은 어디니?'라는 목표를 묻는 답변이 35.3%로 1위를 기록했다. 이어 'OO이는 수시로 대학 갔다더라(34.8%)', '공부 많이 했니(28.0%)', '시험 잘 볼 자신 있지(25.7%)', '너에게 거는 기대가 크다(20.7%)'와 같이 부담을 주는 답변 역시 수험생들이 기피하는 말로 꼽혔다.

왜 '지망하는 대학은 어디니?'와 'OO이는 수시로 대학 갔다더라.'가 1위와 2위를 차지한 것일까? 그것은 자기변명, 즉 셀프-핸디캐핑이 불가능한 질문들이기 때문이다. 이러한 질문에는 도저히 자기변명을 펼 수가 없다. 그만큼 인간에게는 자존심 보호 전략이 중요하다는 것을 보여주는 사례라 할 수 있다.

이와 관련하여 시 한 편을 감상해 보자.

〈서해〉
- 이성복

아직 서해엔 가보지 않았습니다
어쩌면 당신이 거기 계실지 모르겠기에

그곳 바다인들 여느 바다와 다를까요
검은 개펄에 작은 게들이 구멍 속을 들락거리고
언제나 바다는 멀리서 진펄에 몸을 뒤척이겠지요

당신이 계실 자리를 위해
가보지 않은 곳을 남겨두어야 할까봅니다
내 다 가보면 당신 계실 곳이 남지 않을 것이기에

내 가보지 않은 한쪽 바다는
늘 마음속에서나 파도치고 있습니다

이 시의 전체적인 내용은 다음과 같다.

나는 아직 서해엔 가보지 않았다. 서해 바다도 내가 당신을 찾으려 가본 여느 바다와 다를 것이 없을 것이다. 검은 개펄에 작은 게들이 구멍 속을 들락거리고 언제나 바다는 해변에서 먼 진펄에 철석거리고 있을 것이다. 어쩌면 당신이 거기 계실지 모르지만 당신이 계실 자리를 위해 가보지 않은 곳을 남겨두어야 할까보다. 내가 서해까지 다 가보면 그리고 서해에서도 당신을 찾지 못하면 이제 당신을 찾을 수 있는 바다는 없기에, 당신 계실 곳이 없다는 것을 확인하게 되기에, 나는 서해는 가보진 않았지만 가지 않을 것이다.

그러나 내 가보지 않은 한쪽 바다는 늘 마음속에서나 파도치고 있다. 당신이 계실 것이라는 희망을 버리지 않고 당신을 그리워하고 있다.

추억은 추억으로 남겨 두는 것이 좋다. 그리움은 그리움으로 남겨 두는 것이 좋을 것이다. 왜냐하면 그것은 나의 것이니까. 상대의 마음을 너무 다 알려고 하지 말자. 상대의 진실을 너무 다 짐작하지 말자. 그것은 상대의 것이니까. 그러면 상대는 벌거벗은 느낌을 가져 당신을 떠날 것이다. 진실은 그냥 마음속에 담아두는 것이 좋다.

상대방에 대해 너무 많은 것을 알려고 하지 않도록 하자. 그것은 상대의 마지막 자존심이다. 그러니 어느 정도의 거리를 서로가 유지하는 것이 상대방의 자존심을 훼손하지 않는 방법이다. 상대방이 셀프 핸디캐핑을 할 수 있도록 어느 정도의 거리를 남겨 두는 것이 필요하다.

나를 힘들게 하는 미운 사람들이 있다. 그 사람과는 말을 하고 싶지 않고 한 자리에 있고 싶지 않아 피하게 된다. 또 아주 미우면 심지어 그 사람의 파멸을 꿈꾼다. 그런데 이런 상황이 주는 역설적 결과는 정작 피해자는 나라는 사실이다. 그 사람은 어쩐지 모르겠지만 분명한 것은 내가 괴롭다는 점이다. 그리고 이런 상황이 오래되었다면 그건 마땅한 해결책이 없다는 뜻이다. 그렇다면 남은 해결책은 그를 포용하는 것이다. 정 안 되면 미운 정이라도 붙여 보는 것이 좋을 것이다.

「석왕사기(釋王寺記)」에는 태조와 왕사의 일화가 나온다. 어느 날 두 사람이 수창궁에서 대화를 나누다가 태조가 이렇게 말하였다.

「누가 농담을 잘 하는가 내기를 해 볼까요?」

「대왕께서 먼저 하십시오.」

그래서 태조가 먼저 농담을 건넸다.

「내가 보니 스님은 돼지처럼 생겼소.」
「제가 보니 대왕께선 부처님 같습니다.」
왕사의 대답이 의아스러운 듯이 태조가 물었다.
「어째서 같이 농담을 이어가지 않으시오?」
왕사는 천연스럽게 대답하였다.
「돼지의 눈으로 보면 모두 돼지로 보이고, 부처님 눈으로 보면 모두 부처님으로만 보이는 법입니다.」
두 분은 서로의 얼굴을 보고 껄껄 웃었다고 한다.

돼지 눈에는 돼지만 보이고 부처님 눈에는 부처님만 보인다는(猪眼觀之卽猪 佛眼觀之卽佛) 무학대사의 말이 멋지지 않은가?
 미운 사람이 있다. 그 사람이 나를 힘들게 한다. 그런데 잘 생각해 보면 내가 그를 밉게 보는 데 그 원인이 있다. 밉게 보면 모든 것이 다 밉고 곱게 보면 모든 게 다 곱다. 상대를 돼지로 보는 것이 내가 돼지이기 때문이라면 더욱이 그러할 것이다. 상대를 부처로 보면 내가 부처가 되어 좋고 상대도 부처 대접을 받으니 좋을 텐데… 우리는 왜 이걸 잘 못하는지 모르겠다.

● 대인관계의 안전거리 확보

 이제 셀프 핸디캐핑에 이어서 두 번째 자존심 보호 전략인 대인관계의 안전거리 확보 전략에 대해 알아보자. 자식은 보통 부모에게 "나 믿어줘요."라고 말한다. 이때 부모가 자식을 믿으면 알아서 하도록, 자율적으로 하도록 맡길 수 있다. 그러나 부모가 자식을 신뢰하지 못하면 소통에 문제가 생긴다. 부모가 자식을 못 믿으니까 개입하게 되고 이때의 부모의 개입은 아이들에게 '도움'이 아니라 '간섭'으로 인식하게 된다. 또한 이것이 아이에게는 '충고'가 아니라 '설교'가 된다. (충고로 받아들일 심적 여유가 없으므로), 이렇게 아이가 부모로부터 신뢰를 받지 못하면 자존심이 상하게 되고 이럴 경우 자신의 자존심을 보호하기 위해 전략을 택하게 된다.

부모의 입장에서 보면 자신은 친구처럼 잘 지내려고 하는데 자녀가 항상 거리감을 두는 느낌이 있다. 상사의 입장에서 보면 부하직원이 대화를 회피하는 것 같은 인상을 받을 때가 있다. 이럴 경우 우리는 흔히 상대가 나를 피하면 나를 싫어하는 것이라고 생각한다. 그러나 그렇지 않다. 부하직원이나 자식의 까칠한 태도도 알고 보면 상사나 부모를 싫어하는 것이 아니라 단지 일부러 거리를 두려고 하는 마음을 가질 뿐인 경우가 많다. 이는 마치 차간 거리를 어느 정도 두어야 사고를 미연에 방지할 수 있듯이 부모나 상사와 적당한 안전거리를 확보하려는 것이다. 이것도 근본적으로는 셀프 핸디캐핑 욕구에 의해 형성된 태도인데, 대개 다음과 같이 구성된다.

첫째, 먼저 말을 걸지 않는다. 왜냐하면 괜히 대화를 하다가 꼬투리가 잡히면 야단맞을 가능성이 있기에 아예 대화를 시작하지 않는 것이 상책이기 때문이다. 예컨대 학교 숙제 얘기를 하다가 숙제가 무엇인지 언제까지인지를 대답하지 못하면 꾸중을 듣는 것이 불을 보듯 뻔하다. 그런데 이런 태도의 지속은 결국 서로에게 거리감을 형성하게 한다.

둘째, 물어보면 단답형으로만 대답한다. 즉 긴 대화나 진지한 대화를 원치 않는다. 왜냐하면 그러다 결국 설교를 들을 가능성이 높기 때문이다.

셋째, 더 물어보면 '몰라요.'라고만 대답한다. 왜냐하면 공연히 자세하게 이야기하다가 혹시 자신이 잘못 알고 있는 것이 드러나면 비판을 면하기 어렵기 때문이다.

남 앞에 서는 것을 싫어하는 사람들이 많이 있는데 이들의 심리도 마찬가지이다. 한 마디로 괜히 앞에 나서서 말하다가 망신을 당할 가능성을 피하고 싶은 것이다. 한국인이 서양인에 비해 질문을 잘 하지 않는 이유도 그러하다. 타인의 시선을 의식하는 심리에, 혹여 자신의 질문이 다른 사람들에게 "저런 것도 몰라?"하는 비판을 회피하고 싶은 심리, 즉 이 역시 자존심 손상 방지책이 더해지는 것이다.

오바마 미국 대통령이 방한했을 때 대한민국 최고의 정치부 기자들이 질문을 못하는 일이 있었다. 2010년 G20 폐막 기자 회견장이었다. 그는 개최국 역할을 잘해준 한국의 기자들에게 질문권을 하나 드리고 싶다고 했다. 그런데 침묵이 이어지고 한국 기자 아무도 질문을 하지 않자 그가 "누구 없나요?", "통역을 이용하면 됩니다."라고 이야기했다. 그래도 결국 아무도 질문을 하지 않았기에 이 에피소드가 오랫동안 화제가 되었다. 서양인은 질문을 많이 한다. 그 이유는 그들의 사회가 개인주의 사회이기에 체면이나 자존심을 상대적으로 신경을 쓰지 않기 때문이다.

● **회피, 은둔**

자존심 훼손 방지를 위해 사람들이 보통 쓰는 세 번째 전략은 회피와 은둔이다. 남들이 기대하는 수준만큼의 성과가 나지 않았을 때, 예컨대 사업가인데 사업이 너무 안 되고 있을 때, 시험 준비를 하고 있는 취준생인데 합격을 하지 못했을 때에는 친구들 모임에 안 나타나고 연락해도 잘 받지 않는다. 왜냐하면 현재 자기의 상황이 자존심이 상하기 때문이다. 이럴 경우에는 자신의 좋지 않은 모습을 보여주지 않는 것이 자신의 자존심을 보호하는 제일 상책이라고 생각한다. 사실 이들이 판단하기에는, 사람을 만나서 대화를 나눌 경우 셀프 핸디캐핑을 하기가 쉽지 않고, 그렇다고 안전거리를 확보하여 거리두기를 하는 것도 어렵다.

이들은 소심한 완벽주의자인 경우가 많다. 자신의 약한, 추한 모습을 보여주기 싫어하는 사람이다. 이들은 결국 외출도 잘 안 하게 되고 스스로 고립 생활을 하게 될 확률이 높은데, 나중에는 우울증으로 발전할 수 있다. 그러므로 이런 방식으로 자존심 훼손을 방지하려 하는 것은 좋은 전략이 아니라 할 수 있다.

한편 이런 식의 자존심 훼손 방지 전략을 취할 수 있는 상황을 넘어서서 극심한 자존심 훼손이 발생하면 사람들은 다음과 같은 반응을 일으키게 된다.

첫째는 망각이다. 괴로우므로 잊으려 하는 것이다. 물론 잊으면 좋은데, 그것이 마음먹은 대로 쉽게 되지는 않는다.

둘째는 자책이다. 심하면 자살을 결행하기도 한다.

셋째는 공격이다. 타인에 대해 폭행이나 살인을 저지른다.

예를 들어 살인범들에게 살해의 동기를 물어보면 많은 경우 단지 분노 때문이 아니라, 상대로부터 무시를 당했다는 느낌이나 모멸감 혹은 커다란 수치심을 느꼈다고 증언한다. 폭력배들의 집단 폭행도 알고 보면 "왜 째려봐?"와 같은 사소한 시비에서 비롯되는 경우가 많다.

또 하나의 사례를 들어보자. 어느 공동 화실의 회원인 한 아주머니가 있었다. 평범하고 다정한 성품의 분이셨는데 본인의 그림에 대한 평가는 불허하는 좀 특이한 분이셨다. 조금이라도 나쁜 평가를 하면 분노한다. 다른 분야는 안 그런데. 왜 그럴까? 그림은 본인이 잘한다고 생각하는 분야인데, 이처럼 자부심을 가지고 있는 분야에서 비판을 받은 것은 자신의 명예에 큰 흠

이 된다는 생각, 나아가 자신이 무시당하고 있다는 느낌, 모멸감을 느끼기 때문이었다.

그런데 그 아주머니가 갖고 있었던 것이 정말 자부심이었을까? 그렇지 않다. 비록 본인은 자부심이라고 생각할지 몰라도, 그것은 자존심이라 볼 수 있다. 화를 내기 때문이다. 만일 그것이 자부심이었다면 그냥 넘어갈 뿐 결코 화를 내지 않는다. 오히려 자신의 그림을 비판한 상대방이 그림을 잘 몰라서 하는 소리라고 속으로 생각하거나, 사람마다 의견이 다를 수 있다고 여유있게 생각하고 화를 내지 않았을 것이다. 굳이 화를 낼 필요가 없기 때문이다.

제 13 장

자존감의 충족법

1. 자부심의 효능

이제 자부심의 효능에 대해 알아보자.

● 자부심은 정신적 여유를 제공한다

자부심이 약한 사람을 만나면 대하기가 부담스럽다. 남의 지적에 대해 민감한 반응을 보이기 때문이다. 이들은 잘 분노하거나 잘 삐친다. 폼 잡고 목에 힘주는 사람들은 자신의 약점에 대해 언급하면 참지 못하고 곧잘 항의하여 사람을 피곤하게 한다. 또 다른 경우 삐쳐서 바로 돌아서거나 대화를 거부함으로써 사람을 몹시 당황하게 하기도 한다. 한 마디로 자신의 약점은 불인정하면서 자신의 장점에 대해서는 자찬을 하거나 허세를 부리는 사람들이다.

반면에 자부심이 강한 사람들은 만나서 이야기 나누기에 부담 없는 사람들이다. 타인의 지적에 대한 여유로운 반응을 보이고, 자신의 약점을 건강하게 수용한다. 비판을 견뎌내는 마음의 근육이 발달해 있고, 맷집이 좋다. 자신의 장점에는 겸손하게 반응한다. 왜냐? 여유가 있기 때문이다.

'경쟁심은 나를 남만큼 발전시키는 기술이지만, 질투심은 남보다 나를 파괴시키는 기술이다.'라는 말이 있는데 이 경우에 딱 들어맞는 말이다.

● 자부심은 실패, 우울감에 극복에 도움을 준다

자부심은 자신의 부정적 측면은 버리고 긍정적 측면에 집중하게 함으로써 만족감을 높인다. 남의 시선을 의식하지 않고 남과 비교하지도 않는다.

자부심은 자신이 한 일이나 자신의 노력에 의해 얻어진 결과에 대해 만족하게 해 준다. "그래도 이만큼은 했잖아." 혹은 "그래도 이만하면 나는 잘 됐어."라고 하면서 말이다.

그리고 자부심은 주어진 현실에 감사하도록 해 준다. 더 나아가 "뭐 이만하니 감사하지."라고 하면서. 물론 현실에 대해 무조건 감사하라는 것을 말하는 것이 아니라, 자부심이 강하면 현실의 긍정적 측면에 대해 감사한 마음을 갖게 된다는 뜻이다. 다음과 같은 격언이 있다.

> 우산이 비를 멈추게 하지는 못하지만 비에 젖지 않게 해 주듯이, 자신감이 성공을 보장해 주지는 않지만 성공에 필요한 기회는 준다.
> An umbrella can't stop the rain, but it still protects you from the rain. Confidence may not bring success, but it gives you the courage to face any challenge.

이처럼 자부심은 갖도록 노력해야 할 것이다. 그렇다면 자존심은 어떻게 하는 것이 좋을까? 이런 질문에 답을 내려야 한다면 '쓸데없는/알량한 자존심은 버리자.'가 되겠다.

그런데 갑자기 자존심을 버리는 것이 쉽지 않다. 그러니 더 좋은 방법이 있다. 자존심을 버릴 생각을 하는 대신에, 관점을 전환하여 '자부심을 키우자'는 것이다. 왜냐하면 "자부심 강한 사람은 자존심 상해하지 않기 때문이다."

'질투'란 남이 잘되는데 내가 불쾌한 감정을 갖는 상태를 말한다. 반면에 '부러움'(선망)이란 남이 잘되는데 내가 불쾌한 감정을 갖지 않거나, 경우에 따라서는 오히려 유쾌한 감정을 갖는 상태를 말한다. 그러므로 질투는 나에게 좋지 않다. 질투는 나의 자존심도 해치고 감정도 나쁘게 만든다.

그러니 차라리 그 사람을 부러워하자. 그리고 그 사람을 칭찬하자. 질투를 하여 그 사람과 적이 되는 것보다 부러워하여 그 사람과 친구가 되는 것이 낫다. 그러면 관계도 좋아지고 그 좋은 관계를 기반으로 정보와 지식도 그 사람으로부터 얻을 수 있다. 그 사람으로부터 도움도 받을 수 있다.

적을 미워하는 이유는 처음부터 그 사람이 적이기 때문인 경우도 있지만, 그 사람에 대한 질투 때문에 그 사람이 적이 되는 경우도 많다. 적(敵)이란 무엇인가? 실제로 우리의 일상생활에서 보면 동일 분야의 경쟁자, 주변인인 경우가 많다. 다음은 영화『대부3』에서 대부 마이클 코를레오네가 흥분하여 보복할 것을 외치는 조카에 충고하는 말이다.

"적을 미워하지 마라. 판단력이 흐려진다."
(Never hate your enemies. It affects your judgement)

그 사람을 적으로 만들지 말고 친구로 만들어라. 조금 전에 말했듯이 적을 만드는 마음은 질투인 경우가 많은데, 이 질투의 원인은 내 안에 있는 '자존심'이다. 자존심이 발동하여 질투가 생기기 때문이다. 그러니 '그 사람은 그 사람, 나는 나'라는 자부심이 있다면 질투로 가지 않는다. 자부심은 선망(부러움)으로 가게 만든다.

● 자부심은 도전하게 한다

마지막으로 자부심은 도전하게 한다. 현실에 만족할지 도전을 할지를 결정하는 것은 결국 자신감 여부이다. 특히 상황이 우호적이지 않을 때는 더욱 그러하다.

> "바람이 불지 않을 때 바람개비를 돌리는 방법은 앞으로 나아가는 것뿐이다."
> – 데일 카네기
> (The way to blow windmill without wind is to run toward. – Dale Carnegie)

● 자부심과 오만

우리는 지금까지 자부심의 장점에 대해 알아보았다. 그러나 이런 의문이 들 수 있다. 자부심은 절대 선인가? 자부심은 아무리 강조해도 지나치지 않은 것인가? 자부심은 아무리 넘쳐도 나쁘지 않은 것인가?

그렇지 않다. 세상의 그 어떤 것도 지나치면 좋지 않다. 자부심도 예외가 아니다. 자부심도 지나치면 '교만'이나 '오만'이 된다. 교만이란 무엇일까? 철학자 스피노자는 이렇게 정의했다.

> '교만은 인간이 자신에 대해 정당한 것 이상으로 느끼는 데에서 생기는 기쁨이다.' – 스피노자

'교만'과 '건방'은 잘난 체하는 태도가 무례함에 이름을 가리키는 말이다. 즉, 잘난 척하는 태도가 예의의 규범을 넘음을 이르는 말이다. 한편 '거만'이라는 말과 '오만'이라는 말이 있는데, 이들은 '교만'과 '건방'과 조금 달라서,

잘난 체하는 태도에 타인을 무시하는 마음까지 더해진 상태를 말한다. 즉, 잘난 척하는 태도에 상대를 업신여기기까지 함을 가리키는 말이다. 이런 잘못된 태도를 지적하기 위해 나온 신조어가 있다. 바로 '근자감'이다.

이처럼 자부심이 지나쳐 교만, 오만이 될 때가 많이 있는데, 특히 유명인이나 권력자들이 이해할 수 없는 놀라운 일탈행위를 보일 때가 있다. 그런데 그 근저에 이런 자부심의 과잉이 있음을 알 수 있다. 여기에는 두 가지 유형이 있다.

첫째는 처음부터 건방졌던 사람인데, 그동안 인기를 얻기 위해 건방짐을 의도적으로 은폐했다가 드러내는 경우라 할 수 있다. 둘째는 처음엔 안 그랬는데, 이후에 건방진 태도를 보이는 사람들이다. 이들의 경우는 인기나 권력이 높아질수록 자부심이 높아지고 이것이 지나치게 되어 자기우월감으로 변질되어 오만으로 간 사람들이다. 이들 중 어떤 이들은 막말하는 것을 당연시한다. 또 어떤 이들은 미투(Me too) 운동의 대상자들로서 정치계, 문화계 등에서 권력형 성폭력을 저지르는 사람들이다. 이들의 생각은 상대가 자기를 좋아하지 않을 이유가 없다는 착각에 빠져 있다.

인기와 권력이 올라갈수록 남의 시선(평가)에 대한 관심도 저하되어 반성의 태도가 사라지게 된다. 타인의 의견을 경청하지 않고 무시하며, 오직 (자기의 관점에 입각해서) 자기가 판단, 결정하려는 태도를 갖게 된다. 예를 들어 조직의 보스는 모든 것을 자기가 결정하려 한다. 부하직원이나 주변사람을 자신의 도구적 가치로만 접근한다. 그래서 자신의 권력에 기반하는 부당행위, 즉 갑질을 특별한 반성 없이 행한다.

가르치는 것이 직업인 교수나 교사들은 타성에 젖어 살게 되면 자신의 지식을 남에게 가르치려 드는 태도에 빠지기 쉽다. 이를 흔히 꼰대질이라고 한다. 위대한 철학자 소크라테스도 이러한 함정에 빠져 있었다. 국가가 인정하는 신을 인정하지 않고 젊은이들을 타락시켰다는 죄목으로 기소되어 재판을 받았을 때 그는 '나 소크라테스야!'라는 식으로 배심원들을 가르치려 하였던 태도를 보이는 바람에 최종 투표에서 사형을 언도받았는데, 이것도 일종의 꼰대질의 결과라 할 수 있다.

제인오스틴(Jane Austen)은 『오만과 편견((Pride and Prejudice))』에서 다음과 같이 말했다.

> 오만은 누군가가 나를 사랑하지 못하게 하고 편견은 내가 누군가를 사랑하지 못하게 한다.
> (Pride prevents others from loving me, and prejudice prevents me from loving others.)

화가 카라바조(Caravaggio)의 대표작 중 하나로 '골리앗의 목을 베는 다윗'이라는 작품이 있다. 여기에 다윗이 든 칼에 'H.OC.S'라고 쓰여 있다. 이는

'Humilitas occidit superbiam'(겸손은 오만을 이긴다)의 약자이다. 너무 작아 자세히 보지 않으면 잘 안 보이지만.

다윗과 골리앗의 대결은 흔히 선과 악의 대결로 묘사되고 이전의 많은 화가들이 자신을 선의 상징인 다윗으로 묘사했는데 특이하게 카라바조만은 자신을 악의 상징인 골리앗으로 묘사했다. 작품 속의 머리는 화가 자신의 머리이다. 왜 그랬을까?

카라바조는 천재화가였지만 성격은 아주 못된 사람이라 갖은 만행을 부리다 결국 시비 끝에 살인을 하게 되고 그로 인해 로마에서 도망쳐 숨어 지냈다. 어떻게 하든 용서를 받고 로마로 되돌아가고 싶어 하여, 숨어 지내는 기간 동안 이 작품을 그렸다. 대부분의 평론가들은 자신의 오만함에 대한 죄책감을 이 그림에 담은 것이라고 해석한다. 물론 사람들에게 용서를 받아 로마로 돌아가기 위한 고도의 책략으로 보는 해석도 있지만...

어떻게 되었을까? 과연 그는 목적을 이루었을까? 그는 끝내 로마로 돌아가지는 못했다. 사실상의 사면 통보를 받고 로마로 가는 도중 세상을 떠났다. 열병으로 사망했다는 설이 주종을 이루지만, 이후 살해당했다는 설, 납중독설 등도 있다.

아무튼 카라바조의 H.OC.S(겸손은 오만을 이긴다)라는 말은 '자부심은 절대 선이 아니다.'라는 점을 웅변적으로 보여주고 있다. 만행을 저지른 후였지만 자기 성찰과 자기반성을 통해서 스스로 자기를 객관화하여 볼 필요가 있음을 이 사례는 잘 보여 주고 있다 하겠다.

그렇다. 아무리 자신에 대한 자부심이 필요하고 중요하다 하더라도 아무리 자부심의 주체가 자기 자신이고, 남의 눈치를 안 보는 주체적 덕목이라 하더라도 이것도 지나치면 안 된다는 점, 결국 일정한 한계를 넘어서게 되면 타인의 시선도 고려해야 한다는 것을 알아야 한다.

2. 자존심 보호의 방법

● 대인관계에서의 '인정욕구 충족의 원칙'

지금까지 우리는 인정욕구가 얼마나 중요한지 살펴보았다. 그리고 그 인정욕구, 즉 자존감의 두 얼굴인 자존심과 자부심을 훼손시키지 않고 지켜주는 것이 얼마나 중요한지 살펴보았다. 상대를 설득하는 데 있어 이 두 가지 마음, 즉 상대의 자존심과 자부심을 만족시키는 것이 설득의 전제 조건임을 알게 되었다.

그러므로 우리는 다음과 같이 결론을 내릴 수 있다.

우선 상대의 인정 욕구(자존감)를 충족시켜야 한다는 것이다. 그리고 이 원칙에는 두 가지 하위 원칙이 존재하는데, 첫째는 상대의 자존심을 건드리지 말라는 것이고 둘째는 상대의 자부심을 충족시키라는 것이다. 그러므로 이 두 가지 원칙을 지킬 수 있는 최고의 방법을 찾아서 이를 실천하는 것이 설득의 열쇠가 될 것이다.

> 상대의 인정 욕구를 충족시켜라
>
> • 자존심을 건드리지 마라 → 자존심 보호의 방법은?
> • 자부심을 충족시켜라 → 자부심 충족의 방법은?

그렇다면 우선 '자부심을 충족시켜라'라는 원칙을 실행할 수 있는 최고의 방법은 무엇일까? 그것은 두 말 할 나위 없이 '칭찬'과 '감사'이다. 상대를 칭찬하는 것과 상대에게 감사의 마음을 표하는 것 이상으로 상대의 자부심을 충족시키는 것은 없다.

> 최고의 자부심 충족은 칭찬과 감사

- 칭찬하라 → 칭찬의 방법은?
- 감사하라 → 감사의 방법은?

한편 '자존심을 건드리지 마라'는 금지 규칙이므로, 만일 이를 어겼을 때는 어떻게 수습하고 해결하는가 하는 것이 더욱 문제가 될 것이다. 즉 상대의 훼손된 자존심을 치유할 수 있는 최고의 방법은 무엇일까 하는 것이다. 그것의 답은 '사과'이다. 진정성 있는 사과만큼 상대의 상처 난 자존심을 어루만져주는 것이 없으며, 그리고 놀랍게도 그것만 이루어지면 모든 것이 해결이 되기 때문이다.

> 최고의 자존심 치유는 사과

- 사과하라 → 사과의 방법은?

이 모든 지침에서 핵심적인 키워드를 하나 고르라고 한다면, '존중'일 것이다. '자존감'에서 출발한 것이기 때문에 당연한 귀결이다. 특히 상대와 이미 갈등 관계에 들어 있거나 상대를 일부 비판하는 것이 불가피 할 때 제일 중요한 것은 상대방에 대한 존중이다. 왜? 내가 상대를 존중하고 있지 않다고 상대가 생각한다면 설득은 이미 물 건너 간 것이 되고, 내가 상대를 존중하고 있다는 생각을 상대가 하고 있다면 설득이 가능해지기 때문이다. 이제부터 이 다섯 가지 원칙, 즉 대인관계에서의 '인정욕구 5원칙'과 그 실천 방법에 대해 하나하나 알아보자.

● 자존심 보호의 원칙과 방법

대화를 나누다 보면 내가 가진 정보와 지식, 그리고 신념에 입각하여 주장을 하게 되고 그것이 상대의 그것과 달라 충돌을 할 때가 있다. 이럴 때 상대의 생각을 인정해 주면 되는데, 세상은 원래 다양한 생각을 가진 사람들의 모임인데, 그리고 도대체 오늘이 세상이 끝나는 날이 아닌데, 흥분하여 자기 주장을 강하게 하는 과정에서 상대의 기분을, 자존심을 상하게 하는 수가 자주 있다. 뿐만 아니라 단지 내 생각이 옳아서 '그게 아니고요' 하면서 무심코 던진 한 마디가 상대의 자존심에 상처를 줄 수도 있다. 사정이 이러하기 때문에, 상대의 자존심을 훼손하지 않는 것이 그리 말처럼 쉬운 것만은 아니다.

● 의사의 딜레마

환자의 부인이 와서 남편에게 술, 담배 등을 끊도록 강하게 압박해 달라는 부탁을 하는 경우가 많은데, 이에 대한 의사로서의 대응이 쉽지 않다는 내용이다. 그의 고충은 이 한 문장으로 잘 압축되어 있다.

"제가 도덕 선생님이라면 몽둥이라도 들고 혼낼 텐데 저는 의사일 뿐입니다. 나이 오십 먹은 사람을 어떻게 가르치겠어요?"

댓글 가운데에는 "따님이 항상 나이 드신 아버님 모시고 와서 술 좀 드시지 말게 해달라고 애타게 간청하시는데, 제가 아버님께 말을 해봐도, '술 안 마시면 무슨 낙으로 사나? 차라리 안 살고 말지.' 이러시는 데는 방법이 … ㅠㅠ"라는 내용도 있다.

보호자의 부탁을 냉정하게 거절할 수도 없고, 반발할 것이 뻔한데 환자에게 강제할 수도 없다. 공연히 보호자의 청을 들어 주겠다고 했다가 수위가 약하면 보호자가 불만스러울 것이고 수위가 높으면 환자가 반발할 것이다. 자칫 환자와 보호자 사이에 분란만 일으킬 수 있다. 어느 편도 들 수 없는 딜레마이다.

어떻게 하는 게 좋을까?

우선 보호자의 요청을 딱 잘라 거절하는 것은 방법이 아니다. 즉각 보호자를 불쾌하게 하기 때문이다. 개입을 꺼리며 단지 조언만 하겠다는 방식도 좋은 방법은 아니다. 보호자 입장에서는 지극히 함량 미달이고 환자에게는 아무런 영향이 없기 때문이다.

어려운 상황일수록 문제의 본질을 파악해야 한다. 여기서 문제의 본질은 무엇일까? 강하게 말할 때 예상되는 환자의 반발이다. 누구에게나 외부로부터의 강압은 자존심을 훼손하기 때문이다. 그렇다면 보호자를 만족시킬 수 있을 정도의 강한 메시지를 전하면서도 환자를 자극하지 않고 오히려 공감하도록 하는, 두 마리 토끼를 잡는 방법을 강구해야 할 것이다.

내 생각에, 이를 위해 필요한 첫 번째 원칙은 당사자 결정주의이다. 즉 건강상태 심각성과 금주, 금연의 절대적 필요성을 매우 강력하게 전달하되 결정권은 어디까지나 환자 본인에게 있다는 점을 분명히 전하는 것이다.

또 하나는 '걱정' 프레임으로의 접근이다. 환자를 압박하려는 것이 아니라 단지 환자의 건강과 삶이 몹시 걱정된다는 마음과 자세로 접근하고 표현해야 한다는 것이다. 환자는 의사와 보호자의 압박에 대해 이미 방어적인 입장을 취하고 있기 때문에 반드시 이러한 방어의식을 제거해 줄 필요가 있고, 그래야 열린 마음으로 진지한 고민을 시작할 수 있다. 물론 금연, 금주의 어려움에 대해 충분히 공감해 주는 것도 필수이다. 이렇게 하면 보호자도 환자도 모두 만족할 수 있게 될 것이다.

그리고 실제 성공 여부는 다음 문제가 된다. 이로써 의사도 부담을 덜 수 있다.

● 설득의 기초는 경청

　대화를 할 때 상대의 말에 경청하는 것이 매우 중요하다는 것을 모르는 사람은 없다. 그러나 대화를 하다 보면 상대방의 말에 도저히 동의할 수 없는 경우가 있다. 그럴 때는 경청은커녕 끝까지 듣고 있기도 힘들어진다. 보통은 참지 못하고 상대의 말을 중간에 자르고 들어가기도 한다. 이처럼 상대의 말에 동의할 수 없는 경우에는 어떻게 해야 할까?

　그래도 '경청하라!'가 답이다. 사람들은 흔히, 내가 상대의 말에 경청을 하는 태도를 보이면 내가 자신의 말에 동의한다는 뜻으로 상대가 오해하지 않을까 하는 우려를 가진다. 그러나 그렇지 않다. 경청이 곧 동의를 뜻하는 것은 아니니까. 그것은 오직 상대방에 대한 존중을 뜻하니까.

　만일 내가 자신의 말에 동의한다는 뜻으로 상대가 오해하지 않을까 우려하여 경청을 하지 않는다면 어떻게 될까? 즉각적으로 상대는 불쾌해질 것이다. 무엇보다 자신의 말을 경청하지 않는 것은 자신을 무시한다는 뜻으로 해석되기 때문이다.

　일단 경청하라! 경청은 동의가 아니라 상대에 대한 존중이다. 동의할 수 없더라도 경청하라.

　탈무드에는 다음과 같은 말이 있다.

　　　귀는 친구를 만들고
　　　입은 적을 만든다. – 탈무드

입보다 귀를 더 사용해야 하는 이유이다. 입은 하나요 귀는 둘인데도 우리는 귀의 사용에 더 등한한 경향이 있다.

한 발 더 나아가 (할수있는한) 상대의 의견에 공감 표시를 하라! 대화를 할 때 무표정하게 있지 말고 가급적 맞장구를 치거나 공감을 나타내는 것이 좋다.

그런데 만일 대화 이전에 이미 상대와의 관계가 불편하다면 공감을 표현해 주기가 어려울 것이다. 그러므로 공감해 주려면 우선 상대를 미워하면 안 된다. 평소에 다소 껄끄러운 관계에 있거나 적어도 호감을 갖고 있지 않은 상대와 대화를 나눠야 할 때는 사전에 감정 조절을 하는 것이 좋다. 물론 이런 관계에 있는 사람과 만날 필요가 없다면 아무 문제가 없지만, 그래도 여러 가지 이유로 만나야 할 때는 그러하다.

그렇다면 어떻게 호감을 갖지 않는 사람에 대해 호감을 가질 수 있을까? 방법은 그 사람의 좋은 면을 많이 생각하는 것이다. 사람은 누구나 좋은 면과 나쁜 면이 있다. 단지 내가 갈등관계에 있는 사람에게는 나쁜 면만이 보일 뿐이다. 그래서 방법론적으로 그 사람의 좋은 면을 많이 찾아서 생각하는 것이 필요하다.

만일 상대가 찾아와서 불만을 토로하고 해결책을 강하게 요구하는데 그 요구가 도저히 들어줄 수가 없는 것일 때는 어떻게 할 것인가? 이럴 때는 참으로 난감하다. 그런데 이때 상대의 요구에 대해 부정적인 반응을 보이는 것은 좋은 방법이 아니다. 상대가 "아, 그렇군요." 혹은 "할 수 없군요." 또는 "네, 알겠습니다." 하면서 쉽게 물러서지는 않을 것이기 때문에 대화가 대단히 길어지게 된다. 물론 해결도 안 될 것이면서. 그래서 그것은 좋은 방법이 아니다.

여러분이 제일 먼저 해야 할 일은 상대방의 불만에 대해 인정해 주는 것이다. 불만을 가지는 것이 정당하고 당연하다는 것을 인정해 주는 것이다. "아, 네 그런 일이 있었군요.", "참 힘드셨겠군요." 하면서 여러분이 상대의 불만에 대해 이해를 해 주고 공감하는 태도를 취하면 상대는 곧 누그러진다. 자신의 불만을 인정받았기 때문이다. 사람은 욕구가 충족이 되면 일차적으로 만족하기 때문에 상대방의 말을 들을 여유가 생기고 설득이 가능한 심적 상태가 된다. 반대로 만일 욕구의 충족이 이루어지지 않은 상태에 있다면 결코 상대의 말을 들을 여유가 없고 계속 자신의 주장을 관철시키기 위한 조급한 상태가 된다. 충족되지 않는 욕구는 사라지지 않는다. 그러므로 상대가 불만을 토로하면 일단 들어주는 것이 정답이다. 그것이 여러분이 듣기에 불합리하고 불필요한 얘기라 할지라도 말이다.

나는 이처럼 상대가 어려운 상태에 처해 있을 경우, 상대가 자신의 불만을 호소할 경우, 이를 해결하기 위한 큰 원칙으로 '선공후설'을 제시하고자 한다. 이는 '먼저 공감하고 이후에 설득한다'는 말이다. 먼저 공감을 표현하고 이로 인해 상대의 마음이 부드러워졌을 때, 감정적인 여유가 생겼을 때, 그 때 비로소 프레임에 입각한 설득을 해야 한다.

그런데 상대방이 불만을 토로하고 해결책을 강하게 요구하는데 정말로 여러분에게는 상대에게 제시할 수 있는 해결책이 없을 때는 어떻게 해야 할까? 이는 매우 어려운 문제이다.

그러나 이럴 때조차도 공감을 표현하는 것이 필요하고, 공감만 하더라도 상대방은 어느 정도 만족을 해서 대화를 기분 나쁘지 않게 종결할 수 있을 것이다. 예컨대 이렇게 말을 할 수 있다. "어휴, 정말 힘드실 텐데… 죄송해서 어떡하죠?"라고 하는 것이다. "정말 맞는 말씀인데…, 저도 참 난감하네요."라고 공감을 표시하는 것이다. 이런 말을 몇 번 되풀이하면 상대방은 비록 문제가 해결되지는 않았지만 나의 태도로 인해서 자신의 불만 제기가 정당한 것임을 인정받았기에 감정이 많이 누그러지고 대화를 종결할 수 있다. 이는 지금까지 많은 사례들에 의해 입증된다.

우리는 보통 상대방이 불만을 제기할 때 그 불만을 해결해 주어야 한다는 강박관념을 가지고 있다. 그러나 사람의 마음은 이와 다르다. 만일 내가 불만을 토로했는데 상대방이 진지하게 들어주고 공감만 해 주어도 불만은 사라짐을 경험했을 것이다. 그리고 굳이 해결책을 제시해 주지 않아도 마음이 누그러져서 "할 수 없네요.", "알겠습니다." 하면서 대화를 종료한 경험이 많이 있을 것이다.

우리는 AS센터나 관광서에서 담당자가 민원인의 불만에 대해서 자꾸 해결책을 제시하려는 강박관념에 빠져서, 해결책이 없거나 상대방이 원하는 해결책을 들어줄 수 없을 때 민원인에게 공감을 하지 않고 자꾸 해결책이 없다는, 안 된다는 말을 되풀이하는 모습을 많이 볼 수가 있다. 그런데 이렇게 하면 공감을 표시해서 한 5분만이면 돌아갈 민원을 50분 동안 큰 소리로 항의를 하고 심지어 난동을 부리게 만들기도 한다.

3. 자존심 보호의 다양한 사례

● 공감만 할 수는 없다?

지금까지 자존심 보호에 방법에 대해서 이야기 하면서, 상대방에 대한 경청과 공감의 필요성에 대해서 강조했다. 그런데 여기에 대해서 반론을 제기하는 사람들도 있다.

"우리가 늘 상대방에 대해서 공감만 할 수는 없지 않겠느냐? 때로는 상대방이 잘못하면 비판하고 야단도 쳐야 하는 것이 아니냐?"

물론이다. 그러나 언제나 먼저 공감하고 그 이후에 비판하는 것이 매우 중요하다. 위에서도 이야기를 했듯이 '선공후설'(선 공감 후 설득)의 원칙은 철칙이다. 아무리 비판하고 야단치는 것이 필요하다 하더라도 우선은 공감을 먼저 표기하는 것이 반드시 필요하다는 말이다.

심리학자 조혜정 교수는 이런 얘기를 한 적이 있다.

"공감이 고문보다 빠르다."

검사도 범인이 자백을 하지 않아서 고생을 하는 경우가 많은데, 이런 경우에 범인에게 진지하게 공감을 해주면 오히려 술술 스스로 자백을 한다는 것이다. 이래서 나온 말이 바로 '공감이 고문보다 더 빠르다'라는 말이다. 그러나 이때 중요한 것은 공감은 진심이어야 한다는 것이다. 즉 온전한 공감이어야 한다는 것이다.

여기에서도 이렇게 반문하는 사람들이 있다.

"하지만 상대방에게 너무 공감을 해 주면 오히려 상대의 주장, 즉 상대의 프레임에 빠지게 되지 않나요? 그래서 설득을 못하게 되지 않나요?"

하지만 대답은 "아니다!"이다. 철저하게 '선공감 후설득' 원칙이 옳다.

많은 사람들이 상대에게 공감을 안 해주고 싸우는데, 그 이유는 만일 상대의 주장에 동조하고 공감해 준다면 그것이 곧 내가 잘못했다는 것을 인정하는 꼴이 될 것 같기 때문이라고 말한다.

그러나 생각해 보라. 만일 상대방의 주장에 동조하지 않고 공감을 표시하지 않는다면 어떻게 되는가? 상대가 마음의 문을 열지 않아 해결이 안 난다.

반대로 "내가 잘못했어. 내가 지나쳤어"라고 하면서 내 과오를 인정하면 상대도 자신의 과오를 인정할 마음의 여유를 갖게 된다.

그래서 "아냐, 나도 잘한 거 없지 뭐." 하면서 자신의 잘못을 인정하게 되는 것이다.

이렇게 하지 않으면 끝내 해결이 되지 않는다. 상대가 원하는 것은 단 하나, 인정을 받는 것이다. 즉 공감이다. 많은 경우 '미안해'라는 말 한마디이다.

● 분노의 표출은 안 되나?

자신의 영역을 침범당하고 공격받을 때 분노가 생긴다. 자신의 인격을 무시당한 것(자존심 손상)에 대한 분노가 가장 크다. 그런데 분노를 느끼는 것과 분노를 표현하는 것은 다른 행위라는 점을 알아야 한다. 이 둘은 분명히 구분을 해야 한다.

분노를 느낄 때는 그 분노에 공감을 해 주면 해결이 된다. 그러나 분노를 표현할 때는 적절한 표현 방법을 선택해야 한다.

정당한 분노는 필요하다면 표출해야 한다. 다만 절제된 방식으로 표출하라. 무절제한 표현은 관계를 돌이킬 수 없게 만든다. 기뻐하는 나도 '나'이지만 분노하는 나도 '나'이다. 그러나 분노는 비록 나를 구성하는 것이기는 해도 분명 '나'에게 좋지는 않다.

지나친 분노 표출은 상대의 마음을 떠나게 하여 설득에 실패한다. 지금까지의 노력을 모두 무위로 돌린다. '승리가 상대의 자존심을 상하게 하는 것이라면, 품위 있게 비기는 것이 승리하는 것이다.'라고 조지 레이코프는 말한다.[49] 이전에도 말한 바 있지만, 우리는 결코 (한 번의) 전투에서 승리하고 (전체의) 전쟁에서 져서는 안 된다.

● 되게 할 수는 없어도 안 되게 할 수는 있다

어떤 사람들은 내 일을 되게 할 수는 없어도 안 되게 할 수가 있다. 나를 도와주지는 못해도 내게 해를 끼칠 수는 있다. 그 사람의 자존심을 건드리면 말이다.

프랑스의 작가 마르셀 에메(Marcel Aimé)의 『벽 뚫는 남자』(Le passe-muraille)라는 작품이 있다. 뮤지컬로도 상연된 유명한 작품이다. 주인공 뒤티얼(Dutilleul)은 어느 날 벽을 뚫고 지나갈 수 있는 초능력이 생겼는데, 배트맨(Batman)과 조로(Zorro)와 같이 자신의 정체를 끝내 비밀에 부치는 다른 영웅들과 달리, 그는 일부러 경찰에게 붙잡힌다. 왜냐하면 세인의 주목을 받는 그러한 기괴한 능력을 가진 자 가루 가루(Garou Garou)가 바로 자신임을 믿게 하고 싶었기 때문이다. 사실 그는 평범한 회사원이었는데 평소에 인정을 받지 못해 인정 욕구에 메말라 있었던 것이다. 그는 다른 영웅들처럼 초능력을 활용해 착한 시민을 구해주는 훌륭한 목적을 수행하지도 않고 자신을 드러내지 않고 묵묵히 돕는 훌륭한 인품의 소유자가 아니었다. 자신을 평소 무시한 사람들에 대한 오만스러운 복수의 욕망에 사로잡힌 것이다. 여기서 이 작품을 읽는 독자는 주인공 뒤티얼을 통해 대리만족을 얻는다. 결론은 자존심을 건드리지 마라는 것이다. 어떤 사람들은 내 일을 되게 할 수는 없어도 안 되게 할 수가 있다.

도와주고도 욕먹을 수 있다. "네가 할 줄 아는 게 뭐냐?"라고 말하면서 도움을 준다면 결코 상대방으로부터 고맙다는 말을 듣지 못할 수가 있다. 또 앞에서도 말했지만 돈을 주고도 욕을 먹을 수 있다. '돈 받았으니까 돈 값을 해야지.'라든지, '돈 줄 테니 일 좀 해 봐.'라고 하면서 일을 마구 부려 먹는 인상을 주면 상대의 자존심이 상하여 관계가 벌어진다.

● 노인이 귀가 얇은 이유

젊은이들 가운데 노인을 무시하는 사람들이 있다. 노인이 무엇인가에 대해 물었을 때 '이런 것도 모르냐'하는 듯한 태도로 귀찮다는 듯이 설명을 하는 경우가 있다. 또 아까 물었던 것을 또 묻느냐는 식의 표정으로 답변하는 경우도 있다. 혹은 어떤 판매원이 질문을 한 노인이 아니라 그 옆에 있는 그 노인의 자식에게 답변하는 경우도 많이 있다. 말귀를 못 알아듣는 사람 취급하며. 이럴 때 노인은 자신이 무시당하는 느낌을 받게 된다. 자존심에 상처를 입는 것이다. 그러므로 말하는 사람에게 시선을 주면서 말해야 한다. 눈을 마주치면서(아이 콘택트) 대화를 나누어야 한다.

노인들은 사기꾼 같은 사람들의 설명을 듣고 덜컥 쓸데없는 물건을 사오는 경우가 많다. 이유가 무엇일까? 노인들이 특히 귀가 얇은 이유가 무엇일까? 노인들이 다 세상 물정을 모르는 것이 아니다. 영업사원들의 친절 때문이다. 그 사람들이 자신을 대하는 태도와 대우가 그들을 감동시키기 때문이다.

● 무리한 부탁에 기분 안 나쁘게 거절하려면?

살다 보면 부탁이나 청탁을 많이 받게 된다. 나는 내 친한 친구 중에 크게 성공한 친구가 있는데, 그 친구가 성공한 이유가 무엇인지 아내가 내게 물어 온 적이 있었다. 학벌이 좋은 것도 아니고 얼굴이 잘생긴 것도 아닌데 어떻게 해서 저렇게 고속 승진을 하여 사장까지 올라갔냐는 것이다.

나는 이렇게 대답을 했다. "나는 그 친구가 성공할 줄을 고등학교 때 이미 알아봤어. 그 친구는 어른들한테 부탁을 할 때 기가 막히게 말을 잘해서 꼭 무언가를 얻어내더라고. 그리고 거꾸로 남이 부탁을 할 때 기분 나쁘지 않게, 아니 오히려 기분 좋게 만들면서 거절을 잘하더라구."

말을 잘하는 것이 출세의 기본이지만 특히 거절을 잘하는 것이 으뜸이다. 왜냐하면 도저히 들어줄 수 없는 무리한 부탁을 받고 좋은 말로 거절하지 못하면 그 순간 불쾌한 언쟁이 시작되고 관계가 끊어지기 때문이다. 위기 대처를 잘못하면 치명상을 입는 것과 마찬가지이다.

만일 잘 아는 지인, 특히 선배나 윗사람이 도저히 들어줄 수 없는 무리한 부탁을 해 올 때 여러분은 어떻게 하시는가?

1. '원칙상 불가능하다'고 답변하면서 거절하는 방법은 제일 하수의 방책에 속한다. 당장 부탁한 사람이 머쓱해진다. 그는 이렇게 생각한다. '아니 누가 안 된다는 걸 모르나? 그거 아니까 내가 이렇게 자존심 굽히며 부탁한 거지.'라고 생각하며 몹시 기분이 나빠진다. 부탁한 사람의 자존심이 몹시 상한다.
2. '미안하지만 그것은 안 된다'고 답변하는 방법은 그 다음으로 안 좋다. 이것은 '미안하다'는 마음을 전달하기 때문에 첫째 방법보다는 낫다.

하지만 부탁한 자신이 민망하고 창피해지는 것은 매일반이다.
3. '알아보겠다'고 하고 나서 시간이 조금 흐른 뒤에 연락하여 안 된다고 답변하는 방법이 좋다. 이것은 부탁한 사람의 자존심을 보호해 준다. 일언지하에 안 된다고 거절하는 것에 비해 그래도 도와주려고 하는 성의가 느껴지게 하기 때문이다.
4. '알아보겠다'고 하고 말하고 나서 관련자나 담당자를 통해 (죄송하다며) 안 된다고 답변하게 하는 방법이 가장 좋다. 부탁한 사람 입장에서는 어차피 어려울 것이라고 생각했는데 이렇게까지 최선을 다해 방법을 찾아보려고 노력하는 모습을 보고 본인이 자부심을 느낄 수도 있다. 이처럼 이렇게 최선을 다하는 모습을 보여 주면 자존심을 지켜주고 자부심을 느끼게 해주므로 상대는 만족하게 된다.

● **진정한 존중 : 싫어하는 것을 하지 않기**

부모들이 자식과 잘 지내볼 요량으로 우리 친구처럼 지내자~하고 한동안 잘 지낸다. 그러다가 조금이라도 스스럼없는 태도를 보이면 "어딜 아빠한테 눈을 부라리고 있어? 내가 네 친구냐?"라고 말하는 경우를 볼 수 있다. 이렇게 말하는 아빠의 심리는 친구처럼 편하게 대해 줄 수는 있지만 이것이 지나쳐서 아이로부터 자신을 아빠로 인정받고자 하는 마음까지 다치기는 싫은 것이다. 하지만 이런 고압적인 말을 들으면 자식은 '아빠는 나를 너무 무시해'라는 생각에 잠기게 된다.

상대를 존중한다는 것이란 무엇일까? 그것은 상대를 위해 좋아하는 것을 하는 것일까? 물론 이것도 상대를 존중하는 태도임에는 틀림이 없다. 그러나 진정한 존중은 그보다 상대가 싫어하는 것을 하지 않는 것이다. 이것이 더욱 중요하다.

상대가 싫어하는 것을 하지 말아야 한다. 상대가 좋아하는 열 가지를 해 주어도 한 번 상대가 싫어하는 것을 하면 허사이다. 왜냐하면 그것은 상대에게 상처를 주기 때문이다. 특히 자존심에 상처를 주는 일은 하지 않아야 한다. 그것이 상대가 좋아하는 것을 해 주는 것보다 우선이다.

4. 자부심 충족의 방법

이제 인정욕구 충족을 위한 두 번째 원칙인 자부심 충족을 위한 방법에 대해 알아보자.

● **대접받은 느낌을 갖게 하라!**

의식적인 사고에 앞서 우리가 무의식적으로 가지고 있는 사고가 있다. 그리고 그 무의식적인 사고는 자신의 내부 깊은 곳에 있는 욕망의 영향을 받아, 욕망이 지시하는 대로 이루어진다. 앞에서 보았듯이, 베블런효과(Veblen effect)를 촉발하는 과시적 소비는 자신이 남보다 더 우월함을 과시하기 위한 욕망에서 비롯된 무의식적 사고의 결과라 할 수 있다. 우리의 무의식적인 사고가 합리적이지 않은 이유는 바로 이 같은 욕망이 우리를 움직이기 때문이다.

오트쿠튀르(Haute couture)의 옷이 비싼 이유는 무엇일까? 대량생산을 해서 입는 사람이 많은 기성복(prêter-à-porter)과 달리 세상에 단 한 벌밖에 없는 옷이기 때문이다. 즉 오직 '당신만을 위한 옷'이라는 의미를 갖기 때문이다. 즉 구매자의 자부심을 자극하여 본인이 특별한 사람이라는 생각을 만들게 하는 것이다.

요즘 맞춤형 상품이 많이 나오고 있다. 예를 들어, 개인의 영양상태와 취향에 따라 해 준다는 '맞춤형 시리얼 배달' 광고와 '맞춤형 복약 상담'이라는 팻말 붙인 약국. 어쩐지 끌린다. '맞춤형 복약 상담'이 무엇일까? 이것이 아주 특별한 것은 아니다. 그저 기본적인 처방 외에 꼭 플러스 알파, 즉 체질

별, 성별, 연령별 팁(tip)을 덧붙이는 것이다. 그럼에도 불구하고 고객이 느끼는 것은 크다. 왜냐하면 자신이 대접받는다는 느낌을 받기 때문이다. 최근 들어 늘어나고 있는 맞춤형 상품은 요컨대 대접받는 느낌을 갖게 만들어서 고객을 끌어들이는 전략이다. 한 마디로 고객의 자부심을 자극하여 본인이 특별한 사람이라는 생각을 갖게 하는 것이다.

페미니스트 시인으로 알려져 있는 문정희 시인의 시를 한 편 감상해 보자.

〈오빠〉
- 문정희

이제부터 세상의 남자들을
모두 오빠라 부르기로 했다.

집안에서 용돈을 제일 많이 쓰고
유산도 고스란히 제 몫으로 차지한
우리 집의 아들들만 오빠가 아니다.

오빠!
이 자지러질 듯 상큼하고 든든한 이름을
이제 모든 남자를 향해
다정히 불러 주기로 했다.

오빠라는 말로 한방 먹이면
어느 남자인들 가벼이 무너지지 않으리
꽃이 되지 않으리

모처럼 물안개 걷혀
길도 하늘도 보이기 시작한

불혹의 기념으로
세상 남자들은
이제 모두 나의 오빠가 되었다.

나를 어지럽히던 그 거칠던 숨소리
으쓱거리며 휘파람을 불어 주던 그 헌신을
어찌 오빠라 불러 주지 않을 수 있으랴

오빠로 불려지고 싶어 안달이던
그 마음을
어찌 나물 캐듯 캐내어 주지 않을 수 있으랴

오빠! 이렇게 불러 주고 나면
세상엔 모든 짐승이 사라지고
헐떡임이 사라지고

오히려 두둑한 지갑을 송두리째 들고 와
비단 구두 사 주고 싶어 가슴 설레는
오빠들이 사방에 있음을
나 이제 용케도 알아 버렸다.

이 시는 우리 남자들의, 특히 소위 '아재'들의 마음을 꿰뚫어 보아서, 공감이 가는 시이다. 그런데 이 시는 이런 남자들의 허세를 잘 지적하고 있고 그에 대한 자각과 포용이라는 메시지를 담고 있다.

남자들은 '집안에서 용돈을 제일 많이 쓰고 유산도 고스란히 제 몫으로 차지한' 특권을 가지고 있다. 그리고 그런 '오빠들이 사방에 있다'는 것을 '모처럼 물안개 걷혀 길도 하늘도 보이기 시작한 불혹'에 시인은 깨달았다.

그리고 그 '기념으로 세상 남자들을 이제 모두 나의 오빠'로 부르기로 한다. 그리고는 더 이상 '꽃이 되지 않고' 능동적인 결정을 내린다. '오빠라는 말로 한방 먹이고 그렇게 불러 주기로' 한 것이다. '오빠로 불려지고 싶어 안달이니 나물 캐듯 캐내어 주겠다.'라는 포용의 의연함을 표현하고 있다.

어떤가? 남자들에게 한 방 먹인 것 같지 않은가? 그럼에도 내가 이 시를 많은 남자들에게 읽혀 보았는데 그들은 전혀 기분 나쁜 기색이 안 보였다. 까닭은 무엇일까? 그러한 비판에도 불구하고 여전히 오빠로 불리고 오빠로 인정받는 남자들의 자부심 때문이 아닐까?

텍사스 주에서 세금을 더 걷기 위해서 슬로건을 모집했다. 첫 번째로 채택된 슬로건은 다음과 같았다.

텍사스 주민 여러분, 세금을 내십시오.

그런데 이는 그 결과가 성공적이지 않았다. 텍사스 주민들을 다소 기분 나쁘게 하는 측면이 있었기 때문이다. 그래서 다음과 같은 것으로 교체했다.

대부분의 텍사스 주민 여러분은 세금을 잘 냅니다.

그 결과 납세율이 증가했다고 한다. 그 이유는 무엇이었을까? 첫째 슬로건은 세금을 내지 않은 사람들의 자존심을 상하게 한 반면, 둘째 슬로건은 텍사스 주민으로서의 자부심을 자극하는 것이어서 미납자로 하여금 '나도 세금을 내고 자부심을 느껴야겠다.'라고 생각하게 만들었던 것이다. 즉 자존심보다 자부심을 자극하는 것이 더욱 효과적이라는 분석이다.

이 같은 사례와 유사한 사례가 미네소타 주에서도 있었다. 거기에서도 첫 번째로 채택했던 슬로건은 다음과 같았는데, 효과가 없었다.

미네소타 주민들께, 세금을 내지 않으면 처벌을 받게 됩니다.

　미납자의 자존심을 상하게 한 이 슬로건 대신에 다음 슬로건으로 교체를 한 이후 납세액이 증가했다는 보고이다.

　　이미 미네소타 주민 90% 이상이 납세 의무를 이행했습니다.

　이 슬로건 역시 주민들의 자부심을 자극하여 더욱 효과적이었던 것이다.
　동아리와 같은 단체를 운영을 할 때 회비 미납자들이 많으면 운영에 어려움을 겪을 수 있다. 이럴 때는 어떻게 미납자들에게 회비를 내게 하는 것이 좋을까? 1회 납부액으로는 적은 회비라도 누적이 되면 꽤 액수가 커져서, 모두 내라고 하면 미납자의 입장에서는 부담이 크다. 그리고 미납액이라고 표현하면 본인의 자존심도 상해서 내기가 민망하고 쑥스럽다. 그래서 이럴 때 좋은 방법 중의 하나는 밀린 회비를 내게 하는 것이 아니라 특별 회비를 납부하도록 하는 제도를 신설해서 '특별 회비'를 내게 함으로써 자부심을 느끼게 하는 것이 좋은 방법이 될 수 있다.

　서양인은 개인주의적 성향으로 인해 개인적 감정이 중요하다. 그 가운데에서도 자부심이 중요하므로 칭찬을 할 때 상대의 자부심을 인정하는 것이 중요하다. 특히 미국인처럼 개척의 역사를 갖고 있는 사회의 사람들은 개인의 능력을 중요시하고 개인의 능력을 성취의 원천으로 생각하기 때문에, 개인의 능력에 대한 자부심을 느끼도록 하는 문화가 매우 잘 발달해 있다. 따라서 상대의 능력에 대해 자부심을 갖고 있다고 표현하는 것은 상대의 지지를 얻는 데 매우 중요하다.
　그래서 미국의 정치인들은 국민들에게 자부심을 자주 자극한다. 실제로 트럼프 대통령의 후보자 시절 선거 슬로건은 'Make America Proud Again'이었는데 이는 그를 당선으로 이끄는 데 큰 공헌을 했다.

● 상대가 항의할 때

대인배인 척하는 사람들은 자존심이 강하고 이들은 그 자존심이 상했을 때, "어떻게 나한테 이럴 수 있나?" 하면서 항의를 잘 한다. 그럴 때 어떻게 그러한 항의에 대응하는 것이 좋을까?

이럴 때는 상대의 가장 큰 가치관(존재 이유)인 자부심을 세워주면서 반박하는 것이 좋은 방법이 된다. 일단 사과를 한 후에 상대가 대인임을 내세워서 무마하는 방법이다.

"내가 미처 신경 쓰지 못해 미안하네. 하지만 자네는 대인배이지 않은가! 그런 자그마한 일에 신경 쓰는 것은 자네답지 않네." 이렇게 말을 하면 상대는 본인을 대인배로 인정해 준 것에 고마움을 느끼고 더 이상 반론을 제기하지 않는다. 대개는 "내가 너무 지나치게 신경을 썼나?" 혹은 "내가 너무 작은 일에 연연했나? 미안해요...ㅎㅎ" 하면서 웃으며 넘어간다.

앞에서 예로 들었던 지식과시형 진상 환자를 다루는 방법이 무엇이었는지 다시 한 번 상기해 보자. 자신의 지식이 대단하다는 자부심을 충족시켜 주는 것이 핵심이었다. 또 소형차를 구경하러 왔던 고객에게 중형차를 먼저 소개하는 전략으로 소형차를 판매한 자동차 세일즈맨의 판매 전략의 핵심도 고객의 자부심을 자극하는 것이었다. 이처럼 자부심 자극 전략은 큰 효과를 낸다.

5. 자부심 충족의 응용

● 배우자, 자녀 관계 팁

자부심 충족 방법의 응용으로 환유(metonymy) 전략을 소개하고자 한다. 환유란 10장의 『4. 핵심투사법』에서 설명한 대로 어떤 대상을 그 대상과 시간적으로나 공간적으로 인접해 있는 대상을 통에서 가리키는 수사법을 말한다.

이런 환유를 이용하여 배우자나 자녀와의 관계를 회복시키는 전략을 수립할 수가 있다. 예를 들어서 가족 사진을 지갑에 넣고 다니면 이를 보는 사람들로 하여금 이 사람이 가족을 매우 사랑하는 사람이라는 것을 알 수 있도록 한다. 이때 이것을 배우자나 자녀가 보도록 하면 직접 말로 표현할 수 없을 경우 이에 준하는 효과를 내도록 하므로 관계 회복을 위한 좋은 전략이 된다.

또 배우자나 자녀의 사진을 자신의 휴대폰 배경화면 혹은 컴퓨터 배경화면에 넣음으로써 가족 구성원들을 본인이 사랑한다는 메시지를 간접적으로 전할 수 있다. 한동안 자녀와의 관계가 서먹서먹한 한 가장이 아파트의 출입문 비밀번호를 자기 자녀의 생일로 바꾸어서 자녀에게 알려주었는데, 아무래도 그 자녀는 아빠의 그러한 마음으로부터 '아, 아빠가 나를 사랑하는구나!'라는 생각을 했을 것이다. 마찬가지로 컴퓨터 바탕화면의 비밀번호를 자녀의 생일이나 이름으로 설정하는 것도 좋은 방법이다.

이와 같은 방법은 특히 직접적으로 사랑한다는 말을 표현하기가 쑥스러울 때 혹은 갈등 관계에 들어가 있어서 사랑한다는 말을 전하기가 어려울 때에 사용하면 좋은 방법이 될 수 있다. 자녀나 배우자에게 애정을 표시하기가 어색하거나 어려울 때는 차라리 술기운을 빌려서 하는 것도 하나의 방법이 된다. 그러면 아이가 "아빠 취했네.", 또는 아내가 "이이가 취했네." 하면서도 기분이 나쁘지 않다.

● 위로할 때도 자부심 충족이 좋은 방법

위로할 때도 상대의 자부심을 충족시켜 주는 방법이 좋은 방법이다. 예를 들어 상대에게 위로할 필요가 있을 때 "힘 내!"라고 하는 것보다 "난 그래도 네가 부러워... 왜냐하면 너는 그래도 **가 있잖아."라고 말하면서 상대의 장점을 언급하며 자부심을 충족시켜 주는 것이 좋은 방법이다.

어떤 말을 해야 할지 아이디어가 잘 안 떠오르면 상대의 입장에서 생각해 보면 답이 나올 수 있다. 특히 나와 비교해서 나보다 나은 측면을 생각하면 좋다. 예를 들어 다음과 같은 식으로 말하면 상대는 힘을 얻고 위안을 받을 수 있을 것이다.

"난 자네가 부러운데. 뭐가 부족하다고 이러나?"
"나보다 능력도 많고, 실적도 좋고... 내가 자네 같으면 안 그러겠는데, 왜 그래?"
"난 네가 부럽다. 그래도 너는 가정이 행복하잖아."
"애들 말 잘 듣잖아."
"아이들이 벌써 취업을 했잖아."

● 살림은 엄마의 자부심

30대 딸이 사는 집에 60대 엄마가 방문을 했다. 60대 엄마는 딸의 살림살이에 대해 이런 저런 지적을 한다.

"걸레는 뽑아 쓰는 거 말고, 삶아 쓰는 걸로 바꾸고, 애들 옷은 빨래 끝나면 모두 다려서 넣어두고, 이건 이렇게 저건 저렇게~~"

쉴 새 없는 엄마의 지적에 30대 딸은 이렇게 계속 반복적으로 답한다.

"네~ 엄마~ 알았어요~"

그때마다 엄마는 이렇게 말한다.

"대답만 하지 말고!"

자, 이럴 경우 딸은 어떻게 해야 엄마의 잔소리가 쏟아지지 않도록 할 수 있었을까? 딸이 엄마의 자부심을 인정 안 한 것이 잘못이었다.

"역시 살림은 엄마가 최고야."
"엄마한테 항상 배워야 한다니까."

이 같은 말을 함으로써 엄마가 가지고 있는 살림에 대한 자부심을 인정했다면 엄마의 잔소리는 거기서 그쳤을 것이다.

● 상대의 자부심을 충족시켜주지 않으려면?

여기서 잠깐 반대의 생각을 해 보자. 그러니까 심정적으로 도저히 상대의 자부심을 충족시켜주고 싶지 않을 때가 있는데, 이렇게 하려면 어떻게 해야 할까? 여기에는 프랑스의 언어학자 쿨롱-길리(Marlène Coulomb-Gully)가 주창한 지칭전략이 좋은 참고가 된다. 즉 상대방을 무시 전략으로, 상대방을 언급하지 않는 것이 최고의 전략인 것이다. 가장 큰 공격은 공격하지 않는 것이다. 공격할 가치도 없다고 생각하게 하는 것이다. 존재감을 상실하게 만드는 것이다. 다시 말해서 쓸데없이 비난하는 것보다 오히려 언급하지 않는 것이 제일 좋은 전략이라는 것이다.

선거 운동을 할 때면 항상 열세 후보가 있고 우세 후보가 있게 마련이다. 이들 중 정면대결은 누구에게 더 유리할까? 또 상대와 상대의 말을 인용하는 것은 누구에게 더 유리할까? 쿨롱-길리의 지칭전략에 따르면 이러하다.

지명도가 낮은 열세 후보는 우세 후보와 정면 대결을 통해 동등한 위치를 확보하려는 전략을 택하는 반면에, 우세 후보는 열세 후보와 정면 대결을 피함으로써 자신의 이미 우월한 지위를 그대로 유지하려는 전략이 더 잘 작동한다는 것이다. 그래서 우세 후보는 열세 후보인 상대 후보를 가급적이면 언급하지 않거나 적게 언급하는 것이 좋다. 반대로 열세 후보는 우세 후보인 상대 후보를 자꾸 언급하는 것이 좋은 전략이 된다. 왜냐하면 열세 후보는 우세 후보를 자꾸 인용함으로써 본인이 그 우세 후보와 같은 급에 있는 사람이라는 인상을 줄 수 있기 때문이다.

● 사랑의 반대말은?

사랑의 반대말은 무엇일까? 일반적으로는 '미움'이라고 한다. 그러나 실제는 아니다. 사람의 반대말은 무관심이다.

아폴리네르(Guillaume Apollinaire)라고 하는 프랑스의 유명한 시인의 연인이면서 천재 화가로도 유명한 마리 로랑생(Marie Laurencin)은 다음과 같은 말을 한 것으로 알려져 있다.

'가장 가엾은 여자는 사랑받지 못하는 여자가 아니라 잊혀진 여자이다.'

물론 이 문구는 그녀의 작품이나 공식적인 문서에서 출처를 찾을 수 없어서 정확히 확인되지는 않지만, 이 말이 의미하는 바는 사랑을 받지 못하는 것보다 잊혀지는 것이 더 큰 고통이라는 인간 관계의 본질에 대한 철학적 성찰로 보인다. 사랑을 받지 못하는 상황에서도 기억되고 존재감이 남아 있다면 여전히 가치가 있지만, 존재 자체가 잊혀지는 것은 더 깊은 고독과 상실감을 가져온다는 메시지를 담고 있다.

이런 의미에서 본다면, 사랑의 반대는 증오가 아니라 무관심이라고 해야 할 것이다. 또 마찬가지로 증오의 반대도 사랑이 아니라 무관심이라 해야 할 것이다. 그러니 만일 누군가에 앙갚음을 하고 싶다면 미워하지 말고 차라리 관심을 두지 않는 것이 가장 좋은 방법일 것이다. 그것이 그 사람의 존재감 자체를 사라지게 하는 방법이기 때문이다. 미워하지 말고 오히려 상대에게 철저하게 무관심하고, 상대를 무시하는 것이 최고의 복수이다. 그것은 상대의 자존심까지 짓밟는 것이기 때문이다.

우리는 일반적으로 다음과 같은 복수의 방법을 취한다.

첫째는 직접적 공격을 하는 것이고 둘째는 불량한 태도를 보이면서 수동적인 저항을 하는 것이다. 셋째는 가장 소극적인 복수인데, 당사자가 없을 때 뒷담화를 하거나 험담을 하는 것이다.

그러나 가장 효과적이고 가성비 높은 복수는 무관심, 즉 무시이다.

● **고집스런 사람의 신념을 바꾸는 방법?**

고집스런 사람의 신념을 바꾸는 방법이 있을까? 예를 들어 상대방의 정치적 이데올로기, 종교를 바꾸는 것이 가능할까? 그것은 너무나 어렵다. 그러나 오랜 기간을 두고 지속적으로 이것을 행하면 가능한데, 그것은 상대의 자부심을 충족시키는 것이다. 상대가 가지고 있는 자부심에 지속적으로 공감을 표해 주는 것이다. 조지 레이코프도 다음과 같이 말했다.

> 상대가 다른 사람을 도왔던 가장 자랑스러운 경험을 물어보라. 상대가 타인에게 느끼는 감정이입과 책임에 대해 더 많이 이야기하면 할수록, 당신은 상대에게 더 가까이 다가갈 수 있다. 상대를 개종시키려 들지 마라. 그냥 마음을 열고 긍정적 관계를 유지하라. 당신이 상대에게 존중과 애정을 보여준다면 당신의 편이 될 수 있을 것이다.
> (조지 레이코프 『코끼리는 생각하지 마』 pp. 373)

그런데 만일 본인이 직접 자부심을 드러내고 싶을 때, 즉 자기가 직접 자기 자랑을 하고 싶을 때는 어떻게 해야 할까? 보통 우리는 잘 드러나지 않게 은근히 자랑하는 방식을 취한다. 그러나 이는 십중팔구 잘난 척하는 것으로 인식될 가능성이 높다. 사람들이 바보가 아니기 때문이다. 그러니 그러지 말고 자기 자랑을 하고 싶을 때는 차라리 이렇게 하는 것이 좋다.

"제가 제 자랑 한 마디 하겠습니다."라고 솔직하게 미리 이야기하는 것이 훨씬 당당하고 건강한 모습을 보여 주어서 상대방에게도 좋은 인상을 주게 된다.

제 14 장

칭찬, 감사, 사과의 방법은?

1. 칭찬의 방법

앞서 말했듯이 서양인은 개인주의적 성향으로 인해 개인적 감정을 중요시한다. 그러다 보니 서양인들은 개인을 칭찬하는 문화가 동양에 비해 상대적으로 발달하게 되었다.

반면에 한국인은 집단주의적 성향으로 인해 집단의 윤리, 사람들 사이의 윤리, 즉 예법, 규율, 법도를 지키는 것이 개인의 능력을 펼치는 것보다 중요한 것으로 간주한다. 그리고 이러한 사회적 덕목을 잘 지키는 것은 집단주의에서는 너무나 당연한 것이므로 칭찬할 일이 아니라고 생각하는 경향이 있다. 요컨대 집단의 규범이 인간관계를 제어하므로 칭찬이 굳이 필요한 것이 아니다.

개인적 행운에 대한 반응도 동서양이 다른데, 이것도 개인주의와 집단주의 성향으로 인한 것으로 분석될 수 있다. 예를 들어 개인적으로 행운을 얻었을 때 서양인은 그 사람에게 축하의 말을 건넨다.

그러나 한국에서는 그보다는 '한턱 내라'와 같은 말을 하고 나쁘게 말하면 '벗겨 먹기' 같은 일을 한다. 이는 집단주의의 영향으로, 누구나 집단 내에서는 집단을 위해 똑같이 헌신해야 하고 또 그만큼 대우도 공평해야 한다는 사고가 강하다. 특정 개인이 특혜를 보는 일이 자주 일어나게 되면 나머지 사람들은 집단에 대한 충성도가 약해지기 때문이다. 그래서 골프를 칠 때 홀인원 같은 행운을 안으면 당연히 한 턱을 내야 하는 것이다. 그리고 자식이 명문대에 합격을 해도 한턱을 내는 것은 너무나 당연하게 여겨진다.

이는 서양과 정반대이다. 서양에서는 행운을 얻은 사람에게 모두가 '축하'를 해 주는데 반해, 한국에서는 행운을 얻은 사람이 나머지 사람에게 '한턱'을 내야 하는 것이다. 이런 문화적 배경으로 인해 한국인은 칭찬하는 문화가 잘 발달하지 못했다.

물론 우리나라에도 '덕담'이라는 개념이 있다. 그러나 이는 주로 앞으로 좋은 일이 일어나라고 하는 말로서, 이미 일어난 일, 도출한 성과 등에 대해 긍정적인 평가를 내려주는 칭찬과 다르다. 게다가 우리 문화에는 '아부'라는 매우 부정적인 개념도 있어서 지나친 칭찬에 대해 오히려 경계하는 태도를 갖게 한다. 아부와 칭찬에는 차이가 있는데, 칭찬은 본인이 사실이라고 믿고 있는 것에 대해 행하는 것인 반면에 아부는 본인이 사실이라고 믿지 않는 것에 대해 행하는 것이다.

그런데 영어에 flatter라는 말이 있는데 이는 상대에게 듣기 좋은 말을 한다는 뜻, 특히 상대를 기분 좋게 하기 위해 하는 행위를 가리킨다. 우리말의 '비행기를 태우다'나 '과찬하다'에 해당하는 말이라 할 수 있다. 그런데 이것이 영어사전에는 '아부하다'나 '아첨하다'로 잘못 제시되어 있다. 사실 '아부하다'나 '아첨하다'는 '남의 비위를 맞추어 알랑거리다.' 혹은 '남의 환심을 사거나 잘 보이려고 알랑거리다'로 정의되어 있어서 그 말 자체가 부정적이고 매우 경멸적인 것이기 때문이다.

그래서 영어에서는 상대에게 칭찬의 말을 건네면 'I am flattered.' 나

'You flatter me.' 같은 말로 반응을 하는데 이는 '당신은 제게 아부하시는 군요'가 아니라 '과찬이십니다'에 해당하는 표현이다. 이처럼 영어에서는 칭찬의 말도 많이 하고, 칭찬의 말을 들으면 '과찬이십니다.'라고 대답도 많이 하는 만큼, 칭찬 문화가 많이 발달해 있는 것이 사실이다.

그러나 우리나라는 반대로 칭찬에 인색한 것 같다. 이제 우리도 사소한 것에 대해서도 서양인처럼 칭찬을 주고받는 것이 좋을 것이다. 칭찬을 해 줌으로써 상대를 격려하고 이로 인해 상대와 좋은 관계를 맺을 수 있고 그만큼 상대를 설득할 가능성은 높아지는 것이다.

● 돈이냐 칭찬이냐의 놀라운 결과

이스라엘의 인텔공장에서 실험을 했다. 한 그룹에게는 인센티브로 돈을 주고 다른 그룹에게는 단지 상사가 칭찬만 해주었다. 그런데 인센티브로 돈을 받은 그룹이 단지 상사의 칭찬만 받은 그룹에 비해 생산성이 낮았다는 결과가 나왔다.

물론 돈이 일시적으로 효과가 있을 수는 있으나 더욱 중요한 것은 인정욕구의 충족이고 칭찬은 이것을 만끽하게 해 주는 좋은 장치라는 사실이다. 돈을 받는 것은 자신을 인정해 주었다는 뜻이라기보다는 어쩌면 단지 일을 더 한 데 대해 지급하는 대가라고 생각한 것으로 보인다.

이처럼 인정욕구를 충족시켜 주지 않으면 그 효과는 오래 갈 수가 없다. 인센티브는 단지 돈보다도 자존감의 충족을 기본으로 해야 하고, 감사와 배려에 대한 표현에 뒤따라야 하는 것이다.

● 집단공감

우리말에 있는 아름다운 말인 '수고'는 일을 열심히 하는 데 대한 찬사의 의미를 담고 있다. 일이 '수고'라고 불린다는 것은 구성원들이 집단의 목표를 달성하기 위해 여러 가지 고통을 견뎌내었음을 뜻한다. 이를 보상해 주기 위해 흔히 여러 가지 상을 주어서 격려하기도 한다. 그러나 이것만으로는 부족하다. 상은 단지 크게 수고를 해 준 몇몇 개인에게 주는 것이기 때문이다. 한 발 더 나아가 집단 구성원 전체에 보상을 행하고 모든 구성원들이 **함께 고생했다고 하는 사실을 공유하는 의식**이 필요하다. 그것이 회식이다. 그 가운데에서도 조직의 중요한 날에 갖는 회식, 특히 연말에 갖는 마지막 회식은 특별히 더욱 성대하게 시행하여 기억에 남도록 마무리해야 한다.

한국인이라면 모두 동의하듯이 우리는 한(恨)이라는 정서를 공유하고 있다. 특히 집단의 목표를 달성하기 위해 열심히 뛰다 보면 서로에게 원망도 생기고 각자 나름의 억울함도 생겨서 마음 한구석에 깊은 응어리가 진다. 이러한 한은 해가 가기 전에 모두 풀고 깨끗이 씻어내야 한다. 그런데 한은 나 혼자서 풀고 싶다고 쉽게 풀리는 것이 아니다. 그래서 술도 마시고 노래도 부르면서 적절한 분위기를 만들어 모두가 함께 공감하고 이해하는 의식을 진행하면서 다 같이 풀어야 한다. 이런 관점에서 나온 것이 회식이다. 모든 사람들이 공감하는 분위기 속에서 함께할 때 이것이 가능하다. **집단적인 공감**이고 카타르시스이다.

집단 카타르시스를 위해 우리가 동원하는 방법의 첫 번째는 **노래**이다. 사실 한민족은 노래를 좋아하는 민족이다. 프랑스인 셋이 모이면 토론을 하고, 영국인 셋이 모이면 스포츠를 한다는 말이 있듯이, 한국인 셋이 모이면 노래를 부른다고 말해도 될 정도이다. 동네 어귀마다 있는 노래방의 존재는 이를 입증해 주고 있다. 음악은 감정의 속기법이라고 톨스토이가 말했듯이, 내가 생각하기에 음악은 감정을 가장 잘 대변하고 고양하는 예술이다. 그리하여 구성원들을 순식간에 **동일한 감정으로 묶어** 특별한 연대의식을 공유하게 하는 역할을 수행한다.

그런데 여기에 한국의 회식 문화는 특별한 요소를 하나 더 넣는다. 그것은 바로 회식의 의식(rite)화이다. 모임의 순간을 보다 더 특별한 행위로 기억하도록 하기 위해, 보다 오래 지속되는 추억으로 만들기 위해 우리는 회식을 단순히 음식을 먹고 이야기를 나누는 자리가 아니라 하나의 **특별한 의식, 하나의 특별한 이벤트로** 만든다. 예를 들어 회식에 단골 메뉴로 등장하는 폭탄주가 그러하다. 폭탄주는 단순히 술을 취하게 하는 데 그치는 것이 아니라 그 제조(?) 과정을 볼거리로 만들고 술자리 자체를 이벤트화 한다.

술로 인해 적당히 분위기가 달아오르면 여기에 **춤도 곁들여지면서** 회식은 더욱 이벤트화 한다. 나는 K팝이 전세계적인 성공을 거둔 이유 가운데 하나가 단지 노래가 아니라 거기에 항상 춤, 특히 집단적인 춤, 즉 군무(群舞)를 동반하기 때문이라고 생각한다. 이것도 바로 노래라는 작품에 댄스를 넣어 노래를 이벤트화 하는 것이라 할 수 있다.

사실 이벤트화는 한국인에게 매우 자연스러운 행위이다. 왜냐하면 우리는 아주 어렸을 때부터 소풍을 가면 반드시 노래를 부르고 춤을 추었고, 장기자랑이라는 순서를 통해서도 소풍이라는 행위 자체를 예능화하고 이벤트화 하였으며 이를 내면화 해왔기 때문이다. 유년기부터 가졌던 이러한 학습 경험은 이벤트화를 매우 자연스러운 행위로 받아들이게 했다. 거기에 대학만 들어가면 술이 더해지고 합법화된다.

이것은 회식을 **그리스 비극과 유사한 장르로** 만든다. 마치 그리스 비극에서 코러스를 들으며 마음 속에 억압되었던 슬픔에 공감하고 이를 온 관객이 함께 표출하고 배출함으로써 그 동안 **쌓였던 감정의 응어리들을 해소하고 이를 통해 마음을 정화**(淨化)하는 것과 마찬가지이다. 다만 한국의 회식에서는 한발 더 나아가 관객도 직접 의식에 참여한다는 점이 다를 뿐이다. 마치 마당극처럼. 주지하다시피 마당극은 배우와 관객이 묻고 답하고 서로 호응하고 함께 교감하면서 진행하는 형식을 갖고 있다. 그래서 공연장과 객석의 구분도 없다.

우리는 몇 해 전 그룹 퀸(QUEEN)의 이야기를 담은 영화 '보헤미안 랩소디'(Bohemian Rhapsody)가 크게 흥행했을 때 우리나라에서는 매우 특이한 현상을 목도했던 기억이 있다. 그것은 극장에서 관객들이 모두 함께 노래를 부르는 이른바 '떼창' 현상이었다. 집에서 혼자 보면 될 영화를 굳이 극장이라는 공개적인 장소에 가서 생면부지의 사람들과 함께 보면서 어깨동무하고 노래를 부르는 이유를 서양인들은 이해하기가 쉽지 않다. 우리는 이렇게 집단 카타르시스와 이의 이벤트화라는 독특한 문화를 가지고 있는 것이다. 대학의 MT, 교회의 부흥회 등 많은 모임에서 우리는 이러한 이벤트화의 예를 본다.

그런데 이러한 집단 카타르시스라는 회식문화에는 숨겨진 메커니즘이 더 있다. 그것은 수고에 대해 **보상과 격려 외에 유대와 결속을 통한 충성심의 강화라는 이중적 장치**이다. 하급자들에 대해 '수고했다!'라고 말하면서, 보상해 주니 집단에 '계속 충성하라'라는 메시지를 전하는 것이다. 근무시간 내의 위계질서가 회식 자리에 와서도 연장되어 분위기를 지배하는 것으로부터 이를 잘 알 수 있다. 회식 자리에서도 집단우선주의가 작동하는 것이다.

기성세대는 이러한 회식을 우리가 가난할 때 경제 기적을 일으킨 원인 중 하나로 생각하는 경향이 있다. 그리고 그것을 자부심으로 내면화한 측면이 있다. 그러나 개인의 권리를 중요시하고 **워라벨을 꿈꾸는 신세대**에게는 이제 불편한 자리가 되고 있다. 회식을 도리어 끔찍한 감정노동으로 생각하는 사람들도 많다.

그렇다면 어떻게 해야 할까?

그것은 근무와 회식의 목적을 생각하면 된다. 근무시간 내에서 목표하는 것은 성과이지만 회식에서 목표하는 것은 공감이다. **공감은 자유를 전제로 한다.**

무엇보다 참석을 강제화하면 안 된다. 자유롭게 참석할 수 있도록 권리를 보장해야 할 것이다. 그리고 상명하복식의 분위기를 조장해서도 안 될 것이다. 술과 음식, 노래, 춤 등은 자발적으로 행할 때 아름다운 것이고 감동이 있는 것이지, 강요할 때는 엄청난 고통을 수반하는 것이고 인권의 침해이다.

근무 시간에는 '함께주의'가 좋다. 집단 전체를 위해 협력하여 함께 일하는 것이 개인의 정신 건강에도 좋고 조직의 성과도 올려 주니까.

그러나 회식 시간에는 '함께주의'가 맞지 않다. 술을 잘하는 사람도 있고 못하는 사람도 있으니까. 노래를 잘하는 사람도 있고 못하는 사람도 있으니까. 특정 음식을 좋아하는 사람도 있고 싫어하는 사람도 있으니까. 춤을 추고 싶은 사람도 있고 춤을 추지 않고 싶은 사람도 있으니까. 회식 자리에서는 '서로주의'가 좋다. 서로 상대의 취향과 인격을 생각해 주고 배려해 주는 것이 진정한 집단 공감을 일으켜 주어 카타르시스를 통해 개인의 행복뿐 아니라 집단의 단합에도 좋다.

요컨대 우리나라의 회식은 구성원들에게 그간 행했던 수고를 칭찬하고 그 과정에서 있을 수 있는 갈등으로 인한 스트레스를 집단적인 차원에서 풀어주는 자리라 할 수 있다.

핵심적 요소는 헌신에 대한 칭찬이라 할 수 있다. 다만 여기에서 업무 상에서의 위계의 문화는 몰아내는 것이 필요하다 하겠다.

● 공감

가수 나훈아의 '울긴 왜 울어'라는 노래가 있다. 이 노래를 부르는 가수의 표정을 보면 매우 흥미로운 측면이 있다. 제목으로 보면 울고 있는 상대를 위로하고 격려하기 위해 '괜찮아' 하며 어깨를 툭 치며 다 이해한다는 넉넉하고 여유로운 표정을 짓는 사람을 연상하기 쉬운데 이 노래를 부르는 가수는 그렇지 않기 때문이다. 본인도 울먹이면서 부르는 것이다. 자기도 함께 울면서 '울지 마'를 외치는 모습은 서양인은 이해하기 어려운 태도이다.

그러나 이는 가장 완벽한 공감의 방식이라 할 수 있다. 자신도 울면서 상대방보고 울지 마라고 함으로써, '나도 너처럼 슬프다. 네 마음 나도 안다. 우리 모두 슬프니까. 하지만 극복하자.'라는 의미를 전하는 것이다.

우리 민족은 공감의 능력이 뛰어난 민족이다. 우리가 불과 사반세기만에 기적을 이룬 것도 바로 이러한 엄청난 에너지, 시너지에서 비롯된 것이라 생각된다.

TV에 갈수록 많은 관찰예능 프로그램들이 있다. 왜 이렇게 한국인 관찰예능 프로그램에 심취할까? 타인의 삶에서, 즉 유명한 연예인이나 평범한 사람들의 삶에서 공감 요소들을 발견하고 싶은 욕구를 해소시켜 주기 때문이다.

'남들도 나와 마찬가지네,' 하는 공감을 통해 위안을 얻을 수 있기 때문이다.

경쟁에서 낙오한 취준생이나 실업자들도, 일상적인 경쟁 스트레스를 겪고 사는 직장인들도 이러한 위안과 공감을 얻기 위해 함께 관찰 예능 프로그램을 보고 있는 것이다.

2. 칭찬의 어려움

● **칭찬의 어려움**

이제 우리도 칭찬을 하는 문화가 좋고, 대화 시 상대에게 칭찬하는 것이 좋다는 점은 인정한다. 그러나 실제로는 칭찬을 한다는 것이 말처럼 쉬운 일이 아니다. 칭찬의 소재를 찾기도 만만한 일이 아닌데다, 특히 칭찬을 전혀 안 하던 관계에 있었던 사람에게 갑자기 칭찬을 한다는 것은 무척 어색하기 짝이 없는 일이기 때문이다.

(1) 칭찬할 것이 안 보인다?

무엇을 칭찬할까? 당연히 상대가 갖고 있는 역량, 장점과 성취 등을 칭찬해야 할 것이다.

그러나 칭찬의 첫 번째 어려움은 칭찬의 소재를 찾기가 어렵다는 것인데, 특히 오랜 갈등관계 속에 사는 사람들, 부모-자식, 형제자매와 같은 가족이나 직장 내의 다양한 인간관계나 거래 관계에 있는 사람들 사이에서 불만이 누적된 경우에는 사고가 너무 고착화되어 칭찬을 하려 해도 칭찬할 것이 잘 안 보인다. 즉 주어진 것을 너무나 당연시하여 새로운 것이 보이지 않는 것이다. 특히 상대에게서 긍정적인 측면 보지 못하는 것이다. 결국 상대에게서 어떻게 해서든 긍정적인 측면을 찾아서 칭찬하는 것이 필요하다. 이럴 때는 어떻게 할까?

첫 번째 방법은 우리가 **일상적으로 하는 다른 사람들의 덕담에서 소재를 찾는 것**이다.

"댁의 따님은 어쩜 그렇게 예뻐요?"
"댁의 아드님은 어쩜 그렇게 키가 커요?"
"아이들이 어쩜 그렇게 착해요?"

만일 상대가 여기에 대해 "뭐가 예뻐요?", "뭐가 키가 커요?", "뭐가 착해요?" 하면서 인정하지 않으면

이렇게 얘기하면 된다.

"에이 그래도 사고 안 치잖아요."
"그래도 건강하잖아요."
"그만하면 공부 잘하는 거잖아요. 그 대학을[그 회사를] 아무나 들어가나요?"

칭찬의 소재를 찾기 위한 두 번째 방법은 **기준을 변경하라는 것**이다. 칭찬할 것을 찾지 못하는 것은 기준이 잘못되어 있기 때문이다.

우리는 보통 상대를 평가할 때, 앞서도 말했듯이 집단주의 특유의 당위론, 즉 그 정도는 집단을 위해 당연히 해야 한다는 생각으로 인해, 기준을 높게 설정해 놓는 경우가 많다. 그래서 그 정도 하는 것은 당연하기 때문에 칭찬할 것이 없는 것이다. 결국은 기준을 낮추어야 하는 것이다. 기준을 낮추면 칭찬할 수 있다.

100점 받아올 것을 기준으로 하면 그 어떤 성적을 받아와도 칭찬할 수 없다. 하지만 지난번에 받아온 성적을 기준으로 하면 조금이라도 오르면 오른 만큼에 대해 칭찬할 수 있다.

"어이구 10점이나 올랐네!" 아니면 "그래도 1점 올랐네. 수고했어." "다음번엔 조금 더 올리도록 해."라고 말할 수 있다.

그리고 많은 경우 우리는 객관적 기준에 의지하는데 이것을 **주관적 기준으로 바꾸면 칭찬을 할 수 있게 된다**. 예를 들어 영어 실력을 평가할 때

TOEIC이나 TOEFL 등의 점수를 얘기하는 데 익숙하다. 그러나 그런 객관적 기준에서 벗어나 주관적으로 표현한다면 얼마든지 "그 사람 영어 잘한다."고 말할 수 있게 된다. 누가 뭐래도 "그만 하면 잘하는 거지."라고 말할 수 있는 것이다.

(2) 어색하다?

칭찬의 두 번째 어려움은 지금까지 하지 않던 칭찬을 갑자기 하려 하니 어색하다는 것이다. 그렇다. 평소 안 하던 일을 하려면 본인도 어색할 뿐 아니라 듣는 상대방도 몹시 어색하다. 그래서 '이 사람이 갑자기 왜 이래? 무슨 꿍꿍이가 있는 것 아닐까?'라고 진정성을 의심받기도 한다. 이럴 때는 우선 가벼운 것을 소재로 하는 것이 필요하다.

일단 시작하라. 그리고 처음엔 어색한 것이 당연하니 일단 시작하면 지속적으로 하라.

혹시 상대가 왜 이러냐고 물어온다면 결심을 알려라. 처음엔 어색하더라도 지속하면 상대도 진정성을 이해할 것이다.

그리고 말로 하기가 어색하면 문자메시지 같은 것으로, 즉 간접적인 매체를 이용하는 것도 매우 좋은 방법이다. 특히 다음과 같은 간단한 칭찬의 말을 전하자.

"수고했어!"
"고생하셨습니다!"
"잘 했어!" / "최고야!"

뭐라고 쓰지? 하면서 소재나 주제에 좋은 생각이 안 떠오르면, 그냥 이모티콘만 보내도 좋다. 그리고 글을 쓸 때 가급적 이모티콘을 많이 병행하라.

상대와 오랜 갈등 관계에 놓여 있다면 상대가 대화를 회피할 가능성이 있다. 그러나 최고의 인정은 칭찬과 감사라는 생각을 가지고 지속하라.

물론 빈말이나 아부로 보일 우려가 있다. 그러나 본인 스스로가 사실로 생각하면 빈말이나 아부가 아닌 것이므로 진정성만 유지하면 된다. 다 시간이 증명해 준다. 그러므로 상대가 의심의 눈초리를 보내도 덤덤하게 사실을 말할 뿐이라는 태도를 견지하면 된다.

● **끼워팔기 전략**

상대에 대한 비판이 불가피할 때 최고의 전략은 '칭찬의 끼워팔기' 전략이다.

"너 이렇게밖에 못해?", "너 왜 하는 일마다 그 모양이냐?"라고 직접 비판하는 대신에, "이상하다. 너는 이보다는 똑똑한데.", "이번 일은 좀 아니네. 너답지 않구나.", "웬 일로 너 답지 않게 일처리를 했구나~허허~"라고 말하는 방식이다. "너 설거지 안 해 놓았구나!"라고 야단치는 대신에, "우리 딸, 방 정리 잘해서 예쁜데, 설거지까지 해놓으면 더 예쁠 텐데..."라고 말하면 좋을 것이다.

야단치는 것보다 백 배의 효과를 가져다 준다.

3. 감사와 사과의 방법

● **감사의 원칙**

감사를 표현하는 것만큼 상대를 감동시키는 말이 없다. 고맙다는 말 한마디에 모든 것이 달라진다. 그런데 의외로 고맙다는 말을 잘 안 하는 사람들이 꽤 있다.

앞서 얘기했듯이 문화적인 이유도 좀 있다. 집단주의 사회인 한국에서는 집단의 구성원으로서 해야 하는 의미가 많이 있는데 이런 것을 하는 것은 당연한 일이기 때문에 고마워할 일이 아닌 것이다. 예를 들어 가족 간에서도 마찬가지이다. 가족끼리는 감사의 표현을 거의 안 한다. "고마워, 엄마", "고마워 형", "딸아, 고맙다"와 같은 말을 우리는 잘 못 듣고 산다. 그러나 서양인 가정에서는 손쉽게 한다. "Thank you, Mom."과 같이. "사랑해"라는 말도 우리나라에서는 가족 간에는 거의 안 한다. 엄마로서 아빠로서 자식으로서 가족끼리 해야 하는 당연한 일이라고 생각하기 때문에 사랑한다고 할 필요가 없다는 것이다. 아니 오히려 하면 더 어색하다고 생각한다.

흥미로운 것은 한국어와 현지어를 쓰는 교포 2세의 경우 한국어를 쓸 때와 영어를 쓸 때 사랑하다는 말의 표현의 빈도가 현격히 차이를 보인다는 것이다. 앞에서도 언급했듯이, 미국에서 사는 이중어 화자인 아이인데 한국어로 말할 때는 '사랑해.'를 전혀 말하지 않는다. 영어로는 'I love you.'를 수도 없이 하면서 한국어로는 거의 안 한다는 것이다.

그러나 이런 문화적인 이유 말고도 고마움의 표현을 잘 안 하는 사람들이 있는데, 우선은 대개 성격이 내성적인 사람들이 그런 경향이 좀 있다. 또는 성격이 소심해서 잘 표현을 못하는 경우도 있다.

또 성격이 내성적이거나 소심하지도 않은데 고맙다는 말을 잘 못하는 사람들도 물론 있다. 이런 사람들은 이런 말을 하는 것을 매우 어색하게 생각하고 쑥스러워하기 때문이다.

한편 굳이 감사의 표현을 할 필요가 없다고 생각하는 경우도 있다. 그러니까 그 정도 해주는 것은 당연하다고 생각하는 것이다. 뭐 내가 부탁한 것도 아니고 그저 자기가 해주고 싶어서 한 것인데, 그 정도에 굳이 고맙다고까지 말해야 하나 하는 생각을 하는 것이다.

그러나 세상에 당연한 것은 없다. 그러므로 작은 호의에도 당연하다고 생각하지 말고 고마움을 표현하는 것이 옳다. 혹은 적어도 고맙다는 말을 하여 잘못되는 일은 없다. 그것은 항상 상대의 마음을 부드럽게 만들어서 설득에 좋은 토대를 만들어 준다.

이제 우리는 상대에게 고맙다는 말을 하는 습관을 들여야 한다. 습관을 들이면 어색하지 않다. 오히려 안 하면 어색해진다.

그렇다면 감사 표현은 어떻게 하는 것이 좋은가? 이 점에 관해서는, 앞에서도 이미 얘기했듯이, 그저 '고마워요'라고 말하는 것보다 좀 더 구체적으로, 즉 감사의 이유를 함께 표현하는 것이 좋은 방법이다.

    a) "감사한다."
    b) "선생님이 아니었으면 저는 엄청 힘들었을 거예요."
    c) "선생님이 그렇게 해주셔서 제가 큰 덕을 보았어요."

a)보다는 b) 혹은 c)가 상대의 마음을 더 움직일 것이 분명하다. 구체성이 담보되면 진정성을 느끼게 해주는 반면, 그것이 결여되면 진정성을 의심하게 만들기 때문이다. 따라서 가급적이면 구체적으로 표현하는 것이 좋다.

이제 아주 사소한 행위에 대해서도 "고마워!" / "감사합니다!"를 표현하자.

그리고 이것이 어색하다고 느껴질 때는 이모티콘이라도 보내 보자.

● '덕분이에요' 화법

우리는 인사를 교환할 때 "어떻게 지내냐?"는 질문에 "(염려) 덕분에 잘 지낸다."는 식의 표현을 할 때가 있다. 이는 상대가 내게 호의 베풀어 준다는 시각, 즉 감사의 시각을 담고 있어서, 상대도 들으면 기분이 좋아진다.

자신의 할아버지나 할머니께는 "오래 사세요."라고만 말하는 데 그치지 말고, "할머니, 오래 사셔야 해요. 장수도 유전인데 그래야 제가 오래 살죠."라고 말하면 더욱 좋을 것이다.

나는 졸업생들에게 이렇게 당부한다.

"여러분, 성공하세요. 각자가 성공하는 것이 본인을 위해서뿐만 아니라 학과를 위해서도 좋은 일이에요. 그것이 후배들을 위하는 길이에요. 그래야 후배들이 안심하고 따라가니까요."

지인에게는 이렇게 말해 보는 것도 좋다.

"돈 많이 버세요. 나도 덕 좀 보게요. 허허"

이렇게 하면 상대방이 잘되는 것을 내가 기원하는 것이어서 상대방은 감사의 마음을 갖게 된다. 이런 식의 말을 하는 것이 대인관계에 도움이 많이 된다. 더구나 말하는 데 돈도 안 드니 말이다.

사과의 원칙

미안하다는 말 한 마디면 바로 끝날 일인데, 그 한 마디를 안 해서 문제를 만들거나 불편한 관계를 오래 끄는 경우가 많다.

우리는 왜 사과를 안 할까?

첫째, 사과가 불필요하다고 생각하기 때문이다. "굳이 사과까지 해야 할 필요가 있나?"라고 하면서 사과가 불필요하다고 생각하는 것이다.

우선 이것이 합리적인 생각일 수 있다. 그러나 합리적 차원에만 머문다는 데 문제가 있다. 예를 들어 만일 자신이 매장의 점원이거나 관리자라면 오늘 따라 많은 고객이 와서 손님이 오래 기다렸다가 차례가 된 경우, 그 손님에게 사과하겠는가? 사람이 많아서 기다리는 것은 너무 당연하고, 그 원인을 제공한 것도 아니니 굳이 미안하다는 말을 할 필요는 없을 것이다.

그러나 그럼에도 불구하고 "손님, 오래 기다리셨죠? 죄송합니다."라고 말하는 것은 이유야 어쨌든 오래 기다려서 지치고 짜증스런 상태가 되었을 손님 입장에서는 본인의 입장을 공감 받는 것이라 기분이 좋을 것이다. 합리적인 사고의 관점에서 보면 굳이 필요는 없다고 할 수 있을지 모르지만 정서적인 관점에서 보면 하면 좋은 것이다.

한편 한국사회는 갑(甲)과 을(乙)의 관계로 규정할 수 있을 만큼 갑과 을의 관계가 중요하다. 그런데 갑과 을의 관계는 어떻게 정의할 수 있을까?

권력을 가진 사람이 갑이고 지배를 받는 사람이 을이라고 규정하기도 하고, 돈을 주는 사람이 갑이 돈을 받는 사람이 을이라고 규정하기도 하는 등 다양하게 정의되고 있다.

그런데 나는 이렇게 정의한다. '상대를 기다리게 할 수 있는 사람이 갑이다.'라고 말이다. 갑의 특권은 상대를 기다리게 할 수 있는 데 있기 때문이다. 목마른 자가 우물 판다는 속담이 이를 말해 주고 있다. 필요를 느끼는 사람이 약자, 을이 되는 것이다.

만일 여러분이 누구를 만나러 왔는데 만나야 할 사람이 여러 일로 바빠서 계속 기다려야 하는 상황이라고 생각해 보라. 이때 여러분이 계속 기다려야 한다면 여러분은 을이다. 하지만 여러분 벌떡 일어서서 나갈 수 있다면 여러분은 을이 아니다.

항공편 일정이 지연되거나, 변경되거나 취소될 경우, 많은 사람들이 항의를 한다. 그리고 항의를 하는 대부분의 이유는 항공편의 지연이나 변경, 취소가 아니다. 다름 아닌 항공사 측의 사과가 없어서이다.

코비드19가 처음 발생하여 마스크 대란이 벌어졌을 때 약국에 늘어선 긴 줄을 기억할 것이다. 그때 내가 갔던 약국의 약사는 내게 "많이 기다리셨죠? 죄송합니다."라고 했다. 마스크 손님만 있는 것이 아니었고 사람에 따라서는 긴 상담을 하는 사람들이 있기 때문에 어찌 되었든 기다리게 해서 죄송하다는 말은 하는 것은 고객의 마음을 움직일 수 있다.

우리가 사과를 안 하는 둘째 이유는 '왜 사과해야 하는지 모르겠다'이다. 우리는 흔히 이렇게 말한다. "왜 내가 사과해야 하지?" 그러나 이것은 상대방의 입장에서 생각하지 못했기 때문에 일어나는 현상이다. 즉 역지사지(易地思之)의 어려움을 보여주는 것이다.

예를 들어 경미한 차량 접촉사고가 나면 가해자는 대개 접촉이 되어 우그러진 부분에 대해 "크게 표시가 안 나는군요."라고 하는 경향이 있다. 그런데 이런 발언은 그것이 별 것이 아니라는 의미가 되는데 이것이 피해자에게는 크게 화가 나게 하는 요인이 된다.

또 시비 끝에 싸움이 격하게 되고 법정까지 간 사건의 경우, 재판 시작 직전에 가해자가 미안하다는 사과의 말 한 마디를 하여 피해자가 소송을 취하하는 일도 많이 있다. 피해자가 "아니 그 말 한 마디면 됐는데. 그랬으면 여기까지 오지 않았을 텐데."라고 말한다. 우리는 이런 어리석음을 흔히 범하고 있다.

잊지 말기 바란다. 다툰 후 먼저 사과하는 것은 자신이 잘못해서 그러는 게 아니라, 오히려 현명하기 때문이다.

우리가 사과를 하지 않는 셋째 이유는 매우 감정적인 것이다. "왜 내가 사과를 해야 해? 지가 나한테 사과해야지!"라는 태도이다. 이런 태도를 유지하는 것은 오직 자신이 손해 본다는 생각, 그래서 자신은 억울하다는 생각에서 한 발짝도 나오지 않기 때문이다.

그러나 이것은 참 바보 같은 생각이다. 다음의 단시(短詩)를 보자.

> 먼저 사과했다.
> 너보다 잘못해서가 아니라,
> 우리가 잘못되는 게 싫어서.
> – 하상욱

인간사에서는 사실은 서로가 잘못한 것인 경우가 대부분이다. 그런데도 알량한 자존심 때문에 '내가 먼저 잘못했다고 할 수 없어!'라고 옹고집을 피운다. 그러나 사실 이것은 방법론적인 사과일 뿐이다. 내가 사과를 하면 상대도 마음이 풀어져서 결국 '그래 나도 잘한 거 없어.'라고 하면서 결국 상대도 사과할 것이다.

그러니까 사과는 한쪽이 먼저 하면 시간적인 선후만 있을 뿐 결국 양쪽이 다 하게 되는 것이다. 그러니 공연히 고집 피우지 않는 것이 현명하다.

● 사과도 구체적으로 해야

뉴스에 보면 물의를 일으킨 재벌 총수나 정치인 등 공인들이 사과를 하는 모습을 자주 본다. 그러나 대부분은 앵무새처럼 기껏 "국민 여러분께 심려를 끼쳐 죄송합니다."라는 말만 되풀이하는데 이는 국민들에게 결코 진정한 사과로 받아들여지지 않는다.

사과란 상대의 주장을 인정하는 것이라기보다 상대의 불만이나 괴로움에 공감하는 것이다. 공감은 즐거운 사람에게보다 불만이나 상처가 있는 사람에게 더 큰 효과를 낸다. 즐거운 사람에게 하는 공감, 즉 칭찬보다 불만이나 상처 있는 사람에게 하는 공감, 즉 사과가 훨씬 더 어렵기 때문이다. '미안해'라는 말로 사과를 받는 것이 자신의 자존심을 보호해 주어 훨씬 더 강력한 힘을 발휘한다.

소중한 가족인 자식과 배우자와 우리가 다투는 이유는 무엇일까?
그것은 상대의 부정적인 측면만 보기 때문이다. 상대의 부정적 측면만 보는 이유는 인간의 마음이 부정적 측면에 더 집중하도록 진화되어 왔기 때문이라고 앞에서 말한 바가 있다. 즉 위험 회피를 통한 생존에 유리하기 때문에 인간의 언어에는 위험상황과 관련된 부정적인 어휘가 더욱 많이 발달해 있고, 그래서 인간은 부정적인 관점에 더욱 잘 빠진다는 것이다.

인간관계가 어려운 것은 꼬인 관계가 오래되어 해결을 하기가 어렵기 때문이다. 그리고 그 대부분의 원인은 상대방의 욕구를 인정하지 않기 때문이다. 그래서 꼬인 관계를 푸는 법은 상대의 발언을 인정하는 것이 시작이다.

앞에서 보았듯이 인정의 방법은 상대가 어떤 주장을 할 때, 그것에 대해 결코 부정하거나 반박하지 말고, 반대로 인정하는 것, 적어도 일부만이라도 수용하는 것이다. "그래, 네 말이 맞다"라고 말이다.

공감이란 상대의 감정에 반응하고 응답하는 능력이다. 상대에게 응답하지 않고 해결책만 제시하는 것은 반쪽 답변에 불과하다. 아니 이는 답변이 아니다. 그보다는 공감을 받으면, 즉 사과를 받으면 자신의 불만이 해소된다. 그러면 그동안 억압되었던 답답한 감정이 해소가 되고, 긴장이 완화된다.

합리적이기만 한 사고의 맹점은 바로 '내가 사과를 하면 내 잘못을 인정하게 되는 거 아닌가?'라는 우려이다. 사과가 과오의 인정을 함축한다고 생각하는 것이다.

그러나 사과를 하면 억압되었던 감정의 해소와 긴장의 완화로 인해 묵었던 감정이 누그러지고 이것으로 상대도 나에게 공감해 줄 수 있는 마음의 여유를 갖게 되기 때문에 나뿐만이 아니라 결국 상대도 사과를 하게 된다.

● 사과 - 역설적 설득

부모자식 간의 오래 묵은 불화도 알고 보면 인정욕구의 불만이다. 즉 자존심 훼손 때문이다. 돌이켜 보면 결국 상대를 무시했던 기억, 핀잔을 주었던 기억, 비웃거나 무시하는 듯한 어투나 태도 등에서 기인한 것이다. 아들, 딸과 논쟁을 할 때; 혹은 회사에서 젊은 직원들과 논쟁을 할 때 그런 것들이 다 드러난다.

예를 들어 가족애가 부족한 아버지에 대해 자식과 논쟁을 하는 예를 통해 우리가 어떤 식의 대화를 하고 있는지 살펴보자.

우리 젊을 때는 토요일 일요일이 없었어.
휴가는 일년에 달랑 5일.

돈을 벌어 사글세 면하고 집장만 하기 위하여 고개 숙이고 자존심 구기고
이국의 사막에서 별을 헤며
낮이고 밤이고 일하고 또 일했어.
그런 무지막지 일생을 보내고 나니
내 집이 생기고 내 자가용을 굴리고
나라가 부흥하여 경제대국이 되었단다.[50]

여기까지는 좋다. 그런데 여기서부터 어떤 방향으로 대화를 이끄느냐 하는 것이 문제이다.

우선은 다음과 같이 말하는 데 익숙해져 있다.

    A : 그런데 너는 지금 뭐하는 거냐?
        좋은 환경에서 부족함 없이 자라나서, 그런 고생 해 봤니?

이는 잘못된 화법이다. 이렇게 대화를 이끌면 상대가 어떻게 반응하게 될 것인가?

그런데 여기에 다른 화법이 존재한다.

    B : 그러나 그러는 동안에 가족과 사랑에 대하여 소홀히 하고 부족하게 되었다.
        이 아빠가 정말 미안하다.
        이 부족함을 네가 너그러이 용서해 주면 고맙겠구나.

앞부분에서 아버지는 예전에 어떻게 살아서 오늘에 이르렀는지를 설명했다. 그것은 좋다. 자식들도 알아야 할 내용이다. 그러나 여기에 이어서 상대방의 사는 방식에 대한 비판을 퍼붓는 것은 앞서 제시한 내용이 이 비판을 위한 근거를 제시한 것에 지나지 않은 것으로 만들어 버린다. 반면에, 이렇게 사느라고 "너에게 소홀했구나!" 하면서 반성을 하는 말로 마무리를 짓

는 것은 앞에 제시한 내용을 오히려 자식을 돌보는 일에 소홀히 한 것에 대한 변명의 제시로 느껴지게 만든다. 여러분은 둘 중 어떤 화법을 선택할 것인가?

사과 이상 좋은 것이 없다. 사과는 오랫동안 꽁꽁 얼어붙었던 마음을 눈 녹듯이 녹게 만든다. 이를 통해 우리는 다시 사랑을 회복할 수 있고 관계를 돌이킬 수 있다. 그리고 나아가 사과는 결국 상대의 사과도 이끌어낸다. 이렇게 되면 내가 원하는 설득은 그 발판을 마련할 수 있게 된다.

● 상대가 나를 무시할 때

사람들 가운데에는 내가 원하지 않는 방식으로 말을 하는 사람들이 있다. 간단히 말해 나를 기분 나쁘게 하는 말투를 가지는 사람들이 있다. 예컨대 비록 나보다 나이가 조금 더 많거나 직접 상사도 아닌 사람이 내게 반말 쓰거나 나를 얕잡아 보는 말투로 대하는 사람들이다. 상대방이 이렇게 나오면 여러분은 어떻게 하겠는가?

물론 만일 여러분이 단순히 감정의 분출만을 원한다면 같이 맞받아치면서 화를 내면 될 것이다. 하지만 그렇게 되면 관계는 끝장이 나고 만다. 만일 다시 볼 일이 없는 사람이라면 그렇게 해도 별 문제는 안 될 것이다.

그러나 다시 봐야 하는 사람이라서 그 사람과의 상황 개선을 필요로 한다면 그런 방식이 아니라 진정한 문제의 해결을 해야 할 것이다.

나는 앞서 (13장 『자존심 보호의 방법』에서) 언급한 **대인관계에서의 '인정욕구의 5원칙'**을 하나씩 적용 후에 여러분의 요구사항을 전할 것을 권고한다.

● '인정욕구의 5원칙'

① **'자존심을 건드리지 마라' 원칙** : 상대에게 즉각 화를 내면서 "왜 나한테 반말을 하세요?" 혹은 "반말하지 마세요."라고 하지 않는 것이 좋다. 상대가 잘못을 했더라도 인간은 누구나 자신이 항의나 비난을 받으면 자존심이 상해서, 자신의 잘못을 인정하는 대신 오히려 반발하고 같이 화를 내는 것이 대체적인 경향이다. 더구나 반말한 것은 잘못이라고까지 생각할 것도 아니니 더욱 그러하다. 아무튼 이와 같은 식으로 즉각 반발을 하는 것은 상대가 "왜, 기분 나빠?", "야 내가 너한테 반말도 못하냐?" 하면서 내게 공격적인 태도를 보일 가능성을 높인다. 향후에 그 사람과의 관계는 악화될 것이 분명하다.

② **'자부심을 충족시켜라' 원칙** : 상대의 자부심을 충족시키는 내용을 표현하는 것이다. 만일 상대가 부장님이라면 다음과 같이 말한다. "부장님께는 제가 평소에 참 많이 배우고 있습니다.", "부장님은 운동을 잘하셔서 참 부러워요." 등과 같이 상대방의 자부심을 충족시키는 발언을 선행시킨다.

③ **'칭찬하라' 원칙** : "지난번에 부장님께서 발표하실 때 참 멋있으셨습니다.", "많은 사람들 앞에서 어쩌면 그렇게 여유있게 하세요?" 등과 같이 상대가 잘하는 면을 찾아서 칭찬이나 감사를 나타내는 것은 상대가 나를 호감있게 바라보게 만들어 주므로 이런 발언을 하는 것이 바람직하다. 앞에서 최고의 자부심 충족은 칭찬과 감사라고 한 것을 상기하기 바란다.

④ '**감사하라**' 원칙 : "평소에 제게 잘해주셔서 감사합니다." 혹은 "덕분에 제가 직장생활 잘하고 있어요."와 같이 감사의 표현을 하는 것이다.

⑤ '**사과하라**' 원칙 : 만일 상대방과의 관계에 혹시 평소에 미심쩍은 부분이 있었다면 다음과 같은 말을 하는 것도 좋을 것이다. "부장님, 혹시 제가 잘못한 것 있나요?", "혹시 있다고 해도 오해하지 말아 주세요. 저는 늘 부장님을 좋아하니까요."와 같은 식으로 말하는 것이다.

이상과 같은 말들 가운데 한두 가지 혹은 두세 가지를 적절히 표현한 다음에, 이제 본론을 꺼낸다.

"그런데 제가 부장님께 한 가지 좀 요청이[부탁드리고 싶은 것이] 있어요." 혹은 "부장님, 그런데 제가 부장님께 좀 서운한 게 있어요."라고 운을 뗀 후에, "다른 사람들 있는 데에서는[공식적인 자리에서는] 제게 반말 쓰시는 것은 좀 불편합니다. 제 체면도 생각해 주시면 고맙겠어요."라고 말한다. 필요하면 다음과 같은 내용을 덧붙여도 좋겠다. "뭐 둘이 있을 때는 괜찮아요. 오히려 좋아요."

혹은 조금 더 당당하게 말하고 싶다면 이렇게 말하는 것이 가능하다.

"저한테도 김 부장님과 똑같은 체면이 있어요. 저는 늘 부장님을 존중해 드렸는데, 그 만큼의 존중을 저도 김 부장님께 받을 자격이 있다고 생각해요."

이상에서 살펴본 바와 같이 5가지의 원칙을 적용하여 말을 하면 대부분 성공한다. 사실 개인적으로는 지금까지 실패한 적이 없었고, 이 방법을 적용한 다른 이들의 경우에도 그러했다. 만일 이렇게 말해도 반발하며 부정적 반응을 일으킨다면 그것은 그 사람의 잘못이다. 그 사람이 좋은 사람이 아닐 것이다.

대인관계에 있어서의 **'인정욕구의 5원칙'에 따라 생각하는 습관을 들이면 그 어떤 경우라도 상대를 설득하는 방법을 찾을 수 있다.**

결론적으로 이렇게 마무리하고 싶다.

'우리는 무슨 말이든 할 수 있다. 상대를 존중하는 한.'

4. 갈등해소와 설득

상대방과의 갈등이 발생한 상황에서 이를 어떻게 해소할지를 생각해 보자. 나는 여기 3원칙을 제시하고자 한다.

● **갈등해소의 3원칙**

① **상대의 입장을 우선 (일부라도) 인정하라!**
상대방이 가지고 있는 불만에 대해 그것이 당연한 것이라고 인정을 하는 것이다. 그런데 상대의 불만을 무조건 인정하기란 사실 쉽지가 않다. 그러므로 여기에는 약간의 요령이 필요한데, 이는 일단 상대의 생각 중에서 내가 인정할 수 있는 부분을 찾아서 그 부분을 인정하는 것이다. 이렇게 되면 상대는 불만을 해소하게 되고 긴장이 완화된다. 그러니까 '선 인정 후 설득'이라고 할 수 있겠는데, 이는 앞서 여러 번 언급한 대원칙인 '선공감 후설득'과 동일한 개념이라 할 수 있다.

국내 정치의 정당간 갈등도 그러하고 국제 외교의 국가간 관계도 그러한데, 모든 갈등의 원인은 한 마디로 자존심 싸움이라 할 수 있다. 이러한 갈등 상황에서 물꼬를 트고 한 발짝 앞으로 나아가는 방법은 상대방의 주장 중 일부를 인정하는 것이다. 이러한 작업을 선행시킨 후에 설득에 나서는 모습을 볼 수 있다.

② **상대의 핵심 욕망(자부심) 충족시켜라!**
상대의 불만을 일부 인정함으로써 긴장을 완화시킨 후에는 상대방의 자존심을 훼손하지 않고 자부심을 충족시키는 일을 수행하는 것이 필요하다.

이의 대표적인 것은 칭찬과 감사이다.

그렇다고 항상 상대에 대해 배려만 해야 할까? 물론 아니다. 때로는 반박도 필요하다.

화내는 것은 어떤가? 물론이다. 필요하다면 화도 내어야 한다. 다만 자신이 화를 내고 있다는 것은 인지(메타인지)하고 있어야 한다. 그래야 관계를 깨지 않고 문제를 해결할 수 있게 되기 때문이다.

우리는 상대의 주장을 비판할 때 상대에 대한 비난을 행하는 경우가 많다. 비판에다 분노를 섞어서 표출하기 때문이다. 물론 분노를 표출해야 할 필요도 있다. 그래야 상대가 나의 마음을 정확하게 이해할 수 있기 때문이다. 그래야 상대가 나에 대해서 조심스런 태도를 취하게 되기 때문이다. 만일 그것이 내 의도라면 결론은 이렇게 된다.

③ **분노를 표출하라.**

다만 내가 무슨 이야기하려는지 잘 알고 하면 된다. 즉 내 분노를 내가 제어할 수 있는 범위 내에서만 표출하면 된다.

소위 꼭지가 돌아서 내가 무슨 말을 하는지도 모를 정도의, 통제 불가능한 분노를 표출하면 안 된다. 상대에게 큰 상처를 입히는 주워 담을 수 없는 말을 하게 되기 때문이다. 그것은 문제를 돌이킬 수 없는 상황으로 인도하기 때문이다.

● 설득의 5원칙

우리는 지금까지 인간의 생각의 구조와 언어 사용의 원리에 대해 알아보았다.

이제 지금까지의 내용을 간결하게 정리해보자.

나는 여기서 다섯 개의 원칙만을 강조하고자 하는데, 이는 특히 상대가 원하거나 주장하는 바에 반대되는 내용을 설득해야 할 때 유용할 것이다. 왜냐하면 설득 가운데 가장 어려운 상황이 바로 이런 상황이기 때문이다.

첫째, 상대의 의견을 존중하라.

일단 상대의 생각 중에서 긍정할 부분을 찾아 그것에 분명한 동의와 동감을 표명한다. 상대와 반대되는 주장을 펼쳐야 할 경우나 상대가 거절하는 부탁을 할 경우에는 이 과정이 필수적이다. 상대는 나와 반대되는 생각을 하고 있으므로, 내가 하려는 주장에 이미 경계심을 갖고 심리적으로 긴장해 있다. 따라서 이러한 상황에서 해야 할 첫 번째 조처는 상대의 이러한 경계와 긴장감을 걷어내는 일이다. 상대 의견에 대한 동의와 동감은 상대를 인정하고 존중감을 표현하는 것이 된다.

나의 겸손은 상대의 경계심, 반박 가능성을 약화시킨다. 예컨대 다음과 같이 말해 봅니다.

"이러이러한 점은 지당하신 말씀입니다."
"저도 전적으로 그 말씀에 동의합니다."

이렇게 말함으로써 상대를 안심시켜야 한다. 우리는 흔히 급한 마음에 이 단계를 생략하고 넘어가는데, 그러면 기초 공사가 안 된 집처럼 금방 무너져 버린다.

이렇게 일단 동의할 수 있는 부분을 지적한 후 자신의 생각을 말한다. 단정적으로 말하지 말고 다음과 같이 하는 것이 좋다. 이때 특히 겸손은 상대의 반박 가능성을 약화시킨다.

"제 생각에는"
"저는 이렇게 생각한다."
"죄송스런 말씀이지만"
"제가 어렵게 한 말씀 드리자면"
'감히', '함부로', '외람된 말씀이지만'과 같은 표현을 곁들일 수 있을 것이다.
"제가 감히 제 생각을 말씀드리자면"
"함부로 얘기하는 건지 모르겠습니다만"
"외람된 말씀이지만"

둘째, 합목적성을 추구(본질 회귀)하라.

그다음, 본래의 목적을 상기시킨다. 우리가 이 일을 왜 하는가를 이야기하고, 상대방뿐 아니라 나 또한 그러한 목적을 달성하려고 노력한다는 점을 언급한다. 따라서 우리 둘 사이에 아무런 이견이 없음을 강조한다. 이렇게 본질적인 문제에 프레임을 맞추게 되면 사실 상대방과 나의 의견 차이가 보이지 않게 된다. 이렇게 되면 상대방이 내게 가졌던 경계심이 사라지고 나에 대해 품었던 의구심이 옅어진다.

셋째, 상대의 신념과 가치에 맞춘 프레임을 제시하라.

내 주장을 내 신념에 따라 설명하는 방식을 버리고, 상대방의 신념과 가치관에 맞추어 설명한다. 만일 상대의 신념과 가치관이 분명히 보이지 않거나 확신할 수 없을 땐 보편적인 가치관에 의지해 설명을 시도한다. 그리고 필요할 때엔 상대를 이렇게 깨우쳐준다. "지금 당신의 생각은 당신의 가치관과 원칙에도 안 맞다. 안 그런가?"

넷째, 조력 의지를 표명하라.

"내 말은 당신을 위한 것이다!" 바로 그 점을 지적한다. 나는 어디까지나 당신을 도와주려는 입장이고 나는 당신 편이라는 점을 강조하는 것. 의견이 대립하면 상대는 나를 적으로 혹은 자기 이익을 해치는 사람으로 간주한다. 따라서 이런 생각을 사라지게 하거나 이 같은 사고가 형성되지 않도록 해야 한다. 이를 위해 나는 오히려 그의 조력자임을 알리도록 노력한다. '내가 이런 이야기를 하는 건 당신을 위한 것'이라는 생각을 불어넣어주어야 한다. 만일 여러 당사자들이 얽혀 있는 상황이라면 더욱 내가 그의 편이라는 점을 강조해야 할 것이다.

다섯째, 상대의 결정권을 존중하라.

마지막으로 결정은 상대 스스로 해야 한다는 점을 알린다. 즉 결정권은 상대에게 있고 나는 다만 그를 위해 의견을 제시한다는 점, 나는 충고할 뿐이라는 점을 지적한다. 상대는 내가 내 생각을 강요하거나 강권하고 있다고 생각하기 쉽기 때문에, 그런 생각을 불식시키는 것이 꼭 필요하다. 그러므로 다음을 꼭 명심해야 한다.

> 설득은 나의 공감과 상대의 결심으로 이루어진다.

요컨대 설득은 내가 상대에게 행하는 행위가 아니라 어디까지나 상대의 행위라는 점을 잊지 말아야 한다. 내가 상대에게 간섭하거나 요구하고 있다는 생각을 불러일으키는 순간 설득은 실패한다. 나는 단지 상대가 결심을 하도록 영향을 끼치는 것인데, 그 최고의 방법은 공감이라는 것이다. 그러므로 다음의 명제도 잊지 말아야 한다.

> 최고의 설득은 설득하지 않는 것이다.
> 상대방이 스스로 결정하게 만드는 것이다.
> 내가 원하는 대로.

이상의 원칙들은 하나하나 살펴보면 대수롭지 않게 보일 수 있다. 하지만 각각의 원칙을 유기적으로 구성하여 모두 지켰을 때는 큰 힘이 발휘될 수 있다. 무엇보다 이를 염두에 두고 실천에 옮기는 것이 중요하다.

● 가장 좋은 언어는?

언어를 잘 구사하는 것도 중요하지만 이를 깨닫는 일이 더욱 중요하다. 후자가 전자의 전제를 이루기 때문이다. 프레임과 관점의 중요성, 그리고 이들과 언어의 관계를 이해하는 것이 꼭 필요하다. 이 책에서 우리는 언어 사용의 여러 가지 전략을 알아보았다.

우리 선조들의 지혜가 담긴 옛 속담에 '말 한 마디로 천냥 빚을 갚는다'는 말도 있지만, '곰은 쓸개 때문에 죽고 사람은 혀 때문에 죽는다'는 말도 있듯이, 말 한 마디가 복을 부르기도 하지만 화를 부르기도 한다. 말이 그만큼 민감하다는 말이다. 나에게서 말이 어떻게 나가느냐에 따라 상대의 반응에 천지차이가 날 수 있다. 다른 말로 하면 이는 내가 말을 바꾸면 상대의 마음도 바꿀 수 있다는 뜻이다. 그렇다면 어떻게 나의 말을 바꿀 수 있을까? 미국 메릴랜드대의 스티븐 코언(Steven Cohen) 교수는 이렇게 단정한다. **"아무리 화려한 수사를 동원하더라도 자신이 중요하다고 절감하지 않는 것을 타인에게 설득**

하는 것은 불가능하다." 결국은 언어의 문제가 아니라 마음의 문제인 것이다.

가장 좋은 언어는 좋은 마음이 담겨 있는 언어다. 상대의 좋은 표현 하나에 말할 수 없는 고마움을 느끼기도 한다. 표현 하나가 영영 잊히지 않기도 한다.

'당신은 당신의 음식이다.'(You are what you eat!)라는 슬로건이 있다. 이는 음식이 사람의 마음과 건강에 심대한 영향을 끼친다는 의미를 가진다. 이 말은 본래 1826년 프랑스의 브리앙-사바랭(Jean Anthelme Brillat-Savarin)이 말한 '당신이 먹는 음식을 알려주면 당신이 누구인지 말해 주겠다.'(Dis-moi ce que tu manges, je te dirai ce que tu es. 영어 번역 : Tell me what you eat and I will tell you what you are.)에서 비롯되었다.[51] 나는 이를 '당신은 당신의 말이다. You are what you say!'라고 바꾸고 싶다. 당신의 언어를 들으면 당신이 누구인지 알 수 있기 때문이다. 언어를 바꾸고 생각을 바꿈으로써 자신을 바꿀 수 있다.

* * *

말 공부
깨달음은 항상 뒤늦게 온다!
그것이 깨달음의 본질이다.
그러나 그것이 변화의 시작이다.

아무쪼록 이 책의 내용이 여러분의 생각과 언어와 마음에 조금이라도 새로운 변화를 일으켰다면 더 바랄 나위가 없겠다. 그리고 좀 더 인문학 공부에 가까이 다가가는 계기가 되었으면, 하는 작은 바람도 함께 가져본다.

주 석

1) Rubin(1970)에서 '태도'는 '사람, 대상 및 범주 등에 대한 신념, 감정 및 행동의 조합'(Kalat et al 2007, ≪정서심리학≫ "민경환 외 역 2007, p.244"에서 재인용)을 말하고, Myers(2002, 신현정 외 역 2008, p.891)는 '대상과 사람 그리고 사건에 대해 특정한 방식으로 반응하도록 만드는 신념에 근거한 감정'이라고 했다.

2) Fuhrman & Boroditsky, 2010; Tversky et al., 1991; Boroditsky, 2000; Boroditsky & Ramscar, 2002; Núñez & Sweetser, 2006; Santiago et al., 2007; Torralbo et al., 2006

3) Thomas and Morwitz (June 2005) "Penny Wise and Pound Foolish : TheLeft-Digit Effect in Price Cognition". Journal of Consumer Research 32 (1): 55–64.

4) 구구 이미티르(Guugu Ymithirr)어는 우리가 캥거루라고 부르는 동물의 이름을 전해준 언어로 유명하다. 한 때, 캥거루를 처음본 영국인이 원주민에게 저 동물이 무엇이냐고 물었을 때 "나는 모른다."(I don't know.)라고 원주민이 대답한 것을 동물의 이름이라고 오해하고 부르기 시작한 이름이라고 알려졌었는데, 이후 이 단어가 구구 이미티르어에서 검거나 회색의 큰 캥거루(a large black or grey kangaroo)를 가리키는 단어인 Gangurru에서 온 말임을 알게 되었다.

5) Haviland, 1993; Levinson, 1996, 2003; Levinson & Wilkins, 2006; Majid, Bowerman, Kita, Haun, & Levinson, 2004

6) Deutscher, Guy(2010). Through the Language Glass: why the world looks different in other languages

7) 보로디츠키는 호주 케이프 요크 반도 서해안에 위치한 포름푸라우(Pormpuraaw)의 외딴 호주 원주민 공동체에서 시간의 공간적 표현을 조사했다. 쿡타요르어는 포름푸라우 언어들 중 하나이다. Boroditsky, L. & Gaby, A. (2010). Remembrances of Times East: Absolute Spatial Representations of Time in an Australian Aboriginal Community. Psychological Science.

8) 이의 순서에 관한 연구 분야를 근접학(proxemics)이라 한다.

9) 영국의 인지 언어학자 앨런 크루즈(Alan Cruse)의 용어. (cf. Cruse 2000, p.111). 루마니아의 언어학자 코세리우(Eugenio Coșeriu)는 이를 중화(neutralisation)로 설명한다. (cf. Coseriu, 1995, pp.116~117) F. Van Der Gucht의 용어로는 duosemy이다. (cf. Fieke Van Der Gucht 2005, pp.166~167)

10) 동영상 : https://www.youtube.com/watch?v=sh163n1IJ4M

11) 레이코프 저 · 유나영 역, ≪코끼리는 생각하지 마≫, 삼인, 2006, p.24.

12) Franz Boas 1911, Handbook of American Indian Languages (1911), pp.25~26.

13) 논리학에서 '대머리의 역설(Sorites paradox)'이라 부르는 것이 있는데, 두 대상의 경계를 확정할 수 없을 때 제기되는 문제를 일컫는다.

14) 두 학자 사이에 차이가 있는데, 피아제는 인지가 언어에 선행하여 존재하고 언어와 독립해 있다고 주장하는 반면, 비고츠키는 인지가 언어보다 선행하지만 다시 인지는 언어적 구조에 의해 영향을 받는다는 입장을 취한다.

15) 최원일(2024), 감정 지각 과정에서 언어의 역할, HORIZON, 고등과학원, 2024년 5월 9일

16) https://en.wikipedia.org/wiki/DIKW_pyramid

17) 고무지우개는 잉글랜드의 수학기구 제조업자 에드워드 내린(Edward Nairine)에 의해 발명되었다.

18) Fritz, Robert, The Path of Least Resistance, W. Butterworth-Heinemann, 1994.

19) 오리-토끼 그림은 1892년 10월 23일 독일의 유머 잡지 〈Fliegende Blätter〉에 처음 게재되었다. 이후 철학자 비트겐슈타인(Ludwig Wittgenstein)이 그의 명저 ≪철학적 탐구(Philosophical Investigations)≫에 인용함으로써 유명해졌다.

20) EBS 다큐프라임 킹메이커 2부 중도파의 비밀 - 중도파를 포섭하는 법 3/3 (세상은 시스템) https://m.blog.naver.com/PostView.nhn?blogId=odisy2000&logNo=220628210005&proxyReferer=https%3A%2F%2Fwww.google.co.kr%2F

21) Pustejovsky 생성의미론의 기능역(telic role)에 해당한다.

22) 이처럼 일상생활에서 자주 접하는 물건을 고정관념에 따라서만 사용하게 만드는 인지적 장애를 심리학에서는 기능적 고착(functional fixedness)이라고 일컫는다. 마이어의 원실험에 관해서는 다음을 참조한다.
Maier, N.R.F. (1931). Reasoning in humans: II. The solution of a problem and its appearance in consciousness. Journal of Comparative Psychology, 12, pp.181~194.

23) 올리비에 르불(Olivier Reboul) 저, 홍재성·권오룡 역, ≪언어와 이데올로기≫, 역사비평사, 1995, p.46.

24) "Frame semantics" (1982). In Linguistics in the Morning Calm. Seoul, Hanshin Publishing Co., 111-137.

25) 조지 레이코프 저, 유나영 역, ≪코끼리는 생각하지 마≫, 삼인, 2006, p.115.

26) 조지 레이코프 저, 유나영 역, ≪코끼리는 생각하지 마≫, 삼인, 2006, pp.26, 39.

27) 이후의 내용은 박만규(2024)의 일부 내용을 가져온 것이다.

28) As for metaphoric usage, all the implications approved by the model which are incompatible with the target are blocked by our coherent conceptual structures. Prandi(1998: 39)

29) Veblen, Thorstein(1997), The theory of leisure class, Project Gutenberg, (이종인 번역, 유한 계급의 이론, 현대지성, 2018).

30) 라르스 스벤젠 저, 도승연 역, ≪패션:철학≫, MID, 2013.

31) 이윤일, 『논리로 생각하기 논리로 말하기』(도서출판 씨엘)

32) Daniel Kahneman 2011, Thinking, Fast and Slow, Farrar, Straus and Giroux, New York, (다니엘 카너먼《생각에 관한 생각》, 이진원 역, 김영사. 2012)

33) 불안한 마음이나 불길한 징조에 대해 합리적인 설명을 하기 위해 스스로 형성한 고정관념을 '징크스'라 부른다.

34) Lakoff, George, Don't think of an elephant! Know Your Values and Frame the Debate, Chelsea Green Publishing Company, 2004. (레이코프 저, 유나영 역, ≪코끼리

는 생각하지 마》, 삼인, 2006)

35) 자세한 내용은 김봉철 저, ≪영원한 문화도시 아테네≫, 청년사, pp.46~49 참조.

36) 조반니 프라체토 저 · 이현주 역, ≪감정의 재발견≫, 프런티어, p.37.

37) 조지 레이코프(2006), 『코끼리는 생각하지 마』삼인, p. 376

38) 조지 레이코프(2006), 『코끼리는 생각하지 마』삼인, p.377

39) 올리비에 르불은 이를 기호의 자의적 사용으로 인한 이중적 메타언어의 이용이라고 불렀다.

40) 박만규「국어 사랑학 개론」, 〈상〉, 1995년 가을호(통권 제9호), 살림.

41) 이윤일, ≪논리로 생각하기 논리로 말하기≫, 씨엘, 1999, pp.251~252.

42) 이윤일, ≪논리로 생각하기 논리로 말하기≫, 씨엘, 1999, pp.180~190

43) 스티븐 핑커 저, 김한영, 문미선, 신효식 옮김, ≪언어본능≫, 동녘사이언스 2004, 84쪽

44) 올리비에 르불 저, 홍재성·권오룡 역, ≪언어와 이데올로기≫, 역사비평사, 1995, pp.34~35

45) 조지 레이코프 ≪삶으로서의 은유≫, p.229

46) 레이코프 저, 유나영 역, ≪코끼리는 생각하지 마≫, 삼인, 2006, 24-25쪽

47) [Leadership Inside 60], 화성신문 2019-04-03

48) Jones, E. E.; Berglas, S. (1978). "Control of attributions about the self through self-handicapping strategies: The appeal of alcohol and the role of underachievement". Personality and Social Psychology Bulletin. 4 (2): 200–206.

49) G. Lakoff, Don't think of an elephant!, 유나영 역, ≪코끼리는 생각하지 마≫, p. 374.

50) 이 글은 출처를 찾을 수 없어 출처를 제시하지 못하고 인용한다.

51) Brillat-Savarin, Jean Anthelme (1826), Physiologie du Gout, ou Meditations de Gastronomie Transcendante ; ouvrage théorique, historique et à l'ordre du jour, dédié aux gastronomes parisiens, Paris: Chez A. Sautelet et Cie Libraires.

참고문헌

그로스, 앨런(2007),『과학의 수사학-과학은 어떻게 말하는가』, 오철우 옮김, 궁리.

김봉철(2002), ≪영원한 문화도시 아테네≫, 청년사, 2002.

김철규 2021, 신문 사설의 코로나19 사태 관련 은유적 표현에 의한 부각과 은폐에 관한 연구,『언어과학』28권 2호.

김훈기 2017, 유전자변형 농산물의 안전성 설득을 위한 은유 – 크리스퍼/카스9에 대한 대중적 표현에서의 부각과 은폐,『수사학』제 29집.

박만규(2024), '붉은 악마'는 되는데 '마약 김밥'은 왜 안돼?, 더칼럼니스트, 2024년 3월 12일, https://www.thecolumnist.kr/news/articleView.html?idxno=2756

박만규(2023), ≪프랑스어식 사고법≫, 도서출판 씨엘.

박만규(2022), ≪빛나는 당신이 있다면 촛불을 켤 필요가 없다≫, 도서출판 씨엘.

박만규(1995), 국어 사랑학 개론, 〈상상〉, 1995년 가을호(통권 제9호), 살림.

박만규 외(2024), ≪분노를 바라보는 일곱 가지 시선≫, 고등과학원

박만규 외(2024), ≪은유를 바라보는 일곱 가지 시선≫, 고등과학원

이윤일(1999), ≪논리로 생각하기 논리로 말하기≫, 도서출판 씨엘, 1999.

최원일(2024), 감정 지각 과정에서 언어의 역할, HORIZON, 고등과학원, 2024년 5월 9일

최인철, ≪나를 바꾸는 심리학의 지혜, 프레임≫, 21세기북스, 2007.

라르스 스벤젠 저, 도승연 역, ≪패션:철학≫, MID, 2013.

올리비에 르불(Olivier Reboul) 저, 홍재성·권오룡 역, ≪언어와 이데올로기≫, 역사비평사, 1955.

Boas, Franz 1911, *Handbook of American Indian Languages*, Washington, Smithsonian Institution, Bureau of American Ethnology

Boroditsky L., Ramscar M. (2002). The roles of body and mind in abstract thought.

Psychological Science, 13, 185–189. Crossref. PubMed. ISI.

Boroditsky, Lera, "Does language shape thought? Mandarin and English speakers' conceptions of time" *Psychological Science*, 13(2), 185–188.

Boroditsky, L. & Gaby, A. (2010). Remembrances of Times East: Absolute Spatial Representations of Time in an Australian Aboriginal Community. *Psychological Science*.

Brillat-Savarin, Jean Anthelme (1826), *Physiologie du Gout, ou Meditations de Gastronomie Transcendante ; ouvrage théorique, historique et à l'ordre du jour, dédié aux gastronomes parisiens,* Paris: Chez A. Sautelet et Cie Libraires.

Cooper, W. E. and J. R. Ross (1975). "World order". In: R. E. Grossman, L. J. San, and J. J. Vance (eds). *Papers from the Parasession on Functionalism*. Chicago: Chicago Linguistic Society; 63–111.

Cruse, D. Alan (1986). *Lexical Semantics*. Cambridge: Cambridge University Press.

Cruse, D. Alan (2000), *Meaning in Language*, (국역본, 언어의 의미, 임지룡, 김동환 옮김 태학사)

Deutscher, Guy(2010). *Through the Language Glass: why the world looks different in other languages*

Fillmore, Charles, "Frame semantics" in *Linguistics in the Morning Calm*. Seoul, Hanshin Publishing Co. (1982), pp.111~137.

Fuhrman O., Boroditsky L. (2010). Cross-cultural differences in mental representations of time: Evidence from an implicit non-linguistic task. *Cognitive Science*. Advance online publication. Crossref PubMed. ISI.

Goffman, E. 1974. Frame Analysis: *An Essay on the Organization of Experience*, New York, NY: Harper Colophon Books.

Granger, K. 2014. 'Having Cancer is not a Fight or a Battle'. The Guardian 25, April. http://www.theguardian.com/society/2014/apr/25/having-cancer-not-fight-or-battle.

Gross, Alan G. (1994), "The Role of Rhetoric in the Public Understanding of Science", *Public Understanding of Science* 3, 3–23.

Haviland J.B. (1993). Anchoring, iconicity, and orientation in Guugu Yimithirr pointing gestures. *Journal of Linguistic Anthropology*, 3, 3–45. Crossref.

Jones, E. E.; Berglas, S. (1978). "Control of attributions about the self through self-handicapping strategies: The appeal of alcohol and the role of underachievement". *Personality and Social Psychology Bulletin*. 4 (2): 200–206.

Kalat, James W, Shiota, Michelle N, (민경환, 이옥경, 김지현 공역), ≪정서심리학≫, 시그마프레스, 2007.

Kaufman, James C. & Sternberg, Robert J. *The Cambridge Handbook of Creativity*, Cambridge University Press, 2010.

Daniel Kahneman 2011, Thinking, *Fast and Slow*, Farrar, Straus and Giroux, New York, (다니엘 카너먼《생각에 관한 생각》, 이진원 역, 김영사. 2012)

Lakoff, G. and M. Johnson (1980). *Metaphors We Live By*. Chicago: Chicago University Press (노양진, 나익주 옮김, ≪삶으로서의 은유≫, 박이정, 2006)

Lakoff, George, *Don't think of an elephant! Know Your Values and Frame the Debate*, Chelsea Green Publishing Company, 2004. (유나영 역, ≪코끼리는 생각하지 마≫, 삼인, 2006)

Lakoff, George, *Thinking Points : Communicating Our American Values and Vision*, George Lakoff and the Rockridge Institute, 2006.(나익주 역, ≪프레임 전쟁≫, 창비, 2007)

Levinson S.C. (1996). Frames of reference and Molyneux's question: Cross-linguistic evidence. In Bloom P., Peterson M.A., Nadel L., Garrett M.F. (Eds.), *Language and space* (pp. 109–169). Cambridge, MA: MIT Press.

Levinson S.C. (2003). *Space in language and cognition: Explorations in cognitive diversity*. New York, NY: Cambridge University Press. Crossref.

Levinson S.C., Wilkins D. (2006). *Grammars of space: Explorations in cognitive diversity*. New York, NY: Cambridge University Press. Crossref.

Maier, N.R.F. (1931). Reasoning in humans: II. The solution of a problem and its appearance in consciousness. Journal of Comparative Psychology.

Majid A., Bowerman M., Kita S., Haun D.B.M., Levinson S.C. (2004). Can language restructure cognition? The case for space. Trends in *Cognitive Sciences*, 8, 108-114. Crossref. PubMed. ISI.

Matlock, T., Ramscar, M., & Boroditsky, L. (2005). The experiential link between spatial and temporal language. *Cognitive Science*, 29, 655-664.

Myers, David G. DeWall, C. Nathan, 신현정, 김비아 공역, ≪마이어스의 심리학≫, 시그마프레스, 2008.

Núñez R.E., Sweetser E. (2006). With the future behind them: Convergent evidence from Aymara language and gesture in the crosslinguistic comparison of spatial construals of time. *Cognitive Science*, 30, 401-450. Crossref. PubMed. ISI.

Pinker, Steven, *The Language Instinct*, Harper Perennial, 1995. (스티브 핑커 저, 김한영, 문미선, 신효식 옮김, ≪언어본능≫, 동녘사이언스 2004)

Reisfield, G. and G. Wilson. 2004. Use of Metaphor in the Discourse on Cancer. *Journal of Clinical Oncology* 22(19), 4024-4027.

Ross, J. W. 1986. Ethics and the Language of AIDS. *Federation Review* 9(3), 15-19.

Sontag, S. 1978. Illness as Metaphor. New York, NY: Farrar, Straus & Giroux.

Thomas and Morwitz, 2005, "Penny Wise and Pound Foolish: The Left digit Effect in Price Cognition". *Journal of Consumer Research* 32 (1): 55~64.

Torralbo A., Santiago J., Lupiáñez J. (2006). Flexible conceptual projection of time onto spatial frames of reference. *Cognitive Science*, 30, 745-757. Crossref. PubMed. ISI.

Tversky B., Kugelmass S., Winter A. (1991). Crosscultural and developmental trends in graphic productions. *Cognitive Psychology*, 23, 515-557. Crossref. ISI.

Veblen, Thorstein(1997), *The theory of leisure class*, Project Gutenberg, (이종인 번역, 유한 계급의 이론, 현대지성, 2018).

Winawer, J., Witthoft, N., Frank, M., Wu, L., Wade, A., and Boroditsky, L. (2007). Russian blues reveal effects of language on color discrimination. Proceedings of the National Academy of Sciences

사진출처

33 • Designed by macrovector / Freepik

35 • http://mn.kbs.co.kr

36 • https://www.broadbandtvnews.com

36 • https://www.google.co.kr

60 • http://mn.kbs.co.kr

81 • http://norukun.tistory.com/145

81 • https://www.danzantewines.com/aroma-wheel.html

82 • http://norukun.tistory.com/145

126 • https://www.vmworkssf.com/before-and-after

211• 프랑스 TV 채널2 뉴스

212 • 힐러리 클린턴의 트위터

222 • Vladimír Lammer 사진, Czech Center, New York

223 • http://garyhasissues.com

255 • https://commons.wikimedia.org

316 • https://namu.wiki/w/빙산

그외 대부분의 사진은 wikimedia commons와 구글입니다.

설득의 인문학

초판 1쇄 2024년 10월 18일

지은이 박만규

표지 디자인 박민혜
인　쇄 동남문화사

발행인 박만서
발행처 도서출판 씨엘
출판등록 2022년 10월 20일 (제2022-000048호)
주　소 서울시 강북구 삼양로 438, 3층
　　　　 (수유동, 한일빌딩)
전　화 02-992-0077
팩　스 02-992-0045
이메일 cielpak@naver.com

ISBN 978-89-88476-20-8 (03170)

값은 뒤표지에 있습니다
잘못된 책은 구입처에서 바꾸어 드립니다.